U0529090

本丛书系武汉大学"985工程"项目"中国特色社会主义理论创新基地"和"211工程"项目"马克思主义基本理论及其中国化研究"成果

本书系教育部人文社会科学研究青年基金项目"传统文化中礼法合治思想及其现代转化研究"（项目编号：17YJC710092）成果

武汉大学马克思主义理论系列学术丛书

当代中国治理的传统资源：

《礼记》礼法合治思想研究

吴默闻◎著

中国社会科学出版社

图书在版编目（CIP）数据

当代中国治理的传统资源：《礼记》礼法合治思想研究 / 吴默闻著 . —北京：中国社会科学出版社，2021.8

（武汉大学马克思主义理论系列学术丛书）

ISBN 978 - 7 - 5203 - 9026 - 2

Ⅰ.①当⋯ Ⅱ.①吴⋯ Ⅲ.①《礼记》—影响—社会管理—研究—中国 Ⅳ.①D63②K892.9

中国版本图书馆 CIP 数据核字（2021）第 176196 号

出 版 人	赵剑英
责任编辑	田 文
责任校对	姜晓茹
责任印制	王 超

出　　版	中国社会科学出版社
社　　址	北京鼓楼西大街甲 158 号
邮　　编	100720
网　　址	http://www.csspw.cn
发 行 部	010 - 84083685
门 市 部	010 - 84029450
经　　销	新华书店及其他书店
印　　刷	北京君升印刷有限公司
装　　订	廊坊市广阳区广增装订厂
版　　次	2021 年 8 月第 1 版
印　　次	2021 年 8 月第 1 次印刷
开　　本	710×1000　1/16
印　　张	22
插　　页	2
字　　数	358 千字
定　　价	118.00 元

凡购买中国社会科学出版社图书，如有质量问题请与本社营销中心联系调换
电话：010 - 84083683
版权所有　侵权必究

总　序

顾海良

新世纪之初，马克思主义理论学科的设立，是马克思主义中国化的显著标志，也是中国化马克思主义发展的重要成果。设立马克思主义理论学科，不仅是由马克思主义理论本身的科学性决定的，也是由马克思主义作为我们党的指导思想和作为国家主流意识形态建设的需要决定的，而且还是由当代马克思主义发展的新的要求决定的。

在马克思主义理论学科建设中，武汉大学一直居于学科建设与发展的前列。武汉大学马克思主义学院作为学科建设和发展的主要承担者，学院的教师和研究人员为此付出了极大的辛劳，作出了极大的贡献。现在编纂出版的《武汉大学马克思主义理论系列学术丛书》就是其中的部分研究成果。

回顾马克思主义理论学科建设和发展的实际，给我们的重要启示之一就是，马克思主义理论学科的建设和发展，既要尊重学科建设和发展的普遍规律，又要遵循学科建设和发展的特殊要求，要切实提高马克思主义理论学科的影响力。希望《武汉大学马克思主义理论系列学术丛书》的出版，能为切实提升马克思主义理论学科的影响力增添新的光彩。

第一，要提高马克思主义理论学科建设的学术影响力。把提高学术影响力放在首位，是从学科建设视阈理解马克思主义理论学科建设的要求。学科建设以学术为基础。马克思主义理论作为一个整体的一级学科，在提升学科的学术性时，要按照学科建设内在的普遍的要求，使之具有明确的学科内涵、确定的学科规范和完善的学科体系。

学术影响力是学科建设的重要目标，也是学科建设水平的重要体现。

马克思主义理论学科的学术影响力，不仅在于国内的学术影响力，还应该树立世界眼光，产生国际的学术影响力。在国际学术界，马克思主义理论是以学术研究为基本特征和主要导向的。注重马克思主义理论的学术研究，不仅有利于达到学科建设的基本要求，而且还有利于国际范围内的马克思主义理论研究的交流，产生国际的学术影响力。比如，一个时期以来，国际学术界对《德意志意识形态》、《共产党宣言》等文本传播的研究，马克思经济学手稿的研究，科学考据版《马克思恩格斯全集》（MEGA2）的编辑与研究等，就是国际范围内马克思主义理论学术研究的重要课题。作为以马克思主义为指导的社会主义国家，在马克思主义理论学科建设和发展中，不但要高度关注和重视世界范围内马克思主义理论研究的重大课题，而且要参与国际范围内马克思主义理论重大课题的研究。在国际马克思主义学术论坛上，我们要有更广泛的话语权，要能够更深刻地了解别人在研究什么、研究的目的是什么、研究到什么程度、有哪些重要的理论成就、产生了哪些理论的和实践的成效等。如果一方面强调建设和发展马克思主义理论学科，另一方面却在国际马克思主义论坛上被边缘化，这肯定不是我们希望看到的学科建设的结局。

第二，要提高对中国特色社会主义理论与实践的影响力。任何学科都有其特定的应用价值。马克思主义理论学科对中国特色社会主义理论与实践的影响力，就是这一学科应用价值的重要体现，也是这一学科建设和发展的重要目标和根本使命。在实现这一影响力中，深化中国特色社会主义理论体系的研究是重点；运用中国特色社会主义理论体系于实践、以此推进和创新中国特色社会主义理论体系是根本。马克思主义理论学科对中国特色社会主义理论与实践的影响力，要体现在对什么是马克思主义、怎样对待马克思主义，什么是社会主义、怎样建设社会主义，建设什么样的党、怎样建设党，实现什么样的发展、怎样发展等重大问题的不断探索上，并对这些问题作出新的理论概括，不断增强理论的说服力和感召力，推进中国特色社会主义理论体系的发展。马克思主义理论学科的建设和发展，一定要对中国特色社会主义的经济、政治、文化、社会、生态文明建设以及党的建设的理论与实践产生重要的影响力，为中国特色社会主义道路发展中的重大理论和实践问题的解决提供基本的指导思想,充分体现学科建设的应用价值。

第三,要提高对国家主流意识形态发展和安全的影响力。马克思主义作为党和国家的指导思想,自然是中国特色社会主义的主流意识形态。要深刻理解马克思主义理论学科的特定研究对象。马克思主义是我们立党立国的根本指导思想,社会主义意识形态的旗帜,是社会主义核心价值体系的灵魂,是全党全国各族人民团结奋斗、夺取建设中国特色社会主义新胜利的共同思想基础。在学科建设中,我们要以高度的政治意识、大局意识和责任意识,进一步推进马克思主义中国化的发展和创新,进一步巩固马克思主义在思想政治理论领域的指导地位,进一步增强社会主义核心价值体系的建设成效,进一步维护和发展国家意识形态的安全。

建设马克思主义学习型政党作为新世纪党的建设重大而紧迫的战略任务,对马克思主义理论学科建设提出了新的更高的要求。建设马克思主义学习型政党的首要任务,就是要按照科学理论武装、具有世界眼光、善于把握规律、富有创新精神的要求,坚持马克思主义作为立党立国的根本指导思想,紧密结合我国国情和时代特征大力推进理论创新,在实践中检验真理、发展真理,用发展着的马克思主义指导新的实践。

第四,要提高全社会的思想理论素质,加强全社会的思想政治教育的影响力。全社会的思想理论素质是一定社会的软实力的具体体现,也是一定社会的国家综合实力的重要组成部分。特别是在青少年思想道德教育、大学生思想政治教育中,如何切实提高马克思主义理论学科的影响力,是当前马克思主义理论学科建设的最为重要和最为紧迫的任务和使命。在这一意义上,我们可以认为,马克思主义理论学科的影响力,首先就应该体现在大学生思想政治理论课程的建设全过程中。用马克思主义理论,特别是用当代发展的马克思主义理论,即中国特色社会主义理论体系教育人民、武装人民的头脑,内化为全体人民的思想观念与理论共识,是马克思主义理论学科建设的艰巨任务,特别是其中的思想政治教育学科建设和发展的重要目标。

以上提到的四个方面的影响力——学术的影响力、现实应用的影响力、意识形态的影响力和思想政治教育的影响力等，对马克思主义理论学科发展是具有战略意义的。在对四个方面影响力的理解中，既不能强调学科建设和发展的学术性而否认学科建设和发展的政治性与意识形态性；也不能只顾学科建设和发展的政治性与意识形态性而忽略学科建设和发展的学术性。要从学科建设的战略高度，全面地探索和提高马克思主义理论学科建设和发展的影响力。

我衷心地希望，《武汉大学马克思主义理论系列学术丛书》能在提高以上四个方面影响力上作出新的贡献！

序

放在我面前的是吴默闻博士沉甸甸的书稿《当代中国治理的传统资源——〈礼记〉礼法合治思想研究》，这部精专、厚重的学术著作即将交给中国社会科学出版社出版。作者索序于予。予喜读《礼记》及其相关研究成果，而且此书稿的前身是作者的博士学位论文，予曾忝为指导教师，故很乐意，也有责任，为这部专著写几句话。

《礼记》是一部重要的经典，其中蕴含着丰富的治理国家和社会的思想。传统社会强调礼治，礼中有法，法依于礼，法又从礼中分离别出。然如何把广义的"礼"与狭义的"礼"区别开来？如何界定、阐释、评价《礼记》中的礼和法的概念及合治思想？前贤与时贤已有一些成果，默闻博士的这一研究成果在前辈时贤已有成果的基础上，百尺竿头，更进一步，对此领域有创造性的发展与创新式的推动。

作者将《礼记》中的礼法思想置于当时的历史背景下分析考察。在分疏界定礼、法及其相关概念、辨析先秦儒家之礼和法相互关系的基础上，系统考察先秦儒家的礼法思想渊源，挖掘、梳理和阐释《礼记》中礼法合治思想的丰富内涵，分析《礼记》中礼法合治思想的主要内容、基本特色、历史局限、意义价值及其对后世的影响，并努力发掘《礼记》治理思想中具有当代价值的因素，为当今文明中国和法治中国建设提供一定思考和启迪。

我认为，作者在以下四个方面有所贡献：

一是在选题上，本书侧重从国家治理的角度，比较系统地挖掘、整理和探讨《礼记》中的礼法合治思想，从一个侧面彰显当代中国国家治理的深厚历史底蕴和中华文化根基，为推进国家治理体系和治理能力现代化提供一点点参考和借鉴。

二是在研究框架上，本书以国家治理为视角，以先秦儒家礼法思想的发展为背景，以《礼记》中的礼法合治思想为研究对象，以《礼记》整本文献为依据，力图构建《礼记》礼法合治思想的框架体系。作者认为，《礼记》中的礼法合治思想，以实现大同为最高的社会政治理想，以实现小康为一定时段的低度的社会政治目标，以治国以礼为治国理政的指导思想，以礼乐刑政为国家综合治理模式，以德治和仁政为内容的国家制度设计为制度载体，以礼乐教化和刑政统摄为并行不悖的两种主要治国手段，以君子为政以德为治国理政的关键，构成了一个相对完整的古代中国国家治理的思想体系。这一思想的核心理念是"礼法合治、德主刑辅"。

三是在学术思想上，本书认为《礼记》中的礼法合治思想具有四个特点：其一，在理想和现实的国家治理目标上，向往大同，着眼小康，既有崇高的社会政治理想，又有现实的社会治理目标。其二，在治理国家的指导思想和方式上，主张以礼治国，同时也将礼乐刑政综合为治作为国家治理方式。其三，在人与制度的关系上，既重视仁政、德治的制度设计，强调人伦、等级秩序，也重视君子在国家治理中的作用，强调为政在人，修身以德，以德治国，德主刑辅。其四，在人与自然之间、人与人之间、人的自身修养与国家治理之间的关系上，具有以人本为中心，神本、民本、德本三者并行的思想观念，体现了先秦儒家的整体性、联系性的思维方式和追求普遍和谐的价值取向。

四是在研究特色上，本书在深入挖掘和阐述《礼记》中礼思想的同时，对以往研究中相对较少关注的《礼记》中的司法思想进行了比较深入的挖掘和系统阐述，主要是考察了《礼记》中的"刑"字分布情况，并在辨析德与刑之间的关系、阐述刑在礼法合治中的地位和作用的基础上，分析了《礼记》中的司法对象、程序及其特点，概括并重点阐述了《礼记》中的四大司法原则，即慎刑原则、公正原则、宗法人伦原则和司法时令原则。这一部分内容的展开，或许可以为深化和拓展《礼记》研究贡献绵薄之力，也可以使《礼记》中的礼法合治思想得以彰显。

韩愈夫子说："诗书勤乃有，不勤腹空虚。"默闻博士治学，非常勤奋地读书思考，下了苦功夫。她以《礼记·中庸》中的"人一能之，己百之；人十能之，己千之"的精神来研究《礼记》。默闻博士人如其名，埋首书斋，默默无闻，十年不鸣，一鸣惊人，给学界贡献了这部既有很强的问题意识，又有扎实功底，思想性与学术性并重、品质上佳的优秀专著。她有情怀，有境界，深耕经典，心知其意，好学敏行，努力修养，教书育人，关爱大众。我们预祝默闻博士将有更多佳构嘉惠学苑！

是为序。

郭齐勇
2020年国庆中秋双节于东湖珞珈

目 录

绪 论 …………………………………………………………………… (1)
  一 研究《礼记》礼法合治思想的价值和意义 ………………… (1)
  二 礼、法、治及相关概念辨析 ………………………………… (14)

第一章 《礼记》礼法合治思想渊源 …………………………… (31)
第一节 夏商西周之礼法 …………………………………………… (32)
  一 夏商之礼法 …………………………………………………… (32)
  二 周公制礼及三礼 ……………………………………………… (36)
第二节 《尚书》《诗经》《左传》中的礼法思想 ………………… (42)
  一 《尚书》中的礼法思想 ……………………………………… (43)
  二 《诗经》中的礼法思想 ……………………………………… (47)
  三 《左传》中的礼法思想 ……………………………………… (53)
第三节 《论语》中的礼法思想 …………………………………… (59)
  一 为国以礼——《论语》中的礼思想 ………………………… (59)
  二 刑罚得中、为法以直——《论语》中的刑、讼、法 ……… (64)
  三 名正、言顺、礼乐兴、刑罚中——孔子礼法主张的
     逻辑顺序 ……………………………………………………… (71)
  四 以仁为本——孔子礼法思想的特色 ………………………… (72)
第四节 《孟子》中的礼法思想 …………………………………… (76)
  一 仁义礼智——孟子的四端之心 ……………………………… (77)
  二 不忍人之政——孟子的仁政学说 …………………………… (80)
  三 省刑罚——孟子的法与刑思想 ……………………………… (82)
第五节 《荀子》中的礼法思想 …………………………………… (86)
  一 隆礼至法——荀子礼法思想的鲜明特色 …………………… (87)

二　援法入礼——荀子对礼思想的丰富发展 …………………（91）
　　三　隆礼重法——荀子主张的治国方式 ……………………（96）

第二章　大同、小康的理想和治国以礼的准则 ………………（101）
　第一节　大同、小康的社会政治理想 ……………………………（102）
　　一　天下为公的大同理想 ……………………………………（102）
　　二　天下为家的小康理想 ……………………………………（104）
　第二节　礼义以为纪
　　　　　——以礼治国的治理准则 ………………………………（108）
　　一　忠信仁义——礼的本质 …………………………………（108）
　　二　天理人情——礼的合法性 ………………………………（113）
　　三　别异、定伦、治国——礼的社会功用 …………………（115）

第三章　礼乐刑政的综合治理方式和制度设计 ………………（122）
　第一节　礼乐刑政的综合治理方式 ………………………………（123）
　　一　礼的产生和法的起源 ……………………………………（124）
　　二　礼法关系辨析 ……………………………………………（129）
　　三　礼乐刑政，其极一也 ……………………………………（137）
　第二节　以礼治国的制度设计及其礼法精神 ……………………（141）
　　一　关于国家治理的制度设计 ………………………………（142）
　　二　国家制度设计中体现的礼法精神 ………………………（152）
　　三　礼法合治方略的确立及其历史命运 ……………………（155）

第四章　礼乐教化
　　　　——礼法合治的主要方式 …………………………………（160）
　第一节　礼以道其志 ………………………………………………（161）
　　一　建国君民、化民成俗——礼义教化的社会功能 ………（161）
　　二　礼义教化的内容和目的 …………………………………（163）
　第二节　乐以和其声 ………………………………………………（169）
　　一　乐的含义及其审一以定和的功能 ………………………（169）
　　二　乐与礼、乐与政 …………………………………………（172）
　第三节　大学之道 …………………………………………………（176）

一　教育体系、教育制度的设计…………………………………（177）
　　二　教育的原则、方法和经验总结………………………………（180）
　　三　教育者和受教育者的素养……………………………………（183）

第五章　刑法明威
　　　　——礼法合治的重要方式……………………………………（190）
　第一节　刑以防其奸……………………………………………………（191）
　　一　《礼记》中的"刑"字分布…………………………………（191）
　　二　刑的明威、防奸、禁暴、除乱作用…………………………（199）
　　三　德主刑辅——先秦儒家德刑关系辨析………………………（201）
　第二节　《礼记》中的司法对象和程序设计…………………………（204）
　　一　《礼记》中的司法对象………………………………………（204）
　　二　《礼记》中的司法程序设计及其特点………………………（206）
　第三节　《礼记》中的司法原则………………………………………（210）
　　一　慎测浅深之量以别之的慎刑原则……………………………（211）
　　二　决狱讼必端平的公正原则……………………………………（214）
　　三　刑讼必原父子之情、立君臣之义以权之的宗法
　　　　人伦原则…………………………………………………………（217）
　　四　春夏省狱宽刑、秋冬断狱行刑的司法时令原则……………（224）

第六章　为政在人
　　　　——礼法合治的关键…………………………………………（229）
　第一节　政以一其行……………………………………………………（230）
　　一　政者正也、政以行之…………………………………………（230）
　　二　为政在人、人存政举…………………………………………（233）
　第二节　施政的基本原则………………………………………………（238）
　　一　为政先礼、政事惠均…………………………………………（238）
　　二　德本刑末、德本财末…………………………………………（241）
　　三　依四时行政令…………………………………………………（244）
　第三节　君子之道和理想人格…………………………………………（247）
　　一　君子和君子之道………………………………………………（248）
　　二　君子的理想人格………………………………………………（253）

第四节　君子修身进德之道 ……………………………………（259）
　　一　三纲八目——修身的目的和步骤 …………………（260）
　　二　絜矩之道——君子对民众行为的规范作用 ………（263）
　　三　中庸之道——道德修养的最高标准 ………………（264）
　　四　修身以道——三达德及其修养方法 ………………（268）
　　五　至诚之道——完善自我、成就事物的品质 ………（270）

第五节　君子之德与治国理政 …………………………………（272）
　　一　君子之德与德治 ……………………………………（272）
　　二　先秦儒家倡导为政以德之原因 ……………………（277）

第七章　《礼记》治理思想的特点、影响和启示 …………………（282）
第一节　《礼记》治理思想的若干特点 ………………………（282）
　　一　大同和小康相结合的国家治理目标 ………………（283）
　　二　治国以礼的治理准则和礼乐刑政的综合治理方式 …（284）
　　三　体现德治的制度设计和修身进德的政治伦理 ……（286）
　　四　以人本为中心，神本、民本、德本并行的思想观念 …（287）

第二节　《礼记》中的大同、小康理想对后世的影响 …………（291）
　　一　大同理想对后世的影响 ……………………………（292）
　　二　小康理想在当代中国的运用和转化 ………………（301）

第三节　《礼记》中的修身进德和成德之教思想的
　　　　　价值和启示 ……………………………………………（308）
　　一　修身进德思想的价值和启示 ………………………（308）
　　二　成德之教思想的价值和启示 ………………………（312）

结束语 ………………………………………………………………（318）

参考文献 ……………………………………………………………（324）

后　记 ………………………………………………………………（335）

绪　　论

利莫大于治，害莫大于乱。

——《管子·正世》

凡将立国，制度不可不察也。

——《商君书·壹言》

中国特色社会主义制度和国家治理体系不是从天上掉下来的，而是在中国的社会土壤中生长起来的……中国特色社会主义制度和国家治理体系具有深厚的历史底蕴。在几千年的历史演进中，中华民族创造了灿烂的古代文明，形成了关于国家制度和国家治理的丰富思想。

——习近平：《坚持和完善中国特色社会主义制度
推进国家治理体系和治理能力现代化》

在中华民族5000多年的文明史中，先人创造了无数璀璨的文化瑰宝，铸就了中华文明史上的座座丰碑。其中浩瀚的文化典籍，凝结了先哲圣贤的智慧。它们不仅成为先贤修身齐家治国平天下的依凭，更蕴含着许多跨越时空的思想价值。《礼记》正是这些文化典籍中的经典之一。《礼记》是一部礼学著作，其中蕴含着丰富的国家治理思想。本书将以国家治理为视角，以《礼记》为文本依据，以《礼记》中的礼法合治思想为研究对象，对《礼记》中的礼法合治思想进行挖掘、梳理和探析。那么，研究《礼记》中的礼法合治思想的学术价值和现实意义何在？研究《礼记》中的礼法合治思想需要厘清哪些基本概念？本书将如何研究《礼记》中的礼法合治思想？这些都是需要在绪论中加以说明的问题。

一　研究《礼记》礼法合治思想的价值和意义

任何学术研究都应该有其独特的学术价值，否则这种研究的意义就值得商榷。研究《礼记》中的礼法合治思想，其学术价值和社会应用价值可以从以下四个方面来考察。

(一) 拓展和深化《礼记》研究

从文化典籍角度看，《礼记》是儒家最重要的经典之一。从礼法合治的角度阐述《礼记》中蕴含的丰富思想，有益于拓展和深化对《礼记》的研究。

众所周知，在历史悠久和辉煌灿烂的中华传统文化中，儒家思想曾长期居于统治地位，并潜移默化地影响着中国人的思想和行为。而《礼记》作为儒家的重要典籍，"十三经"①中的"三礼"之一，对促进儒家思想的发展有着承前启后的作用。《礼记》与《仪礼》《周礼》统称"三礼"，其中的"礼"即诗、书、礼、乐、易、春秋"六经"中的"礼"。从现有资料看，"三礼"之中最早形成文本的是《礼》，即《仪礼》，是礼的本经，亦称《礼经》，记载礼仪制度；《周礼》古称《周官》，借周公制礼阐述理想中的官制与政治制度；《礼记》中的相当部分则是对《仪礼》的注释，藉以阐发礼制原理，是儒家阐述礼学的论著。因此，在儒家经典中，《礼记》以其独特的价值成为后世学人研究的对象。

《礼记》的49篇文献除了可以确定为西周文字或秦汉人所作的篇目之外，多数篇目大致撰于战国时期。②《礼记》的成书过程自东汉以来一直为人们所探讨。关于《礼记》的编者和年代，主要有两种观点。一种观点认为《礼记》是由戴圣在西汉时所编。从东汉郑玄起，晋代陈邵，隋唐陆德明、孔颖达、杜佑、徐坚，清代戴震、陈寿祺，近代王国维，及至现当代学者沈文倬、杨天宇、李学勤等，均持这种观点。另一种观点则认为《礼记》不是戴圣所编，其成书时间在东汉中期今古文界限逐渐变宽的时候。持这种观点的主要代表人物有现当代学者洪业、蔡介民、钱玄、王文锦等。其中，洪业、王文锦认为《礼记》成书于郑玄之前、戴圣之后，并非一人一时所辑；蔡介民认为《礼记》的编者是东汉时期的马融、卢植；钱玄认为《礼记》由东汉传习戴圣礼学的学者辑录而成③。本书采纳第一

---

① "十三经"指南宋时期确立的十三部儒家经典，分别是《诗经》《尚书》《周礼》《仪礼》《礼记》《周易》《春秋左氏传》《春秋公羊传》《春秋穀梁传》《论语》《尔雅》《孝经》和《孟子》。

② 参见钱玄《三礼通论》，南京师范大学出版社1996年版，第48页。

③ 参见王锷《〈礼记〉成书考》，中华书局2007年版，299页。

种观点，即认为《礼记》成书于汉代。汉宣帝时期，戴德与其丛兄之子戴圣叔侄传习礼学，分别辑录孔子弟子及后学文献，戴德辑录本称为《大戴礼记》，共85篇，现存40篇；戴圣辑录本称为《小戴礼记》共49篇，全部得以流传。《大戴礼记》通常简称为《大戴礼》，《礼记》则指《小戴礼记》。在考察《礼记》中的义理涉及的文献背景资料时也以此为基础。据王锷《〈礼记〉成书考》，《礼记》是由戴圣在西汉宣帝甘露三年（公元前51年）后、汉成帝阳朔四年（公元前21年）前的30年间编纂的，底本来源于《汉书·艺文志》记载的"《记》百三十一篇"[①]等五种，以及《曾子》《子思子》等在汉代仍然存有的孔子后学文献。

《礼记》所收录的文章大多是孔子弟子及战国儒者的作品，并非一时一人之作。《礼记》内容丰富，涵盖了日常礼节、重大仪式、孔子言论和儒家论著等。据《汉书·艺文志》记载，《礼记》为七十子后学所著。而对于各篇目的作者，历来有不同看法。通常认为，《乐记》为公孙尼子所著，《中庸》《表记》《坊记》《缁衣》四篇由子思子撰写。根据《〈礼记〉成书考》，《礼记》其他篇目的归属分别是：《哀公问》《仲尼燕居》《孔子闲居》《儒行》是孔子的著述，《曾子问》《大学》记载了曾子的思想，《学记》《曲礼》《少仪》是先秦其他儒家学者的著述，以上十四篇成篇于春秋末期至战国前期；《奔丧》与《投壶》是《礼古经》的逸篇，连同《丧服小记》《大传》《杂记》《丧大记》《问丧》《服问》《间传》《三年问》《丧服四制》《祭法》《祭义》《祭统》《王制》《礼器》《内则》《玉藻》《经解》等十九篇是战国中期的文献；《深衣》《冠义》《昏义》《乡饮酒义》《射义》《燕义》《聘义》七篇成篇于战国中晚期，《文王世子》《礼运》《郊特牲》三篇是在战国晚期整理成的文献，《檀弓》《月令》《明堂位》成篇于战国后期。虽然《礼记》多数篇目的作者和成文时间在学界多有争议，但不可否认的是，《礼记》反映了以七十子后学为代表的春秋战国乃至两汉儒家学者的思想。

"记"，顾名思义，侧重于注释和阐发。《礼记》中不少篇章都直接与《仪礼》的篇目对应，阐述典章礼制背后的思想，即"礼义"。如《礼记》中的《冠义》《昏义》《乡饮酒义》《射义》《燕义》和《聘义》，分别对应《仪礼》的《士冠礼》《乡饮酒礼》《大射》《燕礼》和《聘礼》；《礼

[①] （汉）班固：《汉书》卷30《艺文志第十》，中华书局2007年版，第326页。

记》中的《丧服小记》《丧大记》《奔丧》《问丧》《服问》《间传》《三年问》《丧服四制》等,与《仪礼》的《丧服》《士丧礼》密切相关。《礼记》中的其他篇章,则与《仪礼》没有直接关系,"是七十子后学对儒家政治理想、治国方略、典章文物、嘉言懿行,以及礼的学理、规则等等的议论与发挥"①。

《礼记》主要阐述了礼制背后的精神——礼义。《礼记》作为七十子后学的文集,在内容与思想上具有相当的统一性,在成书时间上也有一定的联系,总体隶属于儒家学派,这一点已被出土简帛文献所证明。与此同时,与《论语》《孟子》《荀子》等儒家其他经典著作不同,《礼记》成书复杂,内容十分丰富,各篇出自不同作者,乃至不同时代,有各自的重点和特点,一些篇目的主张在细分下不时与法、道、墨、阴阳等其他学派相近,有些篇目内部甚至包含了不止一家学派的观点。但是,全书毕竟以礼为轴线编撰,从而成为一部礼学经典,是儒家礼学的代表作。

自《礼记》成书以来,历史上关于《礼记》的注释、研究层出不穷,其中部分有影响的著作如:(汉)郑玄注、(唐)孔颖达疏《礼记正义》、(元)陈澔《礼记集说》、(明)王夫之《礼记章句》、(清)孙希旦《礼记集解》、(清)朱彬《礼记训纂》等。这些《礼记》的集释本,或重考据,或重义理,或考证严谨,或微言大义,各有所长,既是当时《礼记》研究的重要成果,也成为后人学习和研究《礼记》的重要参考文献。此外还有一些当代学人点校的重要注释本,以及近现代以来广泛涌现的研究成果。这些研究成果也各有侧重,学术方法不尽相同,观点亦百花齐放,呈现了《礼记》研究在近些年发展的良好态势,为学界进一步研究《礼记》并发掘其思想内涵和当代价值提供了多方面的参考。

作为"三礼"中哲学意蕴最强的一部典籍,《礼记》自问世以来,一代代学人对其进行研究,产生了许多有影响的学术专著,涉及哲学、历史学、文献学、政治学、音乐学、法学等多个学科。还有一些学者对《礼记》中的部分篇章如《王制》《月令》《礼运》《乐记》《缁衣》做了专门研究,多以论文形式出现,也有一些学术专著。此外,这些年来出土文献的涌现,特别是 20 世纪 90 年代以来郭店楚简、上海博物馆馆藏战国楚竹书等的发现,一定程度上填补了孔孟之间儒家学说的空白,并且其内容与

---

① 彭林:《三礼研究入门》,复旦大学出版社 2012 年版,第 4 页。

《礼记》中的若干篇目基本相近，形成对照，使进一步发掘《礼记》的思想价值、重新解读《礼记》的思想内容成为可能。总之，《礼记》作为儒家的经典著作之一，千百年来成为一代又一代学者的研究对象，其成果是中华文化的重要承载，也为我们今天的研究提供了很高的研究平台，奠定了深厚基础。但目前还很少见到关于《礼记》中的礼法合治思想研究的学术专著，因而也为本研究提供了较大空间。本书从国家治理的角度探讨《礼记》中的礼法合治思想，有助于深化和拓展对《礼记》这部经典文献的研究。

（二）增进对礼和法这一对中国哲学的范畴研究

在中国哲学史上，礼和法是一对十分重要的范畴。以《礼记》为文本依据，系统深入地研究其中的礼法合治思想，有助于增进对中国哲学中的礼和法这一对范畴的研究。

在中国哲学中，有着许多内涵丰富的成对范畴，如天人、义理、公私、群己、仁义、心性、性命、理气、言意、本末、体用、有无、内外、道德、礼法、德刑等，它们从不同方面揭示着人与自然、个人与社会、家与国、人的内心修养与外在气质表现等之间的关系。其中的礼和法无疑是中国哲学中极具实践价值的一对重要范畴。它涉及国家与社会、国家与个人、个人与社会、个人与群体、个人与个人之间的关系。礼与法的关系既是法哲学层面的问题，也是政治哲学、伦理学层面的问题。

礼学是中国思想史上的重要领域，《礼记》之礼是礼学的重要组成部分，因此研究《礼记》之礼学的著作数千年来层出不穷，多有建树，现当代亦然。相比之下，在漫长的中国古代社会，由于以伦理道德为主要特色的儒家思想长期占据思想界的主流，因此相对于其他范畴来说，关于礼和法这一对范畴的研究相对薄弱。相对于学界对礼学的众多研究成果来说，专门研究儒家法思想的成果似不多见，而专门研究儒家礼法合治思想的成果似乎更少，关于《礼记》之法的研究成果更是鲜见。尽管如此，还是有一些学者注意到《礼记》中的《王制》《礼运》《月令》等篇章中蕴含的法的观念。近代以来，一些研究中国法学史、政治思想史的著作都引述了《礼记》的有关篇章。20世纪末特别是进入新世纪，在法学兴盛特别是中国共产党推进依法治国方略的背景下，一些从事法学、哲学和历史学研究的学者推出的研究成果程度不同地涉及《礼记》中的法思想。还有一些学者从哲学和语言文字学角度，探讨了《礼记》文本中"刑"字的哲学意涵。更多学者注意到了《礼记》中一些蕴含着法观念的词句，并进行了集中探讨。例如，对"礼不下庶人，刑不上大夫"①，就有不少文章对此进行讨论。

尽管专门研究《礼记》中礼法合治思想的研究成果尚不多见，但由于先秦时期是中国思想史发展的重要阶段，礼和法也是中国学术研究的两大热点领域，因此先秦时期的礼制研究及先秦诸子礼学的研究已有大量成果，先秦时期法律的形成也经常在法学文献中涉及，先秦时期礼与法关系的研究成果也颇为丰硕。

学者们分别从历史学、法学、哲学等多方面，探讨了先秦时期乃至中国古代礼与法的关系。在以往研究者的笔下，礼与法关系研究主要涉及礼与法的联系，法的起源与礼的关系，礼与法的区别，礼与法的衍化、分列与融合，礼与法作用的历史转换，礼与法之精神的当代社会价值等。其中，有的分析了中国古代法律的基本精神及主要特征，探讨了中国法律与中国社会的诸多问题，包括礼与法、德与刑等问题。有的考察了封建时代前期用来表示法律和用来表示礼仪的"礼"的两重含义，认为古人已经认识到了作为法律的"礼"和作为礼仪的"礼"的不同，指出了"礼"作为"规范法"和"刑"作为"惩处法"的不同。有的就礼法关系提出了一系列观点。有的探讨了刑法律、礼法文化、礼与法、道德的法律化和法律的道德化等问题。对于礼与法的关系，大多数学者认为，中国古代社会的礼已蕴含着法的萌芽，礼在很大程度上就是古代的法。也有学者认为，传统的礼与法有明显区别。

从目前已有的研究成果来看，进行先秦儒家礼法思想研究的学者学科背景不尽相同，既有哲学背景，也有历史学、法学等背景。他们以哲学的思辨，历史学的严谨，法理学的创新，从不同层面探讨了先秦时期思想宝库中的礼和法及其关系，取得了丰富的研究成果。尽管不同学者对礼与法的关系有不同的看法，但有一点却是共同的，即绝大多数学者都认识到，礼和法之间有着极为密切的关系。例如，有学者认为："中国法律史研究的难点是什么？是礼。不研究礼就无法全面理解中国法律史。但这个研究必须尊重历史，首先要原原本本地搞清楚什么是礼，它与法的关系究竟是

---

① （汉）郑玄注，（唐）孔颖达正义，吕友仁整理：《礼记正义》卷4《曲礼上第一》，上海古籍出版社2008年版，第101页。

什么，从事实出发总结出真正的规律和中国传统法的真正特色。而不是把礼随便地比附成西方的某个法。"① 中国古代社会礼和法的密切关系，决定了后人无论是研究中国古代政治和社会，还是研究古代中国的礼学，或者是研究中国传统法，都必须同时关注礼和法，关注二者之间的密切关联。

近年来，与礼和法相关联的德法共治研究也有一些成果，主要阐述了德治与法治各自具有的特殊功用，以及两者在共同治国中所经历的历史阶段和积累的经验，指出德法互补、互相促进、共同治国在中国由来已久，是中国古代治国理政的成功经验，也是中国传统法文化的精髓，充分显示了中华民族的政治智慧与法律智慧。认真总结中国古代德治与法治的功用、相互关系、共同治国的历史经验，对于建设中国特色的法治国家具有重要的史鉴价值。②

时至今日，关于《礼记》之礼和《礼记》之法的研究，以及中国古代社会礼与法关系的研究仍有较大空间。尤其是从法的角度考察《礼记》，挖掘蕴含其中的法思想，更是以往研究中相对薄弱的环节。因此，在前人研究的基础上，以《礼记》为文本依据，系统深入研究其中蕴含的礼法合治思想，有助于增进对中国哲学中的礼和法这一对范畴的研究。

（三）彰显当代中国国家治理的深厚历史底蕴

以《礼记》中的礼法合治思想为研究对象，也是基于对研究这一选题现实意义的考量。任何学术研究都不能脱离社会现实，研究成果也不可避免地有其社会影响。在当代中国，这种社会影响可以从国家治理的角度来考量。当代中国的国家治理是一个具有时代性的课题，"坚持和完善中国特色社会主义制度、推进国家治理体系和治理能力现代化，是关系党和国家事业兴旺发达、国家长治久安、人民幸福安康的重大问题"。"一个国家选择什么样的国家制度和国家治理体系，是由这个国家的历史文化、社会性质、经济发展水平决定的。"③ 中华优秀传统文化，就是影响当代中国

---

① 参见马小红《礼与法：法的历史连接》，北京大学出版社2004年版，第326—327页。
② 参见张晋藩《论中国古代的德法共治》，《中国法学》2018年第2期；《德法共治：中国传统法文化的精髓》，《北京日报》2018年11月5日第15版。
③ 习近平：《坚持和完善中国特色社会主义制度 推进国家治理体系和治理能力现代化》，《求是》2020年第1期。

的社会制度和国家治理体系的决定性因素之一。

中华民族是一个具有5000多年悠久历史的民族，经过数千年积累、创造而逐步形成的中华优秀传统文化具有极为丰富的内涵。中华优秀传统文化包括"五常"中的仁、义、礼、智、信，"四维八德"中的孝、悌、忠、信、礼、义、廉、耻，以及学、爱、善、德、诚、敬、恕、和、俭、正、公、道、理、武、勇，等等。从成语、命题、理念来看，有仁者爱人、与人为善、义以为质、天下为公、天人合一、协和万邦、和而不同、民贵君轻、载舟覆舟、民为邦本、本固邦宁、自强不息、厚德载物、民胞物与、博文约礼、尊师重道、修身、慎独、三达德、三不朽、至大至刚、浩然正气、精忠报国、杀身成仁、舍生取义、文治武功、文事武备、德本财末、戒奢以俭、俭以养德、兼爱非攻、守正不阿、独善其身、兼济天下、知行合一、经世致用、明体达用等。[①] 这些思想文化无疑具有历久弥新的价值，不仅值得后人去发扬光大，也彰显了当代中国国家治理的深厚历史底蕴和中华文化根基。

在中国古代文明中，有关国家制度和国家治理的思想观念中的精华是中华优秀传统文化的重要组成部分，也是中华民族精神的重要内容，对后世乃至今日都发挥着重要作用。例如，大同理想对先贤哲人追求社会发展政治目标的憧憬和激励，国家治理理念方面的六合同风、四海一家的大一统传统对统一的多民族国家形成和发展的内在推动，礼法合治、德主刑辅、礼乐刑政综合为治的思想在国家治理中的运用和效能，民本思想对统治者的约束，平等观念在被压迫人民反抗斗争中的运用，为政以德对明君贤臣的规制，正义追求在清官心目中的坚守，开源固本、裕民富国思想对治国方略的影响，教学为先、化民成俗、为政以德、以德化人思想对中国教育传统的养成，天人合一、厚德载物、顺应时中对生态保存的价值，孝悌忠信、礼义廉耻的道德观念对人与人之间关系的规范和调整，任人唯贤、选贤与能的用人标准在官吏选拔中的运用，周虽旧邦、其命维新的改革精神对历代改革者的激励，亲仁善邻、协和万邦的外交之道在中国古代国际交往中的运用和成效，以和为贵、好战必亡的和平理念的成功运用，等等。这些优秀的思想理念不胜枚举，取之不竭，历久弥新。

礼法合治思想作为中华优秀传统文化中关于国家治理思想的重要组成

[①] 参见郭齐勇《传承文化基因　彰显精神标识》，《人民日报》2014年8月14日第7版。

部分，在漫长的古代中国国家治理中曾长期居于统治地位。礼法合治所蕴含的丰富精神和价值追求不会随着历史的硝烟飘散，而是作为文化基因渗透在中华民族的血脉之中，并会在新的时代背景下彰显其有益价值。"中华文明绵延数千年，有其独特的价值体系。中华优秀传统文化已经成为中华民族的基因，植根在中国人内心，潜移默化影响着中国人的思想方式和行为方式。今天，我们提倡和弘扬社会主义核心价值观，必须从中汲取丰富营养，否则就不会有生命力和影响力。"①

"礼"和"法"是中国传统文化中的重要概念，《礼记》是记载中华传统文化的重要典籍。包括礼法合治思想在内的中国古代文明中的治理思想，绝大多数都可以在《礼记》中找到相关依据或因子。因此，发掘《礼记》中的"礼"和"法"等相关思想资源，吸取其思想精华，同样有着以古鉴今的作用。

一般说来，当春秋战国时期的"法"逐渐从"礼"中分离出来，"礼"和"法"作为一对范畴同时出现并被加以运用的时候，"礼"虽然也指制度，但更多是指伦理道德、行为规范，具有倡导、引导的柔性特点，运用在治国治世方面偏重于德治；而"法"通常是指体现统治阶级意志的法律、法度、律令，具有强制性的刚性特点，运用在治国治世方面偏重于刑治。尽管传统的礼和法与现代社会的礼和法有根本的区别，但其中蕴含的精神和价值仍然有相通之处。

在当代中国，面对各种社会矛盾，特别是一定范围内存在的越礼违规、违纪犯法现象，人民群众呼唤构建民主法治、公平正义、诚信友爱、充满活力、安定有序、人与自然和谐相处的和谐社会。执政的中国共产党一方面强调"法治是治国理政的基本方式。要推进科学立法、严格执法、公正司法、全民守法，坚持法律面前人人平等，保证有法必依、执法必严、违法必究"②，并将依法治国作为基本方略，全面推进依法治国，加快建设法治中国；另一方面，强调"社会主义核心价值体系是兴国之魂，决定着中国特色社会主义发展方向"③，倡导富强、民主、文明、和谐，倡导自由、平等、公正、法治，倡导爱国、敬业、诚信、友善，在全社会积极培育和践行社会主义核心价值观。中共十八大明确提出："要坚持依

---

① 《十八大以来重要文献选编》（中），中央文献出版社2016年版，第5页。
② 《十八大以来重要文献选编》（上），中央文献出版社2014年版，第21页。
③ 《十八大以来重要文献选编》（上），第24页。

法治国和以德治国相结合,加强社会公德、职业道德、家庭美德、个人品德教育,弘扬中华传统美德,弘扬时代新风。"[1] 显然,依法治国和以德治国相结合,是当代中国治国理政的必然选择和一大特色;建设文明中国和法治中国,是当代中国政治发展和文化发展的必然取向。在这种情况下,我们有必要从包括礼和法在内的中华优秀传统文化中吸取精华,对其中蕴含的礼法合治思想作出合乎历史逻辑和思维逻辑的阐释,为当今治国理政与和谐社会建设提供有益启迪,为建设文明中国和法治中国提供学术借鉴,进一步彰显当代中国国家治理的深厚历史底蕴和中华文化根基,增强当代中国的道路自信、理论自信、制度自信、文化自信。

总之,在前人研究的基础上,进一步从礼法合治角度深入挖掘《礼记》蕴含着的丰富思想价值,有助于深化和拓展《礼记》研究,加深对《礼记》丰富内涵的了解;有助于增进对中国哲学中礼和法这一对范畴的研究,特别是先秦礼法思想研究;有益于全面认识中国古代文明,弘扬中华优秀传统文化,并在既有文化传统基础上进行文化传承、转化、变革与创新,建设中华民族共有的精神家园,不断增强中华文化的吸引力和感召力,并为当代中国国家治理提供有益借鉴。

(四) 促进中西方文化交流交融和谐共生

研究《礼记》礼法合治思想的现实意义还可以从中西文化交流的角度来考量。礼和法均是中国传统社会自生的概念,礼法合治思想是中华优秀传统文化宝库中的重要内容。中华优秀传统文化是中华儿女永恒共有的精神家园,是中华民族5000年文明历史绵延不绝的根基、血脉和灵魂,是中华文化不可或缺的重要组成部分。在中华优秀传统文化中,包括了几千年来中华民族先人独创的概念和思想成果,其中就包括礼法合治的治国思想。

近代以来,西学东渐。在近代西方思想的冲击性涌入下,包括礼和法在内的中国传统文化受到巨大挑战。这就迫使人们思考:中国传统文化中的礼和法的价值何在?英文中的 law 被译为"法",它究竟与中国传统法有哪些联系与区别?它对中国法制的建设又有哪些影响?中国特有的"礼"受到的冲击丝毫不逊于法。在英文中,似乎没有一个词能够与"礼"对应,无论是"ritual""prosperity""politeness""law"还是"or-

---

[1] 《十八大以来重要文献选编》(上),第25页。

der"等，虽然其定义各有侧重，却都不能完整地与中国的"礼"相对应。在西方制度的强大冲击下，如今的"礼"似乎已不再具有制度功能，而成为流淌于社会万象之中的道德规范或特定场合的礼仪规制。但是，中国古代作为制度、规范等层面的"礼"是否真的消失了？它与当今受到西方观念影响的"法"有哪些交叉之处？礼在当代中国和谐社会建设乃至推动构建人类命运共同体进程中，又可能起到哪些积极作用？这都是值得深入思考和进一步探讨的问题。

许多中西方学者都对不同于西方法律的古代中国礼、法有着浓厚兴趣，在比较视野下进行了诸多关于古代中国礼、法问题的研究，这种比较研究是从近代开始的。

1840年后，当西方列强用坚船利炮打开中国国门之后，中国的社会发展逐渐发生变轨，从一个独立的封建国家演变为一个半殖民地半封建的国家，中华民族备受欺凌。素有礼仪之邦的古老中国在外部侵略面前被动挨打的境遇，迫使中国的仁人志士向西方学习，寻找救国救民的真理。从技艺到思想到制度，古老的中国在外力作用下开始偏离数千年发展的历史轨道，走上学习西方、效法西方之路。在这一过程中，一些具有远见的政治家、思想家和学者在民族生死存亡时刻摆脱了狭隘的民族偏见，在向西方寻求救国之路的同时，开始对中国的传统进行反省和批判，梁启超就是其中的一位代表。

梁启超尝试运用西方法的视角来考察中国传统法律。他在1904年所写的《中国法理学发达史论》一书的绪论中说："近世法学者称世界四法系，而吾国与居一焉，其余诸法系，或发生早于我，而久已中绝，或今方盛行，而导源甚近。然则我之法系，其最足以自豪于世界也，夫深山大泽，龙蛇生焉。我以数万万神圣之国民，建数千年绵延之帝国，其能有独立伟大之法系宜也。"梁启超比较了中西法的产生和现状，认为中国在春秋战国时期法理学发达臻于全盛，但后来法系僵化，"法治主义之学说，终为礼治主义之学说所征服。"同时他也认为，欧洲十七八世纪的法学说带来的十九世纪法的实践"自《拿破仑法典》成立，而私法开一新纪元。自各国宪法公布，而公法开一新纪元。逮于今日，而法学之盛，为有史以来所未有"。梁启超认为，要整肃国内团结一致对外，需要实行法治主义。而要采取法治主义，"则吾先民所已发明之法理，其必有研究之价值"。在这本书中，梁启超将礼称作人定法，认为"儒家崇信自然法，而思应用自然法以立人定法。其所立之人定法,则礼是也"①。显然,梁启超试图运用西方法的视角来考察中国传统法律。他的《论中国成文法编制之沿革得失》《中国专制政治进化史论》等著作,也都体现了这一意图。

严复是将西方近代政治、哲学、经济和法律名著系统地介绍到中国的代表性人物,他在法学思想方面也多有贡献,对"制"与"法""理"与"礼"及其与西方的"法"也做了一定的比较研究。严复指出:"西文'法'字,于中文有理、礼、法、制四者之异译,学者审之。"②他认为,在中国,皇帝诏书,自秦称制。中国古代的"制"与"法"相当于西方的成文法,而中国古代的"理"与"礼"则相当于西方的习惯法。严复论及"西人所谓法者,实兼中国之礼典"③ 时,就已经隐约道出了其中的异同。

杨鸿烈在强调中西法律思想差异的同时,指出了西方法律思想对中国法系传统的毁灭性攻击。他在1936年所著的《中国法律思想史》中指出:鸦片战争以来,"中国法系的本身就发生空前所未有的打击!加以欧美学说大量输入,如'保障人权'和'权利''义务'的思想深入中国青年脑里,于是对过去那样'礼''法'分不清的法律或政治的制度自然深为不满"。况且,随着"社会经济逐渐发达,旧日比较简单落后的法制实在不足应付新环境"。他认为,几千年来,"中国法律思想的范围牵涉得很为广大,内容的义蕴很为宏深,问题很为繁多"。而每一个时代,都可见"特殊的创见"④。"该书关注了中国法律近代化变革以来中国法律思想的剧变,在法学领域首次以专著讨论了这种剧变,尤其注意到了中西法律思想的巨大差异,注意到了西方法律思想对中国法系传统的毁灭性攻击,开了近代法律思想史研究的先河。"⑤

吴于廑在1946年所作的哈佛大学博士学位论文中,运用比较方法来研究先秦礼法思想。他认为,"封建中国的制度背景与封建欧洲的制度背景大致相当,我们相信以对比的方式来进行我们的研究,是会富有成果

---

① 参见《梁启超论中国法制史》,商务印书馆2012年版,第3、4、5、49页。
② 严复案语,[法]孟德斯鸠:《孟德斯鸠法意》,严复译,商务印书馆1981年版,第3页。
③ 严复案语,[法]孟德斯鸠:《孟德斯鸠法意》,严复译,第7页。
④ 杨鸿烈:《中国法律思想史》,中国政法大学出版社2004年版,第273、314页。
⑤ 范忠信、何鹏:《杨鸿烈及其对法律思想史学科的贡献》,载杨鸿烈《中国法律思想史》,第6页。

的。我们的假设是,一个类似的制度背景,可能孕育出类似的制度和法律思想。制度史家对封建欧洲的结论,可能会给予研究封建中国的类似问题提供某种启示。在这样做时,我们绝不试图把欧洲封建的公式照搬到中国的封建历史中去。相反,我们的目的,正是在两个地理上分开的地域中,寻找两个非常同质的时期内的政治和法律思想中的共同因素。以对比的手段,我们可能对两个封建史中的某些问题有更好的理解,如王权的司法问题,远古法律问题,法律的主权观问题,还有统治者和法律的关系问题"。①

古老的中国一直为世界所关注,中国古代社会特有的礼与法的关系也是如此。"但是,由于礼的复杂性及中国传统学术擅长形象思维、抽象思维薄弱的原因,近代以来关于礼与法的研究进展缓慢。所以孟德斯鸠《论法的精神》与法国重农学派思想家弗郎斯瓦·魁奈《中华帝国的专制制度》等著作中对中国'礼'的理论分析直到现在仍为学界时时征引,奉为圭臬。"②

孟德斯鸠在《论法的精神》一书中,关注到中国古代社会中的礼与刑。他认为,中国的立法者们"把宗教、法律、风俗、礼仪都混在一起。所有这些东西都是道德。所有这些东西都是品德。这四者的箴规,就是所谓礼教。中国统治者就是因为严格遵守这种礼教而获得了成功。"③ "那些不以礼而以刑治国的君主们,就是想要借刑罚去完成刑罚的力量所做不到的事,即,树立道德。"④ 孟德斯鸠对包括礼和法在内的广义的中国古代之礼有其独到见解。

魁奈在分析中国古代君主专制制度时,对君主的个人素质有较多关注。他在《中华帝国的专制制度》中写道:"中国早期的几位帝王都是很好的统治者,他们所制定的法规和所从事的主要活动都无可厚非。人们认为他们通过颁布公平的法规,倡导有用的技艺,专心致力于使他统治的王国繁荣。""没有哪个民族比中国人更顺从他们的君主,因为他们受到良好的教育,深知统治者和他的臣民的职责是相互联系着的;他们尤其鄙视

---

① 吴于廑:《士与古代封建制度之解体 封建中国的王权和法律》,武汉大学出版社2012年版,第185页。
② 曾宪义、马小红:《中国传统法研究中的几个问题》,《法学研究》2003年第3期。
③ [法]孟德斯鸠:《论法的精神》上册,张雁深译,商务印书馆1961年版,第313页。
④ [法]孟德斯鸠:《论法的精神》上册,张雁深译,第313—314页。

那些违反自然法则和败坏道德伦理的人，要知道这些伦理戒律构成了这个国家的宗教和悠久而令人赞佩的教育制度的基础。"①

尽管孟德斯鸠和魁奈的上述关于中国"礼"的理论分析直到现在仍为学界时时征引，但仍有学者认为："从孟德斯鸠和魁奈对中国礼仪道德和法律的论述中，可以看出由于地域、文化、语言、观念的隔膜，西方思想家难以对中国社会的'礼'给予正确的把握和理解。无论是孟德斯鸠的批判，还是魁奈的赞扬都充满了偏见和误解。孟德斯鸠将中国的礼看成是缺乏精神性的、琐碎的、表面的、虚伪的规则"②，魁奈则将中国的伦理道德与西方的自然法相比拟，并认为"中国的法律完全建立在伦理原则的基础上"③。

随着全球化进程的加快和改革开放以来中国的迅速发展，东西方文明不断进行碰撞与交流，侧重东方意蕴的礼与偏重西方色彩的法开始成为中西比较研究中的热点之一，其中不乏涉及对《礼记》中的礼法思想进行中外比较的著作和文章。一些国外学者也对中国传统礼与现代西方法的比较产生兴趣，产生了一些研究成果。

上述可见，具有鲜明中国特色的礼法问题是国内外学者关注的中华文化的热点问题之一，也是一个难点问题。从文化交流角度看，研究不同于西方的中国传统文化中的礼法合治思想，有利于促进中西方文化交流，使更多的西方学者了解中华文化的丰富内涵和独特魅力，使中华文化进一步走向世界，促进不同文明交流交融和繁荣共生。以《礼记》为文本依据探讨古代中国文明中的礼法合治思想，有助于思考和探索上述问题。这对于弘扬中华优秀传统文化，展现中华文化深邃的思想内涵和经久不衰的独特价值，推动中华文化走向世界并在与其他民族优秀文化的交流交融中不断发展，具有积极促进作用。

二 礼、法、治及相关概念辨析

根据《现代汉语词典》，概念是人类思维的基本形式之一，反映客观事物一般的、本质的特征。人类在认识过程中，把所感觉到的事物的共同特点抽象出来并加以概括，就形成了概念。概念是自我认知意识的一种表

---

① ［法］魁奈：《中华帝国的专制制度》，谈敏译，商务印书馆2018年版，第40、41页。
② 曾宪义、马小红：《中国传统法研究中的几个问题》，《法学研究》2003年第3期。
③ ［法］魁奈：《中华帝国的专制制度》，谈敏译，第82页。

达，是人类所认知的思维体系中最基本的构筑单位。概念是思维活动的结果和产物，同时又是思维活动借以进行的单元。概念有其内涵和外延，即其含义和适用范围。概念随着社会历史和人类认识的发展而变化。概念有大小之分，被区分为一级概念或二级概念，概念之间有并列关系也有包含关系。在《礼记》礼法合治思想的研究中，"礼""法""治"是一级概念，而礼义、礼仪、礼乐、礼制、礼治等是"礼"所统属的二级概念；法刑、法律、法度、法制、法治、法令等是"法"所统属的二级概念；治世、治国、治政、治军、治民、治乱等是"治"所统属的二级概念。

（一）礼及其相关概念

儒家文化中的"礼"，有狭义和广义之分。狭义的礼，主要是指合乎儒家道德要求的行为规范；广义的礼，包括合乎儒家道德伦理要求的治国理念、典章制度、行为规范。作为《礼记》中的核心词，"礼"字在全书中一共出现737次，其内涵涵盖了广义上的礼的相关内容。本书所论述的《礼记》中的礼法合治思想，是在广义上使用礼的概念的。

在中国古代典籍中，"礼"字包含多个层面，其中有行为之礼、制度之礼、观念之礼等。"宗周时代'礼'所包含的仁义道德、风俗教化、君臣关系、宗法制度、军事制度、祭祀鬼神等内容，都是人们言行的规范。这些行为规范存在于社会的生产关系、上层建筑及意识形态等诸多领域，是维护社会运转的重要保障。无论从先秦典籍记载，还是后世典章制度所反映的情况看，周代社会中'礼'的表现形式相当繁缛、庞杂，大到国家各项典仪、小到人们日常起居，无一不为'礼'的规定所约束，以至《礼记》中有'经礼三百，曲礼三千'的记载。"[1]

根据《礼记·曲礼上》，礼是士大夫不可或缺的行为准则、道德规范，"非礼不成"，"非礼不备"；礼是决定大事的重要依凭，"非礼不决"，"非礼不定"；礼是人际关系的保障，"非礼不亲"；礼是庄正严肃、敬畏之心的基石，"非礼威严不行"，"非礼不诚不庄"。礼的表现是恭敬而谦逊的，"君子恭敬、撙节、退让以明礼"[2]。礼是区分人际关系亲疏远近的方式，

---

[1] 李宏锋：《礼崩乐盛——以春秋战国为中心的礼乐关系研究》，文化艺术出版社2009年版，第18页。

[2] （汉）郑玄注，（唐）孔颖达正义，吕友仁整理：《礼记正义》卷2《曲礼上第一》，第19页。

"夫礼者,所以定亲疏"①。

由"礼"这个概念延伸出的相关概念有"礼仪""礼乐""礼制""礼义""礼法"等。

礼仪,指礼节和仪式,也是具体的礼节条目和行为举止。"礼"和"仪"指的都是尊敬的方式,"礼"多指个人性的,即礼节;"仪"则多指集体性的,即仪式。也有学者认为,"仪是模式,是法度,依模式而行礼是谓礼仪,依法度而行法是谓威仪"②。礼仪主要见之于行为活动或仪容态度,属于行为、仪式之礼。它是人们在长期共同生活和相互交往中,为维系社会正常生活而逐渐形成,并且以风俗、习惯和传统等方式固定下来、要求人们共同遵守的最基本的道德规范。在《礼记》中,"礼"和"仪"二字合称为"礼仪"共出现两次。一次为《礼记·中庸》的"礼仪三百,威仪三千"③,以此形容礼仪条目甚多,内容全面细致;另一次为《礼记·坊记》引用《诗经》的"礼仪卒度,笑语卒获"④,意即礼仪完全符合法度时(一说古代祭祀的仪式全部完成后),一言一笑都会恰到好处,说明礼仪对人举止、修养的良好影响。

仪是礼最直观的外在表现形式,却并不等同于礼。《左传·昭公五年》记载,女叔齐认为,不违反礼仪规范履行祭祀的行为只能称之"仪",即执行了仪式,却不能称之为懂礼者。礼的根本在于守国、行政、护民,仪只是其中的细末。"是仪也,不可谓礼。礼,所以守其国,行其政令,无失其民者也。……礼之本末将于此乎在,而屑屑焉习仪以亟。言善于礼,不亦远乎?"⑤作为表面的模式、法度、仪容的"仪",表现了施行礼仪的行为,但是,没有贯彻礼的精神的仪却不能代表礼。礼的意义,在于"天之经也,地之义也,民之行也"⑥,是治国的大经大法,是"上下之纪、天地之经纬也,民之所以生也"⑦。

---

① (汉)郑玄注,(唐)孔颖达正义,吕友仁整理:《礼记正义》卷1《曲礼上第一》,第13页。
② 杨向奎:《宗周社会与礼乐文明》(修订本),人民出版社1997年版,第281页。
③ (汉)郑玄注,(唐)孔颖达正义,吕友仁整理:《礼记正义》卷60《中庸第三十一》,第2032页。
④ 高亨注:《诗经今注·小雅·谷风之什·楚茨》,上海古籍出版社2018年版,第348页。
⑤ 杨伯峻编著:《春秋左传注·昭公五年》,中华书局2016年版,第1401、1402页。
⑥ 杨伯峻编著:《春秋左传注·昭公二十五年》,第1620页。
⑦ 杨伯峻编著:《春秋左传注·昭公二十五年》,第1622页。

礼乐，主要是指礼仪规范和音乐舞蹈，属于行为之礼。先秦儒家的文化是礼乐文化，儒家所说的"礼"，一般是包括乐在内的。儒家所说的"乐"，主要是指与礼相伴的乐，即具有道德教化作用的德音雅乐，是乐文化。与礼相配的乐也是礼仪的一部分。在一定意义上说，礼和礼乐是同一个概念。在《礼记》中，这两个概念都有运用。

礼制，主要是指名物制度或典章条文，属于制度之礼。礼制是仁政德治的实现途径和具体化。礼制发源于人们对天地鬼神的敬畏之心，最初指祭祀的程序和仪式。西周时期周公制礼作乐，标志着比较完备的礼制出现。《礼记》中"礼制"尚未作为一个集合名词出现，但是制礼作乐的历史与思想已贯彻在书中。

礼义，是礼制与礼仪的精神体现，与"理"的含义相近。礼义是一种伦理道德，缘于人情，倡导天、地、人相通，属于观念之礼。礼制和礼仪往往随时代而变化，而礼义则是不因时间变化而改变的原则。它超越了外在行为的"仪"，不再是西周以前"那种尊天祀祖祭神的宗教仪式，也难以再起到维护等级秩序和宗法统治的作用了，但它'经国家、定社稷、序民人、利后嗣'的政治现实意义在当时人文精神的观照下强烈地显现出来，礼的实质、功能和意义再一次被重新发现"[①]。在战国时期，"礼义"得到空前的强调，对礼的认识进入到理论总结的成熟时期。"礼义"一词，在《礼记》中一共出现了19次。

礼法，是指礼仪和法度。礼法是中国古代法律体系的基本形态。古代中国统治者将礼作为国家立法、执法和司法的基本原则和指导方针，以礼率法。礼与法既糅合又并存，互融互补，用于规范社会、管理民众、治理国家。对于"礼法"这一词语，可以有两种理解：一种是作为集体名词的"礼法"，它是指等级观念中的纲常名教；另一种是集合名词的"礼法"，它是"礼"与"法"的合称或简称，指的是礼仪和法度。礼法也是中国特有的一个政治哲学概念。本书关于《礼记》礼法合治思想研究中的"礼法"，正是集合名词的"礼法"，是"礼"与"法"的合称或简称。

礼治，是指"以礼治国"，即按照君臣父子尊卑上下贵贱亲疏等礼的要求治国治世的状态。与法家的"以法治国"相对应。礼治重视人的道德

[①] 王秀臣：《"礼义"的发现与〈孔子诗论〉的理论来源》，《江海学刊》2006年第6期。

素质和才能，强调贤人治国，所谓"仪刑文王"① 就是这个意思。"礼治"一词作为专用名词直到近代才出现，但是以礼治国、以礼治世的观念早在先秦时期就已为儒家学者所广泛接纳。事实上，西周甚至更早的商代实行的就是礼治。从梁启超开始，周代的以礼治国被称为"礼治"或"礼治主义"。礼治不能简单归结于"人治主义"，也不同于西方法学史上与人治相对立的法治或法治主义。古代中国的礼包含了法，礼治也包含了用法律和刑罚的手段来治国。

礼教，是指礼仪教化。它的主要内容是以伦理道德来对民众实施教化。它是实现礼义的重要方法，比礼制具有更高地位。传统意义上的"礼教"，源于传统宗法分封制，兴盛于汉代，绵延近两千年。在漫长历史中，礼教以潜移默化的方式，对中国社会起着大象无形的教化作用，成为中国传统文化的重要组成部分。礼教也曾在近代引起重大争议，一度被斥为"吃人的礼教"。客观地分析包括礼教在内的礼、法及其相关的概念，将它们置于当时的历史条件下，挖掘其中的思想内涵，以期尽量客观地反映礼、法的历史地位和局限，对于我们今天的社会治理、学术传承和比较借鉴都是有益的。

在《礼记》中，尚未出现"礼制""礼治""礼法"和"礼教"的概念，这些概念都是后人概括的。但是，制礼作乐、以礼治国、礼刑协作、礼仪教化的观念，却渗透在《礼记》的许多篇章之中，并对后世产生了深刻、久远的影响。

总之，在中国古代典籍中，"礼"字包含有多种意义，这已经没有太多争议，只是礼到底包含哪些具体内容，不同学者有不同的概括和分析。例如，有的学者将其概括为"礼仪""礼制"和"礼义"三个方面，即：见之于行为活动或仪容态度的多称为"礼仪"，见之于名物制度或典章条文的多称为"礼制"，见之于理性活动或思维观念的多称为"礼义"。由此，中国古代的"礼"即可区分为行为之礼、制度之礼、观念之礼三个方面。就礼的属性而言，作为观念之礼，其内涵具有道德性（自律）的"应该如此"的意义；作为制度、典章之礼，其内涵具有法定性（他律）的"必须如此"的意义；作为行为、仪式之礼，其内涵具有宗教性（信

---

① 高亨注：《诗经今注·大雅·文王之什·文王》，第404页。

仰和神圣）的"天意如此"的意义。①

（二）法及其相关概念

法的定义取决于对法的本质和基本特征的认识。不同国家、不同阶级、不同时代对法的本质和基本特征的认识是不同的。当代中国法学界认为，法是统治阶级意志的体现，而统治阶级的意志归根到底是由其所处的特定社会的物质生活条件决定的。"法的特征是法的本质的外化，是法与其他现象或事物的基本关系的表现。"② 根据国内出版的有关法理学的著作，法的基本特征可以概括为如下四点③：

第一，法是调整社会关系的行为规范。它通过对人们的行为进行规范而达到调整社会关系的目的。作为由国家制定的社会规范，法具有指引、评价、预测、教育和强制等作用。

第二，法是由国家制定和认可的普遍适用于一切社会成员的行为规范。由国家制定或认可，是国家创制法的两种形式。国家制定的法，即通常所说的"成文法"，是由有权创制法律规范的国家机关制定的。国家认可的法一般是指习惯法。习惯法是根据调整社会关系的需要，由国家立法机关或司法机关赋予社会上既存的某些习惯、教义、礼仪等以法律效力而形成的法律规范，或是由法官对特殊的地方习惯的认可。由于它们一般不是通过规范性文件表现出来的，所以被称作"不成文法"。

第三，法是规定权利和义务的社会规范。法是通过规定人们的权利和义务，以权利和义务为机制影响人们的行为动机、调节社会关系的。法的这种调整和指导方式，使它与道德、宗教、习惯相区别。一般说来，道德和宗教实质上是以规定人对人的义务或人对神的义务来调整社会关系的。习惯是人们在长期共同劳动和生活过程中自发形成的、世代沿袭并变成人们内在需要的行为模式。依习惯行事，不存在强制意义上的权利和义务。法以规定人民的权利和义务作为自己的主要内容，所以，法属于"应然"的范畴，而不属于"实然"的范畴。属于实然范畴的是规律，亦即揭示规律的定则。法是由人制定的规则，是立法者主观意志的反映，因而法能否反映客观规律取决于立法者对规律的认识程度和尊重程度。

第四，法是由国家强制力保证实施的社会规范。任何一种社会规范，都

---

① 参见王启发《礼学思想体系探源》，中州古籍出版社2005年版，第4页。
② 本书编写组：《法理学》，人民出版社、高等教育出版社2010年版，第34页。
③ 参见本书编写组《法理学》，第35—38页。

有保证其实施的社会力量，即都有某种强制性，但不同行为规范的强制性在其性质、范围、程度和方式等方面的表现是不尽相同的。比如，道德是依靠人们的内心信念、社会舆论保证实施的，违反道德者通常会受到社会舆论的蔑视、批评、谴责。法是由国家强制力保证实施的，对违法、犯罪的行为，国家通过一定的程序对违反者进行强制制裁。法依靠国家强制力保证实施是从终极意义上讲的，即法的强制力是实施法的最后一道防线。在法律实施过程中，国家强制力常常是"备而不用"的，可以说它"无所在，无所不在"。当人们的行为符合法律规范要求时，法的强制力只是潜在的，不为人们所感知；而当人们的行为触犯法律时，法的强制力才会显现出来。

基于以上关于法的本质和法的基本特征的分析，当代中国法学界将法定义为："法是由国家制定或认可并依靠国家强制力保证实施的，反映由特定物质生活条件所决定的统治阶级意志，规定权利和义务，以确认、保护和发展对统治阶级有利的社会关系和社会秩序为目的的行为规范体系。"[1]

目前国内法学界对法的定义，以及对法的本质和法的基本特征的分析，有助于本书挖掘、梳理和阐释《礼记》之法思想。

法有不同的类型。对中国古代社会的法思想进行研究，涉及一个如何认识传统法和古代法的问题。学界对这个问题进行了积极的探讨，并取得了重要成果。认为中国传统法既与中国古代法相联系，又不同于中国古代法，因此，对中国传统法的研究不同于对中国古代法的研究。"古代法是与古代社会相适应、已经过去或静止了的法，而传统法则是与社会发展相对应，处在不断变化并对现实法的发展具有重大影响的法。""传统法与古代法的研究有着不同的视角。对古代法的研究往往是力求能贴近古代社会的客观，阐述古代社会的法制及古人对法的认识。而对传统法的研究，则是以现代社会中'法'的概念，回观古代社会，一些在古代社会中不被称为'法'或不以'法'字命名，但确实具有'法的性质'的习惯、制度、观念、学说等也必须纳入研究的视野。因此，古代法之'法'是古代语境下的法，在中国主要是指法的制度。而传统法之'法'，包含了古代法之法自不待言，但更为重要的是这个'法'还具备另一个特征，即一个随着

---

[1] 本书编写组：《法理学》，第38页。

社会发展而内涵不断演变的法。"①

换言之，古代法是已经成为历史的客观存在，而传统法则是一个处在不断变动中的过程，这个过程将古代与近现代、历史与现实连接在一起。传统法是以今人的法观念阐释以往社会的法，是对古代法这个历史上曾经有过的客观存在的求索和解释。本书认同上述关于古代法与传统法这两个概念的界定，而本书对《礼记》礼法合治思想的研究，在相当程度上得益于这一界定的启发。

如何认识古人所说的"法"呢？古人所说的"法"与我们现在所说的法有什么关系呢？学界认为："古人所说的'法'，与我们现在所说的法既有联系，又有区别。从广义上说，古人所说的法的内涵远比我们现在所说的法宽泛：神意祖制、自然规律、风俗习惯、国家制度、乡规民约等，皆可以'法'统称。这个'法'的层次十分复杂，既包括理念意识，也包括制度规则。从狭义上说，古人所说的法专指'律'及'刑'。"② 也就是说，古人所说的'法'，与我们现在所说的法不能画等号，它们之间既有联系，又有区别。

那么，如何沟通古代法与现代法的概念呢？前文所引的严复在翻译孟德斯鸠《法意》时的一段话③对我们有启示：首先，中国古人的"法"和西方的"法"在语境上存在着巨大差异：中国古人说到"法"时，大都指制度规章，也就是国家的禁令，而法所体现的精神、道理，即严复所言的"是非"问题，则用"礼""理"等字来表达。西方的"法"则融禁条、规范、制度、原理、精神于一体，一个"法"字包括了中文的理、礼、法、制所表达的内容。其次，由于思维方式的差异，中国人在理解西方"法"时，往往会产生两种误解：一是僵化地以中文"法"字对应西方之"法"，割裂了礼、理与法的关系，找不到中国古代法的精神之所在，片面地认为中国古代法只有制度条文，甚至只有刑罚，而法的精神匮乏；二是片面地用中国古代法去理解西方近代意义的法，认为法就是制度规

---

① 马小红：《礼与法：法的历史连接》，《自序》第3—4页。
② 本书编写组：《法理学》，第198页。
③ 这段话的表述是："盖在中文，物有是非谓之理，国有禁令谓之法，而西文则通谓之法，故人意遂若理法同物，而人事本无所谓是非，专以法之所许所禁为是非者，此理想之累于文字者也。中国理想之累于文字者最多，独此则较西文有一节之长。西文'法'字，于中文有理、礼、法、制四者之异译，学者审之。"（严复按语，[法] 孟德斯鸠：《孟德斯鸠法意》，严复译，第2—3页）。

章，忽略了西方法背后的精神。①

在昭公六年乃至孔子时代，尚没有现代"法"的观念，但是，这并不意味着古代中国没有当今意义上法的观念。事实上，刑罚、诉讼、自然规律（法则）、典章制度以及风俗习惯（习惯法）等，都是古代意义上的法。现代意义上的法律相对而言是狭义之法，一般不包括神意祖制、自然法则、乡规民约、风俗习惯。而英文的"法"（law）字，对应了中文的理、礼、法、制等不同含义的字，与传统中文的"礼""法"等字相比，更具有法制的外在形式与法的精神、法的理念的统一。

在中国古代典籍中，与法相关的概念主要有刑、律、节、赏罚、法度、法语、法制、法治、法律等。

刑，有刑罚、仪型、典型、盛开、成型、成等意思，但主要是指刑罚、刑典、刑律、法度。"刑"最早写作"井"字，这在甲骨文中已有发现。按《说文解字·刀部》："刑，剄也。从刀，开声。"段玉裁注解道："荆者，五刑也。凡荆罚、典荆、仪荆皆用之。刑者，剄颈也，横绝之也。此字本义少用，俗字乃用刑为荆罚、典荆、仪荆字，不知造字之恉既殊"②。在先秦文献中，"刑"字有多种含义，如"杀""割"，如惩罚、惩戒，如法度、刑典，如以之为法度，如成型，如端正，如成等。其中法度、刑典、以之为法度、正（政）等含义，都与法紧密联系。刑，"剄也。"③"治也。"④"邦无道，免于刑戮。"⑤ 刑，"常也"，"法也。"⑥"罔敷求先王，克共明刑。"⑦ 在许多先秦文献中，"刑"也有成型、表率的意思。例如："仪式刑文王之典"⑧。毛诗注："刑，法。"郑玄笺："法行文

---

① 参见本书编写组《法理学》，第198页。
② （汉）许慎撰，（清）段玉裁注，许惟贤整理：《说文解字注》第4篇下《刀部》，凤凰出版社2015年版，第323页。
③ 《广雅疏证》卷4下《释诂》，郝懿行、王念孙、钱绎、王先谦等：《尔雅·广雅·方言·释名 清疏四种合刊》，上海古籍出版社1989年版，第465页。
④ 《广雅疏证》卷3下《释诂》，郝懿行、王念孙、钱绎、王先谦等：《尔雅·广雅·方言·释名 清疏四种合刊》，第433页。
⑤ （清）刘宝楠撰，高流水点校：《论语正义》卷6《公冶长第五》，中华书局1990年版，第164页。
⑥ 《尔雅义疏》上之一《释诂第一上》，郝懿行、王念孙、钱绎、王先谦等著：《尔雅·广雅·方言·释名 清疏四种合刊》，第12页。
⑦ 高亨注：《诗经今注·大雅·荡之什·抑》，第475页。
⑧ 高亨注：《诗经今注·周颂·清庙之什·我将》，第531页。

王之常道。"① 刑，"正也。"② "刑于寡妻，至于兄弟，以御于家邦。"③ "政令教化，刑下如影"④。刑，"成也。"⑤ "刑者，俪也。俪者，成也，一成而不可变，故君子尽心焉。"⑥ 俪，指成型的东西。有时"刑"具有惩罚、惩戒的含义，也与法相关。"刑，治也。"⑦ "刑"字通常理解为刑罚、刑典、刑律、法度等。在《礼记》中，先后62次出现"刑"字。

罚，本义是处罚，意思是处分犯罪、犯错误或违反某项规则的人。《礼记》中先后12次出现"罚"字。与之相对应的概念是"赏"，其字义是奖励、赏赐的意思。"赏"字在《礼记》中出现21次。

律，本义是作为定音之器的律管，是我国古代审定乐音高低的标准。在国家治理层面，"律"指法律、规则、法令。《礼记》中的"律"至少有三种意思，除了上述两种意思之外，还有爵位的意义。如"律中大吕"⑧ "析言破律"⑨ "加地进律"⑩ 等。"律"字在《礼记》中出现18次。

节，有准则、法度的意义，与春秋时期的"法"具有相似含义。例如"礼不踰节，不侵侮，不好狎。"⑪ 其中的"节"指一定的标准，也指道德

---

① （汉）郑玄笺，（唐）孔颖达等正义：《毛诗正义》卷19之二《周颂·清庙之什·我将》，《十三经注疏》，上海古籍出版社1997年版，第588页。

② 《广雅疏证》卷1上《释诂》，郝懿行、王念孙、钱绎、王先谦等：《尔雅·广雅·方言·释名 清疏四种合刊》，第348页。

③ 高亨注：《诗经今注·大雅·文王之什·思齐》，第420页。

④ （清）王先谦撰，沈啸寰、王星贤点校：《荀子集解》卷9《臣道篇第十三》，中华书局2012年版，第243页。

⑤ 《广雅疏证》卷3下《释诂》，郝懿行、王念孙、钱绎、王先谦等：《尔雅·广雅·方言·释名 清疏四种合刊》，第438页。

⑥ （汉）郑玄注，（唐）孔颖达正义，吕友仁整理：《礼记正义》卷19《王制第五》，第555页。

⑦ 《广雅疏证》卷3下《释诂》，郝懿行、王念孙、钱绎、王先谦等：《尔雅·广雅·方言·释名 清疏四种合刊》，第433页。

⑧ （汉）郑玄注，（唐）孔颖达正义，吕友仁整理：《礼记正义》卷25《月令第六》，第735页。

⑨ （汉）郑玄注，（唐）孔颖达正义，吕友仁整理：《礼记正义》卷19《王制第五》，第555页。

⑩ （汉）郑玄注，（唐）孔颖达正义，吕友仁整理：《礼记正义》卷16《王制第五》，第492页。

⑪ （汉）郑玄注，（唐）孔颖达正义，吕友仁整理：《礼记正义》卷1《曲礼上第一》，第13页。

规范，与"礼"有近似之处。

法制，指法令制度。法制一词古已有之，《礼记·月令》即有"命有司修法制"①。"法制"一词也出现在法家著作中，例如，"法制不议，则民不相私"②，"民众而奸邪生，故立法制为度量以禁之"③，以及"明法制，去私恩"④。这些说法，都将"法制"与依法治理联系在一起，其中的"法"应指统治者根据自己的意志通过国家政权建立起来的法律制度，以及根据这些法律制度建立的社会秩序。它不同于今天与民主政治联系在一起的法制，归根到底是一种同封建王权和等级制联系在一起的王制。

法治，是与礼治相对应的词汇。这里所说的法治不是现代意义上的法治，而是中国古代意义上的法治，主张依靠严刑峻法、赏罚分明的方法来治理国家，即法家主张的"以法治国"⑤。与礼治类似的是，法治在古代并不是一个专用词汇，但法、治二字经常连用。"法治"一词的使用，或许产生于战国时期："昔者先君桓公之地狭于今，修法治，广政教，以霸诸侯。"⑥ 西汉时期刘安所著的《淮南子·氾论训》也曾写道："知法治所由生，则应时而变；不知法治之源，虽循古终乱。"⑦ 而《礼记·乐记》也有"以法治也"⑧ 的表述。现代意义上的"法治"是与"人治"相对应的，但在中国古代思想史上其实并没有"法治"与"人治"这对范畴。正如梁启超曾经指出的，儒家是"仁治""德治""礼治"，法家是"势治""术治""物治"。

---

① （汉）郑玄注，（唐）孔颖达正义，吕友仁整理：《礼记正义》卷24《月令第六》，第692页。

② （唐）房玄龄注，（明）刘绩补注：《管子》卷5《法禁第十四》，上海古籍出版社2015年版，第86页。

③ 蒋礼鸿：《商君书锥指》卷5《君臣第二十三》，中华书局2017年版，第131页。

④ （清）王先慎撰，钟哲点校：《韩非子集解》卷5《饰邪第十九》，中华书局2013年版，第128页。

⑤ 目前已知材料中，最早记载"以法治国"的是《管子·明法》："以法治国，则举错而已。"见（唐）房玄龄注，（明）刘绩补注：《管子》卷15《明法第四十六》，第318页。

⑥ 吴则虞编著：《晏子春秋集释》卷1《内篇谏上第一·景公爱嬖妾随其所欲晏子谏第九》，中华书局1962年版，第33页。

⑦ 何宁撰：《淮南子集释》卷13《氾论训》，中华书局1998年版，第932页。

⑧ （汉）郑玄注，（唐）孔颖达正义，吕友仁整理：《礼记正义》卷48《乐记第十九》，第1497页。

法令，是法律、政令的总称，是古代为政者所颁行的法规。在这一意义上，法令可视为对法律的通俗表达。"法令"一词最早可能出自《老子》："法令滋彰，盗贼多有。"① 《礼记·曲礼上》亦记载："畏法令也"②。法律、法令，多指具体的规则、条文。"法令"在《礼记》中只出现了这一次。

法度一词，有多重含义，最常用的含义是法令制度，也可以视作法律制度的缩写。法度也特指一种度量衡制度。《论语·尧曰》记载："谨权量，审法度，修废官，四方之政行焉。"③ 另外，法度还有规范、行为准则的意思，如《管子·中匡》："今言仁义，则必以三王为法度，不识其故何也？"④ "法度"在《礼记》中没有出现，但有类似表述。

(三) 治及其相关概念

"治"的本义是自水的初始处、基础、细小处开始，以水的特征为法进行的修整、疏通。治，一般做动词，有管理、惩办、医疗、从事研究等意思。在社会生活中，作为管理意义上的"治"，通常作为动词使用，例如治国、治世、治乱、治军、治本、治标、治家等。"治"有时也作为形容词或名词使用，表示国家和社会的安定、太平，如天下大治。从国家角度来说，一般有治国安邦安民等，表示治理国家政务，使家和平强盛、社会安宁有序、人民生活安定。

"治"字一词，在中国古代文献中并不少见，特别是在关于国策讨论的文献中更是相当频繁出现。此处仅以《礼记》为例。

如前所述，《礼记》是七十子后学对儒家政治理想、治国方略、典章文物、嘉言懿行，以及礼的学理、规则等的议论和发挥，这些内容多与治国治世有关，因此，关于"治"字一词在《礼记》的许多篇章中都有出现。据统计，《礼记》中的"治"字，前后共出现107次。对这107个"治"字进行分类，可以看出《礼记》中的"治"主要有"治理"和"安定太平"两种含义。

---

① (魏) 王弼注，楼宇烈校释：《老子道德经注校释·下篇·五十七章》，中华书局2008年版，第150页。

② (汉) 郑玄注，(唐) 孔颖达正义，吕友仁整理：《礼记正义》卷5《曲礼上第一》，第118页。

③ (清) 刘宝楠撰，高流水点校：《论语正义》卷23《尧曰第二十》，第762页。

④ (唐) 房玄龄注，(明) 刘绩补注：《管子》卷8《中匡第十九》，第137页。

一种是作为动词的"治",意思为"治理"。在《礼记》中,有治世、治国、治民、治政、治乱、治军、自治等表述,例如,"班朝治军""治政安君""故百姓则君以自治也""舍礼何以治之""以治人情""以治政也""以治天下""安上治民""治人之道""治国之本""古之欲明明德于天下者,先治其国""治乱持危""礼以治之",等等。

另一种是作为形容词或名词使用的"治",意思是"安定或太平"。《礼记》中有"官正而国治""天下大治""治乱可知""治世之音安以乐""治定制礼""家齐而后国治""国治而后天下平""民顺治而国安也",等等。

《礼记》中关于"治"的以上两种含义是相互关联的。如果没有"礼以治之"和"安上治民",就不能达到"民顺治而国安"和"天下大治"。治理的目的是达到国家安定、天下太平;而要实现国家安定、天下太平,就必须实行有效治理。两者之间是因果关系。

需要指出的是,《礼记》中作为动词使用的"治",虽然在《现代汉语词典》中被解释为"治理",但中国古代社会的国家"治理"实际上应为"统治和管理",而不是现代意义上的"治理"。现代意义上的治理与古代社会的统治、管理不同,指的是一种由共同目标支持的活动,这些管理活动的主体未必是政府,也不一定非得依靠国家的强制力量来实现,常常是政府与社会等多元主体间的合作、协商,其权力向度是多元的,并非纯粹自上而下。社会力量在治理中的作用日益增强,也可以通过正常途径,自下而上地对政府施加影响。

与现代意义上的治理不同,中国古代社会的国家治理,其权力主体是唯一的,那就是至高无上的君王,即受命于天的"真龙天子"。君王是国家制度的制定者、国家政令的发布者、国家事务的裁判者,因此,古代社会的国家治理实际上是君主之治。君王管制行政的权力运行是自上而下的,即运用天子的政治权威,通过发号施令、制定和实施政策,对国家事务实行单一向度的管理,借以稳定社会秩序,维护自身统治。

在先秦儒家看来,由于处在至上地位的君王因自身修养和德行不同,治理国家、维护统治的理念不同、方式不同,因而也就形成了德治、礼治与人治的区别。三种治理思想的产生都与中国古代社会的基本特征相联系。其中,德治思想的产生与农耕生产方式相联系。在农耕社会,男性长者处于人群中的领导和支配地位,其作用的发挥主要是靠自身的模范作用和社会舆论力量，如《论语·子路》所说："其身正，不令而行"①。而对家族中出现违反规则的人，则认为是德教不彰的结果，因而主要采取道德教化手段加以处理。礼治思想的产生与宗法家族制度——礼制相联系，是对礼制的理论总结，要求以礼治国，以礼立法，为法以礼，以礼的形象塑造社会生活的各个方面，在政治上则是维护以血缘为纽带的宗法贵族政体。人治也与西周、春秋时代实行的国家政权形式——宗法贵族政体有关。在这种政体下，贵族个人素质的优劣直接影响领地的治乱，法官素质决定案件审理结果的正误。因而很自然地会形成人治思想，即《礼记·中庸》中所说的"为政在人"，"其人存，则其政举；其人亡，则其政息。"②秦汉以后，确立了中央集权的君主专制政体，原先的宗法贵族政体不复存在，"人治"思想难以发展，但法官在成文法典制定、修改和适用有限的情况下，仍然在创制和判例等方面发挥主观作用，因而人治思想得以继续存在下去。③

由于德治与礼治联系紧密，具有一脉相承的关系，都是先秦儒家关于治国治世的政治主张，因此有时也被称为德礼之治。但无论是德礼之治，还是后来融入法家"法、术、势"并与其相结合的"法治"思想的礼法合治、阳儒阴法、德主刑辅，其实都是君主专制的统治，都贯穿着人治的传统思想。

还需要注意的是，对于是德治还是德政，学界也有讨论。这与如何理解"治"的含义有关。有学者考证，古人的"治"是多义词。除了治国之"治"，还有治身之"治"。前者有统治、管理、治理的意思，是律他；后者是"修身""修德"的意思，是律己。显然，治国之"治"和治身之"治"，这两种"治"不是一回事。因此，孔子的"为政以德"④ 简化为"德政"比较妥当，而不能简化为"德治"，不能归结为"以德治国"或者"德治"。此外，孔子的导德以礼也不好说是"德治"，而是在讲"德教""德化""礼教"、约之以礼等。⑤

---

① （清）刘宝楠撰，高流水点校：《论语正义》卷16《子路第十三》，第527页。
② （汉）郑玄注，（唐）孔颖达正义，吕友仁整理：《礼记正义》卷60《中庸第三十一》，第2012页。
③ 参见武树臣《儒家法律传统》，法律出版社2003年版，第4—5页。
④ （清）刘宝楠撰，高流水点校：《论语正义》卷2《为政第二》，第37页。
⑤ 参见宋立林《德政、民本、容隐制及其他——俞荣根先生笔谈录》，《孔子学刊》第三辑，上海古籍出版社2012年版，第16页。

当然，中国古代文明中的治理思想绝不仅仅是儒家的治理思想，还包括法家的"法、术、势"相结合的"以法治国"思想，道家的"道法自然，无为而治"思想，墨家的"兼爱""非攻""尚贤""尚同""节用"思想，兵家的权变管理思想，农家的"贤者与民并耕而食，饔飧而治"[①]思想。此外，阴阳家、名家等诸子百家流派的治理思想中，也有其闪光的因子。但由于本书主要研究先秦儒家代表作《礼记》一书的礼法合治思想，因而不对其他治理思想展开阐述。

（四）《礼记》之礼和《礼记》之法的关系

礼和法是中国古代政治哲学中一对极为重要的范畴。在先秦儒家政治哲学中，礼和法之间的关系看似对立，但若把它们置于中国传统法的视角下，它们之间尽管仍有一些不同，但究其实质来说，具有很大的同构性。

研究《礼记》中的礼法合治思想，离不开对《礼记》之礼与《礼记》之法两者之间关系的辨析。对此，可以从以下方面来进行探讨：

其一，《礼记》之礼与《礼记》之法在相当程度上是同一内容，具有相当程度的同构性。《礼记》无疑是一部反映先秦儒家思想的著作，而先秦儒家思想在很大程度上可以称为礼学思想，是以礼为中心构建的思想体系。但是，从中国传统法的发展历史来看，礼既然是维持社会政治秩序，巩固等级制度，调整人与人之间的各种社会关系和权利义务的规范和准则，具有法的特征，因此它也是中国古代法律的重要组成部分，是中国传统法的渊源之一。先秦儒家之礼思想在相当程度上也可以说是先秦儒家之法思想，《礼记》中的部分篇章如《王制》以及"礼不下庶人""刑不上大夫"等词句，也同时是先秦儒家之法思想的反映。或许也正因为如此，有的学者认为，中国传统法的结构是"礼"与"法"（古代法）的同构，"它反映的是现代人视野中的古代社会的'法'，这个'法'是礼与法的共同体"[②]。

其二，《礼记》之礼思想与《礼记》之法思想之间存在着部分相互包含和交叉，但不完全等同。例如，《礼记》中属于制度之礼和观念之礼的内容往往也是中国传统法的内容和法的精神的体现，部分行为之礼的内容也是如此。《礼记》之法与《礼记》之礼并不完全等同，例如，刑、罚、

[①] （清）焦循撰，沈文倬点校：《孟子正义》卷11《滕文公上》，中华书局1987年版，第367页。

[②] 马小红：《礼与法：法的历史连接》，第67页。

诉讼、律令、赏罚等不属于礼的内容，只是保证礼的实施的强制性手段；而各种仪礼不属于法的内容，礼教乐教等也不属于法的内容，但古代仪礼和礼教乐教背后所体现的精神与现代意义上的法的精神有相通之处。

其三，《礼记》之礼与《礼记》之法各有侧重。其中的礼包含观念之礼、制度之礼、行为之礼；其中的法包含着观念之法、制度之法、成文法、不成文法；既包括硬法，也包括软法。"法是体现公共意志的、由国家制定或认可、依靠公共强制或自律机制保证实施的规范体系。社会规范体系中既包括硬法也包括软法。硬法是指能够依靠国家强制力保证实施的法规范，属于国家法。而软法指的是不能运用国家强制力保证实施的法规范"。"中国传统文化强调'礼治'，往往礼与法（刑）并称，共同构成了调整人与人之间权利义务及其他关系的规范和准则。'礼'的理念基础和运作机制与'法'不同，很大程度上带有软法色彩。"[①]

在通常的学术研究中，当"礼"和"法"在同一语境中出现时，其中的"礼"，主要是指体现统治阶级的意志并由国家制定和颁布的、要求社会成员必须遵守的典章制度、行为规则、道德规范，是君王和百姓都认同的风俗、习惯和礼仪，反映的是天、天命和道等形而上的、具有绝对价值地位的观念形态及其载体；其中的"法"，则主要是指为维护礼而施行的刑罚诉讼，反映的是维护礼的实施的终极意义上的强制手段。由于在《礼记》中没有出现现代意义上的"礼"和"法"并立现象，所以本书仅从中国传统法的角度来考察《礼记》中的礼法合治思想。

既然《礼记》之法思想与《礼记》之礼思想之间有着如此密切的关联，那么，我们可以、也应该从不同的分析视角来审视这部经典，进一步挖掘和阐释这部经典中的思想内涵。这样做，应当有助于这一研究的深化与拓展。本书选择"《礼记》礼法合治思想"为研究对象，从一个侧面考察中国古代文明中的治理思想，也是出于上述考虑。

关于先秦礼学与法治的研究，受到文学、历史、哲学、文献学、政治学、法学、社会学等众多学科的关注，分别已有不少研究成果，其中有的成果偏重某一学科视角，也有的成果兼具其他学科背景。这些成果给本书以不同学科研究方法的启迪。本书将借鉴和吸收现有研究成果的严谨分析、多学科视角和以古鉴今的情怀，努力发掘和阐释《礼记》中的礼法合

[①] 罗豪才：《加强软法研究　推动法治发展》，《人民日报》2014年6月20日第7版。

治思想。

　　本书以国家治理为视角，以先秦儒家礼法思想的发展为背景，以先秦儒家经典文献《礼记》为主要文本依据，以《曲礼上》《王制》《月令》《文王世子》《礼运》《学记》《乐记》《哀公问》《中庸》《缁衣》《儒行》《大学》等篇章为重点，以《礼记》整本文献中的礼法合治思想为主要研究对象，将《礼记》中的礼法合治思想置于当时的历史背景下进行分析考察。在分析界定礼、法、治及其相关概念、辨析先秦儒家之礼和法相互关系的基础上，系统考察先秦儒家的礼法合治思想渊源，挖掘、梳理和阐释《礼记》中礼法合治思想的丰富内涵，在此基础上，分析《礼记》中礼法合治思想的主要特点、意义、价值及其对后世的影响，并努力发掘《礼记》治理思想中具有当代价值的因子，以期拓展和深化《礼记》研究及先秦儒家思想研究，并为当今文明中国和法治中国建设提供某种思考和启迪。

第一章 《礼记》礼法合治思想渊源

爰制百姓于刑之中，以教祗德。

——《尚书·吕刑》

罔敷求先王，克共明刑。

——《诗经·大雅·抑》

礼，政之舆也；政，身之守也。怠礼，失政；失政，不立，是以乱也。

——《左传·襄公二十一年》

礼之用，和为贵。

——《论语·学而》

徒善不足以为政，徒法不能以自行。

——《孟子·离娄上》

隆礼尊贤而王，重法爱民而霸。

——《荀子·天论》《荀子·强国》《荀子·大略》

《礼记》成书于汉代，其中所汇辑的篇章则大部分形成于春秋战国时期。《礼记》中的礼法思想不可能凭空产生。"人们自己创造自己的历史，但是他们并不是随心所欲地创造，并不是在他们自己选定的条件下创造，而是在直接碰到的、既定的、从过去承继下来的条件下创造。"[1] 这些条件既包括时代条件、物质条件，也包括思想条件。《礼记》中的礼法思想当然也不例外。它只能是对当时社会现实的回应，也只能在借鉴前人思想的基础上形成和发展起来。本章主要考察《礼记》礼法合治思想的渊源，以便为后文所要集中阐述的《礼记》礼法合治思想提供宏观的思想史

---

[1] 《马克思恩格斯选集》第1卷，人民出版社2012年版，第669页。

背景。

第一节　夏商西周之礼法

中华民族历史悠久，文化源远流长，礼乐文明更是举世称道、独树一帜。从新石器时代的龙山文化中可以看出，那时的中国已经形成了礼，但考察古代中国的思想文化和制度设计，一般都从有文字记载的夏朝开始。当古代中国的历史进入奴隶社会之后，经历了一个"礼"的盛世时期，这就是夏商西周时期，这个时期被称为"三代"。三代时期，礼的特性有所不同，《礼记·表记》有"夏道尊命""殷人尊神"[①]"周人尊礼"[②]的说法，因此有学者将三代的文化分别称为"尊命"文化、"尊神"文化、"尊礼"文化。"实际上，这表达的是三代文化的基本性质。三代的文化从某种意义上都是礼文化的不同阶段，用孔子的话说，夏、商、周三代之礼一脉相承，只是一种'损益'的关系。也就是说，礼的形式随着时代的变化而变化，但礼的内涵却大致不变，礼之'决嫌疑''济变''弥争'的功能不会变化。"[③] 三代以后，礼"为政天下"的功用十分显著。由此，"三代之治"被后世称为礼治，并予以高度评价，将三代之礼视为后世制度的典范，甚至用"言必称三代"说明它对后世政治制度的深远影响，因而有所谓"道不过三代，法不贰后王"[④]之说。

一　夏商之礼法

礼的产生究竟始于何时，现有文献资料很难说清楚。《尚书·尧典》中记载了夏商之前舜帝继承天命之后的巡守和祭祀典礼活动，其中包括"修五礼""如五器"[⑤]、东巡泰山、南巡衡山、西巡华山、北巡恒山以及在各山川行礼祭祀的情况。还有"百姓不亲，五品不逊，汝作司徒，敬敷

[①]（汉）郑玄注，（唐）孔颖达正义，吕友仁整理：《礼记正义》卷62《表记第三十二》，第2079页。

[②]（汉）郑玄注，（唐）孔颖达正义，吕友仁整理：《礼记正义》卷62《表记第三十二》，第2080页。

[③] 杨朝明：《中国礼乐文明的本质与文化自信》，《孔子学刊》第九辑，青岛出版社2018年版。

[④]（清）王先谦撰，沈啸寰、王星贤点校：《荀子集解》卷5《王制篇第九》，第157页。

[⑤] 顾颉刚、刘起釪：《尚书校释译论·虞夏书·尧典》，中华书局2005年版，第129页。

第一章 《礼记》礼法合治思想渊源

五教在宽"和"有能典朕三礼"①之说。可见，远古时期的中国已经产生了礼，"礼正是来源于祖先神和上帝神祭祀的调整宗法社会内部行为模式的社会规范"②。

《尚书》中虽然有夏商之前舜帝继承天命之后的巡守和祭祀典礼活动以及"修五礼"的记载，却并没有关于夏商之礼的直接记载。但孔子说："夏礼，吾能言之，杞不足徵也；殷礼，吾能言之，宋不足徵也。文献不足故也。足，则吾能徵之矣。"③可见，孔子不仅认为夏商时代分别有夏礼和殷礼，而且可以陈述其中的若干具体内容，只是由于缺乏文献资料等原因而无法对其加以证实。然而，既然有资料证明夏商之前舜帝尚且有礼，那么，从社会需要、文明起源与发展的角度来说，必然有"夏礼""殷礼"。但既然孔子都感到由于缺乏历史文献资料和知礼人才不足因而难以论述夏、商之礼，所以古今学者对"三代之礼"的研究主要集中在周礼上。尽管如此，还是有一些文献涉及了夏礼、殷礼。

夏代是我国史书中记载的第一个世袭制朝代。根据《尚书·君诏》《史记·夏本纪》的简略记载可知，夏有一支强大的武装队伍，有既管军事又管政事、权力很大的军事长官，他们必须服从夏启的命令去征伐；有镇压反抗力量的《禹刑》，"夏有乱政，而作《禹刑》"④；有名为"夏台"或"均台"或"圜土"的监狱；有维护夏王室统治和获取财政收入的税收制度，"自虞、夏时，贡赋备矣"⑤，"夏后氏五十而贡"⑥，就是对于夏朝税收制度的记载。

夏代奉行以"天罚"为形式的宗教神学，"有夏服天命"⑦，王权是上天神授的，并代表天、神对人民施行刑罚，对不服统治的人进行征讨，对其施之以"大刑""小刑"，顺天理者赏，逆天意者罚，借以强化奴隶主的贵族统治。

夏代的社会意识形态支柱是神权法思想，夏人之礼与神权法紧密相

---

① 顾颉刚、刘起釪：《尚书校释译论·虞夏书·尧典》，第192页。
② 武树臣：《儒家法律传统》，第207页。
③ （清）刘宝楠撰，高流水点校：《论语正义》卷3《八佾第三》，第91—92页。
④ 杨伯峻编著：《春秋左传注·昭公六年》，第1412页。
⑤ （汉）司马迁：《史记》卷2《夏本纪第二》，中华书局2009年第2版，第11页。
⑥ （清）焦循撰，沈文倬点校：《孟子正义》卷10《滕文公上》，第334页。
⑦ 顾颉刚、刘起釪：《尚书校释译论·周书·召诰》，第1441页。

连。他们把讨伐异族有扈氏的行动称为"天用剿绝其命。今予惟共行天之罚"①。而在结束征讨之后,夏人会在祖先神位前对完成军令者进行赏赐,在社神位前对未完成军令者施以极刑,即"用命,赏于祖;不用命,戮于社"②。天命说正是神权法思想的具体表现,目的在于把人间统治秩序神圣化。

夏代统治者在宴饮或祭祀礼仪场合使用礼器。"夏代的阶级和等级身分的差异,在日常使用的器皿和祭器中均已明确表现,作为社会等级名分制度的重要物质标志。"③

夏代之后的商代特别是殷商时期,作为祭祀的礼有显著发展。《尚书·洛诰》说:"王肇称殷礼,祀于新邑"④。《尚书·君奭》也说:"率惟兹有陈,保乂有殷,故殷礼陟配天,多历年所。"⑤

从出土文献来看。殷墟出土的甲骨文中已经出现了"豊",即"礼"的字样⑥。《说文解字》指出:"豊,行礼之器也。"⑦"豊"在字中也兼表字音,本义是举行仪礼,祭神求福。《说文》也道:"礼,履也。所以事神致福也。"⑧王国维认为,甲骨文中的"豊"字,像两串玉放在器皿中,用以向鬼神行礼。《礼记·表记》有言:"殷人尊神,率民以事神,先鬼而后礼"⑨。商人祭祀的神灵十分广泛,既有天神、地祇,也有人鬼,统称为鬼神。殷墟出土的十万多片甲骨卜辞表明,商朝的人占卜涉及社会生活的方方面面,大到国策废立、战争胜负、年景丰歉,小到出行吉凶、疾病医治,无不通过占卜来领悟神意,无不通过祭祀祈祷鬼神保佑。殷商时代的礼法已经相当细密,用以祭祀的种类繁多,仪式相当繁复,礼器更是造型精美,这从殷墟出土的青铜器可以略见一斑。

---

① 顾颉刚、刘起釪:《尚书校释译论·虞夏书·甘誓》,第854页。
② 顾颉刚、刘起釪:《尚书校释译论·虞夏书·甘誓》,第854页。
③ 胡留元、冯卓慧:《夏商西周法制史》,商务印书馆2006年版,第146页。
④ 顾颉刚、刘起釪:《尚书校释译论·周书·洛诰》,第1468页。
⑤ 顾颉刚、刘起釪:《尚书校释译论·周书·君奭》,第1560页。
⑥ 礼的繁体字是"禮",当时的禮字写为该字的右半边,即"豊"。
⑦ (汉)许慎撰,(清)段玉裁注,许惟贤整理:《说文解字注》第5篇上《豊部》,第368页。
⑧ (汉)许慎撰,(清)段玉裁注,许惟贤整理:《说文解字注》第1篇上《示部》,第3页。
⑨ (汉)郑玄注,(唐)孔颖达正义,吕友仁整理:《礼记正义》卷62《表记第三十二》,第2079页。

此外，《尚书·多士》记载了周人的言论："惟殷先人有册有典。"①可以推断，这里所说的"册""典"应当记载了有关殷礼的典章制度。《尚书·盘庚》中更有"惟图任旧人共政"②，以及"人惟求旧；器非求旧，惟新"③之记载。可见，殷商时代不仅有礼，也有了诸如体现礼的精神的任人唯亲原则。

殷礼中也有德的观念。商代甲骨文中已有"德"字出现。《尚书》中关于殷人的文字记载了"德"的观念。《尚书·盘庚》说："汝克黜乃心，施实德于民，至于婚友，丕乃敢大言，汝有积德"④；"兹予大享于先王，尔祖其从与享之。作福、作灾，予亦不敢动用非德"⑤；"无有远迩，用罪伐厥死，用德彰厥善"⑥；《尚书·高宗肜日》说："民有不若德，不听罪。天既孚命正厥德"⑦。可见，在殷商人那里，"德"是一种与刑罚相对应的赏赐手段，也是一种重要品质。

在殷商人的心目中，王是神在人间的代言人，所以王与神是最近的，经常可以"宾于帝"，即到神那里做客。对此墨子说，"汤贵为天子，富有天下，然且不惮以身为牺牲，以祠说于上帝鬼神。"⑧《史记·殷本纪》中也说，商纣王在商濒临灭亡之际，仍念念不忘"我生不有命在天乎！"⑨这些都表明殷商人是虔诚敬神的。在他们所敬的神中，"帝"（或天）是至上神，经常可以"宾于帝"的祖先是保护神。"殷人用祭器，示民有知也。"⑩

在殷商人看来，是否隆重祭祀神和祖先，关系到神和祖先是赐福还是降祸。为了取悦鬼神，殷商人不仅用大量的牛羊豕祭祀，而且还残忍地使用被杀死的人即"人牲"来祭祀，有时使用的"人牲"甚至达到成百上千之多，所谓"百羌百牢""千牛千人"之说均为形容祭祀时所使

---

① 顾颉刚、刘起釪：《尚书校释译论·周书·多士》，第1517页。
② 顾颉刚、刘起釪：《尚书校释译论·商书·盘庚》，第936页。
③ 顾颉刚、刘起釪：《尚书校释译论·商书·盘庚》，第944页。
④ 顾颉刚、刘起釪：《尚书校释译论·商书·盘庚》，第939页。
⑤ 顾颉刚、刘起釪：《尚书校释译论·商书·盘庚》，第944页。
⑥ 顾颉刚、刘起釪：《尚书校释译论·商书·盘庚》，第947页。
⑦ 顾颉刚、刘起釪：《尚书校释译论·商书·高宗肜日》，第1004页。
⑧ 方勇译注：《墨子·兼爱下》，中华书局2011年版，第145页。
⑨ （汉）司马迁：《史记》卷3《殷本纪第三》，第15页。
⑩ （汉）郑玄注，（唐）孔颖达正义，吕友仁整理：《礼记正义》卷11《檀弓上第三》，第314页。

用的祭品之多，其中的"羌"，指的就是上古时期西北地区的游牧民族因战败而沦为人牲的人。此外，殷商时代在埋葬死去的商王和贵族时，既使用大量的活人殉葬，也用"人牲"来祭祀。可见，殷商人迷信鬼神，不重人事，因此，所谓的殷礼，主要是通过礼器和牲酒来表达他们对鬼神的敬意。殷商时代不仅没有形成后世作为礼仪核心的人文精神之礼，而且他们的礼之表现形式总的来说还相当野蛮和血腥。

殷商时代的礼之所以具有重神、重敬、重罚的特点，主要是因为商代社会的快速发展强化了王权力量，同时也淡化了夏代尚存的一些氏族血缘的亲情。

因为重神，殷商人特别讲求"敬"。"殷人尊神，率民以事神，先鬼而后礼，先罚而后赏，尊而不亲"①。出于对天地鬼神祖先的"敬"，商代制定的刑罚非常酷烈，与神权祭祀相关的刑罚更是恐怖至极，以至于荀子认为"刑名从商"②。但商王自恃鬼神护佑而暴虐无道的结果，也最终导致了商朝的灭亡。取而代之的周朝吸取了殷商一朝覆亡的教训，开启了具有人文精神的礼之时代。

二 周公制礼及三礼

周朝③以平王东迁为界，分为西周和东周两个时期。在周朝建立初期，周公旦主持了一次大规模的制定礼制工作，史称"周公制礼"④。

古往今来，每朝开国时总会实行一些新的举措。周公之所以要大张旗鼓地制礼，是因为当时周人对天的观念越来越淡漠，甚至产生了动摇，统治者的统治方式不能简单地建立在"天罚""天威""天谴"之上。所以，"周统治者一方面大讲其'德'，用'明德慎罚'对付人民；另一方面，在周公支持下，以周人原有的习惯法为基础，参照夏商二代

---

① （汉）郑玄注，（唐）孔颖达正义，吕友仁整理：《礼记正义》卷62《表记第三十二》，第2079页。

② （清）王先谦撰，沈啸寰、王星贤点校：《荀子集解》卷16《正名篇第二十二》，第398页。

③ 有学者认为，夏、商、周是三大血缘集团，曾并立于世。当然也有继承关系，很难说是"朝代"。参见张光直《中国青铜时代》，生活·读书·新知三联书店2013年版。

④ 在西周早期，"礼乐征伐自天子出"，见（清）刘宝楠撰，高流水点校：《论语正义》卷19《季氏第十六》，第651页。周初，周公辅佐成王，代成王行政7年，因此，周公制礼，符合当时的立法程序。

的礼乐制度，制定出一套巩固奴隶主阶级专政，调整社会关系而主要用以加强统治阶级内部团结的典章制度。"① 据《礼记·明堂位》记载："周公践天子之位，以治天下。六年，朝诸侯于明堂，制礼作乐，颁度量而天下大服。"②

周礼涵盖了有周一代的文治武功，但也是在夏、商两代礼治特别是殷礼的基础上发展而来的。流传下来的金文和《诗经》《尚书》等记载可以证实，西周礼制与殷商的礼制既有相似之处，也存在一定的差异。孔子说："殷因于夏礼，所损益，可知也；周因于殷礼，所损益，可知也。"③ 他还说："周监于二代，郁郁乎文哉！吾从周。"④ 孔子所说的西周对夏商之礼的"损益"，应当是指两个方面："一是用'德'充实了礼治的内容，勾通了神意与王权，创出了'天命移易'的观念；二是直接取法于夏，重新拧紧了血缘的纽带，完善了宗法制度。西周的礼治因为有了德与宗法这两块坚固的基础，表现出了神人并重，以及重情、重德、重教的特征。"⑤

周公制礼这一重大历史事件，对于中国历史的发展具有重大意义。周公制礼的本质是建立"君君，臣臣，父父，子子"⑥ 的严格秩序，以维护宗法等级制度，制礼的目的在于"经国家，定社稷，序民人，利后嗣"⑦。周公制礼之后，在其统辖范围内全面推行礼乐之治，由此形成了孔子所景仰的"郁郁乎文哉"的礼乐文化。"我国历史上萌发于原始社会的礼，经夏、商二代的发展，至周公制礼后才基本成形，达到系统化、制度化的程度。"⑧ 以诗、书、礼、乐、刑、政为代表的华夏文明，至此正式形成。"自西周始，中国确确实实进入了一个有大量文献可征的礼文化时代，中国政治法制进入了一个所谓的礼治时代。"⑨ 从一定意义上说，中国古代

---

① 胡留元、冯卓慧：《夏商西周法制史》，第354页。
② （汉）郑玄注，（唐）孔颖达正义，吕友仁整理：《礼记正义》卷41《明堂位第十四》，第1261页。
③ （清）刘宝楠撰，高流水点校：《论语正义》卷2《为政第二》，第71页。
④ （清）刘宝楠撰，高流水点校：《论语正义》卷3《八佾第三》，第103页。
⑤ 马小红：《礼与法：法的历史连接》，第106页。
⑥ （清）刘宝楠撰，高流水点校：《论语正义》卷15《颜渊第十二》，第499页。
⑦ 杨伯峻编著：《春秋左传注·隐公十一年》，第82页。
⑧ 胡留元、冯卓慧：《夏商西周法制史》，第353页。
⑨ 俞荣根：《儒家法思想通论》（修订本），广西人民出版社1998年版，第104页。

社会实现了从"刑"到礼"为政于天下"①的过渡。

  周公主持制定的礼仪制度，比较集中地记录在《周礼》②之中。《周礼》是西汉景帝、武帝之际河间献王刘德从民间征得的先秦古籍，是在汉代由汉儒从记载先秦官制的文献《尚书》中的《周官》更名而来的。《周官》是一部通过官制来表达治国方略的典籍，是记录周代礼制的集大成者。《史记·周本纪》载："既绌殷命，袭淮夷，归在丰，作《周官》。兴正礼乐，度制于是改，而民和睦，颂声兴。"③

  《周礼》将西周礼制分为六类，《周礼·天官·大宰》谓之"六典"："大宰之职，掌建邦之六典，以佐王治邦国：一曰治典，以经邦国，以治官府，以纪万民；二曰教典，以安邦国，以教官府，以扰万民；三曰礼典，以和邦国，以统百官，以谐万民；四曰政典，以平邦国，以正百官，以均万民；五曰刑典，以诘邦国，以刑百官，以纠万民；六曰事典，以富邦国，以任百官，以生万民。"④

  《周礼》记载了西周治理的内容及其目的。《周礼·天官·大宰》道："以八则治都鄙：一曰祭祀，以驭其神；二曰法则，以驭其官；三曰废置，以驭其吏；四曰禄位，以驭其士；五曰赋贡，以驭其用；六曰礼俗，以驭其民；七曰刑赏，以驭其威；八曰田役，以驭其众"⑤；"以八统诏王驭万民：一曰亲亲，二曰敬故，三曰进贤，四曰使能，五曰保庸，六曰尊贵，七曰达吏，八曰礼宾"⑥；"以九两系邦国之民：一曰牧，以地得民；二曰长，以贵得民；三曰师，以贤得民；四曰儒，以道得民；五曰宗，以族得

---

① （清）焦循撰，沈文倬点校：《孟子正义》卷15《离娄上》，514页。
② 关于《周礼》的作者及其年代，由于所有先秦文献都没有提到《周礼》一书，因此历代学者进行了长期的争论，形成了不同说法，大致有西周说、春秋说、战国说、秦汉之际说、汉初说、王莽伪作说等六种说法。在已确认的先秦文献中，较为集中地记载先秦官制的文献是《尚书》的《周官》篇和《荀子》的《王制》篇。通过大量金文材料的证明，《周礼》珍贵的史料价值，已愈益显现出来。《周礼》虽非西周的作品，更非周公所作，但其中确实保存有大量西周史料。
③ （汉）司马迁：《史记》卷4《周本纪第四》，第20—21页。
④ （清）孙诒让撰，王文锦、陈玉霞点校：《周礼正义》卷2《天官冢宰第一上·大宰》，中华书局2013年版，第58页。
⑤ （清）孙诒让撰，王文锦、陈玉霞点校：《周礼正义》卷2《天官冢宰第一上·大宰》，第67页。
⑥ （清）孙诒让撰，王文锦、陈玉霞点校：《周礼正义》卷2《天官冢宰第一上·大宰》，第76页。

民；六曰主，以利得民；七曰吏，以治得民；八曰友，以任得民；九曰薮，以富得民。"①

《周礼》将官制分为六类职官，即天官冢宰、地官司徒、春官宗伯、夏官司马、秋官司寇、冬官司空。他们各自统领六十名下属，并掌管相应权力，履行相应职责。《周礼·天官·小宰》谓之"六属"："一曰天官，其属六十，掌邦治"；"二曰地官，其属六十，掌邦教"；"三曰春官，其属六十，掌邦礼"；"四曰夏官，其属六十，掌邦政"；"五曰秋官，其属六十，掌邦刑"；"六曰冬官，其属六十，掌邦事"②。这些官员分别掌管宫廷、民政、宗族、军事、刑罚、营造等方面的事务，"大事则从其长，小事则专达"③。与此相联系，他们需要"以官府之六职辨邦治：一曰治职，以平邦国，以均万民，以节财用；二曰教职，以安邦国，以宁万民，以怀宾客；三曰礼职，以和邦国，以谐万民，以事鬼神；四曰政职，以服邦国，以正万民，以聚百物；五曰刑职，以诘邦国，以纠万民，以除盗贼；六曰事职，以富邦国，以养万民，以生百物。"④

《周礼》集中说明了礼教和德化的思想，"施十有二教焉。一曰以祀礼教敬，则民不苟；二曰以阳礼教让，则民不争；三曰以阴礼教亲，则民不怨；四曰以乐礼教和，则民不乖；五曰以仪辨等，则民不越；六曰以俗教安，则民不愉；七曰以刑教中，则民不虣；八曰以誓教恤，则民不怠；九曰以度教节，则民知足；十曰以世事教能，则民不失职；十有一曰以贤制爵，则民慎德；十有二曰以庸制禄，则民兴功。"⑤

《周礼》阐述了西周时期聚民、养民、安民、教民、纠民、防民的各项举措。据《周礼·地官司徒·大司徒》，在聚民方面，"以荒政十有二聚万民：一曰散利，二曰薄征，三曰缓刑，四曰弛力，五曰舍禁，六曰去

---

① （清）孙诒让撰，王文锦、陈玉霞点校：《周礼正义》卷3《天官冢宰第一上·大宰》，第109页。

② （清）孙诒让撰，王文锦、陈玉霞点校：《周礼正义》卷5《天官冢宰第一上·小宰》，第161页。

③ （清）孙诒让撰，王文锦、陈玉霞点校：《周礼正义》卷5《天官冢宰第一上·小宰》，第161页。

④ （清）孙诒让撰，王文锦、陈玉霞点校：《周礼正义》卷5《天官冢宰第一上·小宰》，第163—164页。

⑤ （清）孙诒让撰，王文锦、陈玉霞点校：《周礼正义》卷18《地官司徒第二上·大司徒》，第705页。

几，七曰眚礼，八曰杀哀，九曰蕃乐，十曰多昏，十有一曰索鬼神，十有二曰除盗贼。"① 在养民方面，"以保息六养万民：一曰慈幼，二曰养老，三曰振穷，四曰恤贫，五曰宽疾，六曰安富。"② 在安民方面，"以本俗六安万民：一曰媺宫室，二曰族坟墓，三曰联兄弟，四曰联师儒，五曰联朋友，六曰同衣服。"③ 在教民方面，"以乡三物教万民而宾兴之。一曰六德，知、仁、圣、义、忠、和；二曰六行，孝、友、睦、姻、任、恤；三曰六艺，礼、乐、射、御、书、数。"④ 在纠民方面，"以乡八刑纠万民：一曰不孝之刑，二曰不睦之刑，三曰不姻之刑，四曰不弟之刑，五曰不任之刑，六曰不恤之刑，七曰造言之刑，八曰乱民之刑。"⑤ 在防民方面，"以五礼防万民之伪而教之中，以六乐防万民之情，而教之和。凡万民之不服教而有狱讼者，与有地治者听而断之，其附于刑者，归于士。"⑥

由此可见，《周礼》的内容极为丰富，几乎涵盖了社会生活的方方面面，大到国家大典，小到个人言行视听，既有政法文教、礼乐兵刑、赋税度支，也有膳食衣饰、寝庙车马、农商医卜、工艺制作，还有饮食、起居、祭祀、丧葬等方面的社会风俗习惯、礼节仪式、具体规范，都被纳入"礼"的范畴，使"礼"成为系统化的社会典章制度、行为规范、礼节仪式，故有"礼仪三百，威仪三千"⑦"经礼三百，曲礼三千"⑧ 之说。

显然，《周礼》中蕴含的治理思想，体现了周公重视德礼教化、明德慎罚、薄征缓刑的治理理念。"《周礼》对官员、百姓，采用儒法兼融、

---

① （清）孙诒让撰，王文锦、陈玉霞点校：《周礼正义》卷19《地官司徒第二上·大司徒》，第741页。
② （清）孙诒让撰，王文锦、陈玉霞点校：《周礼正义》卷19《地官司徒第二上·大司徒》，第746页。
③ （清）孙诒让撰，王文锦、陈玉霞点校：《周礼正义》卷19《地官司徒第二上·大司徒》，第748页。
④ （清）孙诒让撰，王文锦、陈玉霞点校：《周礼正义》卷19《地官司徒第二上·大司徒》，第756页。
⑤ （清）孙诒让撰，王文锦、陈玉霞点校：《周礼正义》卷19《地官司徒第二上·大司徒》，第760页。
⑥ （清）孙诒让撰，王文锦、陈玉霞点校：《周礼正义》卷19《地官司徒第二上·大司徒》，第761—762页。
⑦ （汉）郑玄注，（唐）孔颖达正义，吕友仁整理：《礼记正义》卷60《中庸第三十一》，第2032页。
⑧ （汉）郑玄注，（唐）孔颖达正义，吕友仁整理：《礼记正义》卷32《礼器第十》，第986页。

德主刑辅的方针,不仅显示了相当成熟的政治思想,而且有着驾驭百官的管理技巧。"由于《周礼》是战国时儒者追述周代官制的文字,难免有理想色彩和后人附益之处,所以《周礼》一书中所记载的礼制,并非都是西周当时礼制的实境,《周礼》一书"有相当的理想化的成分,理论色彩十分浓郁,实际上是理想国的蓝图"①。

除了《周礼》之外,《仪礼》和《礼记》也记载了周礼的丰富内容。

《仪礼》是我国现存最早的记载上古礼仪程式的典籍②。《十三经注疏》本中的《仪礼》共17篇,记载着周代的各种礼仪,包括冠、婚、丧、祭、乡、射、朝、聘等各种礼仪制度,其中以记载士大夫的礼仪为主。作为一部详细的礼仪制度章程,《仪礼》中的各个篇目详尽地告诉人们,在冠、婚、丧、祭、乡、射、朝、聘等主要场合的穿戴着装、言行举止、时辰方位、方法步骤等。"《仪礼》作为一部上古经典,学术价值很高。此书材料来源甚古,内容也比较可靠,而且涉及面广,从冠、婚、飨、射到朝、聘、丧、葬,无所不备,犹如一幅古代社会生活的长卷,是研究古代伦理思想、生活方式、社会风尚的重要史料之一。""古代中国是宗法社会,大到政治制度,小到一家一族,无不浸润于宗法之中。《仪礼》对宗法制度的阐述最为权威。"③

《礼记》记载了大量有关先秦时期的典章、制度、文物以及儒家政治学术思想,是后世儒者汇辑而成的孔子及其后学传述礼制、论说礼仪、阐释礼义的著作,是孔子及其后学对儒家政治理想、治国方略、典章文物、嘉言懿行,以及礼的学理、规则的议论与发挥。《礼记》之所以被称作"记",是因为它本身就是解释《仪礼》的,《礼记》中有很多篇名也与《仪礼》的篇名相对应,显示了它对《仪礼》的解释。《礼记》既有对于礼仪制度的记述,更有关于礼的本质、礼的合法性、礼的功用、礼的运用及其伦理道德、学术思想的论述,思想资源极为丰富。"《礼记》的文字可与《周礼》《仪礼》联系,是打通《周礼》《仪礼》的桥梁;上可探索阴阳,穷析物理,推本性命,下及于修身齐家,民生日用,既能严礼乐之

---

① 彭林:《中国传统礼仪概要》,第20页。
② 关于《仪礼》的作者,通常有如下几种说法:周公作,孔子作,周公作孔子删定,等等。一般认为,《仪礼》一书的内容,非一时一世而作,大致形成于西周末春秋初,孔子编定为十七篇,使周代礼仪之大体得以保存流传下来。本书依据《仪礼》17篇文本,概述其基本思想。
③ 彭林:《中国传统礼仪概要》,第22页。

辨，又可究度数之详。"①

　　《周礼》《仪礼》《礼记》合称"三礼"。据历代学者考证，尽管这三本经典并非出自周公之手，却承载了周公制礼的精神与影响。"三礼"中的每一部经典都有关于周公所制礼仪的记载或释义，各有侧重，且在中国儒学思想史上都被置于"经"的位置。《周礼》是记载古代设官分职的一部政典，其中包括刑法、民法、诉讼法和行政法等一切政治制度、法律制度和典礼规范。《周礼》由于其完善的官制体系和丰富的治国思想受到后世帝王、政治家、文人的喜爱，在汉代被列为"三礼"之首。《仪礼》是夏商西周三代礼制的集成，记载了先秦社会的冠婚丧祭等各种礼仪，为我国现存年代最早的关于礼仪制度的专书，在"三礼"中最先取得经的地位。"从经学的角度而言，《仪礼》是礼的本经，《礼记》属于'记'，是对经义的说解，依附于礼经而行。"②"《礼记》在'三礼'中最晚取得经的地位，但却是后来居上，成为礼学大宗，大有取代《周礼》《仪礼》之势。"③

第二节　《尚书》《诗经》《左传》中的礼法思想

　　《尚书》《诗经》《左传》与前文所述的《周礼》《仪礼》《礼记》等典籍一样，是反映西周和春秋时期礼制建构的重大成果，是关于周礼的具体文字载体，对当时和后来的礼制建构发挥了巨大作用。"《尚书》是以典训文告的形式体现各种制度，《周礼》是以法规条文的形式制定各种制度，《仪礼》是以教条的形式规定各种仪式的程序。与此三者相对而言，《诗经》则是通过各为片段的形式艺术地再现周初至春秋那段历史时期的各阶层的社会活动。因此，当时的各种带礼治性质的制度法规以及与之相适应的意识形态在《诗经》中也得到了不同程度的反映。"④《尚书》《诗经》《左传》《周礼》《仪礼》中的礼法思想，理应成为《礼记》礼法合治思想的渊源。由于前文中已概述了周公制礼及三礼，其中已经涉及《周

---

① 彭林：《中国传统礼仪概要》，第 24 页。
② 彭林注译：《仪礼》，中州古籍出版社 2011 年版，第 8 页。
③ 彭林：《中国传统礼仪概要》，第 22 页。
④ 勾承益：《先秦礼学》，巴蜀书社 2002 年版，第 69 页。

礼》和《仪礼》的内容，故此处只阐述《尚书》《诗经》《左传》中的礼法思想。

一 《尚书》中的礼法思想

《尚书》又称《书》《书经》，是一部以记言为主的古典文集，被视为我国最早的一部政典，收录了我国春秋前历代史官编撰的官方文献。《尚书》包括"典""谟""诰""训""誓""命"等六个方面的内容，分别记述立国的基本原则、治国计划、大臣的态度、国君的通告、起兵文告、国君的命令等。《尚书》相传由孔子编定并作序。孔子晚年集中精力整理古代典籍，将上古时期的尧舜一直到春秋时期的秦穆公，横跨虞、夏、商、周四代的各种重要文献资料汇集在一起，从中挑选出百篇，这就是百篇《尚书》的由来。孔子编成《尚书》后，曾把它用作教育学生的教材。现今流传两千多年的《尚书》，包括今文《尚书》33篇、古文《尚书》25篇，其中今文《尚书》的33篇除少数篇章的分合、定名不同以外，与汉代传本文字大抵相同，另外25篇经宋代以来的考异争论，总体认为是东晋人的伪作。

《尚书》是儒家经典之一，对后世的政治法律活动和精神生活都产生了深远影响。仅《礼记》中孔子及孔门弟子就援引《尚书》35次，其中《缁衣》14次，《大学》7次，《坊记》4次，《学记》3次，《表记》3次，《丧服四制》2次，《檀弓下》1次，《文王世子》1次。《尚书》中的《舜典》《尧典》《皋陶谟》等篇目多处涉及"礼""刑"，蕴含丰富的礼法思想。其中涉及礼、刑的表述，有"修五礼"[1]"典朕三礼"[2]"天秩有礼"[3]"宗礼"[4]"象以典刑，流宥五刑"[5]"五刑有服"[6]等；《吕刑》更是通篇叙述"刑"。

《尚书》中的礼法思想可以概括为以下五个方面的内容：

一是君权神授、以德配天的观念。认为天降大命给有德行的人，君王

---

[1] 顾颉刚、刘起釪：《尚书校释译论·虞夏书·尧典》，第129页。
[2] 顾颉刚、刘起釪：《尚书校释译论·虞夏书·尧典》，第192页。
[3] 顾颉刚、刘起釪：《尚书校释译论·虞夏书·皋陶谟》，第400页。
[4] 顾颉刚、刘起釪：《尚书校释译论·周书·洛诰》，第1469页。
[5] 顾颉刚、刘起釪：《尚书校释译论·虞夏书·尧典》，第163页。
[6] 顾颉刚、刘起釪：《尚书校释译论·虞夏书·尧典》，第192页。

当谨慎政事。"天工人其代之。……政事懋哉懋哉！"① 上天命定的工作，君王应当代替其完成，而君王只有修身、知人、安民、努力工作，才能承受其天命。《尚书·皋陶谟》认为君王应具有"允迪厥德，谟明弼谐""慎厥身修，思永。惇叙九族，庶明励翼，迩可远"②，诚信、英明、惠民、敦厚、顺天、和谐，这些都是可以配天的美德。如果不敬上天，无德造孽，不能修身、知人、安民、勤勉为政，就会使皇天震怒，从而降灾于百姓，君王也会失去其天命。君王用人也应该重其德行，具体为"九德"，即"宽而栗，柔而立，愿而恭，乱而敬，扰而毅，直而温，简而廉，刚而塞，强而义。"③ 宽宏大量而又稳重，温和而又有主见，小心谨慎而又庄重严肃，富有才干而又脚踏实地，能虚心听取他人意见而又坚持原则立场，正直而又温和，率真而又方正，刚正而又不鲁莽，坚持原则而又合乎道义，这就是君王选人用人所要秉持的道德标准。《尚书》关于德的精辟阐述，体现了西周时期以德配天的历史观。

二是君权至上观念、等级体系和宗法意识。由于君权神授，所以君权至上，君王可以予夺生死："用命，赏于祖；不用命，戮于社。"④ 高高在上的统治者，用毋庸置疑的语气发布强制性指令。在君权神授、君权至上的基础上，建立了一个以天子为中心的公、侯、伯、子、男的等级体系，以及甸、侯、绥、要、荒的"五服"制度⑤。天子"欲至于万年，惟王子子孙孙永保民"⑥；天子对宗族有要求，也有依赖，一方面要求他们听命于天子："呜呼！念之哉！伯父、伯兄、仲叔、季弟、幼子、童孙，皆听朕言，庶有格命"⑦；另一方面，依赖他们排忧解难，"惟祖惟父，其伊恤朕躬。"⑧ 周天子在面临困境时，会呼吁姬姓诸侯国国君们体恤自己的苦衷，表达了大宗对小宗的依赖。

三是尊崇天的意志制定包括礼、刑在内的各种制度。与君权神授、君权至上、等级制度相联系的，是各种礼、刑制度。《皋陶谟》记载了皋陶

---

① 顾颉刚、刘起釪：《尚书校释译论·虞夏书·皋陶谟》，第 400 页。
② 顾颉刚、刘起釪：《尚书校释译论·虞夏书·皋陶谟》，第 393 页。
③ 顾颉刚、刘起釪：《尚书校释译论·虞夏书·皋陶谟》，第 400 页。
④ 顾颉刚、刘起釪：《尚书校释译论·虞夏书·甘誓》，第 854 页。
⑤ 如"五服三就"。见顾颉刚、刘起釪：《尚书校释译论·虞夏书·尧典》，第 192 页。
⑥ 顾颉刚、刘起釪：《尚书校释译论·周书·梓材》，第 1424 页。
⑦ 顾颉刚、刘起釪：《尚书校释译论·周书·吕刑》，第 1982 页。
⑧ 顾颉刚、刘起釪：《尚书校释译论·周书·文侯之命》，第 2114 页。

对禹的劝告:"天叙有典,勅我五典五惇哉;天秩有礼,自我五礼有庸哉;同寅协恭和衷哉;天命有德,五服五章哉;天讨有罪,五刑五用哉;政事懋哉懋哉!天聪明,自我民聪明;天明畏,自我民明威。"① 天命令天子制定各种规则、制度。它们是客观的、崇高的,因而在任何人的意志和权力之上,其中包括人与人之间的常法——父义、母慈、兄友、弟恭、子孝;人的尊卑等级——天子、诸侯、卿、大夫、士;五种服饰采章——天子、诸侯、卿、大夫、士分别着十二色、九色、七色、五色、三色的服饰;五种刑罚——墨、劓、剕、宫、大辟。上天的视听依从臣民的视听,上天的赏罚依从臣民的赏罚,天意和民意是相通的,因此君王必须谨慎从事。这里的"五典""五惇""五礼""五服""五章""五刑""五用"等,都是上天的秩序在人间的体现和要求,是"天秩有礼"。对遵德守礼者的表彰和对违德失礼者的惩处,本质上都是对等级社会行为的规范和调整。

四是实行德治,以敬德保命、治国安邦。德治思想"是宗法家族社会统治方法的基本内容,也是宗法血缘意识在文明时代的产物"②。《尚书》中有不少关于德治的论述。例如,帝尧"克明俊德,以亲九族;九族既睦,平章百姓,百姓昭明,协和万邦;黎民于变时雍。"③ 显然,这里的"克明俊德"即发扬大德是其能够使家族亲密和睦,进而辨明政事、治国安邦、天下归心的前提条件。敬德的目的是保有"天命",因为"惟不敬厥德乃早坠厥命。"④ "王其德之,用祈天永命!"⑤ 这体现了"敬德保命"的真诚愿望,也揭示了"有德者昌,无德者亡"⑥ 的历史规律。在如何实行德治方面,《尚书》中有"知小人之依,能保惠于庶民"⑦ "怀保小民,惠鲜鳏寡"⑧ 的思想;有"秉德明恤"⑨、注重教化的思想;有

---

① 顾颉刚、刘起釪:《尚书校释译论·虞夏书·皋陶谟》,第400页。
② 武树臣:《儒家法律传统》,第209页。
③ 顾颉刚、刘起釪:《尚书校释译论·虞夏书·尧典》,第2页。
④ 顾颉刚、刘起釪:《尚书校释译论·周书·召诰》,第1441页。
⑤ 顾颉刚、刘起釪:《尚书校释译论·周书·召诰》,第1442页。
⑥ (唐)房玄龄等:《晋书》卷127《载记第二十七·慕容德》,中华书局1974年版,第3163页。
⑦ 顾颉刚、刘起釪:《尚书校释译论·周书·无逸》,第1532页。
⑧ 顾颉刚、刘起釪:《尚书校释译论·周书·无逸》,第1538页。(此版本作"惠鲜于鳏寡",从通行本)
⑨ 顾颉刚、刘起釪:《尚书校释译论·周书·君奭》,第1560页。

"明德慎罚"①"庶狱庶慎"② 的思想,等等。

五是刑罚有据,刑制分明。周公制礼作乐,实行明德慎罚,毕竟还有刑罚。西周初年即有刑法,分"轻典""中典""重典",合称"三典",用以维护宗法贵族政体统治秩序。《尚书》中的《吕刑》以及《尧典》《皋陶谟》等篇目,分别记载了夏商周三代的法制活动,如黄帝时代蚩尤创制法律的活动,"制以刑,惟作五虐之刑曰法"③;舜定五刑刑制,"象以典刑,流宥五刑,鞭作官刑,扑作教刑,金作赎刑,眚灾肆赦,怙终贼刑"④,从而达到"画衣裳而民不犯"⑤ 的效果。《尚书》诸篇还记载了强盗杀人的"寇贼"、抢夺他人货财的"夺货"、诈骗财物的"矫虔",以及"不孝""不共""不友"等古老罪名,记载了五刑、五罚等古老的刑罚制度,记载了"两造具备"即原告和被告双方到庭、"中听狱之两辞"即审查原告和被告的辞状、"有并两刑"即两罪并发仅科一刑等审判制度,以及"有笞比于罚"和以先前判例为依据的判例法,等等。当然,刑罚必须有度适中,如果"越兹丽刑,并制罔差有辞"⑥,数罚并用,不听申述、伤及无辜,就会遭到上天的惩罚。认为古代蚩尤所部嫡系苗民即是如此。

《尚书》中的《吕刑》又名《甫刑》⑦,记载了周穆王时期的吕侯以穆王的名义和语气布告四方的刑制,其中有墨、劓、剕、宫、大辟五刑,共三千条。"爰制百姓于刑之中,以教祗德。"⑧ "惟察惟法,其审克之。"⑨ 强调士大夫要用公正的刑罚制御百官,教导臣民敬重德行。审判案件,当刑当罚,应当详细察实,公正依法。《吕刑》可以说是中国古代最早而又较为系统的刑法,在中国法思想历史上具有开创性的意义。

---

① 顾颉刚、刘起釪:《尚书校释译论·周书·康诰》,第 1299 页;《尚书校释译论·周书·多方》,第 1610 页。
② 顾颉刚、刘起釪:《尚书校释译论·周书·立政》,第 1675 页。(此版本中间有顿号,从通行本)
③ 顾颉刚、刘起釪:《尚书校释译论·周书·吕刑》,第 1901 页。
④ 顾颉刚、刘起釪:《尚书校释译论·虞夏书·尧典》,第 163 页。
⑤ 苏舆撰,钟哲点校:《春秋繁露义证》卷 4《王道第六》,中华书局 1992 年版,第 103 页。
⑥ 顾颉刚、刘起釪:《尚书校释译论·周书·吕刑》,第 1901 页。
⑦ 穆王时期有关刑罚的文告由吕侯请命颁布,吕侯的后代改封甫侯,因此《吕刑》也称《甫刑》。
⑧ 顾颉刚、刘起釪:《尚书校释译论·周书·吕刑》,第 1901 页。
⑨ 顾颉刚、刘起釪:《尚书校释译论·周书·吕刑》,第 1995 页。

二 《诗经》中的礼法思想

《诗经》是我国第一部诗歌总集，相传是由孔子删定的。在先秦时期，《诗经》被称为《诗》，西汉时被尊为儒家经典后称为《诗经》并沿用至今。《诗》被奉为儒家经典的一个重要原因，就是孔子非常看重它并将其作为教科书。孔子认为，诗可以激发人的情志，可以借以观察社会，促进朋友之间的交往，表达怨恨不平之声；近可以侍奉父母，远可以侍奉君王，还可以了解不少鸟兽草木的名称，"诗，可以兴，可以观，可以群，可以怨。迩之事父，远之事君，多识于鸟兽草木之名"①。孔子的这段话启示我们："《诗》中体现着统治阶级的社会理想，对于调节统治者和被统治者之间的社会关系也具有道德方面的积极意义。事实上，《诗》中渗透周人的礼治和礼教精神，与孔子用毕生精力所奔走呼号的周礼保持着精神实质方面的高度一致，这才是孔子重《诗》并将它作为教科书的根本原因，只不过他没有用明确的语言表达出来而已。"② 周代的礼法思想在《诗经》中也有体现。而《诗经》中的礼法思想主要包括制度之礼、道德之礼以及法律文化等内容。

在制度之礼方面，《诗经》中主要记载了土地分封制度、等级制度、宗法制度、婚姻制度等。

关于土地分封制度。《诗经·鲁颂·閟宫》记载："乃命鲁公，俾侯于东，锡之山川，土田附庸"③，这反映了成王时期对鲁公伯禽的分封情况。王对其亲戚、有功之臣进行土地分封。这种土地分封制度及由此产生的权利和义务、支配与被支配的关系即是礼，合乎这种制度的行为，就合乎于礼，就是"礼则然矣"④；不合乎这种制度的行为，则"非礼也"。土地分封制度反映了当时的分配关系，由此产生的权利和义务、支配与被支配的关系属于上层建筑，经济基础决定政治上层建筑和意识形态，当时的礼作为那个时代的政治上层建筑和意识形态，是与土地分封制度相联系的。

关于等级制度。《小雅·北山》中有两句诗为后人广泛流传，即"溥

---

① （清）刘宝楠撰，高流水点校：《论语正义》卷20《阳货第十七》，第689页。
② 勾承益：《先秦礼学》，第68页。
③ 高亨注：《诗经今注·鲁颂·閟宫》，第570页。
④ 高亨注：《诗经今注·小雅·节南山之什·十月之交》，第303页。

天之下，莫非王土；率土之滨，莫非王臣"①，它清楚地说明了代表西周土地制度的"王土"与代表西周以后君臣上下之间权利和义务的"王臣"之间的内在关联。这种等级制度，是与君权神授思想联系在一起的，而在《诗经》中也时有体现，如"假哉天命！有商孙子。商之孙子，其丽不亿。上帝既命，侯于周服"②；"有命自天，命此文王，于周于京。缵女维莘，长子维行，笃生武王"③；"时迈其邦，昊天其子之，实右序有周"④，等等。因此，诸侯对天子唯命是从，天子神圣威严，"式辟四方，彻我疆土"⑤。周天子巡守各地，诸侯朝觐周天子。人们祝愿周天子"如山如阜，如冈如陵"⑥，"如月之恒，如日之升，如南山之寿"，"如松柏之茂"⑦。这些都反映了当时以天子为核心的等级制度和等级观念。而那些贪得无厌的剥削统治者在《诗经》中被称为"硕鼠"，他们"食我黍""食我麦""食我苗"，却"莫我肯顾""莫我肯德""莫我肯劳"⑧。《毛诗序》对此评价道："国人刺其君重敛蚕食于民，不修其政，贪而畏人，若大鼠也。"⑨ 这是对等级制度的否定与无奈，也是对贪得无厌的统治者的鞭答，折射了作者对周初以来等级现实的一定程度的批判。

关于宗法制度。宗法制是周朝的根本社会制度。周朝的土地分封和爵位颁封，都是姬姓最高大宗对其相对小宗的行为。天子诸侯对公、大夫、士的等级安排，均与宗姓亲疏相关。姬姓各成员在宗族体系中必须承担相应的义务和责任，"大邦维屏，大宗维翰。怀德维宁，宗子维城。"⑩ 也就是说，大国是屏障，大族是栋梁。为政有德国安宁，宗子是城墙。这既体现了分封制及其目的，即"封建亲戚以蕃屏周"⑪，也体现了王族贵族按血缘关系分配国家权力，以便建立世袭统治的一种宗法制度。同姓宗亲的

---

① 高亨注：《诗经今注·小雅·谷风之什·北山》，第340页。
② 高亨注：《诗经今注·大雅·文王之什·文王》，第404页。
③ 高亨注：《诗经今注·大雅·文王之什·大明》，第408页。
④ 高亨注：《诗经今注·周颂·清庙之什·时迈》，第532页。
⑤ 高亨注：《诗经今注·大雅·荡之什·江汉》，第508页。
⑥ 高亨注：《诗经今注·小雅·鹿鸣之什·天保》，第241页。
⑦ 高亨注：《诗经今注·小雅·鹿鸣之什·天保》，第242页。
⑧ 高亨注：《诗经今注·魏风·硕鼠》，第157页。
⑨ （汉）郑玄笺，（唐）孔颖达等正义：《毛诗正义》卷5之三《魏风·硕鼠》，《十三经注疏》，第359页。
⑩ 高亨注：《诗经今注·大雅·生民之什·板》，第465页。
⑪ 杨伯峻编著：《春秋左传注·僖公二十四年》，第459页。

团结非常重要，天子对敦睦宗亲负有重大责任，如果掉以轻心，就会导致上行下效，人心离散，危及政权。"不令兄弟，交相为愈。民之无良，相怨一方，受爵不让；至于己斯亡。"① 西周最后一位天子周幽王姬宫湦"不亲九族而好谗佞，骨肉相怨"②，在《诗经》中受到尖锐讽刺。宗亲之间还通过宴饮、会集在一起进行射箭等来加深亲情，通过歌颂共同的祖先来增强宗法意识，通过谴责违背宗法之礼的人和事来阐发宗法情感和道德情感等。

在道德之礼方面，《诗经》主要表达了天子之德、大臣之德和一般伦理道德及其教化等内容。

关于天子之德。《诗经》强调天子要以德配天，认为殷商就是因为"敛怨以为德""不明尔德"③ 而灭亡，所以后世要引以为鉴："殷鉴不远，在夏后之世"④；要"畏天之威，于时保之"⑤，"我求懿德，肆于时夏"⑥。德是靠人保持和施行的，重德必然导致重人。《诗经》认为，商朝的灭亡是因为既无德又无人，"尔德不明，以无陪无卿"⑦。因此，君子应当视民如子，"为民父母"。《诗经》还多次赞颂德的重要影响，如："乐只君子，邦家之基"⑧"邦家之光""民之父母""德音不已""德音是茂"⑨；"温温恭人，维德之基。其维哲人，告之话言，顺德之行。"⑩ "申伯之德，柔惠且直。揉此万邦，闻于四国"⑪，等等。

承担天命的天子是全社会的道德楷模，天子之德对全社会发挥着道德引导作用。《诗经》极力推崇文王以及武王、成王的高尚道德。《大雅·大明》歌颂文王"维此文王，小心翼翼，昭事上帝，聿怀多福"⑫。《大

---

① 高亨注：《诗经今注·小雅·鱼藻之什·角弓》，第380页。
② （汉）郑玄笺，（唐）孔颖达等正义：《毛诗正义》卷15之一《小雅·鱼藻之什·角弓》，《十三经注疏》，第490页。
③ 高亨注：《诗经今注·大雅·荡之什·荡》，第471页。
④ 高亨注：《诗经今注·大雅·荡之什·荡》，第472页。
⑤ 高亨注：《诗经今注·周颂·清庙之什·我将》，第531页。
⑥ 高亨注：《诗经今注·周颂·清庙之什·时迈》，第532页。
⑦ 高亨注：《诗经今注·大雅·荡之什·荡》，第471页。
⑧ 高亨注：《诗经今注·小雅·南有嘉鱼之什·南山有台》，第254页。
⑨ 高亨注：《诗经今注·小雅·南有嘉鱼之什·南山有台》，第255页。
⑩ 高亨注：《诗经今注·大雅·荡之什·抑》，第476页。
⑪ 高亨注：《诗经今注·大雅·荡之什·崧高》，第495页。
⑫ 高亨注：《诗经今注·大雅·文王之什·大明》，第407页。

雅·下武》歌颂武王"王配于京,世德作求";赞誉成王"成王之孚,下土之式。永言孝思,孝思维则"①。而天子之德的内容包括敬天事神、敦睦亲族、选贤授能、孝敬父母、顺承祖先、亲近朋友、亲近诸侯、礼遇臣下、敬老爱民、勤勉不懈、以时讲武、威仪肃慎等;相反,天子无德则表现为不敬于天、不亲九族、不重婚姻、听信谗言、不重婚姻、狎近小人、不顾民命、贪利忘义、酗酒失礼、宠信妇人、穷兵黩武、草菅人命、劳民伤财等。② 无德的天子是不配承受天命的,也不堪为"民之父母",最终将难逃殷商覆亡之命运。

关于大臣之德。《诗经》通过塑造召伯③和仲山甫④两位大臣的形象,揭示了大臣应有的美德:"柔嘉维则。令仪令色,小心翼翼。古训是式,威仪是力。天子是若,明命使赋。"⑤ "出纳王命,王之喉舌。赋政于外,四方爰发。""既明且哲,以保其身。夙夜匪解,以事一人。""柔亦不茹,刚亦不吐;不侮矜寡,不畏强御。"⑥。由于《诗经》从道德伦理角度塑造的几位西周大臣既是周天子的大臣,又是诸侯国君和姬姓宗族,因此他们的道德形象具有多重教育意义。而那些"击鼓其镗,踊跃用兵。土国城漕,我独南行"⑦,"淫乱不恤国事,军旅数起,大夫久役"⑧,以及各种盲目用兵、劳民伤财、不修民事、伤风败俗的人和事,便是无德非礼,必然受到揭露和谴责。

关于社会各层级之德。《诗经》中体现的社会各层级的道德及其教化思想涉及君臣、父子、夫妇、兄弟、朋友等各个方面,尽管其中主要侧重于贵族的道德修养,但许多篇章却具有普遍的社会道德教育意义,因而得以长时期影响中国古代社会。这些伦理道德内容丰富,例如,在忠君方

---

① 高亨注:《诗经今注·大雅·文王之什·下武》,第431页。
② 参见勾承益《先秦礼学》,第90—93页。
③ 参见高亨注《诗经今注·召南·甘棠》,第23页;《诗经今注·小雅·鱼藻之什·黍苗》,第388页;《诗经今注·大雅·荡之什·崧高》,第494、495页。
④ 参见高亨注《诗经今注·大雅·荡之什·烝民》,第498—500页;《诗经今注·大雅·荡之什·崧高》,第494页。
⑤ 高亨注:《诗经今注·大雅·荡之什·烝民》,第498页。
⑥ 高亨注:《诗经今注·大雅·荡之什·烝民》,第499页。
⑦ 高亨注:《诗经今注·邶风·击鼓》,第45页。
⑧ (汉)郑玄笺,(唐)孔颖达等正义:《毛诗正义》卷2之二《邶风·雄雉》,《十三经注疏》,第302页。

第一章 《礼记》礼法合治思想渊源　　51

面，提出"王于出征，以匡王国。""王于出征，以佐天子。"① "肃肃兔罝，椓之丁丁。赳赳武夫，公侯干城。"② 在爱邦国、爱民族、保卫家邦方面，提出"彼黍离离，彼稷之苗。行迈靡靡，中心摇摇。知我者，谓我心忧；不知我者，谓我何求。悠悠苍天，此何人哉？"③ "岂曰无衣，与子同裳。王于兴师，修我甲兵，与子偕行"④。在孝敬父母方面，重视用"孝"等宗法伦理规范对人民进行教化，如"哀哀父母，生我劳瘁"⑤；"永言孝思，孝思维则"；"永言孝思，昭哉嗣服"⑥。在家庭内部关系上，提出要"戚戚兄弟，莫远具尔"⑦。凡此种种，无不反映了彼时的道德伦理观念，目的在于维护统治秩序和家族秩序。

关于婚姻方面的规范。《诗经》反映了当时在婚姻方面的一些规范。"出其东门，有女如云。虽则如云，匪我思存"⑧；"伐柯如何？匪斧不克。取妻如何？匪媒不得。"⑨ "娶妻如之何？必告父母""匪媒不得"⑩。《诗经》向往婚姻自由和爱情坚守，"死生契阔，与子成说。执子之手，'与子偕老'。"⑪《诗经》中也记载了体现男尊女卑观念的规范，如《小雅·斯干》记载："乃生男子，载寝之床，载衣之裳，载弄之璋"⑫；"乃生女子，载寝之地，载衣之裼，载弄之瓦"⑬；《大雅·瞻卬》有"哲夫成城，哲妇倾城"⑭ 之说。

从法律文化角度考察，《诗经》中也有许多重要思想。主要有神权法思想、诉讼和审判原则、判例法和神明裁判法等。

关于神权法思想。《诗经》强调天命和君权神授。例如，"有城方将，

---

① 高亨注：《诗经今注·小雅·南有嘉鱼之什·六月》，第262页。
② 高亨注：《诗经今注·周南·兔罝》，第11页。
③ 高亨注：《诗经今注·王风·黍离》，第100页。
④ 高亨注：《诗经今注·秦风·无衣》，第184页。
⑤ 高亨注：《诗经今注·小雅·谷风之什·蓼莪》，第331页。
⑥ 高亨注：《诗经今注·大雅·文王之什·下武》，第431页。
⑦ 高亨注：《诗经今注·大雅·生民之什·行苇》，第443页。
⑧ 高亨注：《诗经今注·郑风·出其东门》，第131页。
⑨ 高亨注：《诗经今注·豳风·伐柯》，第224页。
⑩ 高亨注：《诗经今注·齐风·南山》，第141页。
⑪ 高亨注：《诗经今注·邶风·击鼓》，第45页。
⑫ 高亨注：《诗经今注·小雅·鸿雁之什·斯干》，第285页。
⑬ 高亨注：《诗经今注·小雅·鸿雁之什·斯干》，第286页。
⑭ 高亨注：《诗经今注·大雅·荡之什·瞻卬》，第514—515页。

帝立子生商"①。"昊天有成命，二后受之。成王不敢康，夙夜基命宥密。"②"文王在上，于昭于天。周虽旧邦，其命维新。"③"仪刑文王，万邦作孚。"④

关于诉讼和审判原则。《诗经》针对社会动乱和犯罪行为，描述了法官赏赐有功和惩罚有罪的情况："矫矫虎臣，在泮献馘。淑问如皋陶，在泮献囚。……在泮献功"⑤。"执讯连连。攸馘安安。"⑥"执讯获丑"⑦。《召南·甘棠》所述"蔽芾甘棠，勿翦勿伐，召伯所茇"⑧，叙说了召公曾在棠梨树下决狱政事，人们怀念他并保护这棵树，不允许其被砍伐的事情。《国风·召南·行露》则表达了对以诉讼相威胁者的愤怒之情，"谁谓女无家，何以速我狱。虽速我狱，室家不足。……何以速我讼。虽速我讼，亦不女从"⑨。《小雅·巧言》描述了因受人诬告而获罪者的愤愤不平："悠悠昊天，曰父母且。无罪无辜，乱如此憮。"⑩审判案件的法官应当小心谨慎，恪守职责，不可妄为，"不敢暴虎，不敢冯河，人知其一，莫知其他。战战兢兢，如临深渊，如履薄冰"⑪。

关于判例法和神明裁判法原则。判例法的基本原则是"遵循先例"。由于西周政体下的法官是世袭的，所以后代法官在判案时要遵循其父兄的先例。"其德克明，克明克类，克长克君，王此大邦，克顺克比。比于文王，其德靡悔。既受帝祉，施于孙子"⑫；"不识不知，顺帝之则"⑬。《大雅·抑》："罔敷求先王，克共明刑。"⑭《大雅·烝民》："小心翼翼。古

---

① 高亨注：《诗经今注·商颂·长发》，第586页。
② 高亨注：《诗经今注·周颂·清庙之什·昊天有成命》，第530页。
③ 高亨注：《诗经今注·大雅·文王之什·文王》，第403页。
④ 高亨注：《诗经今注·大雅·文王之什·文王》，第404页。
⑤ 高亨注：《诗经今注·鲁颂·泮水》，第566—567页。
⑥ 高亨注：《诗经今注·大雅·文王之什·皇矣》，第424页。
⑦ 高亨注：《诗经今注·小雅·鹿鸣之什·出车》，第247页；《诗经今注·小雅·南有嘉鱼之什·采芑》，第265页。
⑧ 高亨注：《诗经今注·召南·甘棠》，第23页。
⑨ 高亨注：《诗经今注·召南·行露》，第24—25页。
⑩ 高亨注：《诗经今注·小雅·节南山之什·巧言》，第321页。
⑪ 高亨注：《诗经今注·小雅·节南山之什·小旻》，第312页。
⑫ 高亨注：《诗经今注·大雅·文王之什·皇矣》，第423页。
⑬ 高亨注：《诗经今注·大雅·文王之什·皇矣》，第424页。
⑭ 高亨注：《诗经今注·大雅·荡之什·抑》，第475页。

训是式。"① 先王的判例主要存之于典籍或老臣。对此,《大雅·荡》进行了总结:"文王曰咨,咨女殷商,匪上帝不时,殷不用旧。虽无老成人,尚有典刑。曾是莫听,大命以倾。"② 因此,在判例时,法官既要重视先王典籍,又要注意咨询老臣和贤人的意见,这是因循先例的重要保证。而在遇到疑难案件时,则采取神明裁判。如《小雅·小昊》:"我龟既厌,不我告犹。"③

《诗经》中的道德之礼和制度之礼以及法律文化等内容,分别以风、雅、颂等形式出现,内容涉及平民百姓、士、贵族、国君等社会各个阶层,因而不仅在当时流传广泛,对后世也有很大影响,其中许多名句至今人们耳熟能详。中国思想史上的许多传世大家和传世著作,都对《诗经》有不同程度的引用。据统计,《左传》引用《诗经》221 处;《论语》引述《诗经》19 处;《孟子》引《诗经》37 处,其中 26 处是引用《诗经》来论述自己的观点;《荀子》引用《诗经》83 处,涉及篇目 47 篇;《礼记》引用《诗经》共计 104 次,涉及篇目 64 篇。众多经典文献对《诗经》高频次的引用,不仅说明《诗经》的巨大影响力,也使《诗经》中蕴含的具有民族特色和深刻思想内涵的经典名句得以世代相传。

三 《左传》中的礼法思想

《左传》即《春秋左氏传》,是儒家十三经之一,与《春秋》关系密切,是我国第一部叙事详细的编年史著作,相传是春秋末年鲁国史官左丘明根据鲁国国史《春秋》编成。该书以《春秋》记事为纲进行叙事,记载的绝大部分事件发生在春秋时期。《左传》里面也包含着礼法思想。

从礼的角度考察,《左传》表述了以下思想内容:

其一,礼是施行政令、经国治世安民的根本。"政以礼成,民是以息。"④"礼,王之大经也。"⑤"礼,经国家,定社稷,序民人,利后嗣者也。许,无形而伐之"⑥。"凡侯伯,救患、分灾、讨罪,礼也。"⑦"礼,

---

① 高亨注:《诗经今注·大雅·荡之什·烝民》,第 498 页。
② 高亨注:《诗经今注·大雅·荡之什·荡》,第 471 页。
③ 高亨注:《诗经今注·小雅·节南山之什·小旻》,第 311 页。
④ 杨伯峻编著:《春秋左传注·成公十二年》,第 937 页。
⑤ 杨伯峻编著:《春秋左传注·昭公十五年》,第 1525 页。
⑥ 杨伯峻编著:《春秋左传注·隐公十一年》,第 82 页。
⑦ 杨伯峻编著:《春秋左传注·僖公元年》,第 304 页。

国之干也；敬，礼之舆也。不敬，则礼不行；礼不行，则上下昏，何以长世？"① "礼，政之舆也；政，身之守也。怠礼，失政；失政，不立，是以乱也。"② "礼，所以守其国，行其政令，无失其民者也。"③ "礼，上下之纪、天地之经纬也，民之所以生也"④。"名以制义，义以出礼，礼以体政，政以正民，是以政成而民听。"⑤ 发布政令，处理政事，必须以礼为指南，以礼为遵循。"礼之于政，如热之有濯也。"⑥ 显然，《左传》从不同角度反复揭示了礼与政之间存在的正相关的密切关系。这里的"政"，既包括维持家国天下秩序的政治权力，也包括体现统治者意志的政令，还包括政治运作及其结果的政事等。

其二，礼是统治者与士大夫阶层修身养性、行事做人的基本准则。《左传》将君、臣、父、子等所有社会成员的伦理道德原则，都称之为"礼"的准则。所谓"礼，人之干也。无礼，无以立"⑦，正是《左传》重视个体社会成员的礼的修养的集中体现。不同社会成员的个人的礼之修养有不同的内容，《左传》对此有具体阐述。其中，诸侯国君要成为社会的道德楷模，举止言行都应符合礼的准则，其行为应对社会负责，对历史负责，"君，将纳民于轨、物者也。"⑧ "君举必书。书而不法，后嗣何观？"⑨ 因此，统治者要特别重视道德修养。而社会其他成员也要加强礼学的道德修养。"君子之行也，度于礼"⑩。"君子动则思礼，行则思义"⑪。"君子贵其身，而后能及人，是以有礼。"⑫ "信以守礼，礼以庇身"⑬，"无礼，必亡。"⑭ 有礼者文质彬彬，在社会上受到尊重和优待，甚

---

① 杨伯峻编著：《春秋左传注·僖公十一年》，第370页。
② 杨伯峻编著：《春秋左传注·襄公二十一年》，第1170页。
③ 杨伯峻编著：《春秋左传注·昭公五年》，第1401—1402页。
④ 杨伯峻编著：《春秋左传注·昭公二十五年》，第1622页。
⑤ 杨伯峻编著：《春秋左传注·桓公二年》，第99页。
⑥ 杨伯峻编著：《春秋左传注·襄公三十一年》，第1317页。
⑦ 杨伯峻编著：《春秋左传注·襄公三十一年》，第1435页。
⑧ 杨伯峻编著：《春秋左传注·隐公五年》，第45页。
⑨ 杨伯峻编著：《春秋左传注·庄公二十三年》，第246页。
⑩ 杨伯峻编著：《春秋左传注·哀公十一年》，第1863页。
⑪ 杨伯峻编著：《春秋左传注·昭公三十一年》，第1684页。
⑫ 杨伯峻编著：《春秋左传注·昭公二十五年》，第1618页。
⑬ 杨伯峻编著：《春秋左传注·成公十五年》，第955页。
⑭ 杨伯峻编著：《春秋左传注·昭公二十五年》，第1618页。

第一章 《礼记》礼法合治思想渊源

至会逢凶化吉,而无礼者多行不义,可能会招致杀身之祸,家破人亡。

《左传》中塑造了多个符合礼法精神的道德楷模,如《襄公二十五年》秉笔直书的齐国太史简兄弟,《宣公二年》中秉笔直书的晋国太史董狐,《隐公四年》中为了国家民族利益而不惜"大义灭亲"①的石碏,《襄公三年》中"称其雠,不为谄;立其子,不为比;举其偏,不为党"②的祁奚,《昭公四年》中"苟利社稷,死生以之"③的社稷之臣子产,均为合乎礼法精神的道德楷模而流芳千古。而"孝"在各种礼之中,具有头等重要的位置。"孝,礼之始也。"④"先大后小,顺也。跻圣贤,明也。明、顺,礼也。"⑤

其三,礼是确立上下、天地、人伦等基本关系的纲纪经纬规范。"礼,上下之纪、天地之经纬也,民之所以生也,是以先王尚之。故人之能自曲直以赴礼者,谓之成人。"⑥"夫礼,天之经也,地之义也,民之行也。"⑦礼即是"天经""地义""民行",这体现了礼的本质与社会作用。"礼之可以为国也久矣,与天地并。君令、臣共,父慈、子孝,兄爱、弟敬,夫和、妻柔,姑慈、妇听,礼也。"⑧也就是说,礼可以使家庭成员关系和谐,可以使社会关系和谐。

从刑法的角度来考察,《左传》表述了以下思想内容:

一是统治者自身守法具有示范性和刑罚的合法性。《左传》指出:"在上位者洒濯其心,壹以待人;轨度其信,可明征也,而后可以治人。夫上之所为,民之归也。上所不为,而民或为之,是以加刑罚焉,而莫敢不惩。若上之所为,而民亦为之,乃其所也,又可禁乎?"⑨这就告诉人们,统治者应匡正自己,专心待人,行为合乎法度而取信于人,他们的行为正是百姓的榜样,因而他们可以治理民众,民众也拥护他们。如果他们没做的事情而民众做了,对民众进行惩罚,人们就会引以为戒。如果上位

---

① 杨伯峻编著:《春秋左传注·隐公四年》,第41页。
② 杨伯峻编著:《春秋左传注·襄公三年》,第1016页。
③ 杨伯峻编著:《春秋左传注·昭公四年》,第1388页。
④ 杨伯峻编著:《春秋左传注·文公二年》,第576页。
⑤ 杨伯峻编著:《春秋左传注·文公二年》,第573页。
⑥ 杨伯峻编著:《春秋左传注·昭公二十五年》,第1622页。
⑦ 杨伯峻编著:《春秋左传注·昭公二十五年》,第1620页。
⑧ 杨伯峻编著:《春秋左传注·昭公二十六年》,第1647页。
⑨ 杨伯峻编著:《春秋左传注·襄公二十一年》,第1163—1164页。

者做的事情民众也做了，又怎么能禁止呢？

二是治国者对人的赏罚必须适度，且宁赏僭而无刑滥。"善为国者，赏不僭而刑不滥。赏僭，则惧及淫人；刑滥，则惧及善人。若不幸而过，宁僭，无滥。与其失善，宁其利淫。无善人，则国从之。"① 善于治国的人，赏赐不过分，刑罚不滥施。赏不过分，是因为担心惠及邪恶的人；刑不滥施，是因为害怕诛及无辜者。如果不幸而难免失当，宁可赏赐过分，也不能滥施刑罚，与其失掉好人，不如利于坏人。因为如果没有善人，国家就会受损害。

三是实行宗法贵族制度与身份制度。《左传》中的《昭公二十六年》《昭公二十八年》《成公四年》等，都记载了西周初年实行的分封制情况。周天子对自己的兄弟以及少数异性贵族和原有部落首领实行土地分封制，选建明德，封建亲戚，以蕃屏周，宣示天子对天下土地臣民的最高所有权，维护周王朝的统治。而由分封制造成的各级贵族，在自己受封领地内拥有相对独立的政治、经济、军事等权力，这种权力依据宗法血缘关系世代相传。《襄公九年》《襄公十四年》《襄公十五年》《昭公七年》等，记载了西周春秋时的身份制度，其中贵族包括天子、诸侯、大夫、士（一说公、侯、伯、子、男），士为低层贵族；另有庶人、工匠、商贾和名目繁多的奴隶。身份制既反映了社会分工情况，更折射了等级制。此外，《左传》还记载了地方官制的变化，以及郡县制的兴起和分封制的变化，如《哀公二年》记载："克敌者，上大夫受县，下大夫受郡，士田十万，庶人、工、商遂，人臣隶圉免。"②

四是记载了夏商周三代的刑制和西周的一些法律条文。《昭公六年》记载："夏有乱政，而作《禹刑》；商有乱政，而作《汤刑》；周有乱政，而作《九刑》。"③ 禹刑、汤刑、九刑，分别成为夏、商、周三代刑制的总称。此外，《左传》中还有一些法律条文，如《昭公七年》记载了周文王之法和仆区之法的部分内容："周文王之法曰'有亡，荒阅'，所以得天下也。吾先君文王，作仆区之法，曰'盗所隐器，与盗同罪'。"④《文公六年》记载了晋国制定的新法——夷蒐之法："六年春，晋蒐于夷，舍二

---

① 杨伯峻编著：《春秋左传注·襄公二十六年》，第1236页。
② 杨伯峻编著：《春秋左传注·哀公二年》，第1801页。
③ 杨伯峻编著：《春秋左传注·昭公六年》，第1412页。
④ 杨伯峻编著：《春秋左传注·昭公七年》，第1423页。

军。使狐射姑将中军，赵盾佐之。阳处父至自温，改蒐于董，易中军。阳子，成季之属也，故党于赵氏，且谓赵盾能，曰：'使能，国之利也。'是以上之。宣子于是乎始为国政，制事典，正法罪，辟狱刑，董逋逃，由质要，治旧洿，本秩礼，续常职，出滞淹。既成，以授大傅阳子与大师贾佗，使行诸晋国，以为常法。"①

《昭公六年》还特别记载了中国历史上第一次公布成文法的活动——郑国"铸刑书"及其影响。公元前 536 年，郑国执政子产将郑国的法律条文铸在铜鼎上向全社会公布，史称"铸刑书"："三月，郑人铸刑书。叔向使诒子产书曰……昔先王议事以制，不为刑辟，惧民之有争心也。犹不可禁御，是故闲之以义，纠之以政，行之以礼，守之以信，奉之以仁；制为禄位，以劝其从；严断刑罚，以威其淫。惧其未也，故诲之以忠，耸之以行，教之以务，使之以和，临之以敬，涖之以强，断之以刚；犹求圣哲之上、明察之官、忠信之长、慈惠之师，民于是乎可任使也，而不生祸乱。民知有辟，则不忌于上。并有争心，以征于书，而徼幸以成之，弗可为矣。……今吾子相郑国，作封洫，立谤政，制参辟，铸刑书，将以靖民，不亦难乎？……复书曰：若吾子之言——侨不才，不能及子孙，吾以救世也。"②

《昭公六年》告诉我们，当时子产在其为相的郑国不仅制定了法令，而且还将这些法律条文铸在鼎上公之于众，史称"刑鼎"。这一前所未有的做法引起轩然大波，甚至连子产的好友晋国贤人叔向也写信批评子产。叔向列举了先王防止百姓犯罪行为的几种举措，主要是用礼仪教化政令贤人而不是用公开的法律，以防止百姓对上不恭敬和有争夺之心，认为子产用划定田界水沟、设置毁谤政事的条例、制定三种法规、把刑法铸在鼎上这样的办法安定百姓，是一件很难的事情。子产不为所动，在复信中坚定地表示，自己这样做的目的是"救世"。"铸刑书"这一历史事件是对以往"刑不可知，威不可测"③的秘密做法的否定，向社会大众彰显了国家权力，也有利于法律在全社会范围内得到贯彻执行，对后世有着非常深远的影响。

---

① 杨伯峻编著：《春秋左传注·文公六年》，第 594—597 页。
② 杨伯峻编著：《春秋左传注·昭公六年》，第 1410—1414 页。
③ （晋）杜预注，（唐）孔颖达等正义：《春秋左传正义》卷 43《昭公六年》，《十三经注疏》，第 2044 页。

《左传》借郑国大夫子产对子大叔的政治遗嘱,提出了为政必须"宽猛相济"的治国思想,强调"唯有德者能以宽服民,其次莫如猛。夫火烈,民望而畏之,故鲜死焉;水懦弱,民狎而玩之,则多死焉。故宽难。"① 子产向子大叔传授治国经验,指出管理国家和百姓的方法首先是宽政,即道德高尚的人能够用宽厚的政策使民众服从;其次是猛政,即采取严厉的政策和手段。比如火势猛烈,人们望见它就害怕,所以很少有人死于火;水性柔弱,民众亲近水并嬉戏玩弄水,所以死于水的人就很多。因此实施宽厚的政策是有难度的,难就难在既要"唯有德者能以宽服民",还要避免百姓对宽政"狎而玩之"。子产提出了"以宽服民"和"以猛服民"、宽猛相济的治理主张,其中的"宽"即道德教化和怀柔;其中的"猛"即严刑峻法和暴力镇压。可惜在子产死后,子大叔为政,因不忍心实行猛政而采取宽政,结果郑国盗贼比较猖狂。子大叔这才悔悟自己没有遵照子产的遗嘱,继而兴兵剪除盗贼。

孔子对"宽猛相济"评价甚高:"善哉!政宽则民慢,慢则纠之以猛。猛则民残,残则施之以宽。宽以济猛,猛以济宽,政是以和。"② 即认为管理百姓和国家应当根据具体情况和条件,宽猛相济,灵活运用,这样的管理才会比较有效。"宽猛相济"的治国思路,蕴含着后世德礼与刑法并重的思想,为后世荀子所继承和发挥,形成了隆礼重法、礼法合治思想。

《左传》与《礼记》关系密切,是《礼记》的重要思想源流。"《左传》是西周和春秋时期礼学研究最高成就的代表作。虽然它在形式上是一部记言叙事的史书,但是书中却几乎涉及了先秦和西汉礼学研究的绝大多数重大礼学命题,而且在许多具体范畴的研究方面还显示出相当的深度。《礼记》是汉人整理先秦礼学的最高成就,只要我们把《左传》跟《礼记》稍加对照,就不难发现,《礼记》中的许多著名的礼学命题,甚至包括其中不少文句和行文方法,明显地存在着《左传》的痕迹。"③ 例如,《左传》重视社会成员的个人礼学修养,强调"礼,身之干也",而《礼

---

① 杨伯峻编著:《春秋左传注·昭公二十年》,第1579页。
② 杨伯峻编著:《春秋左传注·昭公二十年》,第1580页。
③ 勾承益:《先秦礼学》,第150页。

记》中则有"自天子以至于庶人，壹是皆以修身为本"①的表述。

第三节 《论语》中的礼法思想

孔子是中国古代著名的思想家、教育家、政治家，与弟子周游列国十四年，晚年修订《诗》《书》《礼》《乐》《易》《春秋》六经。相传有弟子三千、贤人七十二。孔子逝世后，其弟子和再传弟子把孔子及其弟子的言行语录记载整理出来，编成《论语》。《论语》是一部以语录体和对话体为主的儒家经典，记录了儒家创始人孔子及其弟子的言行，集中反映了孔子的伦理思想、教育思想和政治思想，是"四书"和"十三经"的重要组成部分。

孔子政治思想的核心是"礼"与"仁"。在孔子那里，"仁"是最高原则，"礼"是达到"仁"的必经途径。与此同时，孔子并不完全否定刑罚，但他反对暴政，主张重德礼、轻政刑，刑罚适中、为法以直、宽猛相济，体现了礼法合治、德主刑辅的思想。

一 为国以礼——《论语》中的礼思想

孔子生活在春秋时期。那是一个动荡不宁、礼崩乐坏的时期，也是一个充满变革的时代，诸子百家都在寻找治世之道。孔子把目光投向了相传以礼治世而成就的夏、商、周的三代之治，而在三代之礼中，孔子选择了周礼，主张以周代的礼来作为治世良方。孔子认为："夏礼，吾能言之，杞不足征也；殷礼，吾能言之，宋不足征也。文献不足故也。足，则吾能征之矣。"② 显然，这里的礼，"主要是指制度，属于宽泛意义上的礼"③，当然也属于广义上的法。

（一）三代之礼吾从周——孔子对周礼的推崇

孔子在三代之礼中选择继承周礼，不仅是因为有关周礼的记载较夏礼、殷礼更为清晰系统，且殷礼是对夏礼的扬弃，而周礼又对殷礼进行了扬弃，更在于孔子对成就文武之治的周礼极为推崇。"殷因于夏礼，所损

---

① （汉）郑玄注，（唐）孔颖达正义，吕友仁整理：《礼记正义》卷66《大学第四十二》，第2237页。
② （清）刘宝楠撰，高流水点校：《论语正义》卷3《八佾第三》，第91—92页。
③ 彭林：《三礼研究入门》，第1页。

益，可知也；周因于殷礼，所损益，可知也。其或继周者，虽百世，可知也。"① 殷礼、周礼均在前代典章制度、礼仪规范的基础上有所损益，既有所继承，也有所革新。可见，孔子对礼的态度并非机械、保守、僵化，而是主张在沿袭的基础上有所改变和进益。孔子所推崇的，正是继承了夏礼、殷礼而又经过了革新的周礼。

孔子说："周监于二代，郁郁乎文哉！吾从周。"② 他相信，遵循周礼，按照周礼来治理天下，天下就会由乱到治。与此同时，孔子对于周礼本身也不是一切盲从，而是有所取舍。例如，在历法的采用上，尽管当时并存着包括黄帝历、颛顼历、夏历、殷历、周历、鲁历在内的古六历，尽管当时有些诸侯国采用周历，但孔子主张"行夏之时"③，采用反映月相盈亏和潮汐现象从而有利于把握农业生产季节的夏历。他主张的理想的治国方略是采用夏朝的历法，乘坐殷商的车子，戴周朝的礼帽，取法舜乐和武王的乐，舍弃郑国靡曼的音乐，远离奸佞的小人，"行夏之时，乘殷之辂，服周之冕，乐则韶舞。放郑声，远佞人。"④ 可见，孔子不是一个僵化保守的人，而是博采众长、择其善者而从之的人。

面对西周末年"礼崩乐坏"的情况，孔子饱含济世利民的情怀，试图开出经国治世的良方，明确表示"吾从周"的政治选择。他除了主张继承周礼外，也竭力继承上古以来各位圣王如尧、舜、禹等的仁治、礼治思想。在《论语·尧曰》第一章中，孔子历数三代之治，以明当代之治。他主张审慎地制定度量衡，审定礼乐制度，整顿官僚机构，认为这样全国的政令就都会通行了。恢复被灭亡的国家，承续已断绝的后代，提拔被遗落的人才，天下的百姓就都会心悦诚服了，"谨权量，审法度，修废官，四方之政行焉。兴灭国，继绝世，举逸民，天下之民归心焉。"⑤

显然，孔子是推崇周礼的，并为之奔走呼唤、不遗余力，希望劝说一些诸侯国君恢复西周的礼治秩序，改变春秋时期礼崩乐坏的混乱局面，可谓虽不能至，但心向往之。而当其政治抱负不被诸侯国君理解和接受时，他转而著书立说，修订六经，为后世保留了大量文献。他还广招弟子，传

---

① （清）刘宝楠撰，高流水点校：《论语正义》卷2《为政第二》，第71页。
② （清）刘宝楠撰，高流水点校：《论语正义》卷3《八佾第三》，第103页。
③ （清）刘宝楠撰，高流水点校：《论语正义》卷18《卫灵公第十五》，第621页。
④ （清）刘宝楠撰，高流水点校：《论语正义》卷18《卫灵公第十五》，第621—624页。
⑤ （清）刘宝楠撰，高流水点校：《论语正义》卷23《尧曰第二十》，第762—764页。

道授业解惑，成为一代宗师、万世师表。孔子的思想主张特别是《论语》更是跨越时空，享誉天下。

（二）为国以礼——孔子的治国主张

孔子的治国主张是"以礼让为国"①，"为国以礼"②，以礼治国，即后世所说的"礼治"或"礼治主义"。

礼是对中国古代社会普遍适用的行为规范的总称，它融制度、道德、法律、宗教、习俗于一体，有的具有道德属性，有的具有法律属性，有的从不同角度看则具有不同属性。"失礼入刑"说明礼法的相关性。在孔子时代，"礼包含着法，法在礼中，礼的思想中渗透着法的思想"③。

"礼"在《论语》中总共出现75次，分别有礼义、礼仪、礼制、礼法、礼之用等含义。

在礼的社会功用方面，孔子主张"为国以礼"④。"子曰：'能以礼让为国乎？何有？不能以礼让为国，如礼何？'"⑤这就指出了礼对于治国的作用。孔子弟子有若进一步阐述了孔子以礼治国的思想，强调"礼之用，和为贵。先王之道，斯为美；小大由之。有所不行，知和而和，不以礼节之，亦不可行也。"⑥可见，礼的作用是恰当合宜。它是明君圣王的美好品质，也是治理国家、调和社会的良方，同时也是以礼来节制诸事的目的。上行下效，"上好礼，则民莫敢不敬"⑦。

礼是个人的行为规范，蕴含了规则、规矩之意。"非礼勿视，非礼勿听，非礼勿言，非礼勿动。"⑧礼是君子立身成人的基础，也是君子的基本修养，"君子博学于文，约之以礼，亦可以弗畔矣夫！"⑨礼是人立足于世、立足于天地之间的根基，"兴于诗，立于礼，成于乐。"⑩

礼不仅是君子立身成人的基础，也是为政的根基。孔子主张任用学习

---

① （清）刘宝楠撰，高流水点校：《论语正义》卷5《里仁第四》，第149页。
② （清）刘宝楠撰，高流水点校：《论语正义》卷14《先进第十一》，第482页。
③ 俞荣根：《儒家法思想通论》（修订本），第201页。
④ （清）刘宝楠撰，高流水点校：《论语正义》卷14《先进第十一》，第482页。
⑤ （清）刘宝楠撰，高流水点校：《论语正义》卷5《里仁第四》，第149页。
⑥ （清）刘宝楠撰，高流水点校：《论语正义》卷1《学而第一》，第29页。
⑦ （清）刘宝楠撰，高流水点校：《论语正义》卷16《子路第十三》，第524页。
⑧ （清）刘宝楠撰，高流水点校：《论语正义》卷15《颜渊第十二》，第484页。
⑨ （清）刘宝楠撰，高流水点校：《论语正义》卷7《雍也第六》，第243页。
⑩ （清）刘宝楠撰，高流水点校：《论语正义》卷9《泰伯第八》，第298页。

礼和乐即"先进于礼乐"①因而有德之人为官。"政者，正也。子帅以正，孰敢不正?"② "为政以德，譬如北辰，居其所而众星共之。"③ "书云：'孝乎惟孝，友于兄弟，施于有政。'是亦为政，奚其为为政?"④"不在其位，不谋其政。"⑤ 这些都体现了孔子对秩序、职责的重视和尊崇，以及对德与礼、德与政关系的强调。

礼是规范君臣关系的依据。孔子认为，君臣之间，"君使臣以礼"⑥，国君应当依照礼差遣臣子；臣子应当"事君尽礼"⑦，一切按照礼节辅佐国君。君臣之间，以礼为基础，礼以"仁""道"为宗旨。

礼是判断治国方式是德政还是暴政的标准。孔子主张礼乐教化在先，反对不教而诛，将不加教导就杀戮、不加申诫就惩治、起先懈怠却突然限期、给人财务却出手悭吝这四种行为视为四种恶政，认为"不教而杀谓之虐，不戒视成谓之暴，慢令致期谓之贼，犹之与人也，出纳之吝，谓之有司。"⑧ 显然，孔子主张以礼治国的本质是以德治国，主张德政，反对暴政、恶政。

礼是《论语》中的重要概念，也是以孔子为代表的儒家思想体系的核心概念。以孝道为例，孔子认为礼是晚辈对父母尽孝心、行孝道的具体表现形式。无论父母健在，抑或父母离世之后，都应孝敬父母，以礼相待，以礼侍奉，循礼安葬，按礼祭祀。"生，事之以礼；死，葬之以礼，祭之以礼。"⑨

曾任鲁国礼官的孔子严格遵循礼制，"温、良、恭、俭、让"⑩，颂诗、读书、执礼；"祭如在，祭神如神在"⑪，无论祭祀祖先还是祭祀神明，都仿佛祖先或神明在场；亲力亲为，"吾不与祭，如不祭"⑫，太庙中

---

① （清）刘宝楠撰，高流水点校：《论语正义》卷14《先进第十一》，第437页。
② （清）刘宝楠撰，高流水点校：《论语正义》卷15《颜渊第十二》，第505页。
③ （清）刘宝楠撰，高流水点校：《论语正义》卷2《为政第二》，第37页。
④ （清）刘宝楠撰，高流水点校：《论语正义》卷2《为政第二》，第66页。
⑤ （清）刘宝楠撰，高流水点校：《论语正义》卷9《泰伯第八》，第304页。
⑥ （清）刘宝楠撰，高流水点校：《论语正义》卷4《八佾第三》，第116页。
⑦ （清）刘宝楠撰，高流水点校：《论语正义》卷4《八佾第三》，第115页。
⑧ （清）刘宝楠撰，高流水点校：《论语正义》卷23《尧曰第二十》，第767页。
⑨ （清）刘宝楠撰，高流水点校：《论语正义》卷2《为政第二》，第46页。
⑩ （清）刘宝楠撰，高流水点校：《论语正义》卷1《学而第一》，第25页。
⑪ （清）刘宝楠撰，高流水点校：《论语正义》卷3《八佾第三》，第98页。
⑫ （清）刘宝楠撰，高流水点校：《论语正义》卷3《八佾第三》，第98页。

每事必问，恪守礼节，谦恭自持。他强烈谴责鲁国掌控实权的大夫使用天子之礼的僭越行为，明确表示"是可忍也，孰不可忍"①的愤怒之情。

孔子对礼的态度虽然恪守、笃敬重，却并非僵化固执、墨守成规、一成不变。孔子赞同节俭礼帽的材料，因为它节约而不影响礼的实施。但是，他却反对减省堂下磕头而只保留堂上拜见的礼节，因为它显得倨傲而不敬："麻冕，礼也；今也纯，俭，吾从众。拜下，礼也；今拜乎上，泰也。虽违众，吾从下。"②他同样认为，礼应当符合实际情况，因此他反对其弟子厚葬家贫的颜回，悲叹他们不听劝阻仍坚持厚葬颜回的做法。③

孔子重视礼仪，却更重视礼义，强调礼的内在与形式的统一。他重礼的本质甚于礼的形式："礼，与其奢也，宁俭；丧，与其易也，宁戚。"④礼的本质，不在于仪式的奢靡、周全，而在于内心真挚的敬重与哀伤。因为礼的本质体现在治国上，是礼让。"不能以礼让为国，如礼何？"⑤在他看来，如果舍弃了礼让的本质内容，那么仪节形式是起不到什么作用的。可见，孔子重"礼义"远胜重"礼仪"。

《论语》中的礼具有丰富的内涵，既有经世治国的纲领，又有个人的行为规范；既有教化原则，又有道德提倡；既有抽象的礼义观念，又有具体的实践形式。"子曰：弟子，入则孝，出则弟，谨而信，汎爱众，而亲仁。行有余力，则以学文。"⑥"子曰：今之孝者，是谓能养。至于犬马，皆能有养。不敬，何以别乎？"⑦"子曰：'色难。有事，弟子服其劳；有酒食，先生馔，曾是以为孝乎？'"⑧显然，这里的礼，表现为孝、悌、信、敬等，均为观念形态的表现，属于礼义，是具有指导意义的原则，因

---

① （清）刘宝楠撰，高流水点校：《论语正义》卷3《八佾第三》，第77页。
② （清）刘宝楠撰，高流水点校：《论语正义》卷10《子罕第九》，第322—323页。
③ 《论语·先进》："颜渊死，门人欲厚葬之。子曰：'不可。'门人厚葬之。子曰：'回也视予犹父也，予不得视犹子也，非我也，夫二三子也。'"见（清）刘宝楠撰，高流水点校：《论语正义》卷14《先进第十一》，第448页。
④ （清）刘宝楠撰，高流水点校：《论语正义》卷3《八佾第三》，第82页。可与《礼记·檀弓上》："子路曰：'吾闻诸夫子：丧礼，与其哀不足而礼有余也，不若礼不足而哀有余也'"对照，见（汉）郑玄注，（唐）孔颖达正义，吕友仁整理：《礼记正义》卷10《檀弓上第三》，第289页。
⑤ （清）刘宝楠撰，高流水点校：《论语正义》卷5《里仁第四》，第149页。
⑥ （清）刘宝楠撰，高流水点校：《论语正义》卷1《学而第一》，第18页。
⑦ （清）刘宝楠撰，高流水点校：《论语正义》卷2《为政第二》，第48—49页。
⑧ （清）刘宝楠撰，高流水点校：《论语正义》卷2《为政第二》，第51页。

而也具有教化功能。

在这里，孔子把执礼作为君子生命中培养德性的过程。执礼，恪守礼，本身不是目的，而是生活本身。君子从执礼、守礼的实践中积累孝、慈、敬、信等种种美好德行，不断提升自己，修养自身，齐整家族，治理国家，太平天下。

二　刑罚得中、为法以直——《论语》中的刑、讼、法

相对于礼来说，孔子的法思想主要体现在关于刑、讼等论述中，其基本主张是刑罚得"中"、为法以"直"。

（一）刑罚得中

在昭公六年乃至孔子时代，尚没有独立的"法"的观念。《论语》中虽有"法语""法度"词汇，但也没有与今天的法律概念相同的"法"，但这不代表孔子没有法的思想。在孔子时代，法的概念是蕴含在其他概念之中的。以"刑"的概念为例，当时就包括广义和狭义两种含义。例如，《为政》篇"道之以政，齐之以刑"[①]中的"刑"，就是狭义的刑罚概念；而《里仁》篇中"君子怀刑，小人怀惠"[②]的"刑"，则具有广义的法的意义，可以解释为国家法令制度，而非狭义的刑罚。

与孔子对礼的大声疾呼和强烈诉求形成鲜明对照的是，《论语》中无论提到"法"抑或"刑"以及相关词汇的次数都屈指可数。这其中，固然有当时法的思想仍蕴含在礼之中的原因，更与孔子主张为政以礼和对刑罚的态度直接相关。"刑"在《论语》中一共出现5次，其中，4次与刑罚相关，如"齐之以刑，民免而无耻"[③]"邦无道，免于刑戮"[④]等；1次与法度相关，即前文提到的"君子怀刑，小人怀惠"。

在孔子所处的年代，刑罚已成为不可避免的统治手段和无法忽视的社会现象。为了维护自身利益，统治者往往是以刑罚的强制和威慑手段而非纯粹的德行、礼乐教化手段来经国治世的。而民众犯法的原因，却是为生活艰辛所迫、为苛政所迫，与社会整体不公有关。士大夫亦不得不正视这种他们并不认同的社会现象。在这种情况下，孔子的态度如何呢？

---

① （清）刘宝楠撰，高流水点校：《论语正义》卷2《为政第二》，第41页。
② （清）刘宝楠撰，高流水点校：《论语正义》卷5《里仁第四》，第148页。
③ （清）刘宝楠撰，高流水点校：《论语正义》卷2《为政第二》，第41页。
④ （清）刘宝楠撰，高流水点校：《论语正义》卷6《公冶长第五》，第164页。

孔子借用他对弟子南宫适的评价表达了自己的看法:"邦有道,不废;邦无道,免于刑戮。"① 孔子认为南宫适聪明,善于避祸。在国家昏乱黑暗无道的时候,士人既然不能出仕实践自己的理想,则应尽力避免受到刑罚。孔子高度评价春秋时期卫国大夫宁武子"邦有道,则知;邦无道,则愚。其知可及也,其愚不可及也。"② 在孔子看来,宁武子不仅在国家有道时显得聪明睿智,而且在国家混乱无道时能够掩藏聪敏、恍若愚人,这一点是常人所不可及的。而这也正是孔子所欣赏的,并认为这是士大夫所应采取的态度。这从一个侧面体现了孔子对于乱世及严刑峻法所采取的回避态度。它与战国时期孟子"穷则独善其身,达则兼善天下"③ 的主张,有着异曲同工之妙。

孔子对狭义的刑的态度可以概括为"慎刑"二字。孔子并非一概地或简单地反对用刑罚手段来惩治犯罪,他只是反对一味地严酷刑罚,反对违背礼法规定对人民滥施刑罚,认为"刑罚不中,则民无所措手足"④。这里的"中",显然是指适当。也就是说,孔子对于刑罚得"中"即适当的刑罚并不持反对的态度,有时甚至还是赞许的。这从《左传》中记载的他对郑国子产"宽猛相济"治国理政思路的评价,以及他与其弟子的谈话中可略见一斑。

正因为如此,孔子在得知子产逝世的消息时悲戚流泪,并赞美子产是"古之遗爱"⑤。此外,孔子也在同其弟子的谈话中称赞子产是"惠人"⑥,并高度评价子产"有君子之道四焉:其行己也恭,其事上也敬,其养民也惠,其使民也义。"⑦ 由此可见,孔子是主张"宽猛相济"的,是认同刑罚在社会治理中的威慑作用和对犯罪的惩治功能的。而对于作为法度的"刑",孔子则是予以肯定并主张遵守的。

需要说明的是,上述"刑"字原本是两个字,释作刑罚的"刑"字原本写作"荆",释为法度的"刑"则写作"㓝",后来两者合并为同一"刑"字。所以,作为刑罚的"荆"与作为法度的"㓝"在当时的区别是

---

① (清)刘宝楠撰,高流水点校:《论语正义》卷6《公冶长第五》,第164页。
② (清)刘宝楠撰,高流水点校:《论语正义》卷6《公冶长第五》,第197页。
③ (清)焦循撰,沈文倬点校:《孟子正义》卷26《尽心上》,第891页。
④ (清)刘宝楠撰,高流水点校:《论语正义》卷16《子路第十三》,第522页。
⑤ 杨伯峻编著:《春秋左传注·昭公二十年》,第1580页。
⑥ (清)刘宝楠撰,高流水点校:《论语正义》卷17《宪问第十四》,第562页。
⑦ (清)刘宝楠撰,高流水点校:《论语正义》卷6《公冶长第五》,第188页。

显而易见的。

根据《孔子家语·始诛》记载，孔子曾经担任鲁国的司寇，是主管司法、刑狱的官员。① 每次断案时，他都非常审慎地对待，总是与下属和同事一起商讨案情，"断狱讼，皆进众议者而问之，曰：'子以为奚若？某以为何若？'"在充分听取大家的意见后，再选择其中好的意见，作出决断，"皆曰云云，如是然后夫子曰：'当从某子，几是。'"②《孔子家语》所载孔子对待刑罚的审慎态度与《论语》所记载的是一致的。

虽然《论语》中的"刑"多表示刑罚、刑戮，甚至直接与"罚"连用，但也有一处例外。《论语·里仁》第十一章记载："君子怀德，小人怀土；君子怀刑，小人怀惠。"③ 这里的刑，即指法度，认为君子心怀国家法度，小人关心的却是个人所能得到的恩惠。

刑在先秦有两种字源，一是前文所说的刑罚意义上的刑，即《论语》中"导政齐刑"的刑；二是"铸器之法"的"型"（刑），铸器需要有规矩、型范，而国家运行和人的行为需要遵循的规矩、型范就是法。刑，"法也。"④ 可见，"君子怀刑"，是说君子应带头儆于礼法，带头循礼守法。这也表明，孔子反对的只是滥施刑罚的"刑"，并不反对和漠视作为规矩型范的"刑"即法。他是主张慎重使用刑罚，并关心和重视法度的。

（二）必也使无讼

与"刑"紧密相关的是"讼"。"讼"字，今指在法庭上争辩是非曲直的社会现象，俗称"打官司"，通常与"诉"连用为"诉讼"。在孔子生活的时代，诉讼这种社会现象已经出现。它与现代法律中的诉讼有一定相似性。那么，孔子是如何看待这种现象的呢？他说："听讼，吾犹人也。必也使无讼乎！"⑤ 对于诉讼，孔子认为自己倾听、评判诉讼的能力和他

---

① 参见《孔子家语·始诛第二》："孔子为鲁司寇"，见（三国）王肃注，[日]太宰纯增注，宋立林校点：《孔子家语》卷1《始诛第二》，上海古籍出版社2019年版，第7页；及"孔子为鲁大司寇"，见（三国）王肃注，[日]太宰纯增注，宋立林校点：《孔子家语》卷1《始诛第二》，第9页。虽然在历史上《孔子家语》传世本的真伪存在一定争议，但随着20世纪下半叶以来出土文献的发现，《孔子家语》的记载越来越得到证实。因此本书暂将此处内容作为信史。
② （三国）王肃注，[日]太宰纯增注，宋立林校点：《孔子家语》卷2《好生第十》，第73页。
③ （清）刘宝楠撰，高流水点校：《论语正义》卷5《里仁第四》，第148页。
④ 《尔雅义疏》上之一《释诂第一上》，郝懿行、王念孙、钱绎、王先谦等：《尔雅·广雅·方言·释名 清疏四种合刊》，第12页。
⑤ （清）刘宝楠撰，高流水点校：《论语正义》卷15《颜渊第十二》，第503页。

人一样，但与众不同的是，他可以使诉讼止息。孔子希望所有人都能知礼守分，明辨是非，这样就不再需要诉讼了。显然，"必也使无讼"，是孔子对"讼"的态度和法制理想。

孔子说："片言可以折狱者，其由也与？"① "片言"亦称"单辞"。断案需要听取原告和被告双方的言辞，即"两造"。孔子的弟子子路为人非常率真实诚，原告和被告单方都不会欺瞒于他，因此，孔子认为只有他能够根据单方言辞就可以判决案件。这段话的重心虽然在于肯定子路的诚实品质，却也反映了断案目的和程序的公正性。

可见，孔子一方面能够认真对待诉讼，另一方面更希望社会氛围本身达到和睦的境地，因而不再需要诉讼。在孔子看来，诉讼、刑罚之类的事情，始终是位于仁、礼等道德教化之后的不得已的措施。诉讼、刑罚的消失，没有诉讼、刑罚之类的事情发生，是儒者的理想目标之一。

孔子将礼视为解决诉讼纷争的根本途径。"教训正俗，非礼不备；分争辨讼，非礼不决"②。因为礼是人们必须共同遵守的原则，而这些原则未必都是人为制定的，其中相当部分是在人的社会生活中逐步形成和确立的。

（三）亲亲互隐，为法以直

孔子对司法实践亦提出了自己的看法。其中的一个重要观点就是亲属容隐、为法以直。《论语·子路》有这样一段记载："叶公语孔子曰：'吾党有直躬者，其父攘羊，而子证之。'孔子曰：'吾党之直者异于是：父为子隐，子为父隐。直在其中矣。'"③ 显然，叶公所说的"直"是从法理角度说的公道、坦荡、正直；而孔子在这里所说的"直"，则是指直道直行，是指人与人之间的真情实感、亲属之间的自然真情。也就是说，孔子不认同叶公从法律公正角度说儿子告发父亲偷羊这一行为是"直"的观点，而是从人情、人伦角度指出父子之间相互不告发其类似偷窃这样的行为，是他们亲情的真实流露，是率直性情的自然表现，因而是合乎直德的。由此，孔子就明确提出了"父为子隐，子为父隐，直在其中"的法律原则。

"父为子隐，子为父隐"中的"隐"并非主张父子之间相互不承认对

---

① （清）刘宝楠撰，高流水点校：《论语正义》卷15《颜渊第十二》，第501页。
② （汉）郑玄注，（唐）孔颖达正义，吕友仁整理：《礼记正义》卷2《曲礼上第一》，第19页。
③ （清）刘宝楠撰，高流水点校：《论语正义》卷16《子路第十三》，第536页。

方的过失，而是说父子之间相互不称扬对方过失；这里的"直"之内涵，其解读标准是父子亲情、家族伦理。孔子认为，父子之间的情感和行为应当是父慈子孝，对于那些不危害国家秩序的一般性犯罪行为，法律不应鼓励父子之间的相互揭发，而应当允许他们互相隐瞒，以避免父子反目为仇，破坏家庭成员之间的亲情。孔子提出的"亲亲互隐"观念具有三个特征："第一，'亲亲互隐'之'隐'是隐默之义，是知而不言的不作为性，而非窝藏、包庇之义。第二，'亲亲互隐'有其界限，即只限于家庭成员的所作所为没有逾越社会公认的规范、原则。第三，'亲亲互隐'是不对外人或官府称扬或告发其亲的过失，但'隐'亦要求家庭成员之间以公义来相互教育、帮助、规劝、批评。"①

"父为子隐，子为父隐"的法律原则，是否有违法律公正、是否违法？孔子这一主张的依据何在？"孔子显然保护'私'领域，把亲情与家庭看得很重，非常害怕官府、'公家'或权力结构破坏亲情与'私'领域。如果从深度伦理学上来看，我们不难发现，孔子的直德亦有其根据。""孔子显然不愿意看到父子相互告发、相互残杀成为普遍现象，因此宁可认同维系亲情，亦即维系正常伦理关系的合理化、秩序化的社会。"②

在孔子看来，亲情是社会的基石，一旦亲情受损，社会就会崩坍。他主张在司法之内为亲情留有空间，而不至于使伦理关系危殆。可见，孔子将亲情视为法律应保护的对象，这体现了"亲亲"的原则，以及由此产生的父慈子孝的伦理主张。孔子在《论语》中提出的父子互隐、"直在其中"思想，后来在《孟子》中得到进一步阐释和发挥。

理解和评价亲亲互隐、为法以直的问题，会不可避免地涉及情、理、法的关系。台湾学者庄耀郎在《〈论语〉论直》一文中，针对《论语·子路》指出：叶公的立足点显然是以"法的公平性"、"法无例外"的观点说"直"，也是从执法人的立场出发论"直"；孔子是从人情之本然恻隐处论"直"，是人心人情之直，是从当事人的立场说人情之"直"。表面上看，这两说处于对立，实则其中有一个理论上孰先孰后的问题：当"礼"这种以文化来调节社会的力量显得不足时，"法"以强制力来维持社会的秩序，因而法的可行性条件必然追究到立法的根据，无外乎人情之

---

① 郭齐勇：《道不远人：郭齐勇说儒》，孔学堂书局2014年版，第96页。
② 郭齐勇：《道不远人：郭齐勇说儒》，第77页。

实。这样说来，人情之实是立法之根源根据，法的公平性、无例外性，则是因应人情所作的外在化、规范化。当然，人在社会中具有多面性，因此在处理人情法理问题上经常有矛盾性，但从整体上讲，绝不是法可以决定一切，作为法理背景的人情，可能具有更大的调节作用。①

需要指出的是，孔子之为法以直的主张在家族和国家这两个不同层面有不同的运用标准。在家族层面上，父子之间相互隐瞒一般性的违法行为没有违背"直"的美德，因为这体现了亲情，有利于维护宗法家族秩序；在国家层面上，"面对破坏国家整体利益的严重犯罪行为，不论何等亲戚，均应相互揭发并与之斗争，这也是一种'直'。以此来维护国家政治法律秩序。"② 这可以从《左传·昭公十四年》中所记载的孔子言论得到印证。

《左传·昭公十四年》记载，晋国大夫叔向主张处死徇私枉法的兄弟叔鲋，孔子对此高度评价："叔向，古之遗直也。治国制刑，不隐于亲。三数叔鱼之恶，不为末减。曰义也夫，可谓直矣！"尽管叔向和叔鱼之间是兄弟关系，但由于叔鱼作为国家公卿和法官，不去公正地履行治国理政职责，反而徇私枉法，所以即使叔向同叔鱼有兄弟之情，也不能姑息原谅他，必须将其绳之以礼，处之以刑，严惩不贷。孔子认为叔向的这种"不隐于亲""杀亲益荣"③ 的行为是符合直德的，是"古之遗直"，"可谓直矣"。这里的"直"，其含义显然不同于"父为子隐、子为父隐"中的"直"，它不是从亲情角度来说的直道直行，而是指人与人之间的真情实感，是正直的人对于徇私枉法的人所持有的本能态度。

总之，孔子的亲亲互隐、为法以直的主张在家族和国家这两个不同层面有不同的具体运用标准。"孔子则较早地提出了这样一种模式：小罪可隐，以维系家族；大罪不可隐，以确保国家。这就把两个对立的方面协调起来了。这一模式对后世封建法制影响很大。封建法律一方面维护宗法家族的稳定，允许亲属相隐，不准揭发，但只限于民间小罪；另一方面又维护中央集权的专制制度，对涉及封建统治的重大犯罪，不准亲属相隐，否则就实行株连。这些制度正实现了孔子的关于'直'的见解。"④

---

① 参见郭齐勇《道不远人：郭齐勇说儒》，第82页。
② 武树臣：《儒家法律传统》，第53页。
③ 杨伯峻编著：《春秋左传注·昭公十四年》，第1517页。
④ 武树臣：《儒家法律传统》，第53页。

（四）法度和法语

在《论语》中，"法"尚未作为一个独立的概念出现。"法"在《论语》中仅出现两次，均与其他字合用，分别为"法度"和"法语"。[①]

关于法度。《论语·尧曰》记载："谨权量，审法度，修废官，四方之政行焉。"[②] 这里的法度，指长度的分、寸、尺、丈、引等。"谨权量，审法度，修废官"，即检验并审定度量衡，审查各种法律、礼乐制度，修订荒废的官制，全国各地的政令就会通行。它是孔子所赞赏的治国方略，从一个侧面反映了孔子的政治主张。紧随其后的"兴灭国，继绝世，举逸民，天下之民归心焉"[③]，则体现了孔子旨在复兴天下，以德服人的理想与气概。

这时的法度，尚未有现代意义上的法律制度之意，而与后世西汉司马迁所记的《史记·秦始皇本纪》及秦权、秦量的刻辞中"法度"的意义相同。但是，作为表述长度单位、规制的概念，就其制定的主体（统治者）和不容置疑的规定性来说，就其所具有的让人必须遵守的规制功能来说，法度已经与后世作为社会行为规范的法律有着某种一致性。

关于法语。《论语·子罕》记载："法语之言，能无从乎？改之为贵。巽与之言，能无说乎？绎之为贵。说而不绎，从而不改，吾末如之何也已矣。"[④] 这段话的意思是：严肃而合乎原则的话，怎能不接受？可贵的是改正错误。恭顺的话语，怎能不高兴？可贵的是对之分析。高兴却不加分析，服从却不改正，我不知道如何对付这样的人。

据杨伯峻解释，"法语之言"，指"严肃而合乎原则的话"[⑤]；朱熹认为，"法语"指"正言之"[⑥]，具体言之，则是行王政一类的言论；刘宝楠同样认为，"法"为"正道也"[⑦]。可见，当时的"法"已具有原则或法则的意义。但是它仍然不同于现代法，没有现代法的绝对权威。孔子在这句话中，也更强调实际改正错误而非仅仅全盘接受的必要性。

[①] 参见杨伯峻译注《论语词典》，载《论语译注》，第255页。
[②] （清）刘宝楠撰，高流水点校：《论语正义》卷23《尧曰第二十》，第762页。
[③] （清）刘宝楠撰，高流水点校：《论语正义》卷23《尧曰第二十》，第762页。
[④] （清）刘宝楠撰，高流水点校：《论语正义》卷10《子罕第九》，第353页。
[⑤] 杨伯峻译注：《论语译注》，第94页。
[⑥] （宋）朱熹：《四书章句集注·论语集注》卷5《子罕第九》，中华书局1983年版，第115页。
[⑦] （清）刘宝楠撰，高流水点校：《论语正义》卷10《子罕第九》，第353页。

总而言之，孔子的礼法思想主要体现在对礼的阐述中，法、刑等虽然有所涉及，但不是主要部分。孔子希望治世者倡导仁礼教化，刑罚、诉讼等法律手段则是不得已而为之的举措。孔子的理想是使社会和谐，达到不需要刑罚诉讼的境地。然而不可否认的是，刑罚、诉讼等强制性的法律举措及其运用，已经成为春秋时期无法忽视的社会现象。

三　名正、言顺、礼乐兴、刑罚中——孔子礼法主张的逻辑顺序

孔子的治世主张有其内在的逻辑顺序，依次为名正、言顺、礼兴、罚中。

"正名"是孔子针对当时礼制、名分上名实不符、用词不当的社会现象所提出的主张。据《左传·成公二年》记载，孔子认为礼器和名分是不可假借于他人的，"唯器与名，不可以假人，君之所司也。信以守器，器以藏礼，礼以行义，义以生利，利以平民，政之大节也。"[1] 正名体现在纲常伦理上，即"君君，臣臣，父父，子子。"[2] 孔子将"正名"视为政令乃至礼乐、刑罚的根本。正名是孔子准备帮助卫国国君时最先要做的事，因为"名不正，则言不顺；言不顺，则事不成；事不成，则礼乐不兴；礼乐不兴，则刑罚不中；刑罚不中，则民无所措手足。"[3] 也就是说，如果一个人名分不正，那么他说起话来就不顺当合理；说话不顺当合理，事情就办不成；事情办不成，礼乐法制就不能兴盛和深入人心；礼乐不能兴盛，刑罚就不会得当；刑罚不得当，百姓就不知怎么办才好。所以君子一定要定下名分，且必须能够说得明白，说出来一定要能够行得通。君子对于自己的言行，是从不随意、马虎对待的。

孔子认为，礼乐、法令、刑罚的制定，本都应当出自天子，这是天下有道的表现，因为国家的最高权力归于天子。国家有道时，正是名实相符之时。当天下混乱、治理无序时，国家的权力就旁落诸侯，天下也就大乱了。孔子曰："天下有道，则礼乐征伐自天子出；天下无道，则礼乐征伐自诸侯出。"[4] "天下有道，则政不在大夫。天下有道，则庶人不议。"[5]

---

[1] 杨伯峻编著：《春秋左传注·成公二年》，第861页。
[2] （清）刘宝楠撰，高流水点校：《论语正义》卷15《颜渊第十二》，第499页。
[3] （清）刘宝楠撰，高流水点校：《论语正义》卷16《子路第十三》，第521—522页。
[4] （清）刘宝楠撰，高流水点校：《论语正义》卷19《季氏第十六》，第651页。
[5] （清）刘宝楠撰，高流水点校：《论语正义》卷19《季氏第十六》，第654页。

显然，在孔子这里，名分、言论、处事、礼乐、刑罚是依次排列的。尽管其中的刑罚位列最后，但也是不可或缺的。这说明，虽然孔子并不推崇刑罚，但他仍然意识到了刑罚对于治理社会的重要性：只有刑罚得当，百姓方能知道如何行止，民众的行为方能有所依凭。当然，刑罚在礼乐制度兴盛的前提下才能被恰当制定。首先要做的，就在于正名，君子要有正当的名分，他才能够说话管用。这里的名，也可以理解为要摆正君君、臣臣、父父、子子的伦理秩序，立好规矩，合乎规矩，君礼臣忠，父慈子孝。

总的说来，孔子推崇德与礼，不推崇政与刑。《论语·为政》记载："道之以政，齐之以刑，民免而无耻；道之以德，齐之以礼，有耻且格。"① 孔子认为，用政令、刑罚整肃人民，只能使他们避免祸事；用道德来引导人民，用礼仪来规整人民，则能使他们心悦诚服，心向往之。可见，孔子反对一味以政令、刑罚来整肃百姓，认为这只会使他们从内心逃避罪责、刑罚、灾祸，却不能使他们产生廉耻之心。因为刑罚多使人趋利避祸，却不能使人心悦诚服；而德行和礼的教化，则能使人产生内在修养，民心归服。孔子弟子有若对义、礼的阐述可以视为对孔子观点的补充："信近于义，言可复也。恭近于礼，远耻辱也。"② 合乎礼节，方能避免耻辱。通过礼义道德教育，可以使百姓具备羞耻之心，从而在行动上遵德守礼。

四 以仁为本——孔子礼法思想的特色

"仁"是春秋时期盛行的一个词，形容一种有利于国家、有利于他人、有恩德于民的美好品质。孔子继承了西周初期以"保民"为核心的"德"思想之精华，摒弃了西周以来敬德保民、以德配天的神权意识，吸收了当时盛行的"重民"思想，创立了独具特色的"仁"的思想体系。

在孔子这里，礼和仁之间的关系密切，但是"仁"高于"礼"。礼仍然多指外在的六艺（礼、乐、射、御、书、术）层面，尚未内化提升至"仁""义""道""德"等的道德伦理境界，但是"仁"与"礼"相结合，就构成孔子思想的核心。"仁"是孔子思考问题、提出各种治国治世

---

① （清）刘宝楠撰，高流水点校：《论语正义》卷2《为政第二》，第41页。
② （清）刘宝楠撰，高流水点校：《论语正义》卷1《学而第一》，第30页。

方案的逻辑起点和价值取向，也是孔子礼法思想的鲜明特色。

孔子认为，"恭而无礼则劳，慎而无礼则葸，勇而无礼则乱，直而无礼则绞。"① 在这里，恭、慎、勇、直都是德的表现，如果它们失去礼的节制，就会产生流弊。礼和德密切相关，德和仁紧密相连，礼和仁密不可分。"人而不仁，如礼何？人而不仁，如乐何？"② 仁是礼的根本目的。失去了仁，礼乐就会失去价值，就会变得毫无意义。可见，孔子礼学的思想基础在于"仁"，"仁"是孔子的根本主张，是孔子推崇的核心价值，而礼则是孔子的政治主张，是孔子一生践行其核心价值——"仁"的具体实践路径。

"仁"在《论语》中出现了109次。何谓"仁"？有两句古文经典概括了孔子"仁"的思想：一是"仁者爱人"③，二是"克己复礼为仁"④。前者是指"仁"的基本精神，后者是指到达"仁"的基本路径。

"仁者爱人"揭示了"仁"的基本精神。《论语·颜渊》记载："樊迟问仁。子曰：'爱人。'"⑤《论语·学而》也记载："汎爱众，而亲仁"⑥，"节用而爱人，使民以时。"⑦ 孔子所说的"仁者"，主要是指"君子"。"仁"是君子之德的最高境界，"君子而不仁者有矣，未有小人而仁者。"这里的"君子"总体上是指居上位者，即统治者。居下位的"小人"没有条件完成"仁"所规定的惠、宽、信、敏、智等道德条目，因而也不可能达到"仁"的境界。孔子说的"爱人"，应当主要是指统治者爱护一般民众，"君子"爱护"小人"。这种"爱人"由居上位者推而广之，就是人与人之间的互爱，并具体表现为慈、孝、悌、顺、义等。例如父母爱子女为"慈"，子女爱父母为"孝"，兄长爱弟弟为"友"，弟弟爱兄长为"悌"，丈夫爱妻子为"义"，妻子爱丈夫为"顺"，教师爱学生为"严"，学生爱老师为"敬"，朋友之间的爱为"诚""信"等。总之，"爱人"的具体内容和道德伦理条目，取决于爱的主体与爱的客体之间的关系，特

---

① （清）刘宝楠撰，高流水点校：《论语正义》卷9《泰伯第八》，第290页。
② （清）刘宝楠撰，高流水点校：《论语正义》卷3《八佾第三》，第81页。
③ （清）焦循撰，沈文倬点校：《孟子正义》卷17《离娄下》，第595页。
④ （清）刘宝楠撰，高流水点校：《论语正义》卷15《颜渊第十二》，第483页。
⑤ （清）刘宝楠撰，高流水点校：《论语正义》卷15《颜渊第十二》，第511页。
⑥ （清）刘宝楠撰，高流水点校：《论语正义》卷1《学而第一》，第18页。
⑦ （清）刘宝楠撰，高流水点校：《论语正义》卷1《学而第一》，第16页。

别是宗法家族关系,因此孝悌成为人的根本,"孝弟也者,其为仁之本与!"① 显然,孔子的"爱人"是与人的等级相联系的,因而也是有边界的,即"亲亲有术,尊贤有等"②。

"克己复礼为仁",这是孔子早年对"仁"这个概念所下的定义。《左传·昭公十二年》引述孔子自己的话,"仲尼曰:'古也有志:克己复礼,仁也'"③,说明"克己复礼为仁"早已存在于古时的"志"书中。虽然"克己复礼"的表述不是由孔子自己创造的,它却在《论语》中得到彰显与阐发,并从此影响了以儒家为代表的中国传统文化数千年。《论语·颜渊》记载:"颜渊问仁。子曰:'克己复礼为仁。一日克己复礼,天下归仁焉。为仁由己,而由人乎哉?'"④ 面对颜渊询问什么是仁,以及如何才能做到仁,孔子作出了"克己复礼为仁"的解释。

孔子在其早年的政治追求中,一直以恢复周礼为己任,并以克己复礼为实现仁的修养行为。在孔子看来,仁是核心价值和最高境界,而"克己复礼"则是达到仁的境界的修养方法。"仁先于礼,仁为质,为内在的精神,礼为用,为外在的节文。仁,是孔子学说的核心。"⑤ 实现"仁"的行动纲领,在于遵循礼义,"非礼勿视,非礼勿听,非礼勿言,非礼勿动。"⑥ "孔子言礼,重在礼之本,礼之本即仁。孔子之学源自周公,周公制礼,孔子明仁,礼必随时而变,仁则亘古今而无可变。"⑦ "以仁为本、为主、为精神,以礼为用、为辅、为载体,这便是孔子思想中'仁—礼'结构的要义。"⑧ 这就是孔子心目中的仁与礼的关系。

孔子所说的仁,包括人的天性即人格和主宰人的天之德性。"孔子所谓仁,一面既是指人之所以为人的那种天性——人格,一面又是指天——人类的主宰者——所具有的德。而这一种仁的本质或内容乃是爱。因为这个缘故,把仁来加以实现,这实为我们完成自我之道,同时也就是我们事天之道。儒家所谓'修己',就是指此。更进一层,我们果能把仁实现而

---

① (清)刘宝楠撰,高流水点校:《论语正义》卷1《学而第一》,第7页。
② 方勇译注:《墨子·非儒下》,第311页。
③ 杨伯峻编著:《春秋左传注·昭公十二年》,第1488页。
④ (清)刘宝楠撰,高流水点校:《论语正义》卷15《颜渊第十二》,第483页。
⑤ 俞荣根:《儒家法思想通论》(修订本),第219页。
⑥ (清)刘宝楠撰,高流水点校:《论语正义》卷15《颜渊第十二》,第484页。
⑦ 钱穆:《论语新解》,巴蜀书社1985年版,第50页。
⑧ 俞荣根:《儒家法思想通论》(修订本),第222页。

完成自我的人格的时候，那末，不但所已完成的人格自能感动他人，并且既经完成的自我的人格一定更想进而把他人的人格也来完成。儒家所谓'治人'，就是指此。"①

仁是一切美好品德的最高代表。孔子把一切美好的品德都囊括在仁之中，归于仁的名下，如恭、宽、信、敏、惠、智、勇、诚、敬、刚、毅、木、讷、直、义、好礼、忠恕、中庸等，而将巧言令色、言行不一、僭越等坏品德摒弃出去。仁人是一切具有高尚道德品质的优秀人物的代名词。在孔子看来，"相桓公，霸诸侯，一匡天下，民到于今受其赐"②的管仲是仁人，执政郑国"其养民也惠，其使民也义"③的子产是"惠人"④；身居陋巷却勤奋学习、品德高尚的颜回是仁人。孔子赞美一切志士仁人。仁者爱人，"君子学道则爱人"⑤，能够"博施于民而能济众"⑥。

为了实现仁，君子需要修身。"夫仁者，己欲立而立人，己欲达而达人。能近取譬，可谓仁之方也已。"⑦"己所不欲，勿施于人。"⑧忠恕的为人之道，也是一种重人和爱人之道。"孔子主张重德轻刑、以德去杀，反对'不教而杀'；要求刑罚得中，实行哀敬折狱等等，无不贯彻了仁道、忠恕的精神。"⑨显然，孔子以仁作为评价一切人和事的标准，它高于"礼也"和"非礼也"的评价标准，也包含了礼和法的道德评价标准。

孔子的礼法思想以仁为中心展开，"其对法的关心和思考，不在提出某些具体的法制建设措施，或刑事的、民事的、婚姻家庭的以及立法、司法的具体原则和条文，而是着重于从政治哲学、人生哲学的高度，比较德礼政刑的优劣、确立先王之法的法律价值标准、抨击严刑峻罚的虐政和竭泽而渔的苛政、歌颂'直道'的司法原则，设计'无讼'和长治久安的社会蓝图和法制理想，从而为古代中国法和法文化的中国道路、中国模式

---

① 范寿康：《中国哲学史通论》，武汉大学出版社2008年版，第40页。
② （清）刘宝楠撰，高流水点校：《论语正义》卷17《宪问第十四》，第577—578页。
③ （清）刘宝楠撰，高流水点校：《论语正义》卷6《公冶长第五》，第188页。
④ （清）刘宝楠撰，高流水点校：《论语正义》卷17《宪问第十四》，第562页。
⑤ （清）刘宝楠撰，高流水点校：《论语正义》卷20《阳货第十七》，第680页。
⑥ （清）刘宝楠撰，高流水点校：《论语正义》卷7《雍也第六》，第248页。
⑦ （清）刘宝楠撰，高流水点校：《论语正义》卷7《雍也第六》，第249页。
⑧ （清）刘宝楠撰，高流水点校：《论语正义》卷15《颜渊第十二》，第485页；卷18《卫灵公第十五》，第631页。
⑨ 俞荣根：《儒家法思想通论》（修订本），第203页。

奠定了基础。"①

先秦时期的礼与法都曾代表了等级规制和原则，不同的是，在孔子时代，"法"更多仍是一个度量衡单位，作为原则的法似乎是度量衡单位的衍生；而礼，已逐渐从行为、祭祀规范层面上升到为人之道层面。可见当时"法"的观念并未得到重视。但是，这并不意味着孔子的思想中缺乏实质上与现代法精神相关的内容。孔子对正名的诉求，对礼的推崇，对上古圣王建立法度的认可，对民生保障的重视及对百姓道德观念的教育，对刑罚的审慎，对狱讼的态度，对忠恕和直道的坚守，关于父子相隐的主张，以及减轻徭役赋税的财政主张，实质上都已经涉及了治世之道，体现了他的法思想观点，而法的一些特质，如规章、制度等，也已蕴涵其中。

总体而言，《论语》中的礼法思想是儒家礼法思想体系中伦理法思想的体现。它以仁为逻辑起点和价值本体，追求人的最高境界——人的天性、美好人格。它与主宰人类的自然之天的德性相契合，是人应当具有的最美好的道德品质。

第四节　《孟子》中的礼法思想

孟子是战国时期儒家代表人物之一，他继承了孔子的仁学思想，将其进一步发展为仁政，提出仁义礼智"四端"，建构了以"性善"为基础的仁政之说，即以性善论作为根据，在政治上主张以不忍人之心行不忍人之政，即实行"仁政"，认为依此而行可治天下，从而将孔子的仁学思想发展为内圣之学。由于孟子继承并发展了孔子的仁学思想，被后世尊称为亚圣。孟子也曾与孔子一样，试图将自己的政治思想和治国思想转化为具体的国家治理实践，为此他曾经周游列国，游说于各国君主之间，推行他的仁政学说，却未能被接受。孟子晚年回到故乡，从事教育和著述活动。孟子的思想主张集中体现在《孟子》中。

《孟子》一书为语录体散文集，是孟子的言论汇编，由孟子及其弟子共同编写完成。《孟子》中出现的礼学概念虽然没有超越《论语》的范围，但却重点突出了"仁""义""道"等概念。不仅如此，孟子的刑法思想也是从仁政角度进行论证的。

---

① 俞荣根：《儒家法思想通论》（修订本），第203页。

一 仁义礼智——孟子的四端之心

孟子生活在群雄并起、相互争霸的战国时期。这一时期，群雄混战，力政代替了道德，权谋代替了礼仪，传统礼制土崩瓦解。也正是在这一时期，儒家发现了并坚守着"礼义"，他们以空前的使命感和紧迫感从事礼书的著述和整理，礼由全社会的制度规范变成儒家学派的专利财产。特别是在儒家对礼的理论阐释中，对于"礼义"的强调成为这一阶段礼学发展以及儒家同其他学派区别开来的重要理论标志。[①] 根据《左传·昭公五年》记载，在鲁昭公时期，礼已兼具外在之"仪"与内在之"义"。到了战国时期，礼义与礼仪区别开来。同"仪"区别开来的礼，已不再是原来那种尊天祀祖祭神的宗教仪式，也难以再起到维护等级秩序和宗法统治的作用，但它"经国家，定社稷，序民人，利后嗣"[②] 的政治现实意义在当时人文精神的观照下强烈地显现出来，礼的实质、功能和意义再一次被重新发现。在一个特殊的时代里，"礼义"得到空前的强调，对礼的认识进入到理论总结的成熟时期。[③] 而《孟子》便是战国时期儒家礼学发展的标志性成果。

孟子礼法思想的哲学基础是性善论。他认为，"人性之善也，犹水之就下也。人无有不善，水无有不下。……人之可使为不善，其性亦犹是也。"[④] 人性善的具体表现，在于人生来便具有四种"善"的萌芽："恻隐之心，人皆有之。羞恶之心，人皆有之。恭敬之心，人皆有之。是非之心，人皆有之。恻隐之心，仁也。羞恶之心，义也。恭敬之心，礼也。是非之心，智也。仁义礼智，非由外铄我也，我固有之也，弗思耳矣。故曰求则得之，舍则失之"[⑤]。也就是说，人性之所以是善的，就在于仁义礼智这四种善的品德是与生俱来的，是人之本性所固有的，人只要自觉去追求，就可以得到，反之则会丢失。人有不善，是因为失去了本性，或者不能完全彰显其本性。"人内在具有的恻隐、羞恶、恭敬、是非等道德的同

[①] 参见王秀臣《"礼义"的发现与〈孔子诗论〉的理论来源》，《江海学刊》2006年第6期。

[②] 杨伯峻编著：《春秋左传注·隐公十一年》，第82页。

[③] 参见王秀臣《"礼义"的发现与〈孔子诗论〉的理论来源》，《江海学刊》2006年第6期。

[④] （清）焦循撰，沈文倬点校：《孟子正义》卷22《告子上》，第736页。

[⑤] （清）焦循撰，沈文倬点校：《孟子正义》卷22《告子上》，第757页。

情心、正义感、羞耻感、崇敬感和道德是非的鉴别、判断,这些东西就是道德理性'仁''义''礼''智'的萌芽。这是人内在固有的,而不是外力强加的。把这些萌芽状态的东西扩充出去,就可以为善。"① 孟子"仁义礼智根于心"的重要论断,"是不能通过外在的归纳来证明的,只能通过内在的相应来体证。人之所以能向善,正是因为他在性分禀赋中有超越的根源。只有在这里才可以说性善"②。这就是孟子的仁义内在,性由心显,以心善言性善的特征。③

值得注意的是,在孟子这里,仁义处在仁义礼智四端的中心,礼是仁义的外在表现形式,智是对仁义的认识和保证。孟子在性善论的基础上,不仅把社会道德规范概括为仁、义、礼、智四端,而且把人伦关系概括为"父子有亲,君臣有义,夫妇有别,长幼有叙,朋友有信"④,从而提出了"五伦"道德规范。孟子主张以礼待人,循礼而行,认为没有礼的约束,仁义就会因为失去具体准则而难以把握,但是相比较仁义来说,礼无疑处在相对次要的地位,它是仁义的外在表现形式,是仁义精神的具体载体。

孟子认为,"仁,人心也。义,人路也。舍其路而弗由,放其心而不知求,哀哉!"⑤ 仁是人的心,义是人的路。人都有仁义之心,这是人的本心。丧失仁义之心即良心的原因,则在于不善于保养。如果不加以保养,仁义之心即良心就会丢掉。孟子提出"求放心",就是要求人们把那丢失了的良心即人之本心找回来。"孟子把良心称为本心,本心是性善的基础或根据。"⑥ 本心是上天赋予的,"此天之所与我者"⑦。孟子认为,性善是有根据的,是出于人的本性、天性的,是内在的禀赋,人具有"良知""良能"。"人之所不学而能者,其良能也。所不虑而知者,其良知也。孩提之童,无不知爱其亲者;及其长也,无不知敬其兄也。亲亲,仁也。敬长,义也。无他,达之天下也。"⑧ 这里的良知良能是与生俱来的,

---

① 郭齐勇编著:《中国哲学史》,高等教育出版社2006年版,第73页。
② 刘述先:《孟子心性论的再反思》,载郭齐勇、胡治洪、姚才刚编《刘述先文集·第六卷·理想与现实的纠结》,中国人民大学出版社2020年版,第601页。
③ 参见郭齐勇编著《中国哲学史》,第75页。
④ (清)焦循撰,沈文倬点校:《孟子正义》卷11《滕文公上》,第386页。
⑤ (清)焦循撰,沈文倬点校:《孟子正义》卷23《告子上》,第786页。
⑥ 郭齐勇编著:《中国哲学史》,第74页。
⑦ (清)焦循撰,沈文倬点校:《孟子正义》卷23《告子上》,第792页。
⑧ (清)焦循撰,沈文倬点校:《孟子正义》卷26《尽心上》,第897—899页。

因而能够"不虑而知""不学而能",而"亲亲""敬长"等仁义就是这样的良知和良能。

由于人性善的根基在于人的内心,所以"君子所性,仁义礼智根于心"①。孟子认为,人之所以区别于禽兽,就在于人先天具有这种仁义道德的本性。仁义礼智这些道德源于本心,只是因为人们常常不能体认本心,因此常常需要反躬自问,自省自己的本心。"万物皆备于我矣,反身而诚,乐莫大焉。强恕而行,求仁莫近焉。"② 在孟子看来,道德的根据就在自己,一切皆备,不曾缺少。反躬自问,自己的行为无愧于天人,就是最大的快乐。努力以推己及人的恕道去做,就是最直接、最便捷的达到仁德之路,没有比这更加直接和便捷的路径。在孟子看来,"人皆可以为尧舜"③,只要积极向善,人人都可以有所作为,都可以成为圣贤之人。

孟子提出了尽心、知性、知天的观点。"尽其心者,知其性也。知其性,则知天矣。存其心,养其性,所以事天也。殀寿不贰,修身以俟之,所以立命也。"④ 仁义礼智是天赋予人的本性,尽自己善心去行事,就能体知这一本性,也就可以体验到天命。保持本心,养护本性,才能事奉上天。无论寿夭长短都矢志不移,都能修身养性善待天命,这才是安身立命之道。"孟子把心、性、天统一了起来,'天'是人的善性的终极根据。"⑤

孟子将仁义忠信视为"天爵""良贵",认为这种天然的爵位是上天赋予的高尚的道德,是最值得珍惜和尊重的本然美德,具有这种美德的人因德高则受人尊敬,胜于有天子分封和赐予的官爵。因此他主张通过修身养性来"养吾浩然之气"⑥,做到"得志泽加于民,不得志修身见于世,穷则独善其身,达则兼善天下。"⑦ "富贵不能淫,贫贱不能移,威武不能屈。"⑧

孟子的性善论发展了孔子的仁学思想,突出了仁义的地位,奠定了其

---

① (清)焦循撰,沈文倬点校:《孟子正义》卷 26《尽心上》,第 906 页。
② (清)焦循撰,沈文倬点校:《孟子正义》卷 26《尽心上》,第 882—883 页。
③ (清)焦循撰,沈文倬点校:《孟子正义》卷 24《告子下》,第 810 页。
④ (清)焦循撰,沈文倬点校:《孟子正义》卷 26《尽心上》,第 877—878 页。
⑤ 郭齐勇编著:《中国哲学史》,第 76 页。
⑥ (清)焦循撰,沈文倬点校:《孟子正义》卷 6《公孙丑上》,第 199 页。
⑦ (清)焦循撰,沈文倬点校:《孟子正义》卷 26《尽心上》,第 891 页。
⑧ (清)焦循撰,沈文倬点校:《孟子正义》卷 12《滕文公下》,第 419 页。

社会政治主张中的王道和仁政理想的哲学基础。孟子关于君子要"存心"①"知言"②"养气"③"求放心"④等思想主张,对后人的修身养性有重要启发。他倡导的独善其身和兼济天下的情怀、"富贵不能淫,贫贱不能移,威武不能屈"人格与情操,鼓舞了无数仁人志士,成为中华民族高尚气节的形象写照。

二 不忍人之政——孟子的仁政学说

从性善论出发,孟子提出了"仁政"思想。在孟子看来,"人皆有不忍人之心。先王有不忍人之心,斯有不忍人之政矣;以不忍人之心,行不忍人之政,治天下可运之掌上。"⑤"不忍人之心"是人的本心,扩充、推广人的本心是仁政的政治原则和仁义的道德规范。孟子以性善论为前提,把道德仁义推行到国家、社会的治理之中。他提出"亲亲而仁民,仁民而爱物"⑥的推恩原则,"仁者以其所爱,及其所不爱"⑦,"推恩足以保四海,不推恩无以保妻子"⑧。他认为,如果施行仁政,就可以治国平天下,反之则身家难保。因此,孟子反对"以力服人"的霸道,主张"以德服人"的"王道";反对以暴力和强制对待百姓,主张善待百姓;反对暴政,主张仁政。

孟子在总结历史经验的基础上,提出了"得民心者得天下"的思想。他指出:"桀纣之失天下也,失其民也。失其民者,失其心也。得天下有道,得其民,斯得天下矣。得其民有道,得其心,斯得民矣。"⑨他认识到民心向背是影响统治者政治上成功与否的决定性因素,认为君王要想获得政治上的成功,就必须采取符合社会发展规律、能够赢得民心的治国之道。

孟子还进一步提出了"民贵君轻"的民本思想。他指出:"民为贵,

---

① (清) 焦循撰,沈文倬点校:《孟子正义》卷17《离娄下》,第595页。
② (清) 焦循撰,沈文倬点校:《孟子正义》卷6《公孙丑上》,第199、209页。
③ 参见 (清) 焦循撰,沈文倬点校《孟子正义》卷6《公孙丑上》,第199页。
④ 参见 (清) 焦循撰,沈文倬点校:《孟子正义》卷23《告子上》,第786页。
⑤ (清) 焦循撰,沈文倬点校:《孟子正义》卷7《公孙丑上》,第232页。
⑥ (清) 焦循撰,沈文倬点校:《孟子正义》卷27《尽心上》,第949页。
⑦ (清) 焦循撰,沈文倬点校:《孟子正义》卷28《尽心下》,第953页。
⑧ (清) 焦循撰,沈文倬点校:《孟子正义》卷3《梁惠王上》,第87页。
⑨ (清) 焦循撰,沈文倬点校:《孟子正义》卷15《离娄上》,第503页。

社稷次之，君为轻。"① 尽管这里的"民为贵""君为轻"并没有超出封建等级制度的范围，是在君王至上地位的前提下强调对民的尊重，但在当时的情况下，认识到只有解决好人民生活问题才能巩固江山社稷，从而敦促统治者采取客观上有利于人民的治国方略，毕竟是一种具有民主性精华的思想。"孟子的民本思想正是儒家德化的治道，理性之内容的表现。"②

基于"得民心者得天下"和"民贵君轻"的思想，孟子在阐述其仁政理想时，比较集中地阐述了民生问题，明确提出"制民之产"的思想。他认为，人民只有在衣食无忧的情况下才不会胡乱作为，并乐意接受礼义教化。他说："无恒产而有恒心者，惟士为能；若民，则无恒产，因无恒心。苟无恒心，放辟邪侈，无不为已。及陷于罪，然后从而刑之，是罔民也。焉有仁人在位，罔民而可为也？是故明君制民之产，必使仰足以事父母，俯足以畜妻子，乐岁终身饱，凶年免于死亡，然后驱而之善，故民之从之也轻。"③ 孟子提出，要给人民以土地住宅田园，使他们有桑麻和家畜家禽，使老者衣帛食肉，黎民不饥不寒，这是施仁政、行王道的必然结果。君王如果能做到这些，就一定能够治国平天下。鉴于当时战乱频仍，孟子反对君王为满足私欲而一味驱民耕战，反对暴政，反对滥杀无辜，主张轻刑薄税，使人民得以富裕，"易其田畴，薄其税敛，民可使富也。"④。认为只有如此，天下人民才会众望所归。"民以食为天。"⑤ "仓廪实而知礼节"⑥。人民要有衣食住行才能生存，衣食无忧才能谈礼义规矩。孟子的"制民之产"观点，无疑是一种朴素唯物主义的观点，也体现了德治仁政精神。

在提出"制民之产"以解决民生问题的同时，孟子发展了孔子的"庶、富、教"和"富而后教"的思想，首次将"教"和"育"联系在一起，明确提出了"教育"的概念，指出教育是施行仁政、赢得民心的重要手段。他说："善政，不如善教之得民也。善政民畏之，善教民爱之。

---

① （清）焦循撰，沈文倬点校：《孟子正义》卷28《尽心下》，第973页。
② 牟宗三：《中国传统思想与西方民主精神之汇通与相济问题》，载牟宗三撰，罗义俊编《中西哲学之会通十四讲》，上海古籍出版社2008年版，第211页。
③ （清）焦循撰，沈文倬点校：《孟子正义》卷3《梁惠王上》，第93—94页。
④ （清）焦循撰，沈文倬点校：《孟子正义》卷27《尽心上》，第912页。
⑤ （汉）班固：《汉书》卷43《郦陆朱刘叔孙传第十三》，451页。
⑥ （汉）司马迁：《史记》卷62《管晏列传第二》，第392页。

善政得民财，善教得民心。"① 良好的政治手段虽然可以防治于外而使人民感到畏惧，却不能赢得民心；而良好的教育却能使人民知晓纲纪礼义，从而赢得百姓爱戴。

孟子还从以下方面阐述了礼仪教化的极端重要性：一是礼义教化关系到国家的兴衰存亡。"上无礼，下无学，贼民兴，丧无日矣！"② 如果上位者没有礼义，下位者没有受到教育，那么，违法乱纪的人就会兴风作浪，国家的灭亡也就不远了。二是礼仪教化有利于社会和谐有序。孟子主张："谨庠序之教，申之以孝悌之义"③。通过教育，可以做到使人"明人伦"，造成"人伦明于上，小民亲于下"④ 的社会风气。所谓"明人伦"，就是教育人民懂得并遵循父子有亲、君臣有义、夫妇有别、长幼有序、朋友有信的社会规范准则，从而和谐社会关系，安定社会秩序。三是礼仪教化有利于选贤任能。"尊贤使能，俊杰在位，则天下之士，皆悦而愿立于其朝矣。"⑤ 孟子从关乎国家兴旺、社会和谐安定的高度论证了教育的重要性，是很有政治远见的，对推动古代中国教育的发展产生了积极影响。

三　省刑罚——孟子的法与刑思想

孟子从性善论出发，主张通过内在诉求来行仁义、施仁政，追求"以德服人"的圣王之道，体现了他对人类理想社会的价值追求和崇高的使命感。但社会现实并非理想，社会上总有不听礼义教化的人，总有人做破坏礼义的事情，因此，法和刑终究不可缺少。所以，孟子在主张仁政的同时，并不排斥法和刑。

据统计，"法"在《孟子》中总共出现 8 次，分别指作为名词使用的法度、法则，如"徒法不能以自行""遵先王之法而过者"⑥ "下无法守也"⑦ "君子行法以俟命而已"⑧ "必来取法"⑨；作为动词使用的以……为

---

① （清）焦循撰，沈文倬点校：《孟子正义》卷26《尽心上》，第897页。
② （清）焦循撰，沈文倬点校：《孟子正义》卷14《离娄上》，第487页。
③ （清）焦循撰，沈文倬点校：《孟子正义》卷2《梁惠王上》，第58页。
④ （清）焦循撰，沈文倬点校：《孟子正义》卷10《滕文公上》，第347页。
⑤ （清）焦循撰，沈文倬点校：《孟子正义》卷7《公孙丑上》，第226页。
⑥ （清）焦循撰，沈文倬点校：《孟子正义》卷14《离娄上》，第484页。
⑦ （清）焦循撰，沈文倬点校：《孟子正义》卷14《离娄上》，第486页。
⑧ （清）焦循撰，沈文倬点校：《孟子正义》卷29《尽心下》，第1013页。
⑨ （清）焦循撰，沈文倬点校：《孟子正义》卷10《滕文公上》，第347页。

模范、取法，这里指效法，如"则文王不足法与"①"不可法于后世者"②"二者皆法尧舜而已矣"③。"刑"在《孟子》中总共出现 7 次，主要有四层意思：一是指规章、法则，如"小人犯刑"④"大甲颠覆汤之典刑"⑤"明其政刑"⑥；二是指刑罚，如"省刑罚"⑦"善战者，服上刑"⑧；三是指处罚，如"然后从而刑之"⑨；四是指示范，同"型"，如引用《诗经》的"刑于寡妻"⑩。由于仁政是孟子礼法思想的核心，所以，"孟子所论之法，是仁政之法。他的法思想是仁政学说的一个层面。"⑪

从法的角度考察，孟子的法与刑思想主要有以下内容：

一是主张"法先王"，"保民而王"⑫。孟子"言必称尧舜"⑬，他的"法先王"就是效法尧舜以及禹、汤、文王、武王和周公。他说："遵先王之法而过者，未之有也。"⑭"诸侯有行文王之政者，七年之内，必为政于天下矣。"⑮ 在他看来，先王之法是大一统的善法，现实社会中国家的政治法律都应当与先王之法、尧舜之道相符合，"为政不因先王之道，可谓智乎？"⑯ 之所以要法先王之道，是因为"尧荐舜于天，而天受之；暴之于民，而民受之"。"天与贤则与贤，天与子则与子。"⑰ 孟子引用《尚书·泰誓》中的"天视自我民视，天听自我民听"⑱ 一语，表明自然之天的天意是顺应民心的，而要得民意，必须施仁政，行仁义之法。"行仁政

---

① （清）焦循撰，沈文倬点校：《孟子正义》卷 6《公孙丑上》，第 177 页。
② （清）焦循撰，沈文倬点校：《孟子正义》卷 14《离娄上》，第 483 页。
③ （清）焦循撰，沈文倬点校：《孟子正义》卷 14《离娄上》，第 491 页。
④ （清）焦循撰，沈文倬点校：《孟子正义》卷 14《离娄上》，第 486 页。
⑤ （清）焦循撰，沈文倬点校：《孟子正义》卷 19《万章上》，第 649 页。
⑥ （清）焦循撰，沈文倬点校：《孟子正义》卷 7《公孙丑上》，第 223 页。
⑦ （清）焦循撰，沈文倬点校：《孟子正义》卷 2《梁惠王上》，第 66 页。
⑧ （清）焦循撰，沈文倬点校：《孟子正义》卷 15《离娄上》，第 516 页。
⑨ （清）焦循撰，沈文倬点校：《孟子正义》卷 2《梁惠王上》，第 94 页。
⑩ （清）焦循撰，沈文倬点校：《孟子正义》卷 3《梁惠王上》，第 87 页。
⑪ 俞荣根：《儒家法思想通论》（修订本），第 307 页。
⑫ （清）焦循撰，沈文倬点校：《孟子正义》卷 3《梁惠王上》，第 79 页。
⑬ （清）焦循撰，沈文倬点校：《孟子正义》卷 10《滕文公上》，第 315 页。
⑭ （清）焦循撰，沈文倬点校：《孟子正义》卷 14《离娄上》，第 484 页。
⑮ （清）焦循撰，沈文倬点校：《孟子正义》卷 15《离娄上》，第 514 页。
⑯ （清）焦循撰，沈文倬点校：《孟子正义》卷 14《离娄上》，第 486 页。
⑰ （清）焦循撰，沈文倬点校：《孟子正义》卷 19《万章上》，第 647 页。
⑱ （清）焦循撰，沈文倬点校：《孟子正义》卷 19《万章上》，第 646 页。不见于传世本尚书。

而王，莫之能御也。"① 也就是"保民而王"②。

二是主张贤人与良法并重。孟子认为，"尧舜之道，不以仁政，不能平治天下。今有仁心仁闻，而民不被其泽，不可法于后世者，不行先王之道也。故曰徒善不足以为政，徒法不能以自行。"③ "为政不因先王之道，可谓智乎？是以惟仁者宜在高位；不仁而在高位，是播其恶于众也。上无道揆也，下无法守也，朝不信道，工不信度，君子犯义，小人犯刑，国之所存者，幸也。"④ 孟子主张为上者要用仁义端正自己，因为"君仁莫不仁，君义莫不义，君正莫不正，一正君而国定矣"⑤。孟子的"徒善""徒法"之论并非轻视法律的人治论，而是尧舜之类的仁人和先王之道的良法并行兼备论，因而在一定程度上体现了礼和法、德与刑、任人与任法相辅相成的治国理念。

三是提出制民之产和礼仪教化这两条预防犯罪的重要措施。前文谈到的"制民之产"⑥ 以解决民生问题，"谨庠序之教，申之以孝悌之义"⑦，同时也是预防犯罪的重要举措。因为人的本性是善的，犯罪不是人的固有本性。之所以出现犯罪和犯罪增多的现象，原因在于民无恒产以及人性自戕。而要预防犯罪，就要"制民之产"，使人民物质生活有保障；就要对人民进行仁义孝悌教育，使他们"明人伦"，这样就可以避免犯罪发生。

四是倡导省刑、慎刑的刑法观和刑罚观。针对当时人民"憔悴于虐政"⑧，各国战乱"杀人盈野""杀人盈城"⑨ 的社会现实，孟子提出"杀一无罪，非仁也"⑩。他认为，杀人必须十分谨慎，坚决反对专横武断司法。他说："左右皆曰可杀，勿听；诸大夫皆曰可杀，勿听；国人皆曰可杀，然后察之；见可杀焉，然后杀之。故曰国人杀之也。如此，然后可以为民父母。"⑪ 孟子提出"生道杀民"的概念，认为"以生道杀民，虽死

---

① （清）焦循撰，沈文倬点校：《孟子正义》卷6《公孙丑上》，第185页。
② （清）焦循撰，沈文倬点校：《孟子正义》卷3《梁惠王上》，第79页。
③ （清）焦循撰，沈文倬点校：《孟子正义》卷14《离娄上》，第483—484页。
④ （清）焦循撰，沈文倬点校：《孟子正义》卷14《离娄上》，第486页。
⑤ （清）焦循撰，沈文倬点校：《孟子正义》卷15《离娄上》，第526页。
⑥ （清）焦循撰，沈文倬点校：《孟子正义》卷3《梁惠王上》，第94页。
⑦ （清）焦循撰，沈文倬点校：《孟子正义》卷3《梁惠王上》，第95页。
⑧ （清）焦循撰，沈文倬点校：《孟子正义》卷6《公孙丑上》，第185页。
⑨ （清）焦循撰，沈文倬点校：《孟子正义》卷15《离娄上》，第516页。
⑩ （清）焦循撰，沈文倬点校：《孟子正义》卷27《尽心上》，第927页。
⑪ （清）焦循撰，沈文倬点校：《孟子正义》卷3《梁惠王下》，第144—145页。

不怨杀者。"① 他主张统治者遇到死狱，应以"求其生"之心慎重办案；确系罪大恶极者求其生而不得，为了人民的生存不得已将其处死，被杀者也是罪有应得，无从怨恨了。孟子明确反对罪及妻子、株连三族的残酷刑罚，主张实行周文王的"罪人不孥"② 即罪止一身、不牵连妻儿及家族的刑罚政策。这些都是孟子"以不忍人之心，行不忍人之政"③ 的仁政思想在司法刑事审判方面的具体化。

五是提出基于孝悌为依据的认可复仇和亲亲互隐的刑罚适用原则。孟子认为，"天下之本在国，国之本在家，家之本在身。"④ 这就突出了孝悌在人际关系中的地位以及在司法中的地位。孟子告诫人们不要无端杀人父兄，因为"杀人之父，人亦杀其父；杀人之兄，人亦杀其兄"⑤。尽管从国法上看，复仇现象会冲击封建法制本身，但父子同体、兄弟手足，因此子报父仇、弟报兄仇的现象在宗法伦理框架下又是一种孝悌行为。孟子以孝悌伦理为中心，必然会认可复仇行为。

孟子赞成孔子的"父为子隐，子为父隐"⑥ 的主张，并假设了一个关于"舜背法匿父"的故事。《孟子·尽心上》记载了如下一段故事："桃应问曰：'舜为天子，皋陶为士，瞽瞍杀人，则如之何？'孟子曰：'执之而已矣。''然则舜不禁与？'曰：'夫舜恶得而禁之？夫有所受之也。''然则舜如之何？'曰：'舜视弃天下犹弃敝蹝也。窃负而逃，遵海滨而处，终身䜣然，乐而忘天下。'"⑦ 在这个故事中，作为儿子的舜"窃负而逃"，让父亲免去了刑罚，由此感到"乐"，乃人之常情，但作为天子的舜，却"乐"到了"终身䜣（欣）然，乐而忘天下"的程度。

尽管舜"窃负而逃，遵海滨而处"并不是一个真实的故事，而只是一个设问，"其意以为舜虽爱父，而不可以私害公；皋陶虽执法，而不可以刑天子之父。故设此问，以观圣贤用心之所极，非以为真有此事也。"⑧ 但孟子却借这个设问，表达了自己的思想主张。这个设问及回答包括以下

---

① （清）焦循撰，沈文倬点校：《孟子正义》卷26《尽心上》，第893页。
② （清）焦循撰，沈文倬点校：《孟子正义》卷4《梁惠王下》，第133页。
③ （清）焦循撰，沈文倬点校：《孟子正义》卷7《公孙丑上》，第232页。
④ （清）焦循撰，沈文倬点校：《孟子正义》卷14《离娄上》，第493页。
⑤ （清）焦循撰，沈文倬点校：《孟子正义》卷28《尽心下》，第968页。
⑥ （清）刘宝楠撰，高流水点校：《论语正义》卷16《子路第十三》，第536页。
⑦ （清）焦循撰，沈文倬点校：《孟子正义》卷27《尽心上》，第930—931页。
⑧ （宋）朱熹：《四书章句集注·孟子集注》卷13《尽心章句上》，第359页。

两层意思：第一层，孟子答桃应曰"执之而已矣""恶得而禁之"，语气果断坚决，表明孟子具有相当的法治意识，肯定身为天子的舜无权干预皋陶执法，这也蕴含了行政权（舜）和司法权（皋陶）应相互独立的观念；第二层，孟子的设计是让舜"弃天下"，放弃公权力，然后"窃负而逃"，当然也就不存在腐败一说。"就其本意而言，孟子在此突出的是亲情、天爵比天子之位等人爵在价值上更重要、更值得追求，因为前者是内在的，后者是外在的。就此而言，我们称赞舜的行为是一种美德。"① 孟子的这一设问及回答，表达了孟子在国法与孝亲发生矛盾时的态度，从而"为社会提供了一个法的价值指向：以孝率法，法属于孝悌之类的伦理道德"②。

总之，"以孝悌作为立法、司法的基本原则，作为区分罪与非罪、轻罪与重罪，以及是否惩罚和惩罚轻重的重要依据，是孟子仁政之法的基本内容之一"③，也是人们把孟子的法思想称为伦理法思想的重要理由。④ 从孔子到孟子，礼法思想的核心从"仁"发展到了"仁政"，其中的博爱扩展到"明政刑"的法制观，即行仁政不靠刑罚驱使，但也不废法，且须有法律制度加以确认和规定。

第五节 《荀子》中的礼法思想

荀子是战国末期著名的思想家、文学家、政治家，时人尊称"荀卿"，曾三次出任齐国稷下学宫的祭酒，后为楚兰陵令。他以儒家自居，是继孔、孟之后最有影响的儒学大家。他曾经撰《非十二子》一文，对先秦各学派代表人物它嚣、魏牟、陈仲、史鱼酋、墨翟、宋钘、慎到、田骈、惠施、邓析、子思、孟轲等十二人进行批判，而推崇孔子及其学生子弓的学说，并对孔孟的礼治思想加以改造。荀子吸收了墨子的尚贤思想和法家的"量能授官"思想，提出"尚贤使能"，主张用君主集权的官僚政体代替宗法贵族政体，用儒家传统的德政、礼义来取代法家的专任刑罚、严刑峻法，从而使儒家崇尚德政的"礼治"与法家推崇"以法治国"的"法治"融为一体，王道与霸道并提，形成了独具特色的荀学。

---

① 郭齐勇：《道不远人——郭齐勇说儒》，第72页。
② 俞荣根：《儒家法思想通论》（修订本），第316页。
③ 俞荣根：《儒家法思想通论》（修订本），第315页。
④ 参见俞荣根《儒家法思想通论》（修订本），第302页。

荀子的思想体系内容丰富，既有"明于天人之分"的天道观，也有"性恶论"和"化性起伪"之说，还有"法先王"而"求其统类"的政治主张，而对后世影响最大的，则当属他的礼法思想。荀子礼法思想的主要内容是隆礼至法、援法入礼和隆礼重法，并由此成为后世"礼法合治、德主刑辅"的社会治理模式的理论依据。

荀子的礼法思想集中在《荀子》一书中。该书不同于《论语》《孟子》等儒家语录体，是儒家学派中最早的个人著作体。本书基于《荀子》文本，试从隆礼至法、援法入礼、隆礼重法这三个方面，阐述荀子的礼法合治思想。

一 隆礼至法——荀子礼法思想的鲜明特色

"隆礼至法"[1] 是荀子礼法思想的主要内容和最大特点，也是荀子政治主张的集中体现。礼在荀子治国思想中占有突出位置，被视为社会政治法律制度的核心和关键。因此，尽管荀子由于援法入礼、以礼释法，并培养了法家代表人物韩非子和法家思想实践者李斯这两名学生，致使其儒者身份长期受到质疑，但仍被古往今来绝大多数学者公认为是一名大儒。荀子之所以主张"隆礼至法"，与他对礼的认识有关。他着重从礼的起源、礼的功用等方面，阐明了自己对礼的看法。

荀子分别从礼的本源、人的欲多而物寡之间存在矛盾等方面，揭示并阐述了礼的起源问题。

荀子提出了"礼有三本"论，揭示了古代社会之礼俗演变为礼制的原因。他说："礼有三本：天地者，生之本也；先祖者，类之本也；君师者，治之本也。……故礼上事天，下事地，尊先祖而隆君师，是礼之三本也。"[2] 他认为礼有三个本元：天地是生命的本元，先祖是族类的本元，君长是治理的本元。所以礼，在上事奉天，在下事奉地，尊重先祖而尊敬君长。这里说的三个本元，是指人的生命、人群族类、治世主导。人之所以要祭祀天地、先祖和尊重君师，是因为人有根源感、归属感，而祭祀天地、先祖和尊重君师的礼俗逐步演变为礼制，礼义也逐渐外化为礼制，这无疑有益于人心的安定和社会的秩序化。

---

[1] （清）王先谦撰，沈啸寰、王星贤点校：《荀子集解》卷 8《君道篇第十二》，第 234 页。

[2] （清）王先谦撰，沈啸寰、王星贤点校：《荀子集解》卷 13《礼论篇第十九》，第 340 页。

荀子还从人的自然本性中的无限欲求和社会有限财富之间存在矛盾的角度，论述了礼的起源。他说："礼起于何也？曰：人生而有欲，欲而不得，则不能无求；求而无度量分界，则不能不争；争则乱，乱则穷。先王恶其乱也，故制礼义以分之，以养人之欲，给人之求，使欲必不穷乎物，物必不屈于欲，两者相持而长，是礼之所起也。"① 荀子认为，人有正当的物质需求，这是应当满足的。但物质又是有限的，这两者之间必然产生矛盾。这一矛盾如果不用礼义和法度加以解决，就会造成纷争、动乱和贫穷。"无礼义则悖乱而不治。古者圣王以人之性恶，以为偏险而不正，悖乱而不治，是以为之起礼义，制法度，以矫饰人之情性而正之，以扰化人之情性而导之也。始皆出于治、合于道者也。"② 为避免由于人的欲望多但物寡的矛盾而导致纷争、动乱和贫穷，只能制定礼义来确定社会名分等级，并按照这种名分等级来确定物质消费多寡，以解决人们无限的欲望需求和有限的物质生活资料之间的矛盾。荀子关于礼之起源的这一分析，触及到社会现实矛盾，并从社会存在和物质利益角度说明礼的起源，这是比较深刻的，具有一定的朴素唯物主义色彩。

在礼的社会功用上，荀子分别从社会秩序、国家治理、个人修养等方面，论述了礼的社会价值，提出了"明分使群""以礼治国"，以及礼以中道调节人的情绪和情感等思想观点。

首先，荀子从人与礼关系的角度提出：礼可以定分制界，"明分使群"，止乱致治。

按荀子的看法，社会的整合、维系及秩序化，靠社会分工及等级名分制度加以确立。③ 在荀子看来，人不同于动物，人的生存离不开社会，人和动物的区别就在于人能够"群"。而人之所以能群居，是因为人能"分"即能明白自己的身份。"分"的依据就是礼义。礼义是维系一个社会正常运转的纽带。他说："人有气、有生、有知，亦且有义，故最为天下贵也。力不若牛，走不若马，而牛马为用，何也？曰：人能群，彼不能

---

① （清）王先谦撰，沈啸寰、王星贤点校：《荀子集解》卷13《礼论篇第十九》，第337页。

② （清）王先谦撰，沈啸寰、王星贤点校：《荀子集解》卷17《性恶篇第二十三》，第421页。

③ 郭齐勇：《礼学与现代生活及文明对话》，载《中国哲学智慧的探索》，中华书局2008年版，第186页。

第一章 《礼记》礼法合治思想渊源

群也。人何以能群？曰：分。分何以能行？曰：义。故义以分则和，和则一，一则多力，多力则强，强则胜物，……故人生不能无群，群而无分则争，争则乱，乱则离，离则弱，弱则不能胜物，故宫室不可得而居也，不可少顷舍礼义之谓也。"① 在自然界里，人要能够生存，必须结为群体，而任何社会群体都要有一定的分工合作、等级名分，并由此决定消费品的分配，才能避免争斗和内乱，才能凝聚力量。因此，荀子提出了"明分使群"的命题，并对此予以充分阐述。

荀子说："欲恶同物，欲多而物寡，寡则必争矣。故百技所成，所以养一人也。而能不能兼技，人不能兼官，离居不相待则穷，群而无分则争。穷者患也，争者祸也，救患除祸，则莫若明分使群矣。"② 一个人不能同时精通多种技艺，也不能同时从事所有职业，但一个人的生活所用，需要多种人生产物品的供给。因此人如果离群索居而不相互依靠就会陷入困境，如果群居但没有名分规定就会发生争夺。所以，要除祸避难，人就要结合成社会群体，并明确职分等级。只有"明分"，才能"使群"。明确职分等级是人能"群"的前提，而礼义法度则是"分"的依据。所谓"明分"，就是明确区分和确定等级秩序，这也是制定礼的目的所在。"礼者，贵贱有等，长幼有差，贫富轻重皆有称者也。"③ "故先王案为之制礼义以分之，使有贵贱之等，长幼之差，知愚、能不能之分"④。而"圣王"就是"明分使群"的人。"君者，善群也。"⑤ "人君者，所以管分之枢要也"⑥。在圣王的引导和治理下，人们按照各自名分得到相应物品，从而避免无谓的纷争混乱，"是夫群居和一之道也。"⑦

其次，荀子从礼与人的为人、处事、治国的关系角度提出："人无礼则不生，事无礼则不成，国家无礼则不宁。"⑧

既然"礼者，贵贱有等，长幼有差，贫富轻重皆有称之者也"，那么

---

① （清）王先谦撰，沈啸寰、王星贤点校：《荀子集解》卷5《王制篇第九》，第162—163页。
② （清）王先谦撰，沈啸寰、王星贤点校：《荀子集解》卷6《富国篇第十》，第174页。
③ （清）王先谦撰，沈啸寰、王星贤点校：《荀子集解》卷6《富国篇第十》，第176页。
④ （清）王先谦撰，沈啸寰、王星贤点校：《荀子集解》卷2《荣辱篇第四》，第70页。
⑤ （清）王先谦撰，沈啸寰、王星贤点校：《荀子集解》卷5《王制篇第九》，第163页。
⑥ （清）王先谦撰，沈啸寰、王星贤点校：《荀子集解》卷6《富国篇第十》，第177页。
⑦ （清）王先谦撰，沈啸寰、王星贤点校：《荀子集解》卷2《荣辱篇第四》，第70页。
⑧ （清）王先谦撰，沈啸寰、王星贤点校：《荀子集解》卷1《修身篇第二》，第24页。

遵守维持社会等级秩序的礼、安分守己，就是为人之必须、处事成功之保证、治国安民之根本。荀子主张"以礼正国"，认为"国无礼则不正。礼之所以正国也，譬之犹衡之于轻重也，犹绳墨之于曲直也，犹规矩之于方圆也，既错之而人莫之能诬也。"① "隆礼贵义者其国治，简礼贱义者其国乱。"② "礼者，治辨之极也，强国之本也，威行之道也，功名之总也。"③ 礼一旦制定，就不能违反，王公贵族的子孙也不例外。这就强调了礼的规范性、权威性和强制性。当然，人需要教育才能知礼，知礼需要教育，需要师长指导。"礼者，所以正身也；师者，所以正礼也。无礼何以正身？无师，吾安知礼之为是也？"④ 知礼在先，正礼在后；通过教化，方可知礼进而正身。

再次，荀子从人的自身修养与礼的关系角度提出：礼以中道调节人的情绪和情感的表达，有利于人的身心健康。

荀子说："礼者断长续短，损有余，益不足，达爱敬之文，而滋成行义之美者也。故文饰、粗恶，声乐、哭泣，恬愉、忧戚，是反也，然而礼兼而用之，时举而代御。"⑤ 有了礼的节制、规范、劝导、滋养作用，贤者可以表达敬爱之心，不肖者以此来使自己养成美德，可以避免人的情感过度表达，礼与文饰兼而用之，相得益彰，有利于身心健康。

基于对礼的起源、礼的社会功用等问题的认识，荀子主张进一步提升礼的地位，主张将礼与法联系起来，明确提出隆礼至法，使体现等级秩序的礼不再停留在礼仪教化和道德层面，不再仅仅是礼义和道德提倡，而是成为具有权威性、强制性、普适性的国家纲常，成为一种王道之礼。他强调："人之命在天，国之命在礼。"⑥ "礼者，法之大分、类之纲纪也。"⑦ 由于他把礼与国家命运联系起来，视礼为国家命运之所在，视礼为国家法

---

① （清）王先谦撰，沈啸寰、王星贤点校：《荀子集解》卷7《王霸篇第十一》，第206页。
② （清）王先谦撰，沈啸寰、王星贤点校：《荀子集解》卷10《议兵篇第十五》，第265页。
③ （清）王先谦撰，沈啸寰、王星贤点校：《荀子集解》卷10《议兵篇第十五》，第275页。
④ （清）王先谦撰，沈啸寰、王星贤点校：《荀子集解》卷1《修身篇第二》，第34页。
⑤ （清）王先谦撰，沈啸寰、王星贤点校：《荀子集解》卷13《礼论篇第十九》，第353页。
⑥ （清）王先谦撰，沈啸寰、王星贤点校：《荀子集解》卷11《强国篇第十六》，第285页；《天论篇第十七》，310页。
⑦ （清）王先谦撰，沈啸寰、王星贤点校：《荀子集解》卷1《劝学篇第一》，第11页。

度的总纲和类推断案的根本依据,并认为"隆礼至法则国有常"①,从而进一步提高了礼在国家社会政治生活中的地位。"礼是法律总纲,是以法类推的各种条例的纲要。……礼是制定各种各样法律条文,以及各种各样具有法律条文性质和作用的条例的准则与依据;礼同时具有法律意味,起着国家根本大法——宪法的作用。"②

由此可见,荀子虽然是继孔、孟之后的大儒,但他的思想主张既与孔子的仁礼结合、以仁为根本的仁礼思想不同,也与孟子的仁政之说不同,荀子的儒学主要是礼学而非仁学。可以说,荀子是以儒为主但同时又使儒法合流、以礼为主但同时又使礼法统一的先行者。

二 援法入礼——荀子对礼思想的丰富发展

在"隆礼至法"主张的基础上,荀子援法入礼,融法于礼,提出先德礼后刑罚和明德慎罚,以及"节用裕民""以政裕民"和"君子者,法之原"等思想。

其一,在治国的指导思想方面,荀子一定程度上吸取了法家的法治思想,但他不赞成法家的厚赏重罚、严刑峻法,而是主张实行以礼义为指导的"王者之法"。

荀子坚持和崇尚以礼义为特征的"王道",一定程度上肯定和称许以信誉为特征的"霸道",反对以权谋术势气力为特征、唯利是求功利主义的"强道",认为"故用国者,义立而王,信立而霸,权谋立而亡"。③ 他还认为,"修礼者王","王者富民"④。王道政治以仁义取天下,"行一不义、杀一无罪而得天下,仁者不为也"⑤。"修其道,行其义,兴天下之同利,除天下之同害,而天下归之也。……天下归之之谓王,天下去之之谓亡。"⑥"王"与"亡",读音相仿,一字之差,结果却是天壤之别,原因在于是否得民心。而是否得民心的关键又在于是否以仁义取天下,是否能够为民兴利除害。

---

① (清)王先谦撰,沈啸寰、王星贤点校:《荀子集解》卷8《君道篇第十二》,第234页。
② 陆建华:《先秦诸子礼学研究》,人民出版社2008年版,第102页。
③ (清)王先谦撰,沈啸寰、王星贤点校:《荀子集解》卷7《王霸篇第十一》,第199页。
④ (清)王先谦撰,沈啸寰、王星贤点校:《荀子集解》卷5《王制篇第九》,第152页。
⑤ (清)王先谦撰,沈啸寰、王星贤点校:《荀子集解》卷7《王霸篇第十一》,第200页。
⑥ (清)王先谦撰,沈啸寰、王星贤点校:《荀子集解》卷12《正论篇第十八》,第316页。

尽管荀子一定程度上肯定和称许以信誉为特征的"霸道",主张"隆礼尊贤而王,重法爱民而霸"①,将"重法爱民"与"霸道"相联系,但毕竟认为"霸道"只是在"王道"之下的一个层次,因为"王道"可以赢得天下,"霸道"只可以称霸诸侯,因而尊王在先,王道政治是理想政治,而"王者之法"是以礼义为指导原则的,王法由礼而生,因礼而定,辅礼而行,礼法合治,天下大治。"故必将有师法之化、礼义之道,然后出于辞让,合于文理,而归于治。"②

其二,在惩恶扬善、预防犯罪方面,荀子提出"立君势""明礼义""起法正""重刑罚"这四大举措。

荀子基于"性恶论",强调对人的行为的规范,强调"化性起伪"即对人性之恶的改造,强调对犯罪行为的预防和惩治。他指出:"古者圣人以人之性恶,以为偏险而不正,悖乱而不治,故为之立君上之势以临之,明礼义以化之,起法正以治之,重刑罚以禁之,使天下皆出于治、合于善也。是圣王之治,而礼义之化也。"③ 荀子在这里所说的"立君上之势""明礼义""起法正""重刑罚",就成为规范人们的行为、预防犯罪的四大举措。其中,"立君上之势",建立君主的权势统治地位,树立君主的绝对权威,是治国的政治前提。君主居于等级秩序的最高位次,没有君上之势就谈不上礼乐法刑等治国手段的运用,而君主统治下的政治一统必将会给整个社会以稳定感,从而减少犯罪。"明礼义"和"制法度"是最重要的两种手段,通过教化使人们知晓礼义,内化于心,外化于形,从而增强人们规范自己行为的自觉性。同时,通过制定法律制度进行管理,使人们明确利害关系,知道事情的可为与不可违及其各自后果,知所趋避,从而迫使人们遵守社会制度和行为规范,避免犯罪。"重刑罚"是止乱惩恶的最后一道防线,一方面可以防止一些人铤而走险去施恶,发挥一种威慑力量;另一方面也给那些敢冒天下之大不韪的恶人以严惩。而"圣王之治""礼义之化"则是理想的治国目标。

---

① (清)王先谦撰,沈啸寰、王星贤点校:《荀子集解》卷11《天论篇第十七》,第310页;卷11《强国篇第十六》,第285页;卷19《大略篇第二十七》,第470页。
② (清)王先谦撰,沈啸寰、王星贤点校:《荀子集解》卷17《性恶篇第二十三》,第421页。
③ (清)王先谦撰,沈啸寰、王星贤点校:《荀子集解》卷17《性恶篇第二十三》,第425页。

其三，在德刑关系上，荀子主张先德礼、后刑罚和明德慎罚。

荀子关于德刑关系的思想，有时间顺序上和空间位置上的两种含义，即在时间顺序上主张德礼在先，刑罚在后；在空间位置上主张德主刑辅。

从时间顺序来看，荀子反对法家那种不修礼义而一味采用"赏庆、刑罚、埶诈"的治国方式，认为它们只是"佣徒粥卖之道"，不足以团结大众，也不可能使国家风俗淳美，因而是可耻的，没有必要遵行它。荀子明确提出先德礼、后刑罚的治国原则。他说："故厚德音以先之，明礼义以道之，致忠信以爱之，尚贤使能以次之，爵服庆赏以申之，时其事、轻其任……政令以定，风俗以一，有离俗不顺其上，则百姓莫不敦恶，莫不毒孽，若被不祥，然后刑于是起矣。是大刑之所加也，辱孰大焉？将以为利邪？则大刑加焉。"① 也就是说，荀子主张通过提高道德声誉来吸引人民，彰明礼制仁义来指导他们，尽力做到忠诚守信来爱护他们，并且按照尊崇贤者任用能人的原则来安排他们的职位，用爵位、服饰、表彰、赏赐去激励他们。这时，政策法令已定，风气习俗已成，如果还有人公然违背，就会受到百姓厌恶，就会被百姓视为祸害妖孽而希望除掉他，于是，刑就发生了。可见，治国应从厚德、明义、致忠信开始，如不能奏效，就需要施以刑罚。

从空间位置来看，荀子主张以礼义教化为主，在此基础上实行赏罚。对于那些教化不起作用的恶人、罪人必须加以处罚。"征暴诛悍，治之盛也。杀人者死，伤人者刑，是百王之所同也"② 他认为，刑罚必须与罪行轻重相当，如果重罪轻刑，那就是纵容恶人，也是致乱的一个原因。因为"罪至重而刑至轻，庸人不知恶矣，乱莫大焉。凡刑人之本，禁暴恶恶，且征其未也。杀人者不死而伤人者不刑，是谓惠暴而宽贼也，非恶恶也。"③ "罚不当罪，不祥莫大焉。""刑称罪则治，不称罪则乱。……书曰：'刑罚世轻世重。'此之谓也。"④ 荀子认为不可滥施刑罚，"赏不欲

---

① （清）王先谦撰，沈啸寰、王星贤点校：《荀子集解》卷 10《议兵篇第十五》，第 280 页。

② （清）王先谦撰，沈啸寰、王星贤点校：《荀子集解》卷 12《正论篇第十八》，第 320 页。

③ （清）王先谦撰，沈啸寰、王星贤点校：《荀子集解》卷 12《正论篇第十八》，第 319 页。

④ （清）王先谦撰，沈啸寰、王星贤点校：《荀子集解》卷 12《正论篇第十八》，第 320 页。

僣，刑不欲滥，赏僣则利及小人，刑滥则害及君子。若不幸而过，宁僣勿滥；与其害善，不若利淫"①。之所以如此，是因为道德礼义是治国之本，而刑罚则是处在第二位的。

显然，荀子把刑与礼相提并论，认为德礼与刑罚、明德与慎罚是治国平天下的两种不同手段。他说："治之经，礼与刑，君子以修百姓宁。明德慎罚，国家既治四海平。"② 荀子不仅继承了孔子、孟子基于人的行为自觉性而提出的仁礼主张，而且将孔子、孟子也不回避的刑罚手段上升为与礼并列的一种治国手段。这种德礼与刑罚、明德与慎罚交相为用的治国方略，无疑更适应古代中国社会治理的需要。

其四，在经济方面，荀子提出"节用裕民""以政裕民"的思想，主张富民而后富国。

任何一个国家都离不开经济运行，要发展经济就需要有正确的经济政策和法令法规，而蕴含其中的指导原则在于正确处理富国与富民两者之间的关系，具体来说，就是富国与富民谁先谁后的问题。由于普天之下莫非王土，所以本质上还是如何才能富国的问题，富民最终还是要富国。荀子认为，富国之道在于富民，国富基于民富，民富而后才有国富。基于这种认识，荀子提出了"节用裕民""以政裕民"的思想。他说："足国之道，节用裕民而善臧其余。节用以礼，裕民以政。彼裕民，故多余。裕民则民富，民富则田肥以易，田肥以易则出实百倍。上以法取焉，而下以礼节用之。"③ "轻田野之税，平关市之征，省商贾之数，罕兴力役，无夺农时，如是，则国富矣。夫是之谓以政裕民。"④

重在富国还是重在富民，是儒法两家经济政策的一大区别。富民是儒家重民主义的必然，富国是法家君利中心主义的必然。富民最终还是要富国，但由富民而富国和由亏民以富国，则是不同经济政策的对立，是儒家民本位君主主义和法家君本位君主主义的区别之一。荀子的"富国"论，强调先富民而后富国，其基本的思想倾向归于儒家一边。⑤

---

① （清）王先谦撰，沈啸寰、王星贤点校：《荀子集解》卷9《致士篇第十四》，第259页。
② （清）王先谦撰，沈啸寰、王星贤点校：《荀子集解》卷18《成相篇第二十五》，第445页。
③ （清）王先谦撰，沈啸寰、王星贤点校：《荀子集解》卷6《富国篇第十》，第175页。
④ （清）王先谦撰，沈啸寰、王星贤点校：《荀子集解》卷6《富国篇第十》，第177页。
⑤ 参见俞荣根《儒家法思想通论》（修订本），第484—485页。

其五,在人与法的关系上,荀子提出"君子者,法之原"的思想,认为"治人"比"治法"更重要。

荀子说:"有乱君,无乱国;有治人,无治法。羿之法非亡也,而羿不世中;禹之法犹存,而夏不世王。故法不能独立,类不能自行,得其人则存,失其人则亡。法者,治之端也;君子者,法之原也。故有君子则法虽省,足以遍矣;无君子则法虽具,失先后之施,不能应事之变,足以乱矣。不知法之义而正法之数者,虽博,临事必乱。"① 在荀子看来,法令当然重要,但根本的还是人的问题,特别是能否任用贤人的问题。有法更要有贤人,用势不如用贤人。君子可以制定和实行良法,小人则只可能践踏法,甚至会利用法去作乱。当然,如果只知道法律条文而不明了法中所蕴含的礼义,这样的人虽然知晓不少法条,但真正遇到事情时也未必能处理好。

荀子还以对法的不同态度为标准,将贵族阶层中不同的人区分为士、君子、圣人三个层次。他说:"好法而行,士也;笃志而体,君子也;齐明而不竭,圣人也。人无法,则伥伥然;有法而无志其义,则渠渠然;依乎法而又深其类,然后温温然。"② 学士爱好礼法并尽力遵行,君子意志坚定而身体力行,圣人无所不明而其思虑又永不枯竭。没有法的规范,人们就会迷惘而无所适从;但有了法却不知道蕴含其中的礼义,就会手忙脚乱、仓促行事;只有遵法而又能深刻把握其要义,才能泰然自若、从容不迫。

从荀子有关法的论述中可以看出其礼法思想的另一个特点,即援法入礼,把当时强势有效的法家法治思想纳入了儒家的礼治思想,以礼为核心、为指导,以礼制律,以礼统法,从而弘扬了孔子的礼学精神,继承和发展了孔子开创的礼学,使之更加具有现实可行性。"先秦儒家都讲礼,但有各自的特点。孔子以仁救礼,以仁释礼,从而改造了礼,给古老的礼注入了仁的精神,创仁——礼思想体系,礼从此有了文化生命价值而得以延绵不断。孔子以后,孟子主要发展了孔子的仁学,推仁学为仁政,以礼治行仁政;荀子则主要发展了孔子的礼学,以礼治载王道,荀子把礼与法相会通,将礼作了法的解释,开礼法一体论之先河,为秦汉以后两千年封建政治法律制度提供了理论指导,也设计了基本模式。"③

---

① (清)王先谦撰,沈啸寰、王星贤点校:《荀子集解》卷8《君道篇第十二》,第226页。
② (清)王先谦撰,沈啸寰、王星贤点校:《荀子集解》卷1《修身篇第二》,第33页。
③ 俞荣根:《儒家法思想通论》(修订本),第402页。

荀子所主张的法是蕴含着礼义的法，是与礼治相结合、与仁政相结合、与君子人师相结合的法。用这种法来治国的法治，显然不同于法家以法、术、势为特征的法治。法家认为，"仁义爱惠之不足用，而严刑重罚之可以治国"①，因此，法家"以法治国"的法治是法、术、势相结合的法治，是以权术和高压手段来维护统治的。而荀子主张的法治不是一味地严刑峻法，而是援法入礼的法治，是与礼治相结合的法治，是仁义、礼义贯通的法治，其中的君子是深谙礼义的；其法是隆礼义的王者之法，是以王道为主、王道与霸道相结合的法，而非一味行霸道的法。这种法治从属于礼治，而礼治的本质当然仍是人治。人治主要是指圣人之治、君子之治。圣人、君子是知晓礼义、修身践行的人。王者之治是以仁义取天下，王者尚贤使能，礼法并施，因而是"王者之政""王者之道""王者之法"。

当然，荀子主张的法治也不同于今天人们所说的法治，现代法治是以平等为基础的，而荀子主张的法治却以封建等级秩序为基础，这个等级秩序的核心与顶端是君主，而国是以家族为根基的宗法制国家，因此"隆礼"的关键是"隆君""隆父"，"君者，国之隆也；父者，家之隆也"②鲜明地表现了这一点。可见，荀子主张的法治本质上仍然在于人治。他强调隆礼义，认为礼法实施的主体和希望在于以礼义修身的圣人、君子、人师；能够"明分使群"的人是制礼义的圣王、人君。在礼和法实施的主要对象上，他主张对贵族阶层的人采取礼乐节之，对庶民百姓采取法数制之，彰显了他的等级名分观念，而这与以平等为核心的现代法治理念是完全不同的。总之，荀子主张的法治属于君主之治、王者之治，而非建立在人人平等基础上的民主法治。

三 隆礼重法——荀子主张的治国方式

"礼法"一词从字面上看，可以作两种理解，一种是集合名词的礼法，一种是礼与法的合称。荀子首创了"礼法"概念，有过多次"礼法"的集中表达，多次将礼法并称、礼法连用，主要有："礼法之大分"③ "礼法

---

① （清）王先慎撰，钟哲点校：《韩非子集解》卷4《奸劫弑臣第十四》，第105页。
② （清）王先谦撰，沈啸寰、王星贤点校：《荀子集解》卷9《致士篇第十四》，第258页。
③ （清）王先谦撰，沈啸寰、王星贤点校：《荀子集解》卷7《王霸篇第十一》，第211、217页。

之枢要"①"学也者，礼法"②，等等。荀子的礼法有两方面的含义：一是援法入礼的一种政治法律模式；二是可以并立并称并用的两种不同的治国方式。

具体而言，一方面，荀子的礼法是一个集合名词，代表着他为统治者设计的一种政治法律模式，一种以礼释法、援法入礼、以礼为主、礼法合治的治国治世之道。而荀子援法入礼的一个重要举措就是提出"礼法"概念，认为"礼法既是礼也是法，但是，主要指礼。此外，荀子此处所言说的礼包括传统的礼和法的内容，是传统的礼和法的综合体。""荀子通过'礼法'概念的创造而使礼获得了法的性质和特征。"③"荀子援法入礼的另一种方法是礼法连用、合礼法为一体，将'礼法'理解为不可须臾分离的一个特殊范畴。"④ 另一方面，荀子的礼法是礼和法的并称，而非等同。它们是两种治理方式，各自有着不同的适用对象和范围。正因为如此，在荀子的绝大多数论述中，礼和法都是分开表述的，就连"礼者，法之大分、类之纲纪也"⑤，"非礼，是无法也"⑥，也只是借其表达二者的密切联系，是援法入礼的具体表现，并突出了礼相对于法的重要地位，而并非将礼等同于法，更非用礼代替法。从荀子的论述可以看出，礼法是礼和法的并称而非一体，这是荀子礼法思想的主要部分。这至少可以从以下两个方面来分析。

首先，尽管荀子所说的礼是上升到国家纲纪层面因而具有国家大法意义的礼，所说的法也是贯穿着礼的精神的法，但无论如何，礼就是礼，法就是法，礼法作为礼和法的合称，主张两种治理方式并用，即礼法合治的治世之道。而这是以明确区分两者各自的内涵、地位和作用为前提的。荀子认为，"礼义者，治之始也"⑦。"法者，治之端也"⑧。"治之经，礼与刑，君子以修百姓宁。明德慎罚，国家既治四海平。"⑨ 礼与刑都是

---

① （清）王先谦撰，沈啸寰、王星贤点校：《荀子集解》卷7《王霸篇第十一》，第217页。
② （清）王先谦撰，沈啸寰、王星贤点校：《荀子集解》卷1《修身篇第二》，第34页。
③ 陆建华：《先秦诸子礼学研究》，第118页。
④ 陆建华：《先秦诸子礼学研究》，第117页。
⑤ （清）王先谦撰，沈啸寰、王星贤点校：《荀子集解》卷1《劝学篇第一》，第11页。
⑥ （清）王先谦撰，沈啸寰、王星贤点校：《荀子集解》卷1《修身篇第二》，第34页。
⑦ （清）王先谦撰，沈啸寰、王星贤点校：《荀子集解》卷5《王制篇第九》，第161页。
⑧ （清）王先谦撰，沈啸寰、王星贤点校：《荀子集解》卷8《君道篇第十二》，第226页。
⑨ （清）王先谦撰，沈啸寰、王星贤点校：《荀子集解》卷18《成相篇第二十五》，第445页。

治国之道。"土之与人也、道之与法也者，国家之本作也"①。"治国之道既是礼又是法，二者缺一不可；礼法并用的逻辑前提是礼法并重，各自独立。"② 这才有他所提出的"隆礼尊贤而王，重法爱民而霸"，否则，只强调"隆礼至法"足矣，而没有必要再提一个"重法"的问题，更没有必要将"隆礼"和"重法"并立。这里的法具有权威性和强制性，因而包含着刑的内容，违背了法就要受到刑罚。"荀子将刑提高到与礼相提并论的地位，正是他区别于孟子仁政理想的关键。"③

在荀子那里，尽管上升到国家纲常的礼因其具有权威性、强制性而成为国家的根本大法，但礼毕竟还不是法。礼的来源是"天地""先祖""君师"，这三者分别是礼的"生之本""类之本""治之本"④，而法的来源则是礼义。礼义先于法度，"礼义生而制法度"⑤，因此，礼义是法的本源，法要以礼义为本。礼法二者来源的不同，决定了二者的地位是不一样的；礼是国家纲纪伦常，法是礼的辅助和补充，是礼的制度载体。只有懂得法中所蕴含的精神，深谙其中的礼义之道，并努力践行之、运用之，才能称得上是君子。

其次，礼和法对所有人都适用，具有普适性，但具体实施对象各自有侧重，两种治国之道都要贯穿仁义的精神。荀子将礼上升为国家纲常，而作为国家纲常的礼对于社会各阶层具有普适性，"礼之生，为贤人以下至庶民也"⑥。因此礼的教化不仅适用于士以上的贵族阶层，也适用于普通百姓，因而也就具有了普适性。尽管如此，礼义教化和法律条文规定各自适用的重点对象还是不同的。在荀子那里，这种不同有善与不善、贤与不肖、士以上与众庶百姓之分，因而礼和法分别也有着不同的重点适用对象。具体而言，"以善至者待之以礼，以不善至者待之以刑。两者分别则

---

① （清）王先谦撰，沈啸寰、王星贤点校：《荀子集解》卷9《致士篇第十四》，第255页。
② 陆建华：《先秦诸子礼学研究》，第119页。
③ 刘柱彬：《仁政理想与礼法并施的冲突与融合——孟子与荀子刑法思想之比较》，《法学评论》2001年第3期。
④ （清）王先谦撰，沈啸寰、王星贤点校：《荀子集解》卷13《礼论篇第十九》，第340页。
⑤ （清）王先谦撰，沈啸寰、王星贤点校：《荀子集解》卷17《性恶篇第二十三》，第424页。
⑥ （清）王先谦撰，沈啸寰、王星贤点校：《荀子集解》卷19《大略篇第二十七》，第474页。

贤不肖不杂,是非不乱。"①"由士以上则必以礼乐节之,众庶百姓则必以法数制之。"② 这里的"法数"是指具体的法律条文,是对人应该怎么做的明文规定。

在荀子"隆礼尊贤而王,重法爱民而霸"的主张中,隆礼与尊贤联系在一起,重法与爱民联系在一起。礼义作为兼具调解性与强制性的道德标准和社会规范,主要对"法而知之"的士以上贵族的情和欲进行调节。体现礼义精神的法律条文主要对"法而不知"③的民众进行规范和约束,他们虽然未必知晓法律条文中的礼义精神,但也必须遵守这些规定。这样,就可以"断长续短,损有余,益不足,达爱敬之文,而滋成行义之美者也。"④ 隆礼需要尚贤使能,这里的贤能是指知礼达义并能自觉践行且有才干的能人。重法仍需怀有礼义精神,仁者爱民,实行王者之法,而非一味主张严刑峻法,因而与法家相区别。可见,在荀子这里,尽管礼和法的具体实施对象各自有侧重,但两种治国之道都贯穿着礼义精神,都体现着仁政取向。

总之,荀子认为,在隆礼重法的治国方式中,礼是始,法是端;礼是出发点和归宿,法是底线保证;礼处于主导地位,法起补充、辅助作用;礼法合治,德主刑辅。"在政治法律思想方面,荀子隆礼而又重法、重赏罚,将礼的规范性、强制性特别加以强调,建立了自己的礼法论、德刑论;他提出性恶论与孟子性善论相对抗,为论证圣人创制礼法以制约和矫治人性提供了理论依据;他尊王道也称霸道,与孟子的'尊王黜霸'论相径庭,为论证隆礼重法、明德慎罚的法制原则和赏罚的作用开了方便之门,再加上他的'制天命而用之'的天道观等,形成了对孔、孟思想及其法思想体系的改造,适应了统一的中央集权政治的需要。"⑤

荀子的隆礼重法思想的提出不是偶然的,而是与他所处的时代和他个人的经历密切相关的。战国末期,中央集权大一统局面即将形成,秦国厉行法家强国之术而雄视中原,形成并吞八荒之势。此时学术上虽然仍有百

---

① (清)王先谦撰,沈啸寰、王星贤点校:《荀子集解》卷5《王制篇第九》,第148页。
② (清)王先谦撰,沈啸寰、王星贤点校:《荀子集解》卷6《富国篇第十》,第176页。
③ (清)王先谦撰,沈啸寰、王星贤点校:《荀子集解》卷20《法行篇第三十》,第516页。
④ (清)王先谦撰,沈啸寰、王星贤点校:《荀子集解》卷13《礼论篇第十九》,第353页。
⑤ 俞荣根:《儒家法思想通论》(修订本),第351页。

家争鸣抑或荀子所认为的"百家异说"①，但诸子百家对封建强权政治的依附性越来越大。生活在这一时期的荀子，曾经长期侨居齐国稷下学宫，成为"祭酒"这类依附于封建集权政治的小官僚。这一方面使他的学说融入较多的论证君主权威的官僚理论，并更多地具有现实主义倾向；另一方面，也使他得以在儒家学说的基础上博采百家之所长，特别是"直视法家对儒家礼乐的强烈冲击，以极大的理论勇气提拔法律至与礼同等的社会地位，糅合儒家礼治与法家法治于一体，在政治与社会价值层面突破礼主法辅的传统礼治模式，建造了礼法并重的全新的礼法关系样式"②，进而提出治国理政的新思想，形成了"由儒兼法、释礼为法、以礼纳法"③的儒家新学派。

荀子以隆礼至法、援法入礼、隆礼重法为特征的礼法思想具有重大意义，产生了深远影响。从思想理论上看，它调和了礼和法这两种不同的治国之道之间的关系，为儒家思想注入了治国济世安民的新内容，使之更加积极入世、更加现实可行，为汉代新儒学奠定了基础，在儒家礼法思想发展史上具有里程碑意义。从政治实践上看，它对后世在治国理政中形成礼法合治的治理模式发挥了引导作用。中国近代政治家谭嗣同指出："两千年来之学，荀学也"④。"此一语道破中国封建社会的官方学术，既非孔孟的道德仁爱，亦非商韩者流的严刑酷罚，而是兼两者而有之的荀子之学。荀子的'隆礼重法'是封建王朝的'法统'（国家与家族主义）的雏形，而其'人治'理论（'有法者以法行，无法者以类举'）则是封建时代成文法与判例相结合的'混合法'的指南。"⑤荀子的礼法思想为汉代名儒董仲舒所继承。"在法律思想和法律实践领域，儒家代表人物各自完成着各自的使命：孔子、孟子并肩站在理想主义的地平线上，为中华民族指明前进的方向；而荀子、董仲舒则携手立于中原大地，用双手为封建帝国编织经世大典。"⑥

---

① （清）王先谦撰，沈啸寰、王星贤点校：《荀子集解》卷15《解蔽篇第二十一》，第374页。
② 陆建华：《先秦诸子礼学研究》，第118—119页。
③ 俞荣根：《儒家法思想通论》（修订本），第351页。
④ 谭嗣同：《仁学一》二十九，《谭嗣同集》，浙江古籍出版社2018年版，第359页。
⑤ 武树臣：《儒家法律传统》，第74页。
⑥ 武树臣：《儒家法律传统》，第135页。

第二章　大同、小康的理想和治国以礼的准则

大道之行也，天下为公。

——《礼记·礼运》

礼义以为纪，以正君臣，以笃父子，以睦兄弟，以和夫妇，以设制度，以立田里，以贤勇、知，以功为己。

——《礼记·礼运》

以著其义，以考其信，著有过，刑仁讲让，示民有常。如有不由此者，在埶者去，众以为殃。是谓小康。

——《礼记·礼运》

治国不以礼，犹无耜而耕也。

——《礼记·礼运》

《礼记》从学理层面阐述了儒家以"仁""礼"为核心的礼治主义主张。这种主张属于国家治理层面，但又不局限于此。治理的目标是什么？如何才能实现这一目标？实现的路径是什么？先秦儒家对此进行了探讨和设计。其社会理想、价值追求及其实现路径的思想精华，集中体现在《礼记·礼运》之中。《礼运》是《礼记》的第九篇，它以孔子的学生言偃（子游）提问、孔子回答的方式，论述周礼的起源、发展、演变及其运用，故名"礼运"。《礼运》是《礼记》中最著名的篇章之一，也是影响最为深远的古代文献之一，其中描述的社会政治理想和价值追求的最高境界，就是天下"大同"；而社会通过努力较为容易达到的相对低度的社会政治境况，则是"小康"。为了实现大同、小康的社会政治理想，先秦儒家提出了"治国以礼"的治理准则。

第一节 大同、小康的社会政治理想

《礼记·礼运》中的"大同"和"小康"分别代表了先秦儒家向往的两种不同程度的社会政治理想。其中,"大同"是最高层次的社会政治理想,"小康"则是相对于"大同"的一定时段的相对低度的社会政治理想。近世以来,为了挽救民族危机,探索救国救民出路,先进的中国人向西方寻找真理,同时也借用了中华优秀传统文化中的"大同""小康"概念,并赋予其新的内涵,使之成为引导人们奋斗的旗帜。

一 天下为公的大同理想

《礼记·礼运》中阐述的社会政治理想,最美好者为"天下为公"的"大同"。

"大同"一词最早出自《庄子·在宥》:"颂论形躯,合乎大同,大同而无己。"① 在这里,"大同"指与天地万物融合为一。同样的含义还出现在初现于战国、成书于汉代的《列子·黄帝》中,"子夏曰:'以商所闻夫子之言,和者大同于物,物无得伤阂者,游金石,蹈水火,皆可也。'"② 而初步形成于战国、成书于西汉的《礼记·礼运》则赋予了"大同"以最高社会政治理想的含义。

《礼记·礼运》记载:

> 孔子曰:"大道之行也,与三代之英,丘未之逮也,而有志焉。大道之行也,天下为公,选贤与能,讲信修睦。故人不独亲其亲,不独子其子,使老有所终,壮有所用,幼有所长,矜、寡、孤、独、废疾者皆有所养,男有分,女有归。货,恶其弃于地也,不必藏于己;力,恶其不出于身也,不必为己。是故谋闭而不兴,盗窃乱贼而不

---

① (清)郭庆藩撰,王孝鱼点校:《庄子集释》卷4下《在宥第十一》,中华书局2016年版,第406页。

② (晋)张湛注,(唐)卢重玄解,(唐)殷敬顺、(宋)陈景元释文,陈明校点:《列子》卷2《黄帝第二》,上海古籍出版社2014年版,第58页。

作，故外户而不闭。是谓大同。"①

在这段文字中，孔子告诉人们：大道盛行于天下的"大同"社会，是先秦儒家追求的最高社会政治理想。"大同"社会的主要特征是："天下为公，选贤与能，讲信修睦。"天下为民所共有，人们选择贤能的人作为领袖，人与人之间讲信用而和睦相处，这些都体现了仁爱的精神。"大同"社会的另一个特征是："人不独亲其亲，不独子其子，使老有所终，壮有所用，幼有所长，矜、寡、孤、独、废疾者，皆有所养。男有分，女有归。货，恶其弃于地也，不必藏于己；力，恶其不出于身也，不必为己。"一方面，老幼鳏寡孤独和身体残疾这几种人是社会上的弱势群体，国家和社会对他们的态度如何，是检验该国和社会是否具有仁爱精神的基本尺度。统治者发政施仁，首先要照顾好这几类人，这也体现了仁者爱人的精神。从社会的整体来看，男子都有自己的职业，女子都能适时婚嫁。嫌恶那种财物被糟蹋浪费的行为而并不将财物为己所有，嫌恶有力气的人偷懒不用力气但并不要求他们为自己服务，阴谋诡计受到遏制而得不到施展，盗贼和乱臣贼子不会产生，人们外出离家时可以不用关门，这就叫作"大同"社会。"谋闭而不兴"的前提是"天下为公"，因为这时人人都具有了"至诚"的品质，这种品质可以化育天下万物。正如《礼记·中庸》所说："唯天下至诚，为能尽其性；能尽其性，则能尽人之性；能尽人之性，则能尽物之性；能尽物之性，则可以赞天地之化育；可以赞天地之化育，则可以与天地参矣。"② "如此者，不见而章，不动而变，无为而成。"③

"大同"社会说到底，只是一种带有儒家浓郁礼治主义色彩的社会政治理想，但是也有它独特的价值。正如牟宗三所说："不但是言礼本身之进化，而实是由礼之运以观历史之发展也。礼代表人之精神、理想以及人类之价值观念。如是，礼之运即是历史之精神表现观也。即以精神表现，

---

① （汉）郑玄注，（唐）孔颖达正义，吕友仁整理：《礼记正义》卷29《礼运第九》，第874—875页。
② （汉）郑玄注，（唐）孔颖达正义，吕友仁整理：《礼记正义》卷60《中庸第三十一》，第2023—2024页。
③ （汉）郑玄注，（唐）孔颖达正义，吕友仁整理：《礼记正义》卷60《中庸第三十一》，第2029页。

价值实现，解析历史也。'大同'实可说是在《礼运》之历史发展中要逐步实现之理想。"①

记载了"大同"理想境界的《礼记·礼运》依托孔子，应写于春秋之后、战国或秦汉之际。孔子是儒家的创始人，"天下为公"的"大同"社会，一直为儒家所向往。孔子在《论语·公冶长》中说："老者安之，朋友信之，少者怀之"②；在《论语·季氏》中也说："丘也闻有国有家者，不患寡而患不均，不患贫而患不安。盖均无贫，和无寡，安无倾。"③而面对春秋战国时期诸侯征伐、列国争霸造成的社会动荡，不仅儒家，其他学派也有祈望天下太平的愿望和想法。例如，道家学派《老子》第八十章有"甘其食，美其服，安其居，乐其俗"④之句；秦国宰相吕不韦主持编辑的黄老道家著作《吕氏春秋·贵公》亦说："昔先圣王之治天下也，必先公，公则天下平矣。平得于公。"⑤而《礼记·礼运》中的"大同"社会政治理想，无疑是先秦儒家对礼崩乐坏社会现实的深刻反思，是对远古平等社会的追忆和遐想，是对未来理想社会的美好憧憬。

"大道之行，天下为公"的大同理想对后世产生了深远影响，其影响直至当代中国，并被赋予新的时代内涵。本书第七章将专门论及"大同"这一最高社会政治理想对后世的深远影响，特别是对于近代以来仁人志士探索国家出路、为中华民族伟大复兴而奋斗的巨大影响，故此处不做赘述。

二 天下为家的小康理想

要实现天下"大同"的美好理想，显然并不容易，因为它"要求每个社会成员都具有崇高的道德情操，大公无私的纯洁胸怀。这种情况在生产力十分低下的原始公社时期或许存在过，而在阶级社会中则是很难实现的。为此，孔子又提出了一个相对低级的社会政治理想，这就是所谓的'小康'。"⑥既然最高的社会政治理想——"大同"难以实现，退而求其

---

① 牟宗三：《政道与治道》，吉林出版集团有限责任公司2010年版，第12页。
② （清）刘宝楠撰，高流水点校：《论语正义》卷6《公冶长第五》，第205页。
③ （清）刘宝楠撰，高流水点校：《论语正义》卷19《季氏第十六》，第649页。
④ （魏）王弼注，楼宇烈校释：《老子道德经注校释·下篇·八十章》，第190页。
⑤ （战国）吕不韦著，陈奇猷校释：《吕氏春秋新校释》卷1《孟春纪第一·贵公》，上海古籍出版社2002年版，第45页。
⑥ 刘松来，唐永芬：《礼记开讲》，华东师范大学出版社2013年版，第189页。

次，便希冀实现"天下为家"的"小康"理想。

《礼记·礼运》对"小康"社会作了如下描述：

> 今大道既隐，天下为家，各亲其亲，各子其子，货力为己，大人世及以为礼，城郭沟池以为固，礼义以为纪，以正君臣，以笃父子，以睦兄弟，以和夫妇，以设制度，以立田里，以贤勇、知，以功为己。故谋用是作，而兵由此起。禹、汤、文、武、成王、周公，由此其选也。此六君子者，未有不谨于礼者也，以著其义，以考其信，著有过，刑仁讲让，示民有常。如有不由此者，在埶者去，众以为殃。是谓小康。①

何谓"小康"？孔颖达认为："康，安也。行礼自卫，乃得不去执位，及不为众所殃，而比大道为劣，故曰小安也。"② 具体而言，在"小康"社会中，大道已经隐没不行，天下成了君王一家的天下。人们各自亲爱自己的亲人，各自抚养自己的子女，把财务和人力据为己有，把国君世袭作为礼，修筑城郭和护城河来加固防守，把礼义作为纲纪用来端正君臣关系，加深父子感情，使兄弟和睦，使夫妻和美，并据以建立制度，划分田里，尊重勇士和才智之士，来为自己建立功业，谋划由此而生，战争由此而起。夏禹、商汤、周文王、武王、成王、周公就是用礼义治国的杰出人物。这六位君子，没有不谨慎地实行礼制的。彰明道义，成就信用，照察过失，提倡仁爱而讲究谦让，向民众显示治国有常法。如果有不遵守礼义的，做君主的将被废黜，民众将他看成是祸殃。这样的社会就是"小康"。③

显然，在"小康"社会里，不是"天下为公"，不是每个社会成员都能大公无私，而是"天下为家"，绝大多数社会成员不同程度地具有私心，成为一种合乎逻辑的现象。在"天下为家""人人为私"的情况下，如何才能使社会有序运转而不出现混乱？这就需要其中的圣贤之人运用"礼"

---

① （汉）郑玄注，（唐）孔颖达正义，吕友仁整理：《礼记正义》卷29《礼运第九》，第875—876页。

② （汉）郑玄注，（唐）孔颖达正义，吕有仁整理：《礼记正义》卷29《礼运第九》，第881页。

③ 参见杨天宇《礼记译注》，上海古籍出版社2004年版，第266—267页。

这一维持社会政治秩序的有效手段，来进行国家和社会治理。这些圣贤之人具有伟大的仁爱精神、高尚的道德情操、大公无私的情怀，其杰出代表是夏禹、商汤、文王、武王、成王、周公这六位君子，他们通过制礼作乐来规范社会成员的行为，进而使社会得到治理，天下趋于太平。

"小康"社会的特征是"天下为家""人人为私"，具体表现为"各亲其亲，各子其子，货力为己，大人世及以为礼，城郭沟池以为固"。在这种情况下，于是有了"礼义以为纪"，用来"以正君臣，以笃父子，以睦兄弟，以和夫妇，以设制度，以立田里，以贤勇、知，以功为己"。在这"八个以"中，"以正君臣，以笃父子，以睦兄弟，以和夫妇"，是要努力实现的社会秩序稳定和谐的治平目标；而"以设制度，以立田里，以贤勇、知，以功为己"，则是与礼义纲纪相配套的一整套治理措施，其中涉及建章立制、区域划分、人才选拔任用等。而无论是礼义纲纪还是治理措施，都离不开精心谋划，于是"谋用是作"；有时甚至离不开军事手段的威慑和干预，于是"兵由此起"；遵循礼义治国，就可以"以著其义，以考其信，著有过，刑仁讲让，示民有常"；如果在位的统治者能够以礼治国，按照这些体现礼义精神的社会规范行事，就会得到民众拥戴；"如有不由此者，在埶者去，众以为殃"，就会遭到民众的唾弃。这样的社会在先秦儒家眼中，就是"小康"。

显然，"'小康'之世并不遥远，三代之英是以礼治世的典范，所以儒家更倾向于效法禹、汤、文、武、成王、周公，追随他们共同的治世之道，这就是'未有不谨于礼'，以礼为纲纪构建一个尊卑有等、和谐有序的'小康'社会。"① 《礼运》中的"小康"相对于"大同"社会政治理想来说，是一定时段的相对低度的比较现实的社会政治理想，是与当时社会历史条件相适应的、经过努力可以实现的理想，也是先秦儒家以礼治国的社会政治目标。

"小康"是一个古老的中国词汇。早在西周时期的《诗经·大雅·民劳》中，就有"民亦劳止，汔可小康"的句子，意即民众实在太劳苦了，但求能使他们稍稍安康。在这里，"小康"是生活比较安定的小安之意，并无深解。而《礼记·礼运》中的"小康"强调的却是整个社会秩序的和谐稳定，是一种政教清明、人民安乐的社会局面。"《礼记·礼运》把

---

① 杨雅丽：《〈礼记〉摭论》，人民出版社2014年版，第17页。

'小康'概念与'大同'概念联系起来，用来表达儒家所设想的两种社会状态，从而使'小康'概念开始具有了深刻的哲学含义，与'大同'概念关联在一起，成为儒家历史哲学、政治哲学的一对重要范畴"①。

尽管"小康"在《礼记·礼运》中是比"大同"低下的社会发展阶段，是在儒家所向往的"大同"社会政治理想难以实现的情况下不得已退而求其次的目标选择，是一定时段的相对低度的比较现实的社会政治理想，但对于广大人民来说，经济比较宽裕、社会秩序稳定和谐，就是他们的美好期盼。所以，千百年来，"小康"一词成为普通老百姓表达对殷实、宽裕生活向往和追求的一个通俗词汇。

《礼记·礼运》中小康社会的政治理想同样对后世产生了深远影响。例如，东汉末年的何休在《春秋公羊解诂》中，根据《礼记·礼运》中关于大同、小康的描述提出了"三世说"，即认为《春秋》分所见、所闻、所传闻三世，"所传闻世"为"衰乱"，"所闻世"为"升平"，"所见世"为"太平"。也就是说，社会历史是向前发展的，社会发展是一个由"据乱世"到"升平世"再到"太平世"的过程，其中"太平世"相当于大同社会，"升平世"则相当于小康社会。《晋书·孙楚传》有言："山陵既固，中夏小康。"② 唐代白居易《老病相仍以诗自解》有言："昨因风发甘长往，今遇阳和又小康。"北宋司马光主编的《资治通鉴·后唐纪七》记载："在位年谷屡丰，兵革罕用，校于五代，粗为小康。"③ 南宋洪迈所著《夷坚志》中有言："用为本业，家遂小康"④，以及"然久困于穷，冀以小康"⑤。宋代朱熹也说过"千五百年之间……不无小康。"⑥

据《明太宗实录》记载，明成祖朱棣曾用"小康"表达自己的政治抱负："如得斯民小康，朕之愿也。"⑦ 近代的康有为希望通过变法实现

---

① 李维武：《中国哲学的传统更新》，人民出版社2012年版，第314页。
② （唐）房玄龄等：《晋书》卷56《列传第二十六》，第1546页。
③ （宋）司马光编著：《资治通鉴》卷278《后唐纪七》，中华书局2009年版，第3472页。
④ （宋）洪迈撰，何卓点校：《夷坚志·夷坚丁志》卷16《吴民放鳝》，中华书局2006年版，第671页。
⑤ （宋）洪迈撰，何卓点校：《夷坚志·夷坚支甲》卷1《五郎君》，第717页。
⑥ 《陈亮集》卷28《书·丙午复朱元晦秘书书·［附］寄陈同甫书·六》，中华书局1987年版，第361页。
⑦ （明）陈建著，钱茂伟点校：《皇明通纪·历朝资治通纪》卷4《成祖文皇帝纪·癸未永乐元年》，中华书局2008年版，第403页。

"小康"之世,作为未来实现"大同"之前的一个阶段性目标。特别是在进入20世纪之后,在70年代末80年代初,"小康"一词被邓小平赋予新的时代内涵。从这时起,由"小康"到"全面建设小康社会"再到"全面建成小康社会",成为一段时间里当代中国人奋斗的目标。这在一定程度上折射出《礼记·礼运》中提出的"小康"社会政治理想对后世的影响。本书第七章将专门论及,此处不做赘述。

第二节 礼义以为纪
——以礼治国的治理准则

先秦儒家在向往"大同"、致力"小康"的追求中,试图以礼为纲纪来构建一个尊卑有等、和谐有序的"小康"社会,并形成了丰富的礼法思想。《礼记》的核心内容,是主张以礼作为治国理政的基本准则。在儒家学者看来,以礼治国是实现德治、仁政理想社会的关键所在,其主旨,"就是要求统治者在政治实践中,通过对礼乐制度、礼仪规范的广泛推行,充分发挥其道德约束和行为规范的社会整合功能,以维护社会等级秩序和国家政治的稳定,从而有效地治理民众。"[1] 诚然,主张实行以礼治国,要与其他治国方式共同作用,如乐、政、刑等,但是,礼在其中位列首位,在各种治国方式中起统领作用。那么,何为礼的本质?为什么要知礼、尊礼、崇礼、行礼?礼的内涵和社会功用是什么?《礼记》全书中的绝大多数篇章都涉及这些问题,并从不同角度对礼作了阐述。

据统计,"礼"字在《礼记》中总共出现了737次[2],《礼记》各篇几乎都有关于礼的论述,分别涉及礼的产生、含义、内容、功用、价值和意义,特别是礼对人生、社会和政治的重要作用。

一 忠信仁义——礼的本质

《礼记》认为,礼是人区别于禽兽的主要标志。《礼记·曲礼上》指出了礼对人的自然属性区别于禽兽的意义:"鹦鹉能言,不离飞鸟;猩猩

---

[1] 刘松来、唐永芬:《礼记开讲》,第191页。
[2] 参见刘殿爵、陈方正主编《礼记逐字索引》,香港商务印书馆1992年版。

能言，不离禽兽。今人而无礼，虽能言，不亦禽兽之心乎！……是故圣人作，为礼以教人，使人以有礼，知自别于禽兽。"①"凡人之所以为人者，礼义也。"② 这就从人的本质属性、人与其他生命体的本质区别角度，阐述了礼对于人的决定性意义，认为人若无礼，虽然能说话，就和禽兽差不多了。所以有圣人兴起，制定礼来教化人，使人因此而有礼，知道把自己和禽兽区别开来。也就是说，"礼"是"合于人心"的行为规范，是"人之所以为人"的重要标志，也是使人"自别于禽兽"的决定性因素。只有礼义，才能使人成其为人。

礼之所以能使人"自别于禽兽"，是因为礼的本质在于忠信仁义。《礼记·礼器》指出："先王之立礼也，有本有文。忠信，礼之本也。义理，礼之文也。无本不立，无文不行。"③ 礼和忠信仁义紧密相连。对君上忠诚、对同仁诚信，这是先王制礼的目的，是"礼之本"；做人就是要懂得做人的道理即义理，这是"礼之文"。圣王制定体现义理的礼，是用来调节"人情"的。"何谓人情？喜、怒、哀、惧、爱、恶、欲，七者弗学而能。何谓人义？父慈、子孝、兄良、弟弟、夫义、妇听、长惠、幼顺、君仁、臣忠，十者谓之人义。"④ 用"人义"调节"人情"的结果，就是"讲信修睦，谓之人利"，就能实现和保护人的利益，避免人的祸患；反之，如果不用"人义"来调节"人情"，任由"人情"恣意妄为，就会出现"争夺相杀，谓之人患"，就会给人带来祸患，损害人的利益。而制定体现义理的礼，可以保护人的利益，避免人的祸患。"故圣人耐以天下为一家，以中国为一人者，非意之也，必知其情，辟于其义，明于其利，达于其患，然后能为之。"⑤ "故圣人之所以治人七情，修十义，讲信修

---

① （汉）郑玄注，（唐）孔颖达正义，吕友仁整理：《礼记正义》卷2《曲礼上第一》，第19页。
② （汉）郑玄注，（唐）孔颖达正义，吕友仁整理：《礼记正义》卷68《冠义第四十三》，第2269页。
③ （汉）郑玄注，（唐）孔颖达正义，吕友仁整理：《礼记正义》卷32《礼器第十》，957页。
④ （汉）郑玄注，（唐）孔颖达正义，吕有仁整理：《礼记正义》卷30《礼运第九》，915页。
⑤ （汉）郑玄注，（唐）孔颖达正义，吕有仁整理：《礼记正义》卷30《礼运第九》，914页。

睦，尚辞让，去争夺，舍礼何以治之？"① 礼可以调节人情，在社会个体之间求得协调和平衡，以便达到一种"和"的境界，因而礼是实现社会和谐的基本方式，正如《论语》所说，"礼之用，和为贵"②。

在《礼记》这部主要阐述礼义的经典著作中，"礼义"一词共出现19次，含义基本一致。具体如下："苟无礼义、忠信、诚悫之心以涖之，虽固结之，民其不解乎"③；"礼义以为纪"④；"礼义以为器"⑤；"礼义也者，人之大端也"⑥；"序以昭缪。别之以礼义"⑦；"礼义立，则贵贱等"⑧；"本之情性，稽之度数，制之礼义"⑨；"在朝廷，则道仁圣礼义之序"⑩；"礼义之经"⑪；"礼义以为干橹"⑫。一些儒者甚至视礼义为人之为人的根本："凡人之所以为人者，礼义也。礼义之始，在于正容体，齐颜色，顺辞令。容体正，颜色齐，辞令顺，而后礼义备，以正君臣，亲父子，和长幼。君臣正，父子亲，长幼和，而后礼义立"⑬；"所贵于勇敢者，贵其敢

---

① （汉）郑玄注，（唐）孔颖达正义，吕有仁整理：《礼记正义》卷30《礼运第九》，第916页。

② （清）刘宝楠撰，高流水点校：《论语正义》卷1《学而第一》，第29页。

③ （汉）郑玄注，（唐）孔颖达正义，吕有仁整理：《礼记正义》卷14《檀弓下第四》，第422页。

④ （汉）郑玄注，（唐）孔颖达正义，吕有仁整理：《礼记正义》卷29《礼运第九》，第875页。

⑤ （汉）郑玄注，（唐）孔颖达正义，吕有仁整理：《礼记正义》卷31《礼运第九》，第929、932页。

⑥ （汉）郑玄注，（唐）孔颖达正义，吕有仁整理：《礼记正义》卷31《礼运第九》，第941页。

⑦ （汉）郑玄注，（唐）孔颖达正义，吕有仁整理：《礼记正义》卷44《大传第十六》，第1352页。

⑧ （汉）郑玄注，（唐）孔颖达正义，吕有仁整理：《礼记正义》卷47《乐记第十九》，第1470页。

⑨ （汉）郑玄注，（唐）孔颖达正义，吕有仁整理：《礼记正义》卷48《乐记第十九》，第1501页。

⑩ （汉）郑玄注，（唐）孔颖达正义，吕有仁整理：《礼记正义》卷58《经解第二十六》，第1905页。

⑪ （汉）郑玄注，（唐）孔颖达正义，吕有仁整理：《礼记正义》卷64《问丧第三十五》，第2156页。

⑫ （汉）郑玄注，（唐）孔颖达正义，吕有仁整理：《礼记正义》卷66《儒行第四十一》，第2223页。

⑬ （汉）郑玄注，（唐）孔颖达正义，吕有仁整理：《礼记正义》卷68《冠义第四十三》，第2269—2270页。

行礼义也";"勇敢强有力者,天下无事则用之于礼义"①,"用之于礼义则顺治";"勇敢强有力而不用之于礼义、战胜,而用之于争斗,则谓之乱人"②,等等。

除了"礼义"一词出现 19 次之外,"义"一字在《礼记》中出现则多达 201 次,这也从一个侧面说明《礼记》是一部探索礼之内涵、价值、意义——"义"的著作。语言学家黄侃将"礼义"称为"礼意",提出:"有礼之意,有礼之具,有礼之文,何谓礼意?《郊特牲》曰,礼之所尊,尊其义也。失其义,陈其数,祝史之事也。故其数可陈也,其义难知也。传记之言发明礼意者所在而是,且如三年之丧,人道之至文者也。"③

为什么"礼"和"义"两字经常连用为"礼义"一词?为什么"仁"和"义"经常联系在一起并称为"仁义"?礼、义、仁之间到底是什么关系?《礼记·礼运》对此作了比较集中的阐述。

仁和义经常连用,是因为两者的作用类似,都对世人起示范引领作用。《礼记·表记》借助孔子之口,谈到了仁和义的不同含义:"仁者,天下之表也。义者,天下之制也。"④ 仁是天下行为的表率,义是天下行为的准则。

对于礼、义、仁的关系,《礼记·礼运》从不同角度作了大量论述。

从形式和内容的关系看,《礼记·礼运》指出:"礼也者,义之实也。协诸义而协,则礼虽先王未之有,可以义起也。义者,艺之分,仁之节也。协于艺,讲于仁,得之者强。"⑤ 礼是根据义确定的制度,是义的实现形式,应使礼合乎义,并且使二者结合起来。尽管上古先王时期没有礼的名称,礼的实质却可以根据义的要求体现出来。义是法则有分别的依据,是实行仁道的节度。将义和法则结合起来,并据以讲究仁道的运用,

---

① (汉)郑玄注,(唐)孔颖达正义,吕有仁整理:《礼记正义》卷 70《聘义第四十八》,第 2344 页。

② (汉)郑玄注,(唐)孔颖达正义,吕有仁整理:《礼记正义》卷 70《聘义第四十八》,第 2345 页。

③ 黄侃:《礼学略说》,载陈其泰、郭伟川、周少川编《二十世纪中国礼学研究论集》,学苑出版社 1998 年版,第 26 页。

④ (汉)郑玄注,(唐)孔颖达正义,吕有仁整理:《礼记正义》卷 61《表记第三十二》,第 2057 页。

⑤ (汉)郑玄注,(唐)孔颖达正义,吕有仁整理:《礼记正义》卷 31《礼运第九》,第 943 页。

能这样做的人就会强大。

从内容和本质的关系看，《礼记·礼运》指出："仁者，义之本也，顺之体也，得之者尊。故治国不以礼，犹无耜而耕也；为礼不本于义，犹耕而弗种也；为义而不讲之以学，犹种而弗耨也；讲之以学而不合之以仁，犹耨而弗获也；合之以仁而不安之以乐，犹获而弗食也；安之以乐而不达于顺，犹食而弗肥也。"① 仁是义的根本，是顺的主干，得到仁、讲究仁、保持仁心的人就会受到人们的尊重。因此，治国需用礼，制定礼必须根据义，进行礼义教化必须体现仁的精神。"'仁'根本上是一种整体过程。它是自我的转化：从只顾一己私利的'小人'锻造为领悟深刻关系性的'人'。'二'加之于'人'表明，仁只能通过共同语境下的人际交往才可获得。孔子坚持人的品性的发展只能在人类社会中才有可能：'鸟兽不可与同群，吾非斯人之徒而谁与？'（《论语·微子》）孔子的学生子路进一步坚持认为人性必须在社会环境中获取，人只有在社会中才可能表达为人最根本之'义'（signification）。"②

"礼也者，义之实也"，"仁者，义之本也"，由此礼与仁义也就联系起来了。显然，先秦儒家主张实行的以礼治国的礼，是与仁义结合在一起的。"仁者人也，亲亲为大；义者宜也，尊贤为大。亲亲之杀，尊贤之等，礼所生也。"③ 这体现了仁、义、礼的关系。"'杀'读 shài，衰减的意思。'亲亲之杀'，是说亲亲有差等，有亲疏、远近、层次上的差别；'尊贤之等'，说的是对待贤人依德才在禄位之上有高下的等级。'仁'是以亲爱亲人为起点的道德感。'义'是合宜、恰当、正当，尊重贤人是社会之'义'的重要内容。'礼'就是'仁'与'义'的具体化、形式化，以此体现以亲亲、尊贤为内容的社会秩序。孔子说：'君子义以为质，礼以行之，逊以出之，信以成之。君子哉！'（《论语·卫灵公》）这也表明仁义在内，礼仪在外；仁义是质实，礼仪是形式。"④

"仁"是先秦儒家所倡导的一切美好品德的核心。"'仁'既指'仁

---

① （汉）郑玄注，（唐）孔颖达正义，吕友仁整理：《礼记正义》卷31《礼运第九》，第943页。
② ［美］郝大维、［美］安乐哲：《通过孔子而思》，何金俐译，北京大学出版社2005年版，第116页。
③ （汉）郑玄注，（唐）孔颖达正义，吕友仁整理：《礼记正义》卷60《中庸第三十一》，第2012页。
④ 郭齐勇：《礼学与现代生活及文明对话》，载《中国哲学智慧的探索》，第185—186页。

者，爱人'这一德目，还是中华美德之总和；如果将中华道德体系比喻为一棵根深叶茂的大树，'仁'即是树之根系与主干，而'孝''悌''忠''义''信''恭''敬''慎''忍''谦''勤''俭''让'等德目则是'仁德'之树的枝叶和花朵。""《礼记》以'仁'释礼，在对礼的阐释中倾注了丰富的道德情感；在'仁者，爱人'之人性光辉照耀下，对原本显得刻板凝滞的礼仪条文进行了富有新意的解读；将以'仁'为核心的美善之德看作是礼之精神，而礼则是人内心'仁德'的外在文饰。"①

在先秦儒家看来，仁是君王制定尊卑贵贱等级秩序的出发点和目的，因此有"克己复礼为仁"②之说；仁又是维护尊卑贵贱等级秩序的必要条件，统治者为政以仁，施行仁政，才能保持社会秩序的稳定。因此，礼与仁的关系是一种表里关系，二者相辅相成。"人而不仁，如礼何？"③也就是说，"一个人在道德实践过程中要时时刻刻注意仁与礼之间的平衡，做到践礼以培养仁德，让仁德在礼中呈现。用于政治，则主要体现为一种以'亲民''惠民''利民''恤民'为内容的仁政学说。《礼记》对这种学说作了多方面的阐述。"④君王施仁政表现在许多方面，包括自我修身，更包括尊贤、亲亲、敬大臣、体群臣、子庶民、来百工、柔远人、怀诸侯，其中的每一项内容中又有许多具体措施，例如"子庶民"，就包含不违农时、轻徭薄赋以及衣食住行节俭不奢侈以与民同利等主张，并且倡导"即安其居，节丑其衣服，卑其宫室，车不雕几，器不刻镂，食不贰味，以与民同利。"⑤

二 天理人情——礼的合法性

在《礼记》中，礼的合法性依据与礼的起源有关。《礼记》系统探讨了礼的起源，学者认为主要有以下几种说法：起源于"节制欲望"，起源于"适应人情"，起源于"政教要求"，起源于"社会需要"⑥，起源于圣人所制，以及民间习俗和原始宗教活动等。《礼记》中的多个篇章从不同

---

① 杨雅丽：《〈礼记〉撷论》，第14页。
② （清）刘宝楠撰，高流水点校：《论语正义》卷15《颜渊第十二》，第483页。
③ （清）刘宝楠撰，高流水点校：《论语正义》卷3《八佾第三》，第81页。
④ 刘松来，唐永芬：《礼记开讲》，第196页。
⑤ （汉）郑玄注，（唐）孔颖达正义，吕友仁整理：《礼记正义》卷58《哀公问第二十七》，第1912页。
⑥ 参见周何《礼学概论》，台北三明书局1998年版，第2页。

角度说明了礼的合法性。

例如,《礼记·礼器》从天时、地利、人和等角度阐述礼的合法性。"礼也者,合于天时,设于地财,顺于鬼神,合于人心,理万物者也。是故天时有生也,地理有宜也,人官有能也,物曲有利也。故天不生,地不养,君子不以为礼,鬼神弗飨也。"① 礼是通过符合天的时令、配合地的物产、顺应鬼神意志、切合人的心理而治理万物的。天的不同时令各有不同生物,地的不同条件各有所产,人的不同职官各有所能,物的不同种类各有所利。因此,凡是天时不适合生产的东西和地理条件不适合培养的物产,君子都不用来行礼,鬼神也不享用。

又如,《礼记·丧服四制》从天地、四时、阴阳、人情角度阐述了礼的合法性。"凡礼之大体,体天地,法四时,则阴阳,顺人情,故谓之礼。訾之者,是不知礼之所由生也。夫礼吉凶异道,不得相干,取之阴阳也。丧有四制,变而从宜,取之四时也。"② 既然礼是以本于天地、取法四时、效仿阴阳、顺适人情的大原则而制定的,于是,作者就从与礼的产生相关联的天地、四时、阴阳、人情四个维度阐述了礼的合法性,认为那些怀疑礼、诋毁礼的人,不知道礼是怎样产生的。具体而言,吉礼和凶礼各有不同的制度,不得相互干扰,这是取法于信仰不相干扰的道理。丧服有四种原则,轻重的变化都要适宜于事理,这是取法于四季变化的道理。

总之,礼的合法性来源于天,"夫礼,必本于天"③,"夫礼,先王以承天之道,以治人之情"④,"先王本之情性,稽之度数,制之礼义,合生气之和,道五常之行,使之阳而不散,阴而不密,刚气不怒,柔气不慑,四畅交于中而发作于外,皆安其位而不相夺也。"⑤ 显然,在先秦儒家学

---

① (汉)郑玄注,(唐)孔颖达正义,吕有仁整理:《礼记正义》卷32《礼器第十》,第957页。

② (汉)郑玄注,(唐)孔颖达正义,吕有仁整理:《礼记正义》卷70《丧服四制第四十九》,第2350—2351页。

③ (汉)郑玄注,(唐)孔颖达正义,吕有仁整理:《礼记正义》卷29《礼运第九》,第882页。

④ (汉)郑玄注,(唐)孔颖达正义,吕有仁整理:《礼记正义》卷29《礼运第九》,第882页。

⑤ (汉)郑玄注,(唐)孔颖达正义,吕有仁整理:《礼记正义》卷48《乐记第十九》,第1501—1502页。

者看来，至高无上的天以及由此产生的天道、天理，成为礼行天下不容置疑的合法性依据。

三 别异、定伦、治国——礼的社会功用

古代中国的礼涵盖面很广，社会、政治、法律、伦理、宗教、艺术、哲学等，都在"礼"中。一般说来，礼是社会规范、文化制度、行为方式。"夫礼，始于冠，本于昏，重于丧、祭，尊于朝、聘，和于射、乡。此礼之大体也。"① 礼仪处于不断发展、变化中。可以将复杂的礼仪大致归为五类：吉、凶、宾、军、嘉礼。可见，礼几乎涵盖了社会生活的方方面面。

礼的社会功用主要体现在个人和社会两个方面。《礼记·冠义》指出："凡人之所以为人者，礼义也。礼义之始，在于正容体，齐颜色，顺辞令。容体正，颜色齐，辞令顺，而后礼义备，以正君臣，亲父子，和长幼。君臣正，父子亲，长幼和，而后礼义立。"② 这段文字从个人和社会两个不同层面，说明了礼义的出发点和作用。从个人层面来说，礼义的起始作用在于正容体，齐颜色，顺辞令。而从社会层面来说，礼义的作用在于调整君臣之间、父子之间、长幼之间的关系，以正君臣，亲父子，和长幼。与此相联系，衡量礼义实施程度和效果如何的标准也有两个：一是个体是否做到了"容体正，颜色齐，辞令顺"，个人做到了这些，则是"礼义备"；二是社会是否做到"君臣正，父子亲，长幼和"。如果社会做到这些，实现了这样的目标，则可以说是"礼义立"。

在这里，一方面，"礼义备"和"礼义立"都与"人情"有关，讲的都是"人道"。而"有恩有理，有节有权，取之人情也。恩者仁也，理者义也，节者礼也，权者知也。仁、义、礼、知，人道具矣。"③ 另一方面，"礼义备"和"礼义立"都与"人道"相联系，礼义中的亲情原则、义理原则、节制原则、权变原则，都是依据于人情制定的。亲情是仁的原则，

---

① （汉）郑玄注，（唐）孔颖达正义，吕有仁整理：《礼记正义》卷68《昏义第四十四》，第2277页。

② （汉）郑玄注，（唐）孔颖达正义，吕有仁整理：《礼记正义》卷68《冠义第四十三》，第2269—2270页。

③ （汉）郑玄注，（唐）孔颖达正义，吕有仁整理：《礼记正义》卷70《丧服四制第四十九》，第2351页。

义理是义的原则,节制是礼的原则,权变是智的原则。具备仁、义、礼、智这四个方面,做人的道理就都具备了。礼调节人情,体现人道,促进人和。而达到"和"的境界,正是先秦儒家礼治主义的社会政治理想。"儒家所推崇的理想政治模式——尧舜之治,实际上就是一种仁礼平衡的社会政治状态。"①

在先秦儒家看来,"一个国家没有礼就没有处理政务的尺度,没有规矩方圆就寸步难行"②,而一个人如果没有礼就没有安身立命的根本。《礼记·曲礼上》说:"太上贵德,其次务施报。礼尚往来。往而不来,非礼也;来而不往,亦非礼也。人有礼则安,无礼则危。故曰:礼者,不可不学也。夫礼者,自卑而尊人,虽负贩者,必有尊也,而况富贵乎!富贵而知好礼,则不骄不淫;贫贱而知好礼,则志不慑。"③

礼对普通人的作用和对君王的作用是不一样的。对普通人来说,其作用在于"正容体,齐颜色,顺辞令",使之"容体正,颜色齐,辞令顺";而对君王来说,"礼"是使君之所以成为君的尚方宝剑,是君王安身立命、治国理政的根本保障。《礼记》中的《礼运》《仲尼燕居》和《曲礼上》多个篇章都对此加以阐述。

"礼"的社会作用既是"别异",即区分社会阶层,也是"定伦",确定人与人之间的伦理关系。"礼乎礼。夫礼,所以制中也。"④ 在礼的伦理秩序中,亦包含了一定的人道精神、道德价值。荀子推崇"礼"为"道德之极""治辨之极""人道之极",因为"礼"的目的是使贵者受敬,老者受孝,长者受悌,幼者得到慈爱,贱者得到恩惠。在贵贱有等的礼制秩序中,含有敬、孝、悌、慈、惠诸德,以及弱者、弱小势力保护的问题。礼学对官员、君子提出了德、才、禄、位相统一的要求,亦对他们提出了"安民""惠民""利民""富民""教民"的要求。这也是秩序原理的题中应有之义。⑤

《礼记·礼运》说:"礼者,君之大柄也,所以别嫌明微,傧鬼神,

---

① 刘松来,唐永芬:《礼记开讲》,第197页。
② 郭齐勇:《礼学与现代生活及文明对话》,载《中国哲学智慧的探索》,第186页。
③ (汉)郑玄注,(唐)孔颖达正义,吕有仁整理:《礼记正义》卷2《曲礼上第一》,第22页。
④ (汉)郑玄注,(唐)孔颖达正义,吕有仁整理:《礼记正义》卷58《仲尼燕居第二十八》,第1926页。
⑤ 参见郭齐勇《礼学与现代生活及文明对话》,载《中国哲学智慧的探索》,第186页。

考制度,别仁义,所以治政安君也。"① 礼可以调整君臣之间、父子之间、长幼之间的关系,以正君臣、亲父子、和长幼。礼是国君持以治国的根本手段,是用来辨别嫌疑的宝镜、明察幽微的显微镜、礼敬鬼神的载体、考察制度是否适当的标尺、区别不同对象而运用仁或义的依据,是用来治理国政而安定君位的利器。"民之所由生,礼为大。非礼无以节事天地之神也,非礼无以辩君臣上下长幼之位也,非礼无以别男女、父子、兄弟之亲,昏姻疏数之交也。"② 在人所赖以生存的各种条件中,礼最为重要。没有礼,就无以指导对天地之神的祭祀,就无以辨别君臣、上下、长幼的不同地位,就无以区别男女、父子、兄弟之间的亲情和婚姻及社会交往的疏密关系。"治国不以礼,犹无耜而耕也"③。治国不用礼,如同耕地没有耒耜。"礼之于正国也,犹衡之于轻重也,绳墨之于曲直也,规矩之于方圜也。"④ "安上治民,莫善于礼。"⑤ 对于治理国家来说,礼就如同称对于轻重、墨线对于曲直、圆规和曲尺对于圆和方,可以判断轻重、显示曲直、陈设方圆,均一目了然,不会有假。君王要想维护统治地位、治理民众,没有比礼更好的方式了。

《礼记·仲尼燕居》和《礼记·曲礼上》,对礼的社会功能有更为明确的定位和阐述。

《礼记·仲尼燕居》指出:"礼者何也?即事之治也。君子有其事,必有其治。治国而无礼,……譬如终夜有求于幽室之中,非烛何见?若无礼,则手足无所错,耳目无所加,进退揖让无所制。"⑥ 礼就是对社会和

---

① (汉)郑玄注,(唐)孔颖达正义,吕有仁整理:《礼记正义》卷30《礼运第九》,第907页。
② (汉)郑玄注,(唐)孔颖达正义,吕有仁整理:《礼记正义》卷58《哀公问第二十七》,第1912页。
③ (汉)郑玄注,(唐)孔颖达正义,吕有仁整理:《礼记正义》卷31《礼运第九》,第943页。
④ (汉)郑玄注,(唐)孔颖达正义,吕有仁整理:《礼记正义》卷58《经解第二十六》,第1907页。
⑤ (汉)郑玄注,(唐)孔颖达正义,吕有仁整理:《礼记正义》卷58《经解第二十六》,第1907—1908页。这段话与《荀子·王霸》"国无礼则不正。礼之所以正国也,譬之犹衡之于轻重也,犹绳墨之于曲直也,犹规矩之于方圆也,既错之而人莫之能诬也"(见(清)王先谦撰,沈啸寰、王星贤点校《荀子集解》卷7《王霸篇第十一》,第206页)如出一辙。
⑥ (汉)郑玄注,(唐)孔颖达正义,吕有仁整理:《礼记正义》卷58《仲尼燕居第二十八》,第1928页。

国家事务所进行的治理。君子有君子要做的事情,那就必定要有做事的规则和办法,就必须遵循礼。治理国家和社会事务如果不遵循礼,就没有依凭,就如同在无光的暗室里摸索。没有礼,个人的行为举止、相互间的进退揖让也就会没了分寸。

《礼记·曲礼上》道:"夫礼者,所以定亲疏、决嫌疑、别同异、明是非也。"① "道德仁义,非礼不成;教训正俗,非礼不备;分争辨讼,非礼不决;君臣上下,父子兄弟,非礼不定,宦学事师,非礼不亲;班朝治军,涖官行法,非礼威严不行;祷祠祭祀,供给鬼神,非礼不诚不庄。"② 礼是用来确定亲疏、决断嫌疑、区别同异、明辨是非的根本标准。没有礼,道德仁义就不能成就,教育人民端正风俗就不能完满,分辨争讼中的是非就不能决断,君臣、上下、父子、兄弟的名分就不能确定,外出从事学习就不能亲密师生关系,整肃朝廷和整治军旅、莅临官职执行法令就将失去威严,各种临时的非常之祭(散祭)和定期的常在之祭以及对鬼神的供奉就不能虔诚庄重。

《礼记·曲礼上》还指出:"礼不踰节"③,"是以君子恭敬、撙节、退让以明礼。"④ 君子待人接物时态度恭敬,凡事有节制,谦逊礼让。礼以内在的敬、让为质实,在行为上以遵循一定的仪节表现出来。但这不只是拘守礼文仪节,而是以礼让为本质,做到内容与形式的统一。⑤

《礼记·经解》还谈到了礼的禁乱作用:"夫礼,禁乱之所由生,犹坊止水之所自来也。"⑥ 礼可以预防违法犯罪行为的发生,是防止犯罪行为发生的一道屏障。

《礼记》认为礼与人类的历史和文明共始终,"终始相生""不忘其初"是后世儒者宣扬礼治的重要依据;礼治的基本原则是由礼的性质所决

---

① (汉)郑玄注,(唐)孔颖达正义,吕友仁整理:《礼记正义》卷1《曲礼上第一》,第13页。
② (汉)郑玄注,(唐)孔颖达正义,吕友仁整理:《礼记正义》卷2《曲礼上第一》,第19页。
③ (汉)郑玄注,(唐)孔颖达正义,吕友仁整理:《礼记正义》卷1《曲礼上第一》,第13页。
④ (汉)郑玄注,(唐)孔颖达正义,吕友仁整理:《礼记正义》卷2《曲礼上第一》,第19页。
⑤ 郭齐勇:《礼学与现代生活及文明对话》,载《中国哲学智慧的探索》,第186页。
⑥ (汉)郑玄注,(唐)孔颖达正义,吕有仁整理:《礼记正义》卷58《经解第二十六》,第1909页。

定的。礼的一个重要特征是"慎其初""不忘本",礼因此而有固定不变的原则。儒家早期理想的礼治的基本原则,应是建立在有信仰基础上的"亲亲"与"贤贤"的结合。就抽象意义上说,"亲亲"体现了"礼,从其初""不忘本"的要求;"尊贤"反映了"礼从宜"和"礼,时为大"的要求。

《礼记》论述了礼的结构、功能与形式。礼的结构主要有两部分,"礼可以统括并简化为两个基本要素:一、作为符号化、形式化了的人类活动的'中介';二、以个我理想人格为基本单元的价值指令和行为方向预设。这两方面使礼既成为社会性的遗传密码又是个我与外界连接的通道。"① 礼的功能在于它是个我的行为规范和链接社会的纽带,是个我在道德上自我完善的一条重要途径,是文明传承的方式和文化程度的表征,对维持群体秩序发挥着社会评价和社会控制的作用。《礼记》还论述了儒家之礼的本质,大体可将其归纳为:礼是实现仁、义的方式或途径;礼是既有根源性又有创生性的文化体系;礼是"人"的重要特征之一。②

总之,礼是确立社会秩序的依据,是治理国家的根本指导原则,是不可或缺的"君之大柄",是圣王治理国家和社会的根本方式。礼依据义来制定,体现了仁的精神,因而是一种仁礼。"故圣人耐以天下为一家,以中国为一人者,非意之也,必知其情,辟于其义,明于其利,达于其患,然后能为之。"③ "故圣人之所以治人七情,修十义,讲信修睦,尚辞让,去争夺,舍礼何以治之?"④ 圣王能用来把天下团结成一家的,把中国团结得像一个人一样的,并不是什么主观臆想,而是必须了解人情,明白做人的义理,知道人的利益所在,清楚人的祸患是什么。对于圣王来说,治理国家要知礼、崇礼、隆礼、行礼,要以礼治国,将礼义精神贯彻到治国理政的方方面面,渗透到各种具体治理手段之中,无论是礼乐教化,还是政令推行,或者是刑法明威、禁暴、防奸、除乱,都需要以

---

① 龚建平:《意义的生成与实现——〈礼记〉哲学思想》,商务印书馆2005年版,第109页。
② 参见龚建平《意义的生成与实现——〈礼记〉哲学思想》,第127—142页。
③ (汉)郑玄注,(唐)孔颖达正义,吕有仁整理:《礼记正义》卷30《礼运第九》,第914页。
④ (汉)郑玄注,(唐)孔颖达正义,吕有仁整理:《礼记正义》卷30《礼运第九》,第916页。

礼为纲纪，这样才能凝聚人心，保证政令畅行，维护社会稳定和国家统一。

可见，礼的社会功用广泛而强大。"礼在社会生活的所有领域发挥着它的治世功能，作为政治制度的礼构建起社会组织结构之宏伟框架，作为法律条文、风俗习尚的礼是人们的行为规范与准绳，作为道德规范的礼能培养人高尚的精神情感。"[1]

正因为礼所具有的社会功用涉及社会方方面面，所以，儒家提倡的礼被全社会高度认可，成为中国古代文明中国家治理思想的核心。礼对社会中的所有人、任何领域都十分重要，因为礼治凝聚了高度的社会共识。当然，"从历史渊源上看，礼治与法治并非泾渭分明，毫不相干。礼治并非只是道德之礼，更有制度之礼在发挥作用，法治也并非只是法律之治，更有礼的内容在其背后。从根本目标上，它们都是等级之治，是专制之治，只是在方法上各有侧重罢了。从这一点上看，儒家的礼治与法家的法治都与西方以权利为本位的法治有天壤之别。"[2]

综上，先秦儒家的礼法思想值得注意的有三点：一是将礼区分为本与末两个层次，坚持礼即仪之本，仪即礼之末。礼之本，即礼的精神实质，礼的全体大用。礼是治国之本，规范着国家的根本制度，是政治法律的根本指导原则。二是坚持失礼入刑的礼治原则，先礼后刑。三是赋予礼以新的含义，对古老的礼进行创造性的改造，这集中表现为孔子以仁释礼，孟子直接把以礼治国的王道政治称为仁政，荀子虽王霸并称，但仍以王道为高。他们以仁政造礼，将礼之本提升到新的高度，从而为政治法律制度和政治法律活动设定了新的价值尺度。"总起来说，先秦儒家的礼论继承了以往礼学的成果，尤其是总集了春秋以降关于礼的理论化之大成，使礼发展成为礼学。这是中国礼文化，也是中国法文化发展中的一个承前启后的环节。如果说，夏商之礼包含了十分浓厚的原始宗教巫术兼杂原始氏族血缘关系，西周之礼以血缘宗法制度为核心，那么，儒家之礼的主要特点是进一步强调礼的普遍价值，并着力阐扬其血缘伦理意义。礼既是一种制度，也是法的价值。礼作为制度是形而下的，是可以改废的，礼作为法的价值又是形而上的，是不可移易的。就前者而论，儒家为后世封建社会设

---

[1] 杨雅丽：《〈礼记〉摭论》，第17页。
[2] 马建兴：《丧服制度与传统法律文化》，知识产权出版社2005年版，58页。

计了一个根本性的秩序模式;就后者而论,则是提供了一个普遍的法的价值准则。"①

在先秦儒家的治理思想中,礼是纲纪,以礼治国是基本的治国理念,礼法合治是基本内容,礼乐刑政综合为治是基本的治理方式,其制度设计则是围绕上述内容而展开的。

---

① 俞荣根:《儒家法思想通论》(修订本),第127—128页。

第三章　礼乐刑政的综合治理方式和制度设计

礼禁未然之前，法施已然之后。

——《史记·太史公自序》

礼以道其志，乐以和其声，政以一其行，刑以防其奸。礼、乐、刑、政，其极一也，所以同民心而出治道也。

——《礼记·乐记》

对于传统哲学的探讨，离不开对时代的回应，离不开对社会问题解决方案的设计。正是周朝建立时励精图治、天下归一的抱负，成就了周公的制礼作乐；春秋时期礼崩乐坏，国家权力由天子转移向诸侯，天下大乱，才促使孔子疾呼"克己复礼"①；战国时期天下纷乱、群雄逐鹿，使孟子、荀子相继扛起儒家的大旗，孟子以仁义礼智为四端之心，力图使"放其心"②的人们找回本有的善性；荀子援法入礼，力主以制度约束人性之恶；战国末期诸侯征战益繁，秦国独占鳌头，以韩非子、李斯为代表的法家坚持"以法治国"，以严刑峻法惩戒民众；秦历二世而亡，汉代中兴，苛政被血与火的惨痛教训证明不可行，但"以法治国"的理念却融入了汉代行政。于是，礼法从相分重新走向合同，礼的弹性与法的刚性在交融中协调，奠定了古代中国近两千年的基本制度框架。正是在这一大的社会历史背景下，编撰于汉代的《礼记》才得以问世。

前文说过，《礼记》记载了大量有关先秦的典章、制度、文物以及儒家的政治学术思想，是后世儒者汇辑而成的孔子及其后学传述礼制、论说

---

① （清）刘宝楠撰，高流水点校：《论语正义》卷15《颜渊第十二》，第483页。
② （清）焦循撰，沈文倬点校：《孟子正义》卷23《告子上》，第786页。

礼仪、阐释礼义的著作，是孔子及其后学对儒家政治理想、治国方略、典章文物、嘉言懿行，以及礼的学理、规则的议论与发挥。从治国理政的视角来看，《礼记》吸收了此前各家特别是儒家在礼和法、礼与刑等方面的认识和阐述，并着重对其中的礼义进行了系统阐释和发挥。在此基础上，《礼记》提出了以礼治国的国家治理主张，据此提出了礼乐刑政综合为治的治理方式，以及以仁政、德治为内容的制度设计。

第一节　礼乐刑政的综合治理方式

先秦儒家都重视礼，不论是儒家学派创始人孔子，还是后继者孟子和荀子，或者是《礼记》的编撰者，"为国以礼"① 是他们的共同主张。但是，主张以礼治国并不意味着只承认礼是唯一的治国手段，而排斥其他手段。恰恰相反，先秦儒家在特别强调礼义教化的同时，也承认其他手段是不可缺少的，其中包括：以调和人际关系、熏陶民风、反映民心为主要任务的乐文化，以贯彻落实君上关于神事、农事、工事、政事、兵事指令为主要任务的政令制定和推行，以明威、防奸、禁暴、除乱为主要任务的刑，以及与礼乐刑政这四种手段相关联的爵禄赏赐、旌表等各种赏罚手段。而在各种治国手段中，与礼乐教化手段最直接对应的就是刑。"礼治作为一种治国原则和主张，它包含着两对中国古代法的范畴关系：一是礼与法、德与刑；一是人与法。礼治主义的答案是：礼法并用、德刑相济，但德礼高于法刑；贤人与良法并重，但贤人更重于良法。而贤人就是德礼的人格化。所以两对范畴可合二为一，这就是德礼为主、法刑为辅的治理模式，简言之曰'礼治主义'。"②

礼乐刑政综合为治，是《礼记》中明确提出并多次阐述的国家治理方式。这一治理方式是在以礼治国准则下提出的，包括礼、乐、刑、政四个方面的具体内容，但主要内容无疑就是礼与刑（法）。这是因为与狭义的礼专指一种合乎道德要求的行为规范不同，广义的礼是指适合于道德要求的治国理念和典章制度，也包括具有道德教化作用的德音雅乐，先秦儒家的"礼"和"礼乐"实际上是同一个概念。而无论礼乐教化、刑法明威，

---

① （清）刘宝楠撰，高流水点校：《论语正义》卷14《先进第十一》，第482页。
② 俞荣根：《儒家法思想通论》（修订本），第149页。

都需要通过政令来加以明确规定和统一实施,因此,礼法合治是礼乐刑政综合为治的集中体现。考察礼与法(刑)的关系,无疑有助于考察礼乐刑政综合为治的治理方式。

一 礼的产生和法的起源

德礼与法刑的关系密切。要认识德礼与法刑的关系,有必要了解礼的产生和法的起源。

(一)礼的产生

中国古代"礼"字写作"豊"。"豊,行礼之器也。从豆,象形。读与礼同。"① "豆,古食肉器也。"② 可见,"礼"最初是与祭祀活动相关的一种行为。

中国历史上礼的产生先于法的产生。发端于衣、食、住、行、丧葬、祭祀等习俗的礼,也是中国古代法的一个源头。礼最初是部落风俗之一。《礼记·礼运》托孔子之言描述了礼的产生过程:"夫礼之初,始诸饮食,其燔黍捭豚,汙尊而抔饮,蒉桴而土鼓,犹若可以致其敬于鬼神。"③ 也就是说,礼最初是从饮食开始的。古时候人们把黍米和猎物的肉放在石头上烧熟来吃,在地上挖坑蓄水用手捧着喝,用蒯草扎成鼓槌,把土做成鼓来敲,以此向鬼神表示敬意。祭祀中,人们必须按照规定的程序去做,举止如礼,天地鬼神才能接受祭拜,才会保佑祭拜者;否则就是不敬,就会受到惩罚。礼的繁体字为"禮"。东汉许慎《说文解字》对"禮"的解释是:"履也。所以事神致福也,从示,从豊。豊亦声。"④ 意思是实践约定的事情,用以给神灵看,以求得赐福。"礼"是会意字,"示"指神。从中可以分析出,"礼"字与古代祭祀神灵的仪式有关。古时祭祀活动不能随意进行,而只能严格按照一定的程序、一定的方式进行。郭沫若认为,"礼之起起于祀神……其后扩展而为对人,更其后扩展而为吉、凶、军、

---

① (汉)许慎撰,(清)段玉裁注,许惟贤整理:《说文解字注》第5篇上《豊部》,第368页。
② (汉)许慎撰,(清)段玉裁注,许惟贤整理:《说文解字注》第5篇上《豆部》,第367页。
③ (汉)郑玄注,(唐)孔颖达正义,吕友仁整理:《礼记正义》卷30《礼运第九》,第887页。
④ (汉)许慎撰,(清)段玉裁注,许惟贤整理:《说文解字注》第1篇上《示部》,第3页。

宾、嘉的各种仪制"①，从而揭示了礼仪的起源和发展过程。这时的礼以神权为后盾，具有强制性和神秘性，对当时的部落成员来说，无疑具有法的性质。

"当社会发生巨变，部落规范已无法制约人们的言行时，礼的内容便超越了祭祀的范围，担负起改造旧的风俗习惯，建立新的行为规范的使命。"② 传说中的颛顼"绝地天通"，分天地，神属天，民属地，天地神人"罔有降格"③。人们与神意直通的权力被剥夺了，神意只能通过人世间的代言人传达给部落成员，由此建立了以被垄断的神意为后盾的新的行为规范——礼。这种礼的权威和范围不断扩大，以至于夏启征伐有扈氏时，宣布有扈氏的罪刑是"威侮五行，怠弃三正"④，即违背了上天的意志，所以要代天讨伐。夏启还对将士们说"用命，赏于祖；不用命，戮于社"⑤，借以表明自己遵循先祖或天地神祇的意志办事，不敢由自己专断。事实上，这里的赏戮与否全看最高统治者的意志，只是假借了先祖或天地神祇的名义。

"礼"与部落原有的风俗习惯也有着密切联系。人是社会的人，因此人是不能离开社会的，人也是以群而劳动和生活的。人与人之间在长期的交往活动中，逐渐形成了一些约定俗成的习惯，这些习惯继而逐渐成为人际交往的规范，其中许多规范被人们用文字记载下来并同时被人们自觉遵守后，就逐渐成为"礼"。依礼行事，不仅使人际交往活动变得有序，也能使人与人之间在交往中更具有亲和力。

随着部落时期社会的变化，部落成员之间已经变得贫富悬殊。原有的风俗习惯已经不能适应发生了巨变的社会现实需要，"礼"在此时担负起新的使命，即建立新的规范以适应社会现实需要。恩格斯在《家庭、私有制和国家的起源》一文中说："如果不是对财富的贪欲把氏族成员分裂成富人和穷人，如果不是'同一氏族内部的财产差别把利益的一致变为氏族成员之间的对抗'（马克思语），如果不是奴隶制的盛行已经开始使人认

---

① 《郭沫若全集·历史编》（第二卷），人民出版社1982年版，第96页。
② 马小红：《礼与法：法的历史连接》，第102页。
③ 顾颉刚、刘起釪：《尚书校释译论·周书·吕刑》，第1901页。
④ 顾颉刚、刘起釪：《尚书校释译论·虞夏书·甘誓》，第854页。
⑤ 顾颉刚、刘起釪：《尚书校释译论·虞夏书·甘誓》，第854页。

为用劳动获取生活资料是只有奴隶才配做的、比掠夺更可耻的活动"①，那么作为行为规范的礼（法）与国家也就不会产生。中国传统社会国家机关用以维护政治体制和社会秩序的，就是作为整个社会行为规范的礼。可以说，没有社会的分化和贫富差别的产生，也不会有礼的产生。

新建起来的行为规范——礼，不同于以往部落的风俗习惯，它的一部分直接源于风俗习惯并通过祭祀而获得更大的权威。它不是通过部落首领示范、公共舆论、道德及部落成员内心情感即"知耻之心"来加以维持的，而是通过人们对神权的"敬畏之心"来贯彻的，即《礼记》开篇词所言："毋不敬，俨若思，安定辞。安民哉！"② 这显然已经达到了"习惯法"的程度。"但'礼'毕竟是血缘社会的产物，是调整部落内部成员关系的规范，所以它远比针对外族的'刑'要温情。'礼'虽然也具有强制性，但却仍将人情放在了首位。"③ 正因为如此，后人论"礼"，也大都从人情伦理角度出发，认为"礼"的作用在于"以正君臣，以笃父子，以睦兄弟，以和夫妇"④。"传统法产生之初，伦理道德的内容便充斥其中，这种发展历程形成了中国传统法所特有的'民本'主义的温情。"⑤

（二）法的起源

中国传统法之"法"，包含了古代法之法，同时又是一个随着社会发展而内涵不断演变的法。"传统法的源头有二：一是自黄帝时便日益频繁的部落战争，导致了'刑'的出现。这种以军事首长权威为后盾的法是后世刑律之源。二是先民的祭祀导致了'礼'的形成与发展"⑥。简言之，中国传统法起源于"刑"与"礼"。其中，部落战争导致的"刑"是法产生的外部原因，部落血缘关系的变化而带来的"礼"的社会规范是法产生的内部原因，前者充满血腥味，后者带有温情色彩。

"刑"是法的重要组成部分，发端于部落战争。刑起于兵："黄帝以

---

① 《马克思恩格斯全集》第28卷，人民出版社2018年版，第193页。
② （汉）郑玄注，（唐）孔颖达正义，吕友仁整理：《礼记正义》卷1《曲礼上第一》，第6页。
③ 本书编写组：《法理学》，第197页。
④ （汉）郑玄注，（唐）孔颖达正义，吕友仁整理：《礼记正义》卷29《礼运第九》，第875页。
⑤ 马小红：《礼与法：法的历史连接》，第103页。
⑥ 马小红：《礼与法：法的历史连接》，第98页。

兵定天下，此刑之大者。"① "刑"起源于战争，这是古今学人的共识。

人类发展史表明，在原始社会时期的黄河、长江流域，散布着许多原始部落，它们之间总的说来能够相安无事，但相互之间有时也会因为获取生存条件或为血亲复仇等原因而发生武力冲突。随着生产力的提高，出现了私有财产，进一步刺激了部落首领获取更多物质利益的欲望，于是，以掠夺为目的的部落战争更加频繁，规模更加扩大。为了适应战争的需要，有血缘关系的部落还结成了部落联盟。大约在五千年前，生活在中原大地的人类从茹毛饮血的蒙昧时代来到文明社会的门槛之前，争夺土地、财富和人口的部落间的战争开始了。经过部落或部落联盟之间的长期战争，中原地区形成了先后以尧、舜、禹为首领的强大的北方部落联盟，并最终战胜九黎、三苗等南方部落联盟。从此，部落联盟首领的权力更大，并进一步促进了私有制的发展。

原始社会末期部落之间的"掠夺战争加强了最高军事首长以及下级军事首长的权力；习惯地由同一家庭选出他们的后继者的办法，特别是从父权制实行以来，就逐渐转变为世袭制，他们最初是耐心等待，后来是要求，最后便僭取这种世袭制了；世袭王权和世袭贵族的基础奠定下来了。于是，氏族制度的机关就逐渐挣脱了自己在民族中，在氏族、胞族和部落中的根子，而整个氏族制度就转化为自己的对立物：它从一个自由处理自己事务的部落组织转变为掠夺和压迫邻近部落的组织，而它的各机关也相应地从人民意志的工具转变为独立的、压迫和统治自己人民的机关了。"② 这样，人们就走到文明时代的门槛。在这一过程中，严酷的军法即刑就产生了。对本部落内部成员，最高军事统帅告诫全体将士必须听命于自己，否则便是"不恭命"。恭命者，受到奖赏；不恭命者，刑罚并诛及子孙。③ 对本部落之外的部落成员，一方面是用武力征讨，即所谓"大刑用甲兵"；另一方面，对被征服者使用斧钺、刀锯、钻凿、鞭扑等残酷手段进行镇压。于是，伴随着部落战争的刀光剑影、血雨腥风，产生了古代的法。这种起源于战争的法在后世社会中，逐步演变为适用于整个国家所辖地区的刑律。

---

① （唐）杜佑：《通典》卷163《刑法一》，中华书局1988年版，第4190页。
② 《马克思恩格斯全集》第28卷，第193页。
③ 《尚书》中的《甘誓》记载了夏启征讨有扈氏时下达的名为《甘誓》的军令。据考证，《甘誓》是后人追记的夏启时的军令，大约成文于战国时期。

远古时期人们对法的认识尚无确切史籍可考，今人只能从法律起源的途径对中国法观念产生时的特点进行一些推测。"由于中国古代法律产生于部落间的战争和部落的祭祀与风俗习惯，所以当时人们对法的认识应该有两方面的内容，即融残酷与温情于一体。对于起于战争中的'刑'，人们注重它的镇压和威慑作用。而对于'礼'，人们更注重它所体现的神意和人情。所以，若从法律的起源和法观念的产生来看，中国古代的法也不是像近代一些法学家所认为的仅仅指'刑'，'刑'只不过是中国古代法的一个方面而已。"[1]

根据《说文解字·廌部》，"法"的古体是"灋"，"灋，刑也。平之如水，从水；廌，所以触，不直者去之，从廌去。"[2] "灋"即刑。近年来，也有学者在批判和继承的基础上对此进行了新的诠释。有的认为，"灋"的最古义是流，就是水上流去。在这个字的意义构成中，"水"的含义不是象征性的，而纯粹是功能性的，它是指把罪犯置于水上，随流而去，即今之所谓放逐。[3] 在法刑合一以前，法字是简册的含义。[4] "法刑合一的结果，意味着法和刑两个概念都因丧失固有内容而变化。"[5] 也有学者认为，灋的最初含义是"判决"。"它描绘廌触逼人抱器进入流水，去接受神明（流水）的考验。"[6] 还有学者认为，"一个世世代代执掌兵刑的部族，在古代法律生活中发挥了持久的影响；水在原始社会中具有禁忌上和行为准则上的特殊功能"；"在诉讼活动中证据具有重要意义以及由此可产生严重的后果。以上三方面的因素合起来就是'法'"[7]。与古人所说的"法"有明显不同的是，今人日常所说的"法"则主要是指相对于具有自然法意义之礼的实在法，是体现统治阶级的意志并由国家制定和颁布的要求平民百姓必须遵守的行为规则，以及为维护实在法而施行的刑罚诉

---

[1] 本书编写组：《法理学》，第 197—198 页。
[2] （汉）许慎撰，（清）段玉裁注，许惟贤整理：《说文解字注》第 10 篇上《廌部》，第 820 页。
[3] 参见蔡枢衡《中国刑法史》，广西人民出版社 1983 年版，第 170 页。
[4] 参见蔡枢衡《中国法理自觉的发展》，清华大学出版社 2005 年版，第 233 页
[5] 蔡枢衡：《中国法理自觉的发展》，第 235 页。
[6] 胡大展：《"灋"意考辨：兼论"判决"是法的一种起源形式》，《比较法研究》2003 年第 6 期。
[7] 武树臣：《寻找最初的"法"——对古"法"字形成过程的法文化考察》，《学习与探索》1997 年第 1 期。

讼等。

法的起源还可能与度量有关。但"法"的概念来源于法家。钱穆指出："古人治国，只知有'礼'与'刑'耳，似不知所谓'法'。故《诗书》中'法'字极少见。春秋时亦尚不知有如后人所谓'法'字之意义。"① 只是在战国法家李悝著《法经》以后，吴起、商鞅踵武继起，吴起令民偾南门外之表，商鞅徙木立信，于是才开始有"法"的观念，才可能出现"县法使万民观"的制度。②

礼的产生和法的起源告诉我们，礼和法之间有着割不断、理还乱的密切关系。

二 礼法关系辨析

古代中国人心目中的礼和法有相通之处。"一方面，在古人心目中，抽象意义上的'礼'就是具体意义上的法的灵魂。……另一方面，在古人心目中，具体意义上的'礼'简直同时就是具体意义上的法。"③ 前者如荀子所说"礼者，法之大分；类之纲纪也"④；后者在《礼记》中比比皆是，例如"刑肃而俗敝则法无常，法无常而礼无列"⑤；"礼行于五祀而正法则焉"⑥；"诸侯以礼相与，大夫以法相序，士以信相考"⑦；"夫礼，先王以承天之道，以治人之情"⑧；"故天子适诸侯，必舍其祖庙，而不以礼籍入，是谓天子坏法乱纪"⑨；"古之礼，慈母无服。今也君为之服，是逆

---

① 钱穆：《周官著作时代考》，《两汉经学今古文平议》，商务印书馆2003年版，第370页。
② 参见彭林《三礼研究入门》，第105页。
③ 范忠信、郑定、詹学农：《情理法与中国人》（修订版），北京大学出版社2011年版，第66页。
④ （清）王先谦撰，沈啸寰、王星贤点校：《荀子集解》卷1《劝学篇第一》，第11页。
⑤ （汉）郑玄注，（唐）孔颖达正义，吕友仁整理：《礼记正义》卷30《礼运第九》，第908页。
⑥ （汉）郑玄注，（唐）孔颖达正义，吕友仁整理：《礼记正义》卷31《礼运第九》，第938页。
⑦ （汉）郑玄注，（唐）孔颖达正义，吕友仁整理：《礼记正义》卷31《礼运第九》，第944页。
⑧ （汉）郑玄注，（唐）孔颖达正义，吕友仁整理：《礼记正义》卷29《礼运第九》，第882页。
⑨ （汉）郑玄注，（唐）孔颖达正义，吕友仁整理：《礼记正义》卷30《礼运第九》，第906页。

古之礼而乱国法也"①,等等。显然,从一定意义上说,"《礼记》就是把'礼''法'二者看作同义词的,说明在其作者的心目中,'礼'就是法。"② 礼法因此常被连用。

在一定意义上,礼就是法,即所谓"礼法";法是礼和法共同体。在古代中国,"这些由男女之别、伦理秩序不断扩展的'礼法'就是所谓'进步'与'文明'的标志与结晶,其等级规范整合了整个社会生活并使之有序化。当然这里不仅仅只具有'法'的意义,更重要的是其中有宗教信仰、信念和道德价值。"③

当然,说古人心目中的"礼"就是具体意义上的法,是有一些条件的,主要从以下四个方面来说:一是他们心中的"礼"绝不是那种"法即赏罚"的狭隘意义上的"法",且"礼"不等于"刑"。二是说他们心目中的"礼"就是法,仅仅指那种自发的观念上的法,而不是自觉的概念上的法。他们心目中的"礼"是强制性的行为规范,违反了即应予处罚;至于这种强制力是来自国家还是家庭,无关紧要,因为古人认为家国一体,家庭内的强制力亦即国家强制力的体现。而这种强制力正是法的性质。三是说古人心目中的"礼"就是法,并不排除在"礼"这种形式下的"法"之外还有别的"法"存在。四是古人心目中真正的"法"是"礼"与"刑"二者的结合,且以"礼"为主,"刑"仅仅是为保障"礼"而存在的;这个"刑"不是"制裁"的等义词,而仅指肉刑、死刑、徒刑,并不包括民事法律制裁、行政法律制裁手段。所以,"礼"实即今日所讲的法的规范三要素中的"假定""处理"(或指导)二要素尚可,但若说"刑"完全等于三要素中的"制裁"要素则断断不可。④

礼有广义和狭义之分。狭义的礼,是指生活中一切行动所应遵守的礼节或仪式,它往往与乐、刑、政等制度并列,它具体表现为冠、昏、丧、祭、朝聘、享燕等礼节。"礼以道其志"以及"礼、乐、刑、政,其极一也"⑤ 中的礼,实际上就是狭义的礼。而礼法合治中的"礼"则是广义的

---

① (汉)郑玄注,(唐)孔颖达正义,吕友仁整理:《礼记正义》卷26《曾子问第七》,第779页。
② 范忠信、郑定、詹学农:《情理法与中国人》(修订版),第66页。
③ 郭齐勇:《礼学与现代生活及文明对话》,载《中国哲学智慧的探索》,第185页。
④ 参见范忠信、郑定、詹学农《情理法与中国人》(修订版),第69页。
⑤ (汉)郑玄注,(唐)孔颖达正义,吕友仁整理:《礼记正义》卷47《乐记第十九》,第1456页。

礼，它实际上已具有法的部分要素。广义的礼不仅涉及一切具体的典章制度，还包罗了这种"礼"的指导思想，涵盖社会生活的方方面面；这样的礼，既包含了法理的内容，也包括礼俗和伦理的内容。无论广义的礼还是狭义的礼，都与今天的法有密切联系。狭义的礼规定了一些指导性规范，时至今日，仍有许多法规只有指导性规范而无相应的惩罚性条例。但凡违反之后可能导致国家惩罚或制裁（不只是刑罚制裁）的规范，就也是法的组成部分。①

而广义的礼与法的联系则更为紧密。自春秋后期以来，"礼"的概念外延逐渐扩展到包罗一切典章制度以及典礼的指导思想，最终形成的广义的"礼"包括古时的"法"，是古人心中的法，也是"律"之外事实上存在和起作用的法。有"礼"无"法"时是如此，"法"从"礼"中分离出来时也是如此，"礼""法"重新合一后仍是如此。礼是法的灵魂，是善法、恶法的检验标准，也是法准确实施的保障。不过，这种法，属于另外一个系统，是无法用西方传来的"法"概念简单比拟的。"礼"在内容及其运用上都具有极大的随意性、灵活性、模糊性，这或许正是古时法律不完善、法律与道德不分的表现。② 正如近代启蒙思想家严复指出的："西人所谓法者，实兼中国之礼典。"③ 孟德斯鸠认为：中国的立法者们"把宗教、法律、风俗、礼仪都混在一起。所有这些东西都是道德。所有这些东西都是品德。这四者的箴规，就是所谓礼教。中国统治者就是因为严格遵守这种礼教而获得了成功。"④

中国古代没有民法、宪法、权利观念等，但实际上，在儒家对礼的阐述中，已经包含了可以比拟的因素和相应的资源。

中国古代的礼确实非同一般。"礼是中国传统文化的核心，也是法文化的主要构成部分。中国古代的法律文化，从根本上说是一种礼法文化，礼和法纠缠错节的关系一直是中国古代法律史上最为醒目的一道风景：古代中国，夏、商、周三代礼法一体、礼外无法；春秋战国和秦代礼坏乐

---

① 参见范忠信、郑定、詹学农《情理法与中国人》（修订版），第64—67页。
② 范忠信、郑定、詹学农：《情理法与中国人》（修订版），第72页。
③ 严复按语，［法］孟德斯鸠：《孟德斯鸠法意》，严复译，第7页。
④ ［法］孟德斯鸠：《论法的精神》上册，张雁深译，第313页。

崩、礼法分离；汉至清中期礼法结合、以礼率律。"①

德礼与法刑固然是中国古代礼法中最主要的关系，但由此拓展开来，还应该包括礼和乐、礼和义、礼和仁、礼与政、礼和人情等关系，故也有的学者将中国古代礼法思想概括为"天理""国法""人情"三位一体，认为"中国人心目中理想的法律是'天理''国法''人情'三位一体。这种三位一体观念，是古代中国占支配地位的法观念。"② 这种"天理""国法""人情"三位一体的观念也被概括为"情理法"。

儒家语境中的"情理法"以仁义为基础，"缘自人之天性的爱心及其推广，乃法的基础，也可以补充法的盲点、纰缪与毁坏。法律是根据人情制定的，'理'是经过洗练的'情'，司法的内容是'说情说理'及判决要'合情合理'。'合情合理，即是好法'，'情理法'包含了最大的公正、公平、正义。"③

关于中国古代治国理政思想，无论后人怎样对其进行分析概括，礼和法、德与刑或礼与刑都是绕不开的范畴，它们之间的关系也成为中国历史上争论不休的话题，并由此形成重视德礼教化的"教化派"和重视明威赏罚的"刑威派"④。其实，"这互相为敌的两派在基本原则、指导思想、政治理想或目标等实质性问题上竟基本相同；所不同的，只是各自主张采用的实现这些理想、原则的策略、方法而已。正因为如此，才有了所谓'德''刑'关系（或'礼''刑'关系）之争论。"⑤

有学者按照法国法学家狄骥（Léon Duguit）的观点，将法分为准则法和技术法。⑥ 如果我们运用准则法和技术法这一区分方法，来考察教化派与刑威派在政治主张上的异同，就不难看出，这两个似乎势不两立的派别其实在准则法上是一致的，而在技术法上则是截然对立的。

从准则法方面看，教化派与刑威派在基本道德原则、政治理想、道德

---

① 俞荣根：《寻求"自我"——中国法律思想史的传承与趋向》，《现代法学》2005 年第 2 期。
② 范忠信、郑定、詹学农：《情理法与中国人》（修订版），《引言》第 10 页。
③ 郭齐勇：《道不远人——郭齐勇说儒》，第 101 页
④ "教化派"和"刑威派"采用了范忠信、郑定、詹学农合著的《情理法与中国人》（修订版）中的说法，前者是指自周公至先秦儒家直至近代的重教化论者，后者是指自先秦法家至清末近代所谓的"新法家"。
⑤ 范忠信、郑定、詹学农：《情理法与中国人》（修订版），第 53—54 页。
⑥ 王伯琦：《近代法律思潮与中国固有文化》，清华大学出版社 2005 年版，第 10 页。

目标方面是一致的。教化派的政治理想是"道德流行于世",达到"无刑""无讼"的治平之世。他们所要实现的"道德",包括孝悌、忠信、"父慈、子孝、兄良、弟弟、夫义、妇听、长惠、幼顺、君仁、臣忠"[①]等"十义",也就是汉代董仲舒所归纳的"三纲五常",即君为臣纲,父为子纲,夫为妻纲,包括仁、义、礼、智、信的根本原则。它们是中国传统法律体系或文化中的准则法,即传统中国法律的根本原则、准则或最核心的规范。对此,通常被视为"刻薄寡恩""反道败德"的"刑威派"也不反对。例如,管仲将"礼""义""廉""耻"视为维系国家的四大支柱或纽带,称其为国之"四维"[②],认为"不恭祖旧则孝悌不备,四维不张,国乃灭亡。"[③] 即使是极端重刑的商鞅及其门徒,其实也赞成"为人臣忠,为人子孝,少长有礼,男女有别"的道德秩序,并声言他们"行重法"的最终目的是"偃武事,行文教,倒载干戈,搢笏作为乐,以申其德"[④],是"德明教行"[⑤]。

从技术法角度看,教化派与刑威派在实现上述基本道德原则、政治理想、道德目标的程序、手段和策略、技术方面的主张上,显然是截然不同的。"教化派"的主张是"道之以德,齐之以礼",是"为政以德",是"先教后诛",是"大德小刑""重德轻刑""德主刑辅"或"先德教后刑罚",是"德礼为政教之本,刑罚为政教之用",是"德本刑末"。对于他们来说,治理国家首先要当好"牧师",其次才是当"刽子手"。与教化派相反,刑威派的主张是"不务德而务法"[⑥],是"任法而治"[⑦]。

教化派与刑威派为了实现同样的道德理想或政治目的("准则法"),使用了截然不同的方法、策略、途径(技术法),可谓"同归而殊途"。造成这一差别的原因是多方面的,大致有以下几点[⑧]:

---

① (汉)郑玄注,(唐)孔颖达正义,吕友仁整理:《礼记正义》卷30《礼运第九》,第915页。
② (唐)房玄龄注,(明)刘绩补注:《管子》卷1《牧民第一》,第2页。
③ (唐)房玄龄注,(明)刘绩补注:《管子》卷1《牧民第一》,第1页。
④ 蒋礼鸿:《商君书锥指》卷4《赏刑第十七》,第101页。
⑤ 蒋礼鸿:《商君书锥指》卷3《错法第九》,第64页。
⑥ (清)王先慎撰,钟哲点校:《韩非子集解》卷19《显学第五十》,第459页。
⑦ 蒋礼鸿:《商君书锥指》卷5《慎法第二十五》,第138页。
⑧ 在对教化派和刑威派"技术法"上截然不同的四点原因分析中,前三点参考了范忠信、郑定、詹学农合著的《情理法与中国人》(修订版)第57—61页的内容。

其一,教化派与刑威派对人性的认识截然不同。刑威派多持"性恶论",认为百姓愚顽,听不懂道德说教的微妙之言,只能对其恐惧威慑而不堪教化;相形之下,教化派对人性的估计乐观得多,多持"性善论",认为人生而具有情感、理智,应当用教化使人心悦诚服地接受道德原则和教导。

其二,教化派与刑威派对刑罚威慑作用的认识不同,相应地,对德教作用的认识也不同。刑威派迷信刑罚的作用,认为只有"刑"才能达到立竿见影的效果,"严刑重罚之可以治国也"①。他们对刑罚近乎迷信,认为刑威不仅能解决当务之急,还能泽及久远,造福将来:"法之为道,前苦而长利;仁之为道,偷乐而后穷。"②但他们面对严刑重罚可能带来的诸多副作用却未加考虑。教化派也曾看到了刑罚在非常时期能起到的"救乱止衰"作用,认为在社会秩序特别混乱的时候也可能不得不以重刑来达到"猛以济宽"的效果,但是刑威"可以行一时之计,而不可长用"③,他们更注重德教的深远意义、长久作用,认为"刑罚积而民怨背,礼义积而民和亲。"④

其三,教化派与刑威派对当时各自所处的社会形势的认识有所不同。虽然刑威派和教化派都将自己身处的时代视为衰乱之世,但对其衰乱程度轻重的认识却有所不同。刑威派常将他们立论所依据或针对的历史时代视为无可救药的乱世,认为实行教化已完全不管用,唯有刑威才能救世,才能使其勉强维持下去。而教化派则并不认为世道已衰败到必须搁置道德教化而只能主要靠严刑峻法来治理的地步,虽然认为礼崩乐坏、世道衰微,但仍主张"为政以德""道之以德,齐之以礼",仍然认为"善政,不如善教之得民"⑤,"不以仁政,不能平治天下。"⑥

其四,教化派与刑威派代表性人物在当时所处的社会地位不同。刑威派代表性人物往往是当时的卿相等入世官员,如管仲、商鞅、韩非等。他们不仅有迫切扭转乱世的愿望,也担当着迅速扭转乱世的责任,因此他们

---

① (清)王先慎撰,钟哲点校:《韩非子集解》卷4《奸劫弑臣第十四》,第105页。
② (清)王先慎撰,钟哲点校:《韩非子集解》卷18《六反第四十六》,第416页。
③ (汉)司马迁:《史记》卷130《太史公自序第七十》,第759页。
④ (汉)班固:《汉书》卷48《贾谊传第十八》,492页。
⑤ (清)焦循撰,沈文倬点校:《孟子正义》卷26《尽心上》,第897页。
⑥ (清)焦循撰,沈文倬点校:《孟子正义》卷14《离娄上》,第483页。

从当时的社会现实出发,认为刑威才是最有效的举措。而教化派代表性人物往往是礼官、学者等士大夫,如孔子、孟子、贾谊等。他们援本溯源,思虑长远,因此主张依靠更温和的道德教化来平治天下。而主张宽猛相济的子产和主张隆礼重法的荀子,则既是士大夫,又不同程度地担任了一定的官职,所以他们既重视德礼,也重视刑法。

西汉以降,礼法合流、刑威派与教化派开始相互吸收、借鉴。礼法合治、德主刑辅,成为有成就的历朝历代统治者的基本政治主张和治国理政的基本方式。但在表达方式上,"法"字并不多用,因为它从一个本来中性、客观的词汇逐渐演变为带感情色彩和倾向的词汇,具有威慑、限制、禁止、暴力、强制、恐怖等性质,因而总是和"刑"联系在一起,成为惩处性的刑罚,有时候甚至成为"刑"的代名词。正如司马迁所说:"礼禁未然之前,法施已然之后"[1]。《大戴礼记·礼察》也记载:"礼者禁将然之前,而法者禁于已然之后。"[2] 礼是事前的预防,法是事后的补救,两者的价值不可同日而语。礼教贵在防患于未然,刑罚重在事后补救。显然,这里的"法"已成为"刑"的代名词。而具有根本原则、准则、核心规范性质的这类原本属于"准则法"的东西,则统统归之于"礼"的名下。这样,"礼"就几乎无所不包,除了具有威慑力、惩处性的"刑"之外,其他一切几乎都属于"礼",其中就包括道德之礼、制度之礼、仪式之礼、观念之礼、行为之礼,包括礼义、礼仪、礼制等。可以说,"礼"统摄了中国古代社会的方方面面。

中国古代社会前期的"礼"用来表示法律和礼仪,其文献中的"礼"字用来表示根本法律和某些特别的法律。当时的人们认识到作为法律的"礼"和作为礼仪的"礼"的不同,"礼"作为"规范法"和"刑"作为"惩处法"的不同。"礼"作为法律的意思的古老用法仍然保存在封建末期的文献中。[3] "'礼'是一种指导统治者治理国家的'根本大法'。"[4] "礼"字在封建时代的使用中,"有一个概括性的含义,几乎表达封建社

---

[1] (汉)司马迁:《史记》卷130《太史公自序第七十》,第761页。
[2] (清)孔广森撰,王丰先点校:《大戴礼记补注;附校正孔氏大戴礼记补注》卷2《礼察第四十六》,中华书局2013年版,第36页。
[3] 吴于廑:《士与古代封建制度之解体 封建中国的王权和法律》,第255页。
[4] 吴于廑:《士与古代封建制度之解体 封建中国的王权和法律》,第261页。

会中所有种类的法律。"①"礼"不包括今天我们称之为刑法的那一部分。在封建时代人的心目中,"夫礼,国之纪也"②,"礼"是治国的指导方针,也是指导人们的基本方针,即"夫礼者,民之纪"③。礼是一个规范,发挥着一种指导力量,以非常正面的方式,引领社会成员达到法律的理想秩序。作为规范性,礼与惩治罪犯无涉。在古代社会,界定刑罚惩治的法律成为"刑"。因此,这种"礼",我们可以将其称为"礼法",它对于整个社会的成员都具有权威性、普适性。

古代中国先贤所说的"礼"即礼法与当代中国人所说的"法"既有联系又有区别。从广义上说,古人所说的"礼"即礼法的内涵远比我们现在所说的"法"宽泛得多,神意祖制、自然规律、风俗习惯、国家制度、乡规民约等,均可以用"礼"即礼法来统称。这个"礼"即礼法,既包括理念意识即观念之礼法,也包括制度规则规范之礼法。正如严复所说:"盖在中文,物有是非谓之理,国有禁令谓之法,而西文则通谓之法,故人意遂若理法同物,而人事本无所谓是非,专以法之所许所禁为是非者,此理想之累于文字者也。中国理想之累于文字者最多,独此则较西文有一节之长。西文'法'字,于中文有理、礼、法、制四者之异译,学者审之。"④ 同样,广义的"法"其实也包含着"礼"中所体现的根本原则、准则和核心要素。从狭义上说,古人所说的"礼"排除了以暴力为手段的刑法,而专指行为之礼、仪式之礼、教化之礼;而狭义上的"法",则专指制度条文的"律"或者以暴力为工具的"刑"。

礼和法这种相互交织的关系,就使得中国历史上的"礼"和"法"既对立,又统一,甚至还合一。"就总体而言,中国古代的'礼'与'法'一向是并行不悖的,到最后则合二为一。可以说,贯穿于全部中国法制史中的一条主线,就是兼用礼、法二手,以确立和维护宗法、家族、伦理的各项制度。这始终是中国历代法律之核心。我们只有明白了这一点,才算是掌握了理解中国法制史的钥匙,并真正把握住了'中华法系'

---

① 吴于廑:《士与古代封建制度之解体 封建中国的王权和法律》,第263页。
② (战国)左丘明著,(三国)韦昭注:《国语》卷10《晋语四·卫文公不礼重耳》,上海古籍出版社2015年版,第229页。
③ 吴则虞编著:《晏子春秋集释》卷2《内篇谏下第二·景公为泰吕成将以燕飨晏子谏第十二》,第124页。
④ 严复按语,[法]孟德斯鸠:《孟德斯鸠法意》,严复译,第2—3页。

之精髓。"①

总起来说,"刑"(法)之所以区别于"礼",在于它不是一个对正确行为的正面说法,而是一个对错误行为进行反面钳制的表达。换句话说,"礼"定义了法律的正常秩序,引导和规范人们的思想和行为;而"刑"(法)则定义了针对那种破坏这个秩序的人和事而施加的惩罚,用以对违反礼义者进行惩处,是用以镇压危害社会秩序稳定的犯罪行为的手段。"礼者禁于将然之前,而法者禁于已然之后"②和"礼之所去,刑之所取,失礼则入刑"③,是对礼与刑(法)之间关系的精准描述。在封建法律概念中,二者的区别是非常重要的。从某种意义上说,"礼"更为根本。它本身就是一种目的,因为它正面代表了法律的理想状态,是礼治、仁治、德治,是以理服人的王道之治,强调人们尤其是统治者的自我约束和以身作则,同时强调民众知礼达礼并自觉守法,"有耻且格"④,从而达到调和社会关系,化解社会矛盾,促进社会和谐的目的。而"刑"是工具。它本身不是目的。刑的必要性仅在于人是不完美的,刑通过威慑的力量来帮助维护由"礼"规定的秩序。正如《大禹谟》所言:"明于五刑,以弼五教。期于予治,刑期于无刑。"⑤

简言之,"中国古代的礼法传统,根源于中国文明起源和国家形成时期家、国一体的特殊经验,代表了一种具有连续性的文明形态,在这种文明形态中,旧制度融合于新制度(所谓'旧邦新命'),并以相当完备发达的形式长期存在于社会之中。"⑥

三 礼乐刑政,其极一也

任何政治思想主张要付诸实践,都要通过一定的中介,这个中介就是治理方式和制度设计。具体在《礼记》中,就是以礼为统领、礼乐刑政综

---

① 崔敏:《中国古代刑与法》,中国人民公安大学出版社2008年版,第32页。
② (汉)班固:《汉书》卷48《贾谊传第十八》,492页。
③ (南朝宋)范晔:《后汉书》卷46《郭陈列传第三十六》,中华书局2007年版,第455—456页。
④ (清)刘宝楠撰,高流水点校:《论语正义》卷2《为政第二》,第41页。
⑤ (汉)孔安国传,(唐)孔颖达等正义:《尚书正义》卷4《虞书·大禹谟》,《十三经注疏》,第135页。不见于今文尚书。
⑥ 梁治平:《礼教与法律:法律移植时代的文化冲突》,上海书店出版社2013年版,第64页。

合为治的治理方式，以及体现礼义精神的制度设计。《礼记》中的《乐记》篇，集中阐述了先秦儒家所主张的以礼为统领、礼乐刑政综合为治的治理方式。

《礼记》中的《乐记》篇对这一治理方式作了相当多的论述，多次阐述了礼、乐、刑、政各自的社会功用及其综合为治的治理方式。以下两段文字的论述最为集中：

一是，"礼以道其志，乐以和其声，政以一其行，刑以防其奸。礼、乐、刑、政，其极一也，所以同民心而出治道也。"① 圣王通过礼引导人们的志向，通过乐调和人们的性情，用政令统一人们的行为，用刑罚防止人们作奸犯科。礼、乐、刑、政这四种治国手段的作用不同，但并不截然对立，而且可以互补，共同作用于国家和社会的治理。它们的根本目标是一致的，都是为了统一民心而治理国家和社会。

二是，"是故先王之制礼乐，人为之节。衰麻哭泣，所以节丧纪也；钟鼓干戚，所以和安乐也；昏姻冠笄，所以别男女也；射乡食飨，所以正交接也。礼节民心，乐和民声，政以行之，刑以防之。礼乐刑政，四达而不悖，则王道备矣。"② 礼是用来节制百姓内心的，乐则调和民众的心声，用发布政令来推行和落实治理国家、安定社会的措施，用刑罚来防止不轨行为的发生，以禁暴、防奸和除乱。礼、乐、刑、政，既各司其职、分工协作，也相互配合、通达四方、顺畅实行、并行不悖。这样，以仁义治天下的王道政治的要求就具备了。先秦儒家赞美和怀念礼乐刑法政俗合乎德礼要求的鲁国，因为"凡四代之服、器、官，鲁兼用之。是故鲁，王礼也，天下传之久矣，君臣未尝相弑也，礼乐刑法政俗未尝相变也。天下以为有道之国，是故天下资礼乐焉。"③

礼、乐、刑、政这四种治国手段的性质和功能是不一样的，但都在以礼为国的基本准则统领之下，都贯穿着以礼治国的精神。其中：

"礼以道其志"，是用礼义道德来教化百姓、感化民心，在潜移默化中

---

① （汉）郑玄注，（唐）孔颖达正义，吕友仁整理：《礼记正义》卷47《乐记第十九》，1456页。

② （汉）郑玄注，（唐）孔颖达正义，吕友仁整理：《礼记正义》卷47《乐记第十九》，第1459页。

③ （汉）郑玄注，（唐）孔颖达正义，吕友仁整理：《礼记正义》卷41《明堂位第十四》，第1269页。

善化民心，引导百姓知礼、懂礼、敬礼、崇礼、尊礼、守礼，使百姓对礼义能够内化于心，外践于行，自觉遵守礼仪规范，维护现存社会秩序，从根本上杜绝罪恶的产生，防患于未然，实现"暴民不作"①"天下咸服"②。

"乐以和其声"，是用以音乐为中心的礼乐文化来调和由于区分等级贵贱可能造成的人际关系的隔膜和疏离，使人们的情感和合融洽；而安详宁静健康的音乐文化，也会使民众得到有益熏陶，净化和优化乡风民俗，和睦人与人之间的关系，并且表达对政通人和的赞美或渴望。

"政以一其行"，即表明要通过制定和推行政令来使治理国政的政策措施得到贯彻落实，从而及时开展国家的神事、政事、农事、工事、兵事、外事等活动，维护国家社会的正常运转。在这一过程中，"为政先礼，礼其政之本"③。国君为政的总纲，就是处理君臣、父子、夫妇之间关系的尊卑、贵贱等级秩序的礼。国家行政的过程，就是依照礼义和礼制行事的过程，行礼是行政的基础。

"刑以防其奸"，是说要用严峻的威慑和暴力手段来防范和制裁为奸作科，禁止暴虐行径，剪除乱世势力，维护社会秩序，达到天下太平。刑对礼义教化和政令推行起着辅助作用，对礼体现的尊卑贵贱等级秩序以明威的方式起警戒和维护作用，迫使那些企图作乱的人不得不为避免可能招致的惩罚而立德和守礼。"刑法者，所以威不行德法者也。"④刑的最高原则和标准是礼，是礼义所载的做人之道理。礼也是评判官吏的标尺，还是审理案件诉讼决狱的依据和准则，"凡听五刑之讼，必原父子之亲，立君臣之义以权之"⑤。这里的父子之情、君臣之义正是礼义的核心内容。

礼、乐、刑、政四种治理手段之所以都要以礼为根本指导原则，是因为礼与德联系在一起，与仁联系在一起，与人伦联系在一起，强调"父子

---

① （汉）郑玄注，（唐）孔颖达正义，吕友仁整理：《礼让正义》卷47《乐记第十九》，第1472页。

② 顾颉刚、刘起釪：《尚书校释译论·虞夏书·尧典》，第163页。

③ （汉）郑玄注，（唐）孔颖达正义，吕友仁整理：《礼记正义》卷58《哀公问第二十七》，第1916页。

④ （清）孔广森撰，王丰先点校：《大戴礼记补注：附校正孔氏大戴礼记补注》，卷8《盛德第六十六》，第155页。

⑤ （汉）郑玄注，（唐）孔颖达正义，吕友仁整理：《礼记正义》卷19《王制第五》，第554—555页。

有亲，君臣有义，夫妇有别，长幼有叙，朋友有信"①，强调"父慈、子孝、兄良、弟弟、夫义、妇听、长惠、幼顺、君仁、臣忠"②，这些基于人情和天伦而制定的礼义具有恒久的价值，能够对人起感化作用，因而是修身齐家治国平天下所必不可少的。

儒家强调礼乐教化，也不排斥政令约束和刑法明威，但他们不推崇带有强制性的政令，更不主张令人生畏的刑罚。"儒家强调的是宗教伦理精神，主张以'德主刑辅'的方法，移易、养育人之性情，使人懂得廉耻，有一定的文化教养，特别是通过感化，通过美俗、善政，来调节家庭、社会关系。'法'与'刑'不是目的。儒家深通'法'背后之'意'，而不是停留在'法'或'刑'之表层。以对天、天道、天德之信仰为背景的礼、乐文化中蕴含有价值（包括正义）。儒家从来就把礼、乐放在刑罚与政令之上，强调礼、乐、刑、政的配合。"③

"礼、乐、刑、政，其极一也"④ 的基本思想，是先秦儒家设计的以礼治国的治理方式，是实现以礼治国的载体和路径。礼、乐、刑、政是不同的治理手段，有着各自的功用和适用范围，但都需要贯彻礼的精神；礼、乐、刑、政在治理社会和国家的过程中，各有其独特的作用，但目的都是一样的，都是为了统一民心而把社会和国家治理好。礼、乐、刑、政综合为治的思想，是中国古代治国理政思想的最高成就之一，而这一思想的基础正是在《礼记》中首次明确提出并得到阐述的。

在礼、乐、刑、政这四种治理手段中，最重要的是礼与刑。因为德音雅乐本身就是礼的一种表现形式，本质上反映礼义的内涵；而政是通过制定和推行相关政令来落实国家治理的方针政策的，贯彻这一方针政策的基本手段就是礼教化和刑明威，一软一硬，一柔一刚。"'礼'与'刑'的最终目的是一致的，都在于使人们的'心'与'行'能合于'道'。不过，'礼'主要用来防备人们在道德上的堕落，它使人们的心灵'向善'，以心灵影响行为；'刑'则主要用来防止人们在行为上的放荡、犯上作乱，

---

① （清）焦循撰，沈文倬点校：《孟子正义》卷11《滕文公上》，第386页。
② （汉）郑玄注，（唐）孔颖达正义，吕友仁整理：《礼记正义》卷30《礼运第九．》，第915页。
③ 郭齐勇：《道不远人——郭齐勇说儒》，第100页。
④ （汉）郑玄注，（唐）孔颖达正义，吕友仁整理：《礼记正义》卷47《乐记第十九》，第1456页。

它使人们的行为'合法化',以行为影响心灵。另外,法律化的'礼'与'刑'虽然都对人们的言行举止做了严格的规范,但是,两者的不同之处在于:'礼'只具备约束力,而'刑'则具有强制力。"①

"礼、乐、刑、政,其极一也"思想的主旨,在于强调以多种治理手段保障社会关系和谐,使社会矛盾通过多种渠道得到解决,这就是后人总结的古代社会"礼乐刑政,综合为治"的理论基础,也是当代中国所要借鉴的古代治国理政经验中的礼法合治、德主刑辅思想的主要内容。"'德主刑辅'肇始于先秦'明德慎罚'的观念,中经'为政以德'的阐扬,最终由董仲舒提出,成为此后中国传统社会的基本治国方略。"②

第二节 以礼治国的制度设计及其礼法精神

如前所述,礼可分为观念之礼、制度之礼、行为之礼。以礼治国的根本指导思想、准则、核心规范等属于观念之礼,这种观念之礼要转变为人们的行为之礼,需要借助一定的载体,这个载体就是制度之礼。在先秦儒家那里,这个制度之礼就是体现礼义精神的礼制。礼制既有国家层面的内容,即国家制度、法度、规制、规范等,也有社会层面的规定,即乡规民约、家法族规等。前者可以算是国家法律中的"硬法",后者可以算是国家法律中的"软法"。前者由国家制定,后者为社会生活中的约定俗成而被国家认可。二者都具有法的性质,都体现礼义的精神,都是礼法的组成部分。

礼发展为礼制,"其功能主要是确定亲疏、远近、贵贱、上下的等级,确立君臣、父子、兄弟、夫妇的社会结构,整齐风俗,节制财物之用,理顺社会秩序等等"。"礼"是一定社会的等级规范,"礼"使整个社会生活秩序化。③《礼记》中的《王制》篇集中阐述了儒家学者对于礼法的制度设计。《礼记》中的其他篇目如《月令》《文王世子》等也有相关内容。

---

① 任强:《知识、信仰与超越——儒家礼法思想解读》(增订本),北京大学出版社2009年版,第99—100页。

② 李国强:《我国国家制度和国家治理体系的深厚历史底蕴》,《人民日报》2020年1月14日第9版。

③ 郭齐勇:《中国哲学智慧的探索》,第185页。

一 关于国家治理的制度设计

《礼记》中关于国家层面的制度设计主要集中在《王制》篇章以及《月令》等篇章中，大体上包括以下八个方面的内容：一是王权政治方面的制度设计，包括爵禄制、分田划地制、封邦建国制、分官设职制、诸侯朝聘制和天子巡守制；二是管理层面的官吏培养选拔制度和管理制度，含考核、监督、罢免、惩处等制度；三是以冠、婚、丧、祭、乡、相见为主要内容的礼仪制度；四是关于刑罚诉讼的司法制度；五是经济管理方面的财政预决算制度、市场管控制度、税收和劳役制度；六是以安民、治民、教民为主旨的社会管理制度，其中包括民生保障制度、教育制度、社会救济制度；七是民族区域建制和民族关系平等制度；八是生态环境保护和动物保护制度。

《礼记》中的上述各种制度都有其明确的具体规定，也有其特定的思想内涵，其中包含的中国古人治国理政智慧至今仍有其价值。本书将对其中主要的制度设计及其所蕴含的思想内容进行概要分析和阐述。

（一）王权政治方面的制度设计

在王权政治方面，《礼记·王制》中主要有爵禄制、分田划地制、封邦建国制、分官设职制、诸侯朝聘制和天子巡守制等制度。

《礼记·王制》中的爵禄制、分田划地制、封邦建国制、分官设职制，主要描述了中国古代的行政区划和与之相联系的颁爵授禄情况。这些重大事情均以天子为中心，天子是行政区划和颁爵授禄、分官设职的主体；而这些制度则是天子赖以体现其地位的基本要素。其中的土地分封制度是"礼"的一种特定形式。在周朝，土地分封包括天子对诸侯的分封、天子或诸侯对大夫的分封，以及大夫对士的分封等具体形式。由于当时的社会建立在农业经济基础之上，所以土地分封对维护社会秩序起着决定性的作用。因为"生产资料的分配方式，不仅决定着分封者和受封者之间在生产过程中的权利和义务，同时也决定了他们人身的支配和被支配关系，依附和被依附关系，规定了二者之间尊卑上下的人格关系，因此也决定了整个周朝社会的游戏规则——礼。正是基于这样一层逻辑关系，这种土地分封制度才被视为'礼'的一种特定形式。"[1] 如果破坏了这种土地分封制度，

---

[1] 勾承益：《先秦礼学》，第70页。

无疑也就破坏了礼。也正是在这个意义上,《左传》批评鲁宣公十五年实行"初税亩"制度的行为是"非礼也"①。

《礼记·王制》中的诸侯朝聘制,规定诸侯对天子一年进行一次小聘问,三年进行一次大聘问,五年亲往天子面前朝见一次。"天子无事与诸侯相见曰朝,考礼、正刑、一德,以尊于天子。"② 天子在正常的情况下与诸侯相见叫作朝,主要是考察诸侯国的礼仪,正定诸侯国的刑律,统一整齐他们的德行,使他们尊崇天子。显然,"朝"是为了强化诸侯对天子的依附关系。天子借以加强对各地诸侯的控制,维护君权的至高无上地位。

与诸侯朝聘制并行的,是天子巡守制。天子每五年对天下进行一次巡视,了解各地诸侯尽职情况。二月出发,巡视东方,达到岱宗,烧柴祭天,望祭山川。接见东方诸侯,询问哪里有百岁老人,并前往看望。命乐官陈诵当地的诗歌,从中了解民情风俗。命典市官报告各种物品的价格,从中了解当地民众的好恶,如果心志淫邪,所喜好的物品就邪僻不正。命典礼官考校东方各诸侯国的四季和月份大小是否准确,确定日的干支,统一律令、礼义、乐律、制度、衣服,对有偏差的加以纠正。对山川之神不祭祀就是不敬,不敬的诸侯国国君要被削减封地;对宗庙不依从就是不孝,不孝的诸侯国国君要被贬低爵位;改变礼乐就是不从,不从的诸侯国国君要被流放;变革制度和衣服就是叛逆,对叛逆的诸侯国国君要加以讨伐;对人民有功德的诸侯国国君则要加地晋爵。天子在五月、八月、十一月分别巡视南方、西方、北方,分别到达南岳、西岳、北岳,巡视的内容和礼仪如同对东方的巡视。天子在一年之中巡视周边,回到京师,要用特牲到父祖之庙去祭告先祖。由此可见,天子巡守制的内容非常丰富,包括祭祀山川、接见诸侯、了解民情风俗、考察礼制实行情况并予以奖惩。天子巡守制的实质是为了加强对各地诸侯的控制,以维护天子至高无上的地位。

《礼记·王制》中的爵禄制、分田划地制、封邦建国制、分官设职制、诸侯朝聘制和天子巡守制等制度,都体现了圣王"柔""怀""惠""刚"的品行,都是圣王政治德行的具体表现。"早期的'德'只能通过政治制

---

① 杨伯峻编著:《春秋左传注·宣公十五年》,第 837 页。
② (汉)郑玄注,(唐)孔颖达正义,吕友仁整理:《礼记正义》卷 17《王制第五》,第 500 页。

度和社会结构层面上阐释,才能够'落实'而不至于'蹈虚'。"① 其中,天子省方、巡守制"蕴含了'以德治国'的政治理念,具体地表现为更合理的以礼治国的政治制度,以及更人道的施惠于民的怀柔政策。"②

(二) 人才管理方面的制度设计

在人才管理方面,《礼记·王制》中主要有官吏培养选拔制度和管理制度,涉及考核、监督、罢免、惩处等内容。

关于人才培养。《礼记·王制》指出:"乐正崇四术,立四教,顺先王《诗》《书》《礼》《乐》以造士:春秋教以《礼》《乐》,冬夏教以《诗》《书》。王大子,王子,群后之大子,卿、大夫、元士之适子,国之俊选,皆造焉。凡入学以齿"③。命令各地考察优秀人才上报司徒,这些人不需要服徭役,专心学习诗书礼乐。学得好的,予以提拔推荐;学得不好的,被摈弃至远方,且终身不予录用。

关于人才选拔。《礼记·王制》对一般民众中的人才选拔采用考察的办法。"凡官民材,必先论之,论辨然后使之,任事然后爵之,位定然后禄之。爵人于朝,与士共之"④。凡任用庶民中的人才,一定要先对其德才进行考核,考察通过后再予以使用。先让他承担工作,然后再授予爵位;爵位确定了,然后授予俸禄。在朝廷上授予爵位,一定要当着士人的面公开进行。这里既有选官的程序、考察的内容,也有一定程度的公开原则,目的在于保证选官的质量,增强被选官员的荣誉感,也借机勉励其他人。"司马辨论官材,论进士之贤者以告于王,而定其论。论定然后官之,任官然后爵之,位定然后禄之。"⑤ 司马辨别、考察、任用人才,考察其中的优秀者,报告给王,而由王下定论,然后委任官职,出任官职然后授予爵位,爵位确定后发给俸禄。这里除了叙述选官的程序之外,还特别彰显了王在选官中的决定性作用。而"大夫废其事,终身不仕,死以

---

① 郑开:《德礼之间:前诸子时期的思想史》,生活·读书·新知三联书店2009年版,第170页。

② 郑开:《德礼之间:前诸子时期的思想史》,第172页。

③ (汉) 郑玄注,(唐) 孔颖达正义,吕友仁整理:《礼记正义》卷19《王制第五》,第546页。

④ (汉) 郑玄注,(唐) 孔颖达正义,吕友仁整理:《礼记正义》卷16《王制第五》,第486页。

⑤ (汉) 郑玄注,(唐) 孔颖达正义,吕友仁整理:《礼记正义》卷19《王制第五》,第552—553页。

士礼葬之"①，则说明了对官员的监督和失职后的惩处。

（三）礼仪方面的制度设计

在礼仪制度方面，《礼记·王制》主要涉及冠、婚、丧、祭、乡、相见等具体规定。《礼记·王制》中的礼仪制度突出表现为与身份等级制度相配合，自天子以至于庶人，构成了整个王权国家中基本的社会身份等级结构。与之相应的礼仪制度，就是要充分体现这种等级上的尊卑上下，不可以僭越，因而具有法的意义。《礼记·王制》列举了几种最具代表性的礼仪制度，如宗庙、祭祀、殡葬、田猎等，这足以表明其等级意义，这些制度本身就是法的规定。

以祭礼为例，"天子将出征，类乎上帝，宜乎社，造乎祢，祃于所征之地，受命于祖，受成于学。出征执有罪，反，释奠于学，以讯馘告。"②天子将要出征，要用不同的祭礼分别祭祀上帝、社神、父庙和出征之处。出征前，还要在祖庙占卜，以示受命于祖先，并在大学里决定军事谋略。出征回来后，要在大学里放置祭奠物，将战果向先圣先师报告。这一段文字表明，神事与兵事紧密相连，体现了古人对自然之神和鬼神的崇拜和敬仰，也表明了所行之事对祖先的继承性。

此外，在各种不同的祭祀中，祭祀场所、对象、内容、方式乃至祭品、祭服等，也都一概有着明确的尊卑贵贱等级规定，体现了礼义的精神。在儒家看来，祭礼是最能体现礼义精神的礼，是五经中最重要的经。"凡治人之道，莫急于礼。礼有五经，莫重于祭。夫祭者，非物自外至者也，自中出，生于心也。心怵而奉之以礼，是故唯贤者能尽祭之义。"③

又以丧礼为例，"天子七日而殡，七月而葬；诸侯五日而殡，五月而葬；大夫、士、庶人三日而殡，三月而葬。三年之丧，自天子达。庶人县封，葬不为雨止，不封不树，丧不贰事。自天子达于庶人，丧从死者，祭从生者。支子不祭。"④ 不同等级的人逝世后，其殡葬的时间从长到短依

---

① （汉）郑玄注，（唐）孔颖达正义，吕友仁整理：《礼记正义》卷19《王制第五》，第553页。
② （汉）郑玄注，（唐）孔颖达正义，吕友仁整理：《礼记正义》卷17《王制第五》，第503页。
③ （汉）郑玄注，（唐）孔颖达正义，吕友仁整理：《礼记正义》卷57《祭统第二十五》，第1865页。
④ （汉）郑玄注，（唐）孔颖达正义，吕友仁整理：《礼记正义》卷17《王制第五》，第512—513页。

次递减，彰显了尊卑贵贱的等级制度。但为父母服丧三年，守丧期间不做其他事，对于所有人都是一样的，从天子下通至庶人并无例外。丧礼依照死者生前的级别举行，祭礼依照孝子的级别举行。可见，属于义理的"子孝"，无论对于帝王还是普通百姓都是一样的；而体现尊卑贵贱等级秩序的礼则是必须严格遵守的。

再以乡礼为例，"道路，男子由右，妇人由左，车从中央。父之齿随行，兄之齿雁行，朋友不相逾。轻任并，重任分，班白不提挈。君子耆老不徒行，庶人耆老不徒食。大夫祭器不假。祭器未成，不造燕器。"① 这里充分体现了男女有别、尊重父兄、朋友间讲信修睦、尊重长者、体恤他人、崇敬祖先等精神，这些正是礼义所要求的，是礼义在乡里民间的具体表现。

总之，在《礼记·王制》中，冠、昏（婚）、丧、祭、射、御、乡（乡饮酒）等，都有其具体含义："冠礼在明成人之责；婚礼在成男女之别，立夫妇之义；丧礼在慎终追远，明死生之义；祭礼使民诚信忠敬，其中祭天为报本返始，祭祖为追养继孝，祭百神为崇德报功；朝觐之礼，在明君臣之义；聘问之礼，使诸侯相互尊敬；乡饮酒之礼在明长幼之序；射礼可以观察德行。"② 这些礼节，原本都是民间交往活动，亦含有对自然神灵与祖先神灵的崇拜仪式。

（四）司法方面的制度设计

在司法制度方面，《礼记·王制》中有关于刑罚诉讼等方面的内容。特别值得注意的是，《礼记·王制》提出了明察慎刑、依礼审判、遵从先例等原则，提出了"轻重之序，慎测浅深之量以别之"③ 的慎刑原则，"必端平""严断刑"④ 的公正原则，"必原父子之亲，立君臣之义以权之"⑤ 的宗法人伦原则，春夏省狱宽刑，秋冬断狱行刑的司法时令原则。同时，主张对乱政、惑众者严惩不贷。这里既体现了仁礼的精神，也表明了坚决维

---

① （汉）郑玄注，（唐）孔颖达正义，吕友仁整理：《礼记正义》卷20《王制第五》，第579—580页。

② 郭齐勇：《中国哲学智慧的探索》，第184—185页。

③ （汉）郑玄注，（唐）孔颖达正义，吕友仁整理：《礼记正义》卷19《王制第五》，第555页。

④ （汉）郑玄注，（唐）孔颖达正义，吕友仁整理：《礼记正义》卷24《月令第六》，第692页。

⑤ （汉）郑玄注，（唐）孔颖达正义，吕友仁整理：《礼记正义》卷19《王制第五》，第555页。

护礼义制度的决心。《礼记·王制》还明确了司法对象，设计了一套司法流程。由于本书的第五章将集中考察《礼记》中的司法原则和制度设计，故此处恕不赘述。

（五）经济管理方面的制度设计

在国家经济管理方面，《礼记·王制》中主要涉及国家财政预决算制度、市场管控制度、税收和劳役制度。

任何一个国家都离不开经济生活，都要对经济支出作出预算，量入为出，否则就会塌台，古代社会也不例外。《礼记·王制》规定，负责国家总预算的冢宰每年年终编制预算，"冢宰制国用，必于岁之杪。五谷皆入，然后制国用。"[①] 根据耕地大小、年成丰歉，以30年收入的平均数为基准来制定国家预算，衡量收入，预算支出。祭祀费用占全年开支的十分之一。当国有大难时，三年不祭祀宗庙，只祭祀天地和社稷。丧事、祭祀按预算开支，丰年不可奢侈，灾年不可过简。国家没有九年的储备叫作"不足"，没有六年的储备叫作"急"，没有三年的储备叫作国不成为国。三年耕种，一定要有一年的余粮，九年耕种，一定要有三年的余粮。以三十年的平均收入看，即使遇到大旱和水灾之年，百姓也不会挨饿，天子也可以安心用膳，天天享受音乐。这说明了以农业为基础的古代社会编制国家预算的基本原则和制度规定，体现了未雨绸缪、凡事预则立的思想观念。

《礼记·王制》不仅提出了预算的制度，还提出了年终财务平断的问题。"司会以岁之成质于天子。冢宰齐戒受质。……百官齐戒受质。然后休老劳农，成岁事，制国用。"[②] 天子每年都对百官年终财务总结进行平断。百官先进行斋戒，再接受平断结果，然后回去休养老人，慰劳农夫。年终财务总结平断完毕，再制定来年的财政预算。这里主要强调了天子对国家经济运行情况有最高评判权，同时也表明《礼记·王制》对经济预决算制度进行了较为完整的设计。

以农业为主的古代社会虽然重农轻商，但商业活动毕竟存在，如何管控市场，是国家必须考虑的问题。《礼记·王制》一连用了十四个"不粥于市"，表达了对市场的严格管控制度。明确规定十四类物品不能拿到市

[①] （汉）郑玄注，（唐）孔颖达正义，吕友仁整理：《礼记正义》卷17《王制第五》，第509页。

[②] （汉）郑玄注，（唐）孔颖达正义，吕友仁整理：《礼记正义》卷19《王制第五》，第563页。

上去卖，这十四类物品是：圭、璧、金、璋这些贵重物品，命服命车这些国君赐予的官方用品，宗庙的祭祀礼器，祭祀用的牲畜，军用器械，不合规格的日用器物，不合规格的兵车，布帛精粗不合要求、布幅宽窄不合尺寸的，色彩奇邪混淆正色的，饰有锦绣花纹或镶嵌珠宝玉石的器物，服装和饮食，尚未成熟的粮食和瓜果，没有成材的树木，幼小的禽兽鱼鳖。除了这十四类物品不能拿到市上去卖之外，还有严格的稽查制度，"关执禁以讥，禁旅服，识异言。"① 之所以要实行如此严格的市场管控制度，显然与下列因素有关：一是贵重物品有限，只能给尊贵者使用，这是尊卑贵贱等级制度的要求；二是国君赐予的物品、祭祀的礼器和物品神圣不可亵渎，这同样体现着礼的精神；三是军事器械国家专有，不能流落民间以防止暴民作乱，这是维护社会秩序的需要；四是衣食等基本用品有限，不得进入流通，这与农耕社会生产有限的客观条件有关；五是未长成的农林牧副渔产品如果提前被人享用，既造成浪费，也不符合仁爱精神。

在税收和劳役方面，《礼记·王制》主张轻徭薄赋，减轻民众负担。"古者，公田藉而不税，市廛而不税，关讥而不征，林麓川泽以时入而不禁，夫圭田无征。用民之力，岁不过三日。田里不粥，墓地不请。"② 古时候借助民力耕种公田而不征收其田税，贸易场所只征收店铺税而不征收货物税，关卡只负责稽查而不征税，按时节进入森林山麓河泽樵采渔猎不予禁止，耕种卿大夫士的祭田不征税，征用民力出徭役一年之内不超过三天，田地和居邑不得出卖，墓地不得建在划定墓葬区以外的地方。

显然，《礼记·王制》借用古时候在赋税徭役方面的具体举措，来表达它对所在国家赋税政策的制度设计，其主旨思想是轻徭薄赋，减轻民众负担，勉励民众农耕，开发山林田地，增加农作物生产，并以合乎时宜的樵采渔猎物品为适当补充。同时，也禁止田地和住宅地的买卖，禁止侵占非墓区的土地，以保护耕地，进而保证农业用地。

（六）社会管理方面的制度设计

在社会管理方面，《礼记·王制》主要有民生保障制度、教育制度、社会救济制度。

---

① （汉）郑玄注，（唐）孔颖达正义，吕友仁整理：《礼记正义》卷19《王制第五》，第556页。

② （汉）郑玄注，（唐）孔颖达正义，吕友仁整理：《礼记正义》卷18《王制第五》，第532、535页。

第三章 礼乐刑政的综合治理方式和制度设计

先秦儒家认为，人民是统治者的根基，民本君末。任何一个时代的统治者要想维持其统治地位，都必须安定人民生活。《礼记·王制》在安民方面作出了一系列制度设计。"司空执度度地，居民山川沮泽，时四时，量地远近，兴事任力。凡使民，任老者之事，食壮者之食。"① 司空负责拿丈尺来度量土地给百姓居住。如果是山川水泽地区，则要按时观察寒暖燥湿的气候变化，并测量土地的远近以确定居邑和水井的位置，然后兴起工程，使用民力建造居邑城郭。凡使用民力，要让他们干老年人也能干的活，而供给他们壮年人需要吃的粮食。"凡居民，量地以制邑，度地以居民，地、邑、民居，必参相得也。无旷土，无游民，食节事时，民咸安其居，乐事劝功，尊君亲上，然后兴学。"② 凡是安居人民的居处，要根据地势的广狭情况来决定居邑的大小，度量土地的面积来决定此处居民的数量多少。地理条件、居邑建制、居民数量这三方面的情况必须相称。没有旷废的土地，没有无业的游民，饮食有节制，举事尊农时，这样人们就会安居乐业，就会努力工作并做出成绩，就会尊重国君和亲敬长上，然后就可以兴学施教了。综合上述这两段文字，可以看出先秦儒家对民生的关注，他们主张爱惜民力、体恤民众，主张从客观实际出发，使百姓安居乐业、乐事劝功、尊君亲上，这里同样体现了仁的精神和礼的要求。

文化教育是人类文明发展的阶梯，礼乐教化是引导和节制民心最重要的手段。《礼记·王制》认为，在人民群众"咸安其居，乐事劝功，尊君亲上"的情况下，就可以兴学施教了。"司徒修六礼以节民性，明七教以兴民德，齐八政以防淫，一道德以同俗，养耆老以致孝，恤孤独以逮不足，上贤以崇德，简不肖以绌恶。"③ 司徒修订六礼即冠礼、婚礼、祭礼、丧礼、乡饮酒和乡射礼、相见礼，来节制人民的情性；宣明七教即关于父子、兄弟、夫妇、君臣、长幼、朋友、宾客等七种家庭和社会关系的伦理教化，来提高人们的德行；整齐有关饮食、衣服、技艺、器物品类、长度单位、容量单位、计数方法、物品规格等八个方面的制度规定，以防止淫

---

① （汉）郑玄注，（唐）孔颖达正义，吕友仁整理：《礼记正义》卷18《王制第五》，第536页。
② （汉）郑玄注，（唐）孔颖达正义，吕友仁整理：《礼记正义》卷18《王制第五》，第540页。
③ （汉）郑玄注，（唐）孔颖达正义，吕友仁整理：《礼记正义》卷19《王制第五》，第545页。

邪；规范道德，以统一社会风俗；赡养老人，以引导人民孝敬长上；抚恤孤独，以引导人们帮助贫乏的人；尊重贤能的人，以崇尚道德；检举不听教化的人，以摒除邪恶。对不听教化的人要反复进行教化，如果冥顽不化，就把他们摒弃至远方，终身不再收录。由此可以看出，礼乐教化是国家的一项重要工作。在民众安居乐业的基础上，必须高度重视教育工作。对民众进行教育的内容主要是道德礼义，也有日常生活用品的标准礼制，目的是提升民众的道德水平，引导他们遵守社会规范，自觉维护社会秩序。

如何对待老弱病残等社会弱者，是衡量国政、民风及道德善恶的重要标准。《礼记·王制》借助古代传说，叙述了上古时期和夏商周三代对老人的尊重和优待。这些尊重和优待表现在许多方面，其中包括享受美食、保暖衣物、拄杖而行、不服力役兵役、减免各种礼节、举行养老礼、安排家人专人照顾，以及国君亲自前往看望、慰问、请教等。对于鳏、寡、孤、独及身体有残疾的弱者，要给予社会救济。其中，对于鳏、寡、孤、独这类穷困而又无处可求告的人，要给予经常性的粮食救济。"少而无父者谓之孤，老而无子者谓之独，老而无妻者谓之矜，老而无夫者谓之寡。此四者，天民之穷而无告者也，皆有常饩。"[1] 而对于瘖、聋、跛、躃、断者、侏儒等身体有残疾的人，则由百工来供养他们，使他们能够有饭吃。这些都体现了仁爱的精神，也体现了国家对社会弱势群体的关注、体恤和救助，有助于缓解社会矛盾，促进社会和谐。

（七）民族区域和民族关系方面的制度设计

在民族区域建制和民族关系方面，《礼记·王制》提出了不同地区"异制"和"修其教，不易其俗；齐其政，不易其宜"的制度设想。

《礼记·王制》说："凡居民材，必因天地寒暖燥湿。广谷大川异制，民生其间者异俗，刚柔、轻重、迟速异齐，五味异和，器械异制，衣服异宜。修其教，不易其俗；齐其政，不易其宜。中国戎夷五方之民，皆有性也，不可推移。……中国、夷、蛮、戎、狄，皆有安居、和味、宜服、利用、备器。五方之民，言语不通，嗜欲不同。达其志，通其欲"[2]。凡使

---

[1] （汉）郑玄注，（唐）孔颖达正义，吕友仁整理：《礼记正义》卷20《王制第五》，第578页。
[2] （汉）郑玄注，（唐）孔颖达正义，吕友仁整理：《礼记正义》卷18《王制第五》，第537页。

人民居住的城邑，一定要根据当地气候的寒暖湿燥、宽广谷地或大河流域等不同的地理条件，采取不同的建制。人民生活在不同的气候和地理条件下，因而有不同的习俗：性情中的刚烈、柔弱、敏捷、持重、急缓等成分不同，口味不一样，器械规格不一样，衣着也因为适宜各自不同的气候和地理条件而不一样。因此，国家对这些地方采取不同建制，加强对各地人民的教化而不改变他们的风俗，统一政令而不改变他们的习尚。中原地区和四面八方的少数民族，都有自己的特性，不可改变；中原人和少数民族的人，都有自己安居的处所、合适的口味、适宜的衣服、便利的用具、完备的器材。各方人民，言语不通，嗜好不同，用他们自己的语言和嗜好表达各自的意愿，交流各自内心的想法。

《礼记·王制》中的这些文字，体现了儒家主张的以理服人的王道精神，强调无论是中原人民还是边远地区的少数民族人民，都要友好和谐相处。中央王朝要维护政令统一，宣扬自己的礼教，但要尊重不同民族和地区的风俗，了解他们的情况，帮助他们促进自身发展。这是《礼记·王制》在国家制度设计上的一个重要特点，实际上提出了处理中原地区与周边各少数民族之间的关系原则，可以说是中国古代国家统一、民族团结、民族平等思想的集中表达，蕴含了当代中国民族区域自治的思想因子，是对我国民族区域建制和政策的最初设计。在这一制度设计中，包含着礼义天下、民族平等、各民族人民和睦相处、协和万邦的儒家仁爱礼义思想。

（八）生态环境保护方面的制度设计

在生态环境保护方面，《礼记》中的《王制》和《月令》篇都有关于生态环境保护和动物保护方面的制度设计。

《礼记·王制》中明确提出了保护山林和动物的思想："天子、诸侯无事，则岁三田，一为乾豆，二为宾客，三为充君之庖。无事而不田，曰不敬。田不以礼，曰暴天物。天子不合围，诸侯不掩群。……草木零落，然后入山林。昆虫未蛰，不以火田。不麛，不卵，不杀胎，不殀夭，不覆巢。"[①] 天子诸侯在正常情况下，每年打猎三次，一为宗庙祭祀，二为款待宾客，三为供君享用。如果没有特殊情况而不打猎叫作不敬，打猎而不遵循有关的礼叫作暴珍天物。天子打猎不采取合围的办法，诸侯不能尽杀

[①] （汉）郑玄注，（唐）孔颖达正义，吕友仁整理：《礼记正义》卷17《王制第五》，第505—506页。

成群的野兽。捕鱼、田猎、捕鸟等活动,都必须安排在这些动物比较丰盈的时候。草和树叶开始零落时,才可以进山林砍伐木材。昆虫没有冬眠时,不可放火烧草来肥田。不能捕获幼兽,不能取鸟卵,不杀怀孕的母兽,不杀野兽的幼崽,不倾覆鸟巢。

生态保护思想在《礼记·月令》篇中也有明确的表述:"命祀山林川泽,牺牲毋用牝。禁止伐木。毋覆巢,毋杀孩虫、胎、夭、飞鸟,毋麛,毋卵。"① 每年农历一月,天子要命令乐正发布生态保护方面的禁令,内容包括祭祀不用牝牲,禁止砍伐树木,不允许捣毁鸟巢,不允许残害有益于农作物的幼虫和未出生或新生的幼兽以及刚学飞行的小鸟,不允许捕杀小兽和掏取鸟卵。农历二月,"毋竭川泽,毋漉陂池,毋焚山林。"② 不要放干河湖里的水,不要放尽陂塘和池子里的水,不要焚烧山林。农历三月,"命野虞无伐桑柘。鸣鸠拂其羽,戴胜降于桑"③。天子命令野虞禁止人们砍伐桑树和柘树,以便斑鸠在树上梳理自己的羽毛,戴胜鸟降落在桑树上栖息。

《礼记》中的《王制》《月令》都是非常典型的带有儒家思想色彩的施政纲领和制度设计的经典文献。其中强调渔猎采伐等要遵循有关的礼,体现了对生物和幼小动物的仁爱精神,也体现了对自然的保护和对动物的保护,这实际上也是为人类自身的生存环境和可持续发展考虑,从而体现了可贵的生态环境保护的思想,以及人与自然和谐相处的思想。

上述八个方面的制度设计及构想,涉及政治、经济、文化、社会、生态、民族等方方面面,体现了先秦儒家德治、仁政、以礼治国的政治主张。

二 国家制度设计中体现的礼法精神

从《礼记·王制》记载的制度设计可以看出,这些制度的具体内容总体上反映了儒家的思想,特别是仁政的思想。其中涉及的政治制度"来源

---

① (汉)郑玄注,(唐)孔颖达正义,吕友仁整理:《礼记正义》卷22《月令第六》,第624页。
② (汉)郑玄注,(唐)孔颖达正义,吕友仁整理:《礼记正义》卷22《月令第六》,第634页。
③ (汉)郑玄注,(唐)孔颖达正义,吕友仁整理:《礼记正义》卷23《月令第六》,第648页。

十分复杂,既有夏、商、周三代政治制度的辑录,也有作者对于某些政治制度的设想。因此,读者不可将其视为某朝某代政治制度的实录去考证核实,而应当将它们当作是儒家政治学说的一部分来对待。惟其如此,才能既比较公允地确立《王制》《月令》在儒家政治学说中的地位,又不致曲为之解。"[1]

《礼记·王制》中的各项制度设计所体现的礼法精神是显而易见的。《礼记》中的《经解》篇中有一段话,对这种种制度设计中体现出来的礼法精神予以精辟的揭示:"故朝觐之礼,所以明君臣之义也;聘问之礼,所以使诸侯相尊敬也;丧祭之礼,所以明臣子之恩也;乡饮酒之礼,所以明长幼之序也;昏姻之礼,所以明男女之别也。"[2] 由此我们可以看出,《礼记》中国家层面的制度设计,分别从不同角度体现了君臣、父子、夫妇、长幼关系的礼法精神,体现了德政、仁政的思想。具体而言:

王权政治方面的爵禄制、分田划地制、封邦建国制、分官设职制、诸侯朝聘制和天子巡守制,体现了以天子为中心的大一统政治构架,显示了诸侯对天子的依附关系和天子对各地诸侯的严格控制,凸显了天子至高无上的地位。而维护君权的至高无上地位,正是礼义所赖以体现的尊卑贵贱等级制度的核心所在。

在对官吏的培养选拔制度和管理制度方面,不仅最后决定权在于天子,而且培养教育的内容为《诗》《书》《礼》《乐》。考核的内容包括德才,其中的德就是礼仪教化的内容;对官吏的监督管理和惩处也与礼相联系,如果犯事,则不仅要被剥夺官职,连死后的葬礼也得降格。

在以冠、婚、丧、祭、乡、相见为主要内容的礼仪制度方面,更是处处体现了礼法的精神。"夫祭有十伦焉:见事鬼神之道焉,见君臣之义焉,见父子之伦焉,见贵贱之等焉,见亲疏之杀焉,见爵赏之施焉,见夫妇之别焉,见政事之均焉,见长幼之序焉,见上下之际焉。此之谓十伦。"[3]

在刑罚诉讼的司法制度方面,天理、人情、人伦都是审判案件的依

---

[1] 刘松来、唐永芬:《礼记开讲》,第233页。
[2] (汉)郑玄注,(唐)孔颖达正义,吕友仁整理:《礼记正义》卷58《经解第二十六》,第1908—1909页。
[3] (汉)郑玄注,(唐)孔颖达正义,吕友仁整理:《礼记正义》卷57《祭统第二十五》,第1879页。

据,天子是司法的最高裁判者,这体现了天子至高无上的地位。

在国家财政预决算制度方面,天子是这一制度的授权者、平断者。

在市场管控制度方面,明确规定贵重物品、君赐予的物品、祭祀的礼器和物品不得进入市场流通,这体现了尊卑贵贱的礼法秩序。

在税收和劳役制度方面,规定轻徭薄赋,这符合仁义精神,也有利于维持社会稳定和长远发展。

在社会管理制度方面,主张使人民安居乐业,对人民进行礼义教化,尊老、敬老、养老,关注和照顾鳏寡孤独残疾者,救助社会弱势群体,体现了君上安民、治民、教民的民本意识和仁爱精神。

在民族关系方面,主张既要加强对各地人民的教化,又不要改变他们的风俗;既要统一政令,又不要改变他们的习尚;既强调了国家的统一性,又关注到民族地区的多样性;既强调礼法的统一性和权威性,也体现了仁爱和睦的礼义精神。

在生态环境保护和动物保护制度方面,将避免滥杀野兽视为对礼的遵循,其中也体现了仁爱之心和礼义精神。这表明,"中华先民与先秦儒家对生态系统的认识是在容纳天、地、人、神诸多要素的'天地'概念下展开的,这是一种整体论、系统论的观念,以'和'为条件的不断创生是他们对这个生态系统的根本认识。他们对'天地'的创生现象持有价值判断的观念,肯定天地万物皆有内在价值,要求一种普遍的生态的道德关怀,而他们对人性、物性的辩证认识又同时清楚地表明了一种生态伦理的等差意识,或曰不同伦理圈层的区分意识。儒家在从工具价值的立场取用生态资源的同时,并不忽视动植物等的内在价值。从儒家'天人合一'的理念看,生态伦理作为一种新的伦理范式其确立的基础必须建立于对人性的重新反思之上。"[①]

在《礼记·王制》《礼记·月令》中,礼法精神用国家制度设计的形式体现出来,本身就是礼法的表现。这些制度设计在古代中国社会的实际运作过程中,有些是以国家制定的硬法形式出现的,有些则是以人们在实践中约定俗成而被国家认可的软法形式出现的。

《礼记》中的《王制》内涵极为丰富,既参照了儒家心目中的三代之礼特别是西周之礼,也融入了先秦儒家关于治国理政的政治主张,体现了

---

① 郭齐勇:《道不远人:郭齐勇说儒》,第62—63页。

他们所推崇的礼法精神，更寄托了他们对未来理想社会的畅想和制度设计。"《王制》之作者，既饫闻儒家之理论，又参照前代之遗制，更益以个人之理想，遂欲定为一代之大法，以待后世之施行。其思虑所及，于国家政事几乎无所不包，亦可谓'致广大'矣；又安能期其必'尽精微'乎？"①

总之，《礼记·王制》篇及其他有关篇目中蕴含的礼法精神、体现礼治、仁政、德治思想的制度设计，是对三代之礼制的描述和想象，也是当时儒家对未来理想国家的政治构想。虽然这一设计并非尽善尽美，在当时的社会条件下也并不可能真正在实践中得到完全实施，但是我们却不能因此就忽视其内在价值，或者忽视其在中国古代政治思想史上的地位，也不能忽视这些制度设计对后世治国理政的积极影响，更何况其中一些思想因子至今仍有积极意义。

三　礼法合治方略的确立及其历史命运

如前所述，《礼记·乐记》提出了礼乐刑政、综合为治的治理方式，但由于儒家所说的乐，主要是指具有道德教化作用的德音雅乐，因而可以归属于广义的礼。同时，由于礼和刑都由国君的政令颁发，政令的内容主要就是礼乐与刑罚，所以礼乐刑政综合为治的基本内容是礼法合治。作为中华优秀传统文化的有机组成部分，中国古代的礼法合治思想具有重要的思想价值。

（一）礼法合治方略的确立

中华优秀传统文化内涵极为丰富，可以从不同领域、不同角度对其进行多方面的挖掘、整理、审视、借鉴。而从国家治理角度来看，礼法合治的治理思想就是中华优秀传统文化中的一个重要内容。

历史表明，中华民族的先人在追求人与自然、人与社会、人与人之间关系和谐的过程中，形成了以"礼"为核心的古代文明，它从先民祭祀祈福的仪式，逐步演化为一整套体现等级秩序的礼仪规范，并发展成"以德配天""敬德""保民"等政治主张，即德治思想。礼作为一种人性、伦理、情感化的文化现象，要求人们有礼有义。《礼记·冠义》说："凡人

---

① 高明：《礼学新探》，台湾学生书局1984年版，第217页。

之所以为人者，礼义也。"① 在他们看来，礼源德，德生礼，德是礼的本根，礼为德的产物。在中国古代社会，礼无所不在，它浸润于社会生活的方方面面，蕴含着社会运行的规范准则、人民的生活方式和价值取向，是中国古代文明的重要标志。在礼的发展进程中，一些思想家也就如何治国理政提出了与"礼治"相对应的"法治"思想，强调"任法去私"②"以道为常，以法为本"③"立法令者以废私也"④，主张以法为治世之本，设计严密的制度，实行严厉的赏罚制度，以此达到加强集权、富国强兵、统一天下的目的。而在各种治世主张的相互碰撞、相互借鉴之下，也有一些思想家援法入礼、以法释礼、以礼言法、以礼并法，主张隆礼立法、隆礼重法、礼法并用、礼法合治。他们还认识到治理国家要将礼乐教化与刑罚禁暴相结合，并逐步形成了礼法合治、德主刑辅的治国理念。

古代中国思想界对礼与法之间、德与刑之间密不可分的关系有着透彻的论述。《尚书》中首次提出了"明德慎罚"⑤ 的思想。春秋时孔子提出："道之以政，齐之以刑，民免而无耻；道之以德，齐之以礼，有耻且格。"⑥ 战国末期荀子发展了儒家关于德政的思想，提出"隆礼尊贤而王，重法爱民而霸"⑦，主张隆礼重法、礼法并施，并强调法应以礼为本，"礼义生而制法度"⑧。《大戴礼记·礼察》记载："礼者禁将然之前，而法者禁于已然之后。"⑨《史记·太史公序》说："礼禁未然之前，法施已然之后"⑩。《后汉书·郭陈列传》言礼法关系："礼之所去，刑之所取，失礼

---

① （汉）郑玄注，（唐）孔颖达正义，吕友仁整理：《礼记正义》卷68《冠义第四十三》，第2269页。
② 蒋礼鸿：《商君书锥指》卷3《修权第十四》，第85页。
③ （清）王先慎撰，钟哲点校：《韩非子集解》卷5《饰邪第十九》，第126页。
④ （清）王先慎撰，钟哲点校：《韩非子集解》卷17《诡使第四十五》，第410页。
⑤ 顾颉刚、刘起釪：《尚书校释译论·周书·康诰》，第1299页；《尚书校释译论·周书·多方》，第1610页。
⑥ （清）刘宝楠撰，高流水点校：《论语正义》卷2《为政第二》，第41页。
⑦ （清）王先谦撰，沈啸寰、王星贤点校：《荀子集解》卷11《天论篇第十七》，第310页；卷11《强国篇第十六》，第285页；卷19《大略篇第二十七》，第470页。
⑧ （清）王先谦撰，沈啸寰、王星贤点校：《荀子集解》卷17《性恶篇第二十三》，第424页。
⑨ （清）孔广森撰，王丰先点校：《大戴礼记补注：附校正孔氏大戴礼记补注》，卷2《礼察第四十六》，第36页。
⑩ （汉）司马迁：《史记》卷130《太史公自序第七十》，第761页。

则入刑,相为表里者也。"① 《唐律疏义》卷一《名例》疏议也指出:"德礼为政教之本,刑罚为政教之用,犹昏晓、阳秋相须而成者也。"② 凡此等等,说明中国古人对德礼与法刑之间关系的认识是透彻的。礼法合治的思想观念虽然在汉代以后通常以"礼"的观念来表述,但其中包含着古代法的内容,实际运作上更是礼法合治。它运用于统治者的治国方式中,也浸润于百姓头脑和生活中,因而一般百姓也能比较准确地感悟和把握礼与法之间的关系。

作为中华优秀传统文化的重要组成部分,以礼法合治为核心的国家治理思想不仅是中国古代思想家智慧的结晶,也是中国古代治国理政经验教训的总结。当年,秦国推行"以法为本""厚赏重罚",迅速崛起,雄视中原,终成中华统一大业。但由于秦朝"专任刑罚",酷刑厉法,暴政无度,加上竭尽国力,役民太甚,百姓不堪其重,被迫揭竿而起,致使强大的秦朝二世而亡。此后的统治者总结秦二世而亡的历史经验教训,认识到一味严刑峻法只能"诛恶",只能使人"畏法",却不能"劝善",因此不是治本的良方。而开办学校,进行礼义教化,能使百姓知晓礼义而耻于犯罪。因而他们主张建立一种既重视对民众的礼义教化、又对那些冥顽不化者施以刑罚的国家治理模式,进而保证国家能够长治久安。于是,礼法合治、德主刑辅、王霸结合的国家治理模式逐渐形成。

汉代董仲舒提出"阳德阴刑",主张用仁德代替严刑,实行礼义教化、布施仁德的政策,以德化治理为主,重视"教化",在德礼教化无效的情况下再施刑罚。"汉儒推动礼的复兴,遏止了秦式刑法政治,建立了汉代平民参政政治,相对地限制了皇权。到郑玄等以礼并法,自此有'礼法'之称。至六朝时期,士礼大盛。隋唐的制度建构,基础在汉魏六朝。唐代有《唐律》,又有《开元礼》,仍是礼法并重。直到宋元明清,法仍未取代礼,乡约、家礼深入民间。礼制是中国文化不同于西方、印度文化的特质之所在。"③ "一般认为,礼法合治与德主刑辅的历史演变脉络大致形成于周,确立于汉,完成于唐。唐以后略微调整,但基本格局则没有大的

---

① (南朝宋)范晔:《后汉书》卷46《郭陈列传第三十六》,第455—456页。
② 岳纯之点校:《唐律疏议》卷1《名例·凡七条》,上海古籍出版社2013年版,第3页。
③ 郭齐勇:《吴于廑先生的封建论》,《武汉大学学报》(人文科学版)2013年第4期。

变化。"①

汉代之后的历代统治者，大多实行了以礼率律、礼法合治的治国方式。"汉至清代，儒家的思想为社会的主导思想，法家的思想虽然被摒弃，但其主张和建立的制度却得以沿袭，是为众所周知的'儒法合流'。在儒法合流，以儒为主的文化背景下，古代的礼与法实为一个'共同体'。在这个'共同体'中，复活的礼教化是其核心。以教化解决争讼，预防犯罪是法的重心，而'刑罚'只是一种'弼教'的手段。"② 实践证明，实行礼法合治、德主刑辅的治国原则和方略，成就了大汉盛世。"汉"也由此成了作为一个族群的中华民族的代名词。

（二）礼法合治的历史命运

值得注意的是，在中华优秀传统文化中，与礼法合治思想相联系的，还有前文所阐述的礼乐刑政、综合为治的思想，其核心内容仍然是礼法合治。《礼记·乐记》提出："礼节民心，乐和民声，政以行之，刑以防之。礼乐刑政，四达而不悖，则王道备矣。"③ 这就是后人总结的"礼乐刑政，综合为治"的理论基础。显然，"在社会控制思想上，自从西周以来，最高的统治者就不断总结历史教训，告诫下属要'明德保民'，以德化民，行为世范。对于社会控制，要使用多种方法教民化民，让民向善自律，想不到去为非犯罪。在统治者的社会控制体系中，'德、礼、政、刑'是四个最重要的层次，以德为首，这些都被儒家所继承。""儒家绝不是无用的理论，而是治世的理论。"④ "夫治定之化，以礼为首。拨乱之政，以刑为先。"⑤ 纵观中国古代历史，严厉的刑政只是一时之计，礼法合治、德主刑辅、先礼后刑、礼乐刑政综合为治，依法治国与以德治国相结合，才是保证国泰民安的长久之道。

可以说，礼法思想的出现固然是思想家们的创见，亦是时代的召唤；

---

① 韩星、单长城：《礼法合治、德主刑辅、王霸结合——汉代国家治理模式的确立及其现实意义》，《孔子研究》2019 年第 6 期。

② 马小红：《"以刑为主"还是"以礼为主"——中国传统法的反思》，《中国司法》2008 年第 1 期。

③ （汉）郑玄注，（唐）孔颖达正义，吕友仁整理：《礼记正义》卷 47《乐记第十九》，第 1459 页。

④ 孟天运：《先秦社会思想研究》，人民出版社 2012 年版，第 703—704 页。

⑤ （晋）陈寿撰，（宋）裴松之注：《三国志》卷 24《魏书·韩崔高孙王传第二十四》，中华书局 2006 年版，第 409 页。

时代影响着思想的产生,思想亦引领着时代前进的方向。在中国古代政治的实际运作过程中,礼法之间的关系经历了从礼法同构,到礼法分列,再到援法入礼、礼法合治、纳礼入法、礼律融合、以礼率律的过程,这一过程一直延续至清末。"礼是中国传统文化的核心,也是法文化的主要构成部分。中国古代的法律文化,从根本上说是一种礼法文化,礼和法纠缠错节的关系一直是中国古代法律史上最为醒目的一道风景:古代中国,夏、商、周三代礼法一体、礼外无法;春秋战国和秦代礼坏乐崩、礼法分离;汉至清末礼法结合、以礼率律。"[1]

直到近代,伴随着西方列强的崛起,缓慢发展的中国落在了迅猛发展的时代后面,在侵略者坚船利炮重击下猛醒的先进中国人开始向西方寻找救国救民的真理。伴随着西学东渐,中国传统的礼和法受到极大冲击。尽管如此,数千年形成的礼法合治传统仍然在民间发挥着重要作用,并对中国法治起着潜移默化的影响。时至今日,法在百姓观念中仍然是主要起着强制、惩戒、威慑作用的,而不是被作为最高精神规范;礼虽然已经不再时时被人提起,却依旧被视为比法刑更高一等的教化、渗入日常普遍生活的习俗。例如,经过多方呼吁,2013年7月起,我国将敬老纳入法律,尽管这从法治的发展来说无可厚非,甚至是一种进步,但是在不少人看来,这本应是社会礼义、习俗教化的问题,而不应该交给法律解决。可见即使在法治大力发展,德礼教育严重弱化甚至被严重忽视的今天,人们仍然认为礼是维护社会秩序的良方,而将法律视为不得已而为之的措施。而在构建和谐社会、培育和践行社会主义核心价值观、推进国家治理体系和治理能力现代化、全面推进依法治国的今天,法的界定与礼的重建又重新成为学界热议的话题,中国古代文明中的礼法合治、德主刑辅等作为当今德法共治的思想渊源而为人们所关注。

---

[1] 徐燕斌:《礼与王权的合法性建构:以唐以前的史料为中心》,中国社会科学出版社2011年版,摘要。

第四章　礼乐教化

——礼法合治的主要方式

大学之道，在明明德，在亲民，在止于至善。

——《礼记·大学》

故礼之教化也微，其止邪也于无形，使人日徙善远罪而不自知也，是以先王隆之也。

——《礼记·经解》

乐者也，圣人之所乐也，而可以善民心。其感人深，其移风易俗，故先王著其教焉。

——《礼记·乐记》

君子如欲化民成俗，其必由学乎！

——《礼记·学记》

玉不琢，不成器。人不学，不知道。是故古之王者，建国君民，教学为先。

——《礼记·学记》

在先秦儒家看来，礼是融政治秩序、伦理道德、仪式典章为一体的国家纲常，以礼治国是治理国家的根本指导原则。但是，礼本身不可能直接发挥社会治理作用，以礼治国政治主张的贯彻实现，需要一定的载体和途径，需要通过具体的教化手段、行政手段、刑罚手段等加以推行和维护，采用礼乐刑政、综合为治的治理方式。而礼乐教化，无疑是其中最主要的手段和方式，在综合治理的各种方式中处于优先和主要地位。《礼记》中的礼乐教化思想，集中体现在《礼运》《乐记》《学记》等篇目中。

本章以《礼记》中的《礼运》《乐记》《学记》等篇目为文本依据，阐述《礼记》中的礼乐教化思想，其中包括礼和乐的社会功能，礼乐教化在国家治理中的地位和作用，礼乐教化的内容和目的、原则和方法等。

第一节 礼以道其志

在《礼记》提出的礼乐刑政、综合为治的治理方式中，"礼以道其志"，礼的作用是排在第一位的。而关于礼的本质属性、礼的产生、礼的社会功用，以及礼与仁、义、法、刑等之间的关系已在本书第三章第一节进行了集中阐述，所以本节关于礼的地位和作用的阐述主要集中在礼仪教化的重要性上，即"礼以道其志"。

一 建国君民、化民成俗——礼义教化的社会功能

先秦儒家主张通过礼义教化引导人们知晓社会规范，明确等级名分，从而安分守己，尽忠尽孝，仿照国君管理好自己，供养国君来使自己生活安定，为国君做事来求得自身显贵，甚至不惜为其舍生忘死。"故百姓则君以自治也，养君以自安也，事君以自显也。故礼达而分定，故人皆爱其死而患其生。"[1] 可见，礼义教化的作用虽然是潜移默化的，是无形的，但也是无比巨大的，是与每个人息息相关的。

之所以要用礼义来教化人民，是因为礼义对于人来说非常重要。"故礼义也者，人之大端也。所以讲信修睦而固人之肌肤之会、筋骸之束也，所以养生、送死、事鬼神之大端也，所以达天道、顺人情之大窦也。故唯圣人为知礼之不可已也。故坏国、丧家、亡人，必先去其礼。"[2] "故圣王修义之柄，礼之序，以治人情。"[3] 礼义是做人的最基本出发点，用以规范社会上人与人之间的关系，可以讲究信用、加强和睦；用以修养人的个体，可以强身健体，增进身心健康协调；是用来养生送死、祭祀鬼神、慎终追远的最基本的指导原则；礼义是用来体达天理、顺适人情的重要通道。只有圣人才知道是不可以中断礼义的，而那些祸国殃民、丧家亡身的

---

[1] （汉）郑玄注，（唐）孔颖达正义，吕友仁整理：《礼记正义》卷30《礼运第九》，第912页。

[2] （汉）郑玄注，（唐）孔颖达正义，吕友仁整理：《礼记正义》卷31《礼运第九》，第941—942页。

[3] （汉）郑玄注，（唐）孔颖达正义，吕友仁整理：《礼记正义》卷31《礼运第九》，第943页。

人肯定是先废弃了礼。礼的荒废，会对个人、家庭至国家层面造成根本性的破坏，损人害己、祸国殃民。因此，圣王通过加强义的手段、礼的秩序，用来治理人情。

礼义教化虽然不是国家治理的唯一手段，因为刑罚惩处也是必不可少的治理手段，但是，如果没有礼义教化，就会给国家带来严重后果。"刑肃而俗敝则法无常，法无常而礼无列，礼无列则士不事也。刑肃而俗敝，则民弗归也。是谓疵国。"① 如果刑法严峻而礼俗败坏，法律就会变动不居反复无常；法律变动不定，礼就会受到破坏而不能区分等级秩序；礼不能区分等级秩序，为官做事的人就不会恪尽职守。刑法严峻而礼俗败坏，民心就不归于国家，这样的国家就叫作病国，就会出现严重问题。

先秦儒家对礼义教化极端重要性的认识，决定了他们把礼义教化放在礼乐刑政综合为治的首要位置，并将其作为主要手段。礼乐教化也是他们论述最多的内容。

礼义教化的目标是什么呢？在先秦儒家看来，这个目标总起来说，是要对人情进行调教，使全体社会成员懂得做人的义理，将礼义内化于心，外践于行。

《礼记》中的《礼运》篇将人情比作圣王的田地，将加强礼比作田地的耕作，将陈述礼义比作播种，将实行礼义教化比作除草，将教育内容和形式合乎于仁比作收获，将播扬音乐安定人心比作进食享用，将礼乐能否通达人心比作人体能否吸收消化，认为"治国不以礼，犹无耜而耕也；为礼不本于义，犹耕而弗种也；为义而不讲之以学，犹种而弗耨也；讲之以学而不合之以仁，犹耨而弗获也；合之以仁而不安之以乐，犹获而弗食也；安之以乐而不达于顺，犹食而弗肥也。"② 在国家治理中，圣王对百姓施行礼义教化，犹如人在田地耕耘播种管理，直至收获享用和吸收消化一样。

先秦儒家认为，通过礼义教化来引导人们，可以使人们懂得做人的道理，明白"父慈、子孝、兄良、弟弟、夫义、妇听、长惠、幼顺、君仁、

---

① （汉）郑玄注，（唐）孔颖达正义，吕友仁整理：《礼记正义》卷30《礼运第九》，第908页。
② （汉）郑玄注，（唐）孔颖达正义，吕友仁整理：《礼记正义》卷31《礼运第九》，第943页。

臣忠"① 是做人的义理,从而实现"人之肥""家之肥""国之肥""天下肥"之"大顺"的目标。正如《礼记》中的《礼运》篇所说:"四体既正,肤革充盈,人之肥也;父子笃,兄弟睦,夫妇和,家之肥也;大臣法,小臣廉,官职相序,君臣相正,国之肥也;天子以德为车,以乐为御,诸侯以礼相与,大夫以法相序,士以信相考,百姓以睦相守,天下之肥也。是谓大顺。大顺者,所以养生、送死、事鬼神之常也。"②

也就是说,通过礼义教化要达到的目标是多层面的。对个人来说,就是四肢端正,皮肤饱满,身心健康;对家庭来说,就是父子情深,兄弟和睦,夫妻和美;对国家来说,就是大臣守法,小臣廉洁,官职井然有序,君臣以正道相处;对整个社会来说,就是天子以德为车,以乐为御车人,诸侯们以礼相处,大夫以法序列官位,士依诚信来相互了解彼此合作,百姓以和睦态度友好相处。这就叫作大顺,大顺是养生送死、祭祀鬼神的常理。

至于如何用礼义来教化百姓,化民成俗,引导整个社会成员树立符合最高统治者意志的礼义观,进而自觉地用体现君臣、父子、长幼、男女之间等级秩序的礼来规范自己的行动,使其内化于心,外践于行,《礼记》中的《学记》等篇目作了系统阐述。关于这个问题,后文将会专门阐述。

二 礼义教化的内容和目的

先秦儒家主张以礼治国,以礼作为行为规范,作为维持社会秩序的主要工具和手段,"然则以何种力量来推行礼,使人人守礼,不违礼,如有人不遵守此种行为规范而破坏社会秩序,将以何种力量来保护它,需要制裁否,这些问题应作进一步的讨论。儒家认为无论人性善恶,都可以道德教化的力量,收潜移默化之功,这种以教化变化人心的方式,是心理上的改造,使人心良善,知耻而无奸邪之心,自是最彻底、最根本、最积极的办法,断非法律判裁所能办到。"③ 由于儒家礼治的实质就是有德行的人以礼治国、实行德政、仁政,德主刑辅,因此,教育人、培养人成为以礼

---

① (汉)郑玄注,(唐)孔颖达正义,吕友仁整理:《礼记正义》卷30《礼运第九》,第915页。

② (汉)郑玄注,(唐)孔颖达正义,吕友仁整理:《礼记正义》卷31《礼运第九》,第943—944页。

③ 瞿同祖:《中国法律与中国社会》,商务印书馆2010年版,第327—328页。

治国的关键。为了使人们知礼、尊礼、守礼，必须进行礼义教化。由于广义的礼包括乐，所以礼义教化往往也被称作礼乐教化，两者是可以通用的。

礼义的内容就是儒家主张的"德"，礼义教化就是道德教化。先秦儒家非常重视道德教育，认为只要把道德贯穿到社会生活各方面，以德治国，就可以使社会各方面的人各安其位、民心归顺，就可以保持社会稳定和长治久安。而先秦儒家极力主张的道德原则和规范，主要是以"仁"为核心的道德原则和义、礼、智、忠、信、孝悌等。

《礼记》在孔子礼乐教化思想的基础上，系统阐述了先秦儒家关于礼乐教化的理论和方法。

《礼记》中的《大学》篇开篇就提出了礼乐教化的根本原则和最高目的，这就是："大学之道，在明明德，在亲民，在止于至善。"[①] "明德""亲民""止于至善"，被称为礼乐教化的"三纲领"。它明确了礼乐教化的根本目的，在于彰明人的内心存在的禀赋于天的美善德性，在于使人自新，在于使人达到最美善的道德境界。关于"大学之道"的至理名言，不仅指明了当时礼乐教化和整个教育的发展方向，也对后世教育产生了深远的影响。关于"三达德"，本书将在第六章中从君子修身进德角度给予适当展开。

《礼记》中的《王制》《文王世子》《学记》《乐记》《大学》等篇目，分别从不同角度阐述了礼乐教化的内容和目的。

《礼记》中的《文王世子》篇记载："凡三王教世子，必以礼乐。乐，所以修内也；礼，所以修外也。礼乐交错于中，发形于外，是故其成也怿，恭敬而温文。"[②] 相传夏商周三代教育太子，一定要用礼乐来进行教育。乐是用来提高内心修养的，礼是用来指导外在行为的。礼乐交互作用于内心，并通过外在的行为表现出来，因而能够成就愉悦的心情，恭敬而又温文尔雅的仪态。可见，这里的教化内容就是礼和乐，教化的主要目的是修养身心和培养人。

《礼记》中的《王制》篇通过对司徒职责的记载，描述了有关教育的

[①] （汉）郑玄注，（唐）孔颖达正义，吕友仁整理：《礼记正义》卷66《大学第四十二》，第2236页。

[②] （汉）郑玄注，（唐）孔颖达正义，吕友仁整理：《礼记正义》卷28《文王世子第八》，第843页。

内容和目的。"司徒修六礼以节民性，明七教以兴民德，齐八政以防淫，一道德以同俗，养耆老以致孝，恤孤独以逮不足，上贤以崇德，简不肖以绌恶。"① 司徒是掌管礼乐教化的最高长官，其职责就是负责礼义教化。其中包括：通过修习"六礼"即冠礼、昏礼、祭礼、丧礼、乡饮酒礼、士相见礼，来使人知晓和掌握礼义；通过明示"七教"，即父子、兄弟、夫妇、君臣、长幼、朋友、宾客之间的关系，来提升民众的伦理道德水准；通过整齐"八政"即饮食、衣服、百工技艺、五方不同用器、度、量、数、制，以防止制度被败坏；统一道德规范以形成善良质朴的风俗；供养老人，以养成人们的孝心；救济孤独残废，使弱者不至于被遗弃；尊重贤能的人，以倡导社会推崇具有美德的人；检举邪恶的行为，以摒除罪恶的人。显然，这里所说的教化内容是"六礼""七教""八政"，其核心内容是人伦、秩序、规矩，是尊、敬、仁、爱、善等美德。而教化的目的，一方面是通过全社会的道德培育，提高民众的道德水准，以和谐社会关系；另一方面是要培养心怀仁德、端庄仁厚的国家管理人才即良吏能臣。

《礼记》中的《哀公问》篇在记载孔子回答哀公之问时，也阐述了有关礼乐教化的内容。"民之所由生，礼为大。非礼无以节事天地之神也，非礼无以辩君臣上下长幼之位也，非礼无以别男女、父子、兄弟之亲，昏姻疏数之交也。君子以此之为尊敬然。然后以其所能教百姓，不废其会节。"② 在人们所赖以生存的事务中，礼最为重要。没有礼就无法指导祭祀天地鬼神，就无法辨明君与臣、上级与下级、长与幼的不同地位，就无法区别男女、父子、兄弟的亲缘关系，以及婚姻和社会交往的亲疏关系。正因为如此，君子尊礼、敬礼然后以自己所能教导百姓，使人们在应当行礼的时节、场合不会有所荒废。这里，君子教导百姓的内容正是明辨君臣、上下、长幼社会地位的礼，正是区别男女、父子、兄弟亲缘关系的礼，前者涉及国家和社会关系，后者涉及家庭血缘关系。

古代的礼主要有冠、婚、丧、祭、朝、聘、乡、射等。这些古礼既承载和体现着礼义，又大多伴随具有情感色彩的音乐演奏或乐舞表演。因此，"这些古礼综合了宗教、政治、伦理、艺术、美学的价值，对于稳定

---

① （汉）郑玄注，（唐）孔颖达正义，吕友仁整理：《礼记正义》卷19《王制第五》，第545页。
② （汉）郑玄注，（唐）孔颖达正义，吕友仁整理：《礼记正义》卷58《哀公问第二十七》，第1912页。

社会，调治人心，提高生活品质都有积极意义。儒家除了礼教还有诗教，这都是为了使人向善，敦厚庄敬，相互和睦，克服人性负面的东西。而就礼治而言，根本上在使社会有序化"①。

从《礼记》有关篇目的论述来看，先秦儒家所主张的大学教育内容是比较全面的，既有道德教育，也有其他方面的教育。在当时历史条件下，学习的内容包括礼、乐、射、御、书、数，即通常说的"六艺"，其中的礼包括各种礼仪制度、行为规范，属于道德教育；乐包括诗歌、奏乐和舞蹈，属于美育，但同时兼有道德教育功能；射、御着眼于军事技能训练，属于军事体育，后来逐渐演化为礼仪标准，以观德性，贵揖让；书、数主要是指书法和算术，属于基础文化教育。显然，当时的"六艺"教育已经蕴含有类似今天的德、智、体、美多方面教育的思想因子。从一定意义上来说，先秦儒家关于教育内容的设想和实践，不仅对后世的教育理念产生了很大影响，也奠定了今天德、智、体、美全面发展理念的基础。当然，其中的内涵已经发生了古代社会所无法比拟的变化，具有完全不同的时代内容。

从治国的角度看，先秦儒家所主张的大学教育以德化教育为中心，着眼于立德树人，其目的在于和睦长幼，协调尊卑，移风易俗，整肃不良风俗，形成良善社会风气和社会文化，规范人际交往，引导人情风俗，宣泄和节制情感，和睦社会，维护道德人心与社会秩序。这些涵盖了从个人、家庭、社会、国家和天下等纬度，亦如《大学》所述的修身、齐家、治国、平天下四个层面。可见，"大学之教也时，教必有正业"②。礼义教化、道德教化，是大学教育的主要内容。

礼义教化本质上属于道德教化。"道"，本义是指人行走的道路，后来引申为事物发展变化所必须遵循的普遍客观规律。"道"被具体应用到国家政治领域，是指治国理政的基本原则和方法，如"王者之道"；运用到伦理道德范畴，是指人们的行为方式必须遵循的原则和规范，如"君子之道"；运用到礼乐教化方面，是指教化的目的，如"大学之道"。"德"和"得"相连，在思想认识和个人修养上对"道"有所得，

---

① 郭齐勇：《中国哲学智慧的探索》，第185页。
② （汉）郑玄注，（唐）孔颖达正义，吕友仁整理：《礼记正义》卷46《学记第十八》，第1432页。

就可以说是"德"。朱熹说:"德者,得也,得其道于心而不失之谓也。"① 通过道德教化,使受教育者"知父子、君臣之道","教喻而德成"。② 显然,以"仁"为核心的道德原则和义、礼、智、忠、信、孝悌等,涉及社会生活的方方面面,涵盖家国一体的种种社会关系,是先秦儒家所主张的世人应当遵守的道德规范和行为准则。

礼和乐的政治教化功能和道德修养功能,决定了礼乐教化在礼乐刑政综合治理中的优先和主要地位,是国家社会综合治理方式中的主要手段,承担着"以教化政""修齐治平""建国君民""化民成俗""移风易俗"的使命。

《礼记》中的《学记》明确提出了"化民成俗"的教育观。"发虑宪,求善良,足以謏闻,不足以动众。就贤体远,足以动众,未足以化民。君子如欲化民成俗,其必由学乎!"③ 也就是说,考虑问题符合法度,募求贤能良善的人,足以取得小的名声,却不足以打动民众。亲自拜访贤明的人,体察关系疏远的臣民之心,足以打动民众,却不足以教化百姓。君子如果想要教化民众,形成良好的风俗,必须从办学兴教着手。"化民成俗"的礼乐教化观实际上指出了教育的最高目的,它与"在明明德,在亲民,在止于至善"④ 的"三纲领"是完全一致的。"化民成俗"继承了孔子将教化作为教育根本目的的倡导,与荀子希望通过后天教育改善人性不完善之处的"化性起伪"观点有一定联系。"化民成俗"在中国教育思想中具有重要地位。

关于礼乐教化的目的,《礼记》除了从国家层面的"以教化政""修齐治平""建国君民""化民成俗"等方面加以论述之外,还注意从教化对象方面来考量。《礼记·学记》指出:"玉不琢,不成器。人不学,不知道。"⑤ 教育的主要作用是培养人,教育在人的个性形成中具有塑型的

---

① (宋)朱熹:《四书章句集注·论语集注》卷4《述而第七》,第94页。
② (汉)郑玄注,(唐)孔颖达正义,吕友仁整理:《礼记正义》卷28《文王世子第八》,第843页。
③ (汉)郑玄注,(唐)孔颖达正义,吕友仁整理:《礼记正义》卷46《学记第十八》,第1423页。
④ (汉)郑玄注,(唐)孔颖达正义,吕友仁整理:《礼记正义》卷66《大学第四十二》,第2236页。
⑤ (汉)郑玄注,(唐)孔颖达正义,吕友仁整理:《礼记正义》卷46《学记第十八》,第1424页。

功效。如果人不学习，就不能懂得为人处世的道理，如同美玉不雕琢，就无法形成器物一样。如果人不学习，就无法为社会提供自己的知识与能力。正如《礼记·文王世子》引《尚书·兑命》所说："念终始典于学"①，要始终想着经常学习。《学记》也说："《宵雅》肆三，官其始也。"② 教育的目的，不仅在于使学生修身养性，还在于使学生树立入仕为官治世的志向。

显然，《礼记》对教学内容和目的的阐述以人为中心，着眼于教化人、培养人、引导人。具体到个人、社会和国家来说，即个人通过学习可以求得较好的生活条件和较高的社会地位，"学也，禄在其中矣"③；对社会来说，用内含仁义精神的礼乐来教化民众，以导其志，化民成俗，使之"有耻且格"④，并培养新民；对国家来说，通过教育来培养和选拔国家所需要的贤能人才，所谓"学而优则仕"⑤，进而管理国家和社会，建国君民，维护国家的长治久安。这也是国家层面对教育的根本要求。

总之，礼乐教化功能巨大，教育的内容是礼乐及其所承载的义理，教化的目的是培养人们的忠孝仁爱良善之德，引导人们尊德守礼、化民成俗。因此，兴教办学是君王的首要任务之一。"古之王者，建国君民，教学为先。"⑥《礼记》借古时圣王治国安民的经验和举措，向彼时的统治者建言献策，强调礼乐教化是治国理政多种手段中具有治本作用的一种手段，具有启迪民智、涵养民风、治国安民等政治社会功能，是"化民成俗"的基本途径，是"建国君民"的首要条件，具有治本作用。因此，必须把礼乐教化放在固本兴邦的优先地位和主导地位加以重视和推行。这就突出了教育的政治教化和社会治理功能，彰显了教育优先的理念。这一思想对于当代中国也有启发意义。因为国家兴旺发达的关键在于人才，而培养人才的基础在于教育，教育的本质在于立德树人。尽管

---

① （汉）郑玄注，（唐）孔颖达正义，吕友仁整理：《礼记正义》卷29《文王世子第八》，第872页。不见于今文尚书。

② （汉）郑玄注，（唐）孔颖达正义，吕友仁整理：《礼记正义》卷46《学记第十八》，第1429页。

③ （清）刘宝楠撰，高流水点校：《论语正义》卷18《卫灵公第十五》，第637页。

④ （清）刘宝楠撰，高流水点校：《论语正义》卷2《为政第二》，第41页。

⑤ （清）刘宝楠撰，高流水点校：《论语正义》卷22《子张第十九》，第744页。

⑥ （汉）郑玄注，（唐）孔颖达正义，吕友仁整理：《礼记正义》卷46《学记第十八》，第1424页。

不同时代"德"的内涵是不一样的，但是立德树人这一教育的本质则是相通的。

第二节 乐以和其声

尽管先秦时期礼乐常常并称，但考古学家却认为，在我国古代，乐的出现要早于礼的出现。"中国古代的文化，常将'礼乐'并称。但甲骨文中，没有正式出现'礼'字。以'豊'为古'禮'字的说法，不一定能成立。但甲骨文中，已不止一处出现了'乐'字。这已充分说明乐比礼出现得更早。"①《礼记》中几乎所有篇目都在阐述礼，同时也有相当篇目在论及礼的同时谈到了乐，例如《礼器》《祭义》《文王世子》《仲尼燕居》等，并有专门论述乐的篇目《乐记》。这些篇目特别是《乐记》篇，对什么是乐、为什么要作乐、乐在社会治理中有何作用、乐与礼的关系如何、怎样进行乐教等一系列问题，作了全面、系统的阐述，是先秦儒家讨论音乐和乐文化的重要文献。

一 乐的含义及其审一以定和的功能

何谓"乐"？先秦时期的"乐"的具体含义是什么？从《礼记》中的《乐记》等篇目来看，当时的"乐"有两种含义。

"乐"的一种含义是与"礼"相配的"乐"，指以音乐为中心的乐文化。如"乐自中出，礼自外作。"② "圣人作乐以应天"③。这里的"乐"指的是音乐文化。"凡音之起，由人心生也。人心之动，物使之然也。感于物而动，故形于声。声相应，故生变。变成方，谓之音。比音而乐之，及干、戚、羽、旄，谓之乐。"④ "故钟、鼓、管、磬，羽、籥、干、戚，

---

① 徐复观：《中国艺术精神》，载李维武编《徐复观文集》（修订本）第四卷，湖北长江出版集团、湖北人民出版社 2009 年版，第 11 页。
② （汉）郑玄注，（唐）孔颖达正义，吕友仁整理：《礼记正义》卷 47《乐记第十九》，第 1472 页。
③ （汉）郑玄注，（唐）孔颖达正义，吕友仁整理：《礼记正义》卷 47《乐记第十九》，第 1482 页。
④ （汉）郑玄注，（唐）孔颖达正义，吕友仁整理：《礼记正义》卷 47《乐记第十九》，第 1455—1456 页。

乐之器也。屈伸俯仰，缀兆舒疾，乐之文也。"① 这里的"乐"既包括伴随礼的咏唱，也包括同时进行的乐舞。"'乐'属于与'礼'结合在一起的'仪'，所以我们往往是礼乐合称。""'礼仪'包括有'乐舞'，是在礼的往来中的仪式、行为，通过这种仪式、行为，……来表达主人的身份地位。"② 换言之，与不同级别的礼相配合的音乐，可以视为礼仪的一个部分。

"乐"的另一种含义是欢乐、高兴、愉悦，即"乐（lè）"，通"悦"。"乐者，乐也。君子乐得其道，小人乐得其欲。"③ 这里，除了"乐者"的"乐"是音乐的"乐"，其他三个"乐"都应当是愉悦欢乐高兴的"乐（lè）"即"悦"。这种乐（悦），不仅是指人体官能上的感受，而且是指人的精神上的愉悦。"乐得其欲"指的前者，而"乐得其道"指的是后者。

上述表明，先秦儒家所说的"乐"有两大含义："一是以音乐为核心的乐，其中又有广、狭义之分。狭义的乐指与礼相伴的音乐，属于礼仪的一部分；广义的乐指以音乐为主体的包括诗歌、乐舞、乐器演奏在内的乐文化。二是指情感上的愉悦。它亦有二义：既指因刺激而有的感性快乐，也指高级的情感（精神）上的欢悦，如圣人和君子之所乐。"④ "在华夏文化中，一个较为独特的现象是作为音乐的'乐'自身与人的欢乐情态之'乐'字同……这种现象无疑揭示了音乐与人自身生存情态之间密不可分的关系。"⑤

总的说来，"中国旧时的所谓'乐'（岳）它的内容包含得很广。音乐、诗歌、舞蹈，本是三位一体可不用说，绘画、雕镂、建筑等造型美术也被包含着，甚至于连仪仗、田猎、肴馔等都可以涵盖。所谓'乐'（岳）者，乐（洛）也，凡是使人快乐，使人的感官可以得到享受的东西都可以广泛地称之为'乐'（岳），但它以音乐为其代表，是毫无问题的。

---

① （汉）郑玄注，（唐）孔颖达正义，吕友仁整理：《礼记正义》卷47《乐记第十九》，第1476页。
② 杨向奎：《宗周社会与礼乐文明》（修订本），第358—359页。
③ （汉）郑玄注，（唐）孔颖达正义，吕友仁整理：《礼记正义》卷48《乐记第十九》，第1507页。
④ 龚建平：《意义的生成与实现——〈礼记〉哲学思想》，第397页。
⑤ 成守勇：《古典思想世界中的礼乐生活：以〈礼记〉为中心》，上海三联书店2013年版，第46—47页。

大约就因为音乐的享受最足以代表艺术。"①

《礼记·乐记》认为，乐不仅有娱乐百姓的作用，而且是重要的道德教化手段。"是故乐之隆，非极音也。食飨之礼，非致味也。《清庙》之瑟，朱弦而疏越，一倡而三叹，有遗音者矣。大飨之礼，尚玄酒而俎腥鱼，大羹不和，有遗味者矣。是故先王之制礼乐也，非以极口腹耳目之欲也，将以教民平好恶而反人道之正也。"②陈澔注："乐之隆盛，不是为极声音之美；食飨禘祫之重礼，不是为极滋味之美。盖乐主于移风易俗，而祭主于报本反始也。"③

在儒家学者看来，古代圣王制作音乐的目的，并非在于倾听美妙的音乐、观看优美的舞姿以获得耳目之快，而是要通过乐来移风易俗，教化人民。《乐记》对乐的道德教化作用给予了高度评价。

《礼记·乐记》将音乐文化视为治理社会的最好手段之一，这与以下原因有关：

从乐的特点及其作用对象——人对社会状况的感受看，乐的社会功能在于"和"，"和"是"天下之达道"。"凡音者，生人心者也。情动于中，故形于声。声成文，谓之音。是故治世之音安以乐，其政和"④。

从文化角度看，以音乐为中心的乐是一种艺术，但从心理上说，乐(lè)与"安"相联系，有安宁才有愉悦和欢乐。对于百姓来说，社会安宁才会欢乐；对于圣人来说，社会秩序井然，"暴民不作，诸侯宾服，兵革不试，五刑不用，百姓无患，天子不怒，如此则乐达矣。"⑤"故乐行而伦清，耳目聪明，血气和平，移风易俗，天下皆宁。"⑥"乐也者，圣人之所乐也，而可以善民心。其感人深，其移风易俗"⑦。"可见，圣人之乐在

---

① 《郭沫若全集·历史编》（第一卷），人民出版社1982年版，第492页。
② （汉）郑玄注，（唐）孔颖达正义，吕友仁整理：《礼记正义》卷四十七"乐记第十九"，第1458页。
③ （元）陈澔注：《礼记集说》，上海古籍出版社1987年版，第206页。
④ （汉）郑玄注，（唐）孔颖达正义，吕友仁整理：《礼记正义》卷47《乐记第十九》，第1456—1457页。
⑤ （汉）郑玄注，（唐）孔颖达正义，吕友仁整理：《礼记正义》卷47《乐记第十九》，第1472—1473页。
⑥ （汉）郑玄注，（唐）孔颖达正义，吕友仁整理：《礼记正义》卷48《乐记第十九》，第1507页。
⑦ （汉）郑玄注，（唐）孔颖达正义，吕友仁整理：《礼记正义》卷48《乐记第十九》，第1498页。

'和'。'和'者圣人所乐，为高级的精神愉悦，但和'小人'的现实感观上的快乐并不矛盾。和者'天下之达道也'。整个礼乐文化的社会政治与教化功能均在于此。"①

"故乐者，审一以定和，比物以饰节，节奏合以成文，所以合和父子君臣、附亲万民也。是先王立乐之方也。"② 音乐艺术上的"审一以定和，比物以饰节"，"目的在于使人们的生活和各种人伦关系、日常表现达到艺术与道德的统一"③。"乐与仁的会通统一，即是艺术与道德，在其最深的根底中，同时，也即是在其最高的境界中，会得到自然而然的融和统一；因而道德充实了艺术的内容，艺术助长、安定了道德的力量。"④

乐与仁、义、礼关系密切。礼为义之实，仁为义之本，乐为仁之用，仁、义、礼、乐不可分离。也就是说，仁、义、礼、乐均为德目，礼追求的价值取向，就是仁、义、乐所表达的道德内容，即成德悟道。所以说，"德者，且莫大乎礼乐"⑤。《礼记·乐记》所说的"乐者为同""乐者异文合爱者也"，《礼记·儒行》所说的"歌乐者仁之和也"，"即是说仁者必和，'和'中含有'仁'的意味。仁者的精神状态，即是'乐合同'的境界。"⑥

《礼记·乐记》还将乐的地位提升到"天地之命，中和之纪"的高度，认为"乐者，天地之命，中和之纪，人情之所不能免也。"⑦ 这不仅凸显了乐这一艺术形式在调和人的身心、节制人情欲望、提升人的精神境界等方面的作用，而且凸显了乐文化在调和礼治社会可能出现的矛盾、端正君臣父子关系、促使民心向善、移风易俗、化民成俗等方面的不可替代作用。

二 乐与礼、乐与政

以音乐为核心的乐在社会治理中能发挥什么作用呢？《礼记》中的

---

① 龚建平：《意义的生成与实现——〈礼记〉哲学思想》，第397页。
② （汉）郑玄注，（唐）孔颖达正义，吕友仁整理：《礼记正义》卷49《乐记第十九》，第1560页。
③ 龚建平：《意义的生成与实现——〈礼记〉哲学思想》，第426页。
④ 徐复观：《中国艺术精神》，载李维武编《徐复观文集》（增订本）第四卷，第19页。
⑤ 《尊德义》，荆门市博物馆编：《郭店楚墓竹简》，第174页。
⑥ 郭齐勇：《儒学与现代化的新探讨》，商务印书馆2015年版，第342页。
⑦ （汉）郑玄注，（唐）孔颖达正义，吕友仁整理：《礼记正义》卷49《乐记第十九》，第1561页。

《乐记》《仲尼燕居》篇明确提出了"乐以和其声""审乐以知政"以及乐教可知政等观点,并从不同角度阐述了这些观点。

其一,从乐和礼的不同作用看,乐和礼两者在社会治理中相互补充、相辅相成、相得益彰。"乐者为同,礼者为异。同则相亲,异则相敬。乐胜则流,礼胜则离。合情饰貌者,礼乐之事也。礼义立,则贵贱等矣。乐文同,则上下和矣。"①"乐至则无怨,礼至则不争。揖让而治天下者,礼乐之谓也。"② 乐起和同的作用,礼起区别的作用。和同使人互相亲近,区别使人相互尊敬。过分强调乐会使人过于轻慢而不敬,过分强调礼会造成人与人之间的疏离。使人们情感和合融洽而仪表庄重检点,正是礼乐的功用。礼义确立了,等级贵贱就能得到区分;乐的形式统一,则上下关系和睦。达到乐的和同境界就没有怨怼,达到礼的要求则没有纷争。所以说,礼乐能使人相互谦让,进而可以使天下得到治理。"天高地下,万物散殊,而礼制行矣。流而不息,合同而化,而乐兴焉。"③ 礼行于天地之间,乐兴盛于万物变化流行之间。可见,"《礼记》中呈现的世界并非是一混乱无序或神秘莫测的存在,世界因礼乐而呈现出自然的秩序性与生成的和谐性"。"世界是通过其自身的礼乐性向人显现出来,而礼乐则成为人理解世界并通达世界的最本己的方式。"④

其二,从礼和乐的作用对象来看,乐和礼虽然作用不同,但它们共同作用的对象都是人情,都是对人情的调节。"乐也者,情之不可变者也。礼也者,理之不可易者也。乐统同,礼辨异。礼乐之说,管乎人情矣。穷本知变,乐之情也。著诚去伪,礼之经也。"⑤ 乐表达确定的情感,礼承载不可变易的道理。乐和同人心,礼区别尊卑。礼乐的道理,贯通于人情之中。探究人的本心而了解其情感的变化,是乐的功能;彰明人的诚心而抛弃虚伪,是礼的义理法则所在。因此,礼和乐二者相辅相成、相得益

---

① (汉)郑玄注,(唐)孔颖达正义,吕友仁整理:《礼记正义》卷47《乐记第十九》,第1470页。
② (汉)郑玄注,(唐)孔颖达正义,吕友仁整理:《礼记正义》卷47《乐记第十九》,第1472页。
③ (汉)郑玄注,(唐)孔颖达正义,吕友仁整理:《礼记正义》卷47《乐记第十九》,第1482页。
④ 成守勇:《古典思想世界中的礼乐生活:以〈礼记〉为中心》,第166、167页。
⑤ (汉)郑玄注,(唐)孔颖达正义,吕友仁整理:《礼记正义》卷48《乐记第十九》,第1515页。

彰，从不同的角度同向发力，共同调节人情。"礼乐教化的宗旨，是寻求和谐的人性与和谐的社会。"①

其三，从礼和乐的指向来看，乐与礼虽然形式和作用不同，但却有共同的价值取向，都指向高尚的道德情操。"凡音者，生于人心者也。乐者，通伦理者也。……唯君子为能知乐。是故审声以知音，审音以知乐，审乐以知政，而治道备矣。……知乐则几于礼矣。礼乐皆得，谓之有德。德者，得也。"② 但凡音乐都产生于人心，因此乐是与伦理相通的。只有君子才能懂得乐的意义，能辨别声响进而懂得音乐，透过音乐懂得政道，从而具有完备的治国之道。懂得了乐，也就接近礼了。礼乐兼备，称为有德。德就是得道的意思。为了修德得道，君子应当知晓礼乐，两者不可偏废。因为"礼也者，理也。乐也者，节也。君子无理不动，无节不作。不能《诗》，于礼缪。不能乐，于礼素。薄于德，于礼虚。"③ 礼是道理，乐是节制。君子不做没有道德的事情，不做没有节制的事情。不懂得《诗经》，行礼就会出现谬误。不懂乐，行礼就会过于单薄。德性寡薄，行礼就会虚伪。"制度在礼，文为在礼，行之，其在人乎！"④ 制度包含在礼中，文饰（礼的一切外在表现）包含于礼中，实行礼还是在于人。"达于礼而不达于乐，谓之素；达于乐而不达于礼，谓之偏。"⑤ 礼与乐都具有重要作用，两者不可偏废。通晓乐而不通晓礼就会单薄，通晓礼却不通晓乐就会偏倚。对于君子来说，礼和乐都是修身的工具，礼从外部规范和节制人的行为，乐从内部调节和陶冶人的性情。因此，君子应当礼乐兼修，既达于礼，也达于乐。

其四，从礼乐与个人命运的关系看，"礼乐不可斯须去身。"⑥ 对于统治者来说，它是治理天下的必备举措。因为"致乐以治心者也。致礼以治

---

① 彭林：《中华传统礼仪概要》，高等教育出版社 2006 年版，自序第 II 页。
② （汉）郑玄注，（唐）孔颖达正义，吕友仁整理：《礼记正义》卷 47《乐记第十九》，第 1458 页。
③ （汉）郑玄注，（唐）孔颖达正义，吕友仁整理：《礼记正义》卷 58《仲尼燕居第二十八》，第 1934—1935 页。
④ （汉）郑玄注，（唐）孔颖达正义，吕友仁整理：《礼记正义》卷 58《仲尼燕居第二十八》，第 1935 页。
⑤ （汉）郑玄注，（唐）孔颖达正义，吕友仁整理：《礼记正义》卷 58《仲尼燕居第二十八》，第 1936 页。
⑥ （汉）郑玄注，（唐）孔颖达正义，吕友仁整理：《礼记正义》卷 49《乐记第十九》，第 1552 页。

躬，则庄敬"①。"乐也者，动于内者也；礼也者，动于外者也。乐极和，礼极顺"②。"致礼乐之道，举而错之天下，无难矣。乐也者，动于内者也。礼也者，动于外者也。……礼得其报则乐，乐得其反则安。礼之报，乐之反，其义一也。"③ 对于一般民众来说，社会是由个人组成的，个人的修身将有助于社会的稳定和谐。而在传统社会中，对于那些希望改变命运，使自己从社会底层跃迁到社会上层的人来说，通过以诗书礼乐为代表的文化教育提升自己境界，是唯一可行的现实路径。

其五，从乐和政的关系来看，乐与政相通，与道德伦理相通，审乐可以知政，乐教可以治政。孔子在回答子张关于政的问题时，指出了礼乐与国家治理的相通之处："君子明于礼乐，举而错之而已。"④ 君子通晓礼乐，将它们运用到国家治理中即可。具体而言，"言而履之，礼也。行而乐之，乐也。君子力此二者，以南面而立，夫是以天下大平也。诸侯朝，万物服体，而百官莫敢不承事矣。礼之所兴，众之所治也。礼之所废，众之所乱也"⑤。说了便要履行，就是礼；实行了而让人们喜欢，就是乐。君子努力实践这两者以巩固统治地位，天下就会太平。诸侯都来朝拜，万事万物都符合道理，百官就不敢不尽其责。礼兴盛的地方，是民众得到治理的地方；礼荒废的地方，是民众纷乱的地方。国家治理的有效实现在于明了礼乐的意义，然后将其实践出来。

《礼记·乐记》明确提出了乐与政通、"审乐以知政"的观点。"治世之音安以乐，其政和；乱世之音怨以怒，其政乖；亡国之音哀以思，其民困。声音之道，与政通矣。"⑥ 由于歌曲产生于人心，心中的情感激动而表现为音声，音声变化而成曲调，载以词语，就成为歌曲。太平时期的歌

---

① （汉）郑玄注，（唐）孔颖达正义，吕友仁整理：《礼记正义》卷49《乐记第十九》，第1552—1553页。

② （汉）郑玄注，（唐）孔颖达正义，吕友仁整理：《礼记正义》卷49《乐记第十九》，第1554页。

③ （汉）郑玄注，（唐）孔颖达正义，吕友仁整理：《礼记正义》卷49《乐记第十九》，第1556页。

④ （汉）郑玄注，（唐）孔颖达正义，吕友仁整理：《礼记正义》卷58《仲尼燕居第二十八》，第1937页。

⑤ （汉）郑玄注，（唐）孔颖达正义，吕友仁整理：《礼记正义》卷58《仲尼燕居第二十八》，第1937页。

⑥ （汉）郑玄注，（唐）孔颖达正义，吕友仁整理：《礼记正义》卷47《乐记第十九》，第1456—1457页。

曲显得安详，用以表达欢乐和满意，这时的政治平和；动乱年代的歌曲显得怨恨，用以表达其愤怒和不满，这时的政治混乱；亡国时候的歌曲显得悲哀，用以表达心中的忧思，这时候人民的生活困苦不堪。所以，音乐的道理是和政治相通的。通过音乐的不同表达，可以了解到政治的状况。"是故审声以知音，审音以知乐，审乐以知政，而治道备矣。"① 辨别声音进而懂得歌曲，辨别歌曲进而懂得乐，辨别乐进而了解政治状况和政治教化，就是完备的救国之道。"审乐而知政"，即"观其礼乐，而治乱可知"②。

第三节 大学之道

前文已阐述了先秦儒家重视以礼乐教化为中心内容的教育在国家和社会治理中的地位和作用，把教育作为治国安民的重要方式，强调"建国君民，教学为先""玉不琢，不成器；人不学，不知道。"③ "君子如欲化民成俗，其必由学乎！"④ 认为教育具有启迪民智、涵养民风、治国安民等政治社会功能，是"化民成俗"的基本途径，是"建国君民"的首要条件，具有治本作用。因此，必须把教育放在固本兴邦的优先地位加以重视和推行，从而突出了教育的政治教化和国家治理功能，彰显了教育优先的理念。

教育是引导人、培养人的过程，因而有其自身的特殊规律。《礼记》不仅阐述了先秦儒家对以礼乐教化为中心内容的教育在"建国君民""化民成俗"中的作用，而且也对如何进行教育、怎样才能办好教育给予了明确回答和深刻阐述。认为要想收到教化之功，就必须遵循教学规律，搭建教学平台，形成教学体系，确立和坚持教学原则，采用合理有效的教学方法，选择堪当教育重任的教师。《礼记》中的《学记》《文王世子》等篇

---

① （汉）郑玄注，（唐）孔颖达正义，吕友仁整理：《礼记正义》卷47《乐记第十九》，第1458页。

② （汉）郑玄注，（唐）孔颖达正义，吕友仁整理：《礼记正义》卷33《礼器第十》，第1007页。

③ （汉）郑玄注，（唐）孔颖达正义，吕友仁整理：《礼记正义》卷46《学记第十八》，第1424页。

④ （汉）郑玄注，（唐）孔颖达正义，吕友仁整理：《礼记正义》卷46《学记第十八》，第1423页。

目，对上述问题进行了充分论述，形成了完整、系统的教育理论和方法，全面、深刻地回答了教育教学中的一系列问题。

一 教育体系、教育制度的设计

《礼记》中的《学记》篇提出了从中央到地方完整的学校教学体系构想，编制出了中国最古老的教学计划，并提出了严格的管理制度。"古之教者，家有塾，党有庠，术有序，国有学。比年入学，中年考校。一年，视离经辨志。三年，视敬业乐群。五年，视博习亲师。七年，视论学取友，谓之小成。九年，知类通达，强立而不反，谓之大成。夫然后足以化民易俗，近者说服而远者怀之。此大学之道也。《记》曰：'蛾子时术之。'其此之谓乎！"① 这一段文字清晰地叙述了教育体系、教育内容、考试制度、教育宗旨等多方面的内容。

在理想的教育体系方面，《礼记》中的《学记》篇提出社会每一层级都有学校教育机构。家族中有塾，乡党中有庠，术中有序，国中有学。②

在教育步骤方面，学子每年入学校学习，隔一年考试审核一次。入学一年时考查学生读经断句的能力，并判断他的学习志趣；入学三年时考察他是否对学业敬重，以及是否与同学和悦相处；入学五年时，考察他能否广泛地修习并亲敬老师；入学七年时考察他谈论学问的水平以及结交什么样的朋友，此时学业可以称为小成；学习九年后能够触类旁通，有独立的见解且不违反师教，这样可以称为学业大成。完成了九年的学习，学业精进实现大成后，就完全能够教化民众，进化风俗，使附近的人心悦诚服，使远方的人前来归服，正如"远人不服，则修文德以来之。"③ 这是一个"积土成山""积水成渊"④ 的渐进过程。受教育者只有通过不断学习、积淀，方能成为通达于道理和知识，并能教化和引领民众的人。这个过程，离不开学生自我的勤奋学习、不断锤炼，离不开教师的谆谆教诲，也离不开完整的教学体系和整体规划。

在教育的类型方面，《礼记》对儿童、男子和女子的学习作出了清晰

---

① （汉）郑玄注，（唐）孔颖达正义，吕友仁整理：《礼记正义》卷46《学记第十八》，第1426—1427页。

② 塾、庠、序、学均指古代的学校名。

③ （清）刘宝楠撰，高流水点校：《论语正义》卷19《季氏第十六》，第649页。

④ （清）王先谦撰，沈啸寰、王星贤点校：《荀子集解》卷1《劝学篇第一》，第7页。

完整的规划。

关于儿童教育。《礼记》中的《内则》篇记载:"子能食食,教以右手。能言,男'唯'女'俞'。男鞶革,女鞶丝。六年,教之数与方名。七年,男女不同席,不共食。八年,出入门户,及即席饮食,必后长者,始教之让。九年,教之数日。"① 十岁以前,男女童的教育是一起进行的,教习的内容基本一致,但根据男孩和女孩的不同特点进行了区分。最先学习统一就餐的习惯,之后养成用相应语言应答的习惯、佩戴相应的物品,六岁时学习数数和辨认方向。七岁起,强化男女有别的意识,男孩和女孩就再不同席而坐、一起吃饭。八岁起,培养孩子恭敬、孝顺、谦让的观念,让孩子在出入门户、就席吃饭时懂得让长者在先,自己在后。九岁时学习计算日期。可见,十岁以前的教育主要是培养孩子形成良好的行为习惯,掌握基本的生活常识,培养尊长谦让的品行,确立男女有别的观念。

关于男子教育。《礼记》中的《内则》篇提出:十岁以后,男女教育分开。男孩开始外出拜师求学。"居宿于外,学书计。衣不帛襦袴。礼帅初,朝夕学幼仪,请肄简谅。十有三年,学乐诵《诗》,舞《勺》。成童,舞《象》,学射御。二十而冠,始学礼,可以衣裘帛,舞《大夏》,惇行孝弟,博学不教,内而不出。三十而有室,始理男事,博学无方,孙友视志。四十始仕,方物出谋发虑,道合则服从,不可则去。五十命为大夫,服官政。七十致事。"② 拜师学习时,衣着简朴。学习内容从写字、记事开始,十三岁学习音乐,诵读诗篇,学习文舞;十五岁学习武舞、射箭和马车;二十岁成人时行冠礼,开始学习礼,可以穿皮帛制的衣服,学习文武兼备的舞,勉力学习和实行孝顺长者,广博地学习而不可为师教人,努力吸收知识而不可为人谋事。三十岁成家,处理男子的事务,无固定内容地广博学习,与朋友和顺相处并观察他们的志向。四十岁开始做官,衡量事务,进行谋略,与自己的志向相合就服从,不服从就离开。五十岁可以受命做大夫,独当一面处理政事。七十岁退休。从这里可以看出先秦儒家对男子的重视,这种重视表现在对男子人生成长具体而系统的明确规划上,也可以看出礼乐是人生学习的主要内容,致仕是学习的最终目的。学习的态度

---

① (汉)郑玄注,(唐)孔颖达正义,吕友仁整理:《礼记正义》卷38《内则第十二》,第1168—1169页。

② (汉)郑玄注,(唐)孔颖达正义,吕友仁整理:《礼记正义》卷38《内则第十二》,第1169—1170页。

则应是广泛吸收,学以致用。

关于女子教育。按照先秦儒家的设计,对女子的教育与男子的教育完全不同,对男子进行教育的场所主要在家庭外,而对女子进行教育的场所主要在家庭内。女孩子长到十岁就不让出门,教导也是由专门的傅母负责,目的是让女子养成温婉柔顺,对长辈、尊者言听计从的贤德,所教的内容,也主要是纺纱织布、女红,以及在祭祀中帮助放置祭品和祭器等。"女子十年不出,姆教婉娩听从,执麻枲,治丝茧,织纴组紃,学女事,以共衣服。观于祭祀,纳酒浆、笾豆、菹醢,礼相助奠。十有五年而笄,二十而嫁,有故,二十三年而嫁。"①

可见,《内则》作者所设计的,是一个男尊女卑的方案,女子处于从属、附属的位置,没有自己独立的人格,更没有与男子同等的社会地位。对女子的社会定位,也主要是持家和辅助祭祀。这成为后世"男主外女主内"的社会分工和相关礼制的依据之一。即使男女的社会分工因自身特点本应各有侧重,但对男性的教育标准仍然远远超出女性。这不仅体现在学习内容的安排上,更体现在学习时间的安排上:对男子的学习一直规划到七十岁,几乎可以称得上是终身学习;而对女子在十五岁许嫁行笄礼成人,二十至多二十三岁出嫁以后,学习的内容则再无阐述。或许,《内则》认为女子结婚后所要做的事不离家事和协助夫家,因此不再赘述。以今天的观念来看,男女有别、男尊女卑的观念无论在当时的教育上,还是在当时的礼制规定上,以及社会的许多方面,都体现得十分明显。这固然是因为《礼记》写作及编撰的时期社会资源有限,因此人们通过社会分工来保障各安其位,但也与父系社会形成的男尊女卑的观念有关。除个别女性因依附皇权而得以参政外,在施政、行礼、执法等社会行为中,实施的主体都是男性,君王、大夫、宰相等官吏中少有女性。相应地,国家治理主体也是男性,女性只是在掌管家务、辅助祭祀礼节等活动中占有一席之地。这种现象是当时时代的产物,其历史局限性是显而易见的。

值得注意的是,在《礼记》中,无论《内则》还是《学记》所规划的教育,依据的都是人群的共性,而未阐述孔子早已提出的"因材施教"思想。另外,由于《礼记》全书与其说是对当时社会的实录,不如说更是

---

① (汉)郑玄注,(唐)孔颖达正义,吕友仁整理:《礼记正义》卷38《内则第十二》,第1171页。

一种理想的构建。而这种构建,有时不一定符合当时的社会现实。且不论当时人的寿命较之当下更有限,即使从一个人的发展与社会需要来说,二十岁以前不可做教师、四十岁才能为官,这种做法虽然稳妥,却未免有些机械。如果学识到位,品行俱佳,又何必一定要等到相应的年龄方才去从事相应职业呢?只有不拘一格用人才,教学的目的才能更好地实现,教学效果也能更加出彩。

总之,《礼记》中的《学记》《内则》等篇目编制出了中国最古老的教学计划,对不同类型的教育作出了清晰、完整、系统的规划,并提出了严格的教育管理制度,使之成为礼乐教化的重要载体和制度保障。

二 教育的原则、方法和经验总结

《礼记》中的《学记》篇记载了教育的七项原则:"大学始教,皮弁祭菜,示敬道也。《宵雅》肄三,官其始也。入学鼓箧,孙其业也。夏、楚二物,收其威也。未卜禘不视学,游其志也。时观而弗语,存其心也。幼者听而弗问,学不躐等也。此七者,教之大伦也。《记》曰:'凡学,官先事,士先志。'其此之谓乎!"[1] 大学入学时,要进行释菜礼祭奠先圣、先师。学习《诗经·小雅》的三首诗,是为了树立学生致仕为官的志向。大学教育,既要重视教学的内在品格,也要注重外在仪式,以使学生认真对待自己的学业。教育过程既包含和风细雨、循循善诱的教化,也包括批评、处罚、惩戒、整顿和考核。

《礼记》中的《学记》篇提出了"教学相长"的重要命题,认为教学的作用在于对好的道理知其所以然,发现自己的不足然后提升自己。"虽有至道,弗学,不知其善也。是故学然后知不足,教然后知困。知不足然后能自反也,知困然后能自强也。故曰'教学相长'也。《兑命》曰:'学学半。'其此之谓乎!"[2] 至高、美好的道理始终存在,但是人如果不学习的话,就不知道它好在哪里。通过学习,然后才能发现自己的不足。同样,教育别人之后,才能知道自己的困惑之处。知道了自己的不足,方能反省自己;知道困顿之处,然后才能够提升自己,自强不息。

---

[1] (汉)郑玄注,(唐)孔颖达正义,吕友仁整理:《礼记正义》卷46《学记第十八》,第1429—1430页。

[2] (汉)郑玄注,(唐)孔颖达正义,吕友仁整理:《礼记正义》卷46《学记第十八》,第1425页。

可以说，教与学是相互促进的，这就是教学相长。《尚书·兑命》所说的教育别人同时也能增长自己的知识，正是这个道理。

教学相长涉及两个方面的问题：一方面，学生通过"学"的实践，看到自己学业上的差距，发现自己的不足；另一方面，教师通过"教"的实践，看到自己知识和经验的不足，明白困惑所在。知晓不足，方能自省，鞭策自己不断学习，提升自我。"教"与"学"这两方面的实践活动相辅相成，即教学相长。

教学相长的命题，是先秦儒家对以往教学经验的深刻总结，是对教学规律的正确揭示，它在"教"与"学"这两个互为主体与客体的环节之间架起了一座桥梁，使教育者与受教育者之间有了共同的价值追求，进而为教育者积极主动做好教育工作注入了内在动力，也彰显了受教育者在教育发展中的特有价值。教学相长这一重要的教学原理和原则，不仅对古代中国的教育活动起了重要指导作用，在今天的教育教学活动中仍给人以深刻启迪。

《礼记》中的《学记》明确提出了倾听体悟、自主学习的方法和问题教学法。

《学记》看重学生学习的独立自主性，认为教师应当激励学生的独立钻研精神，所以应该时时观察学生的学习状态，但不轻易开口解说。相应地，《学记》也不主张学生随时发问，而认为应该存疑于心，观摩聆听年长的学生发问，独立思考，因为学习应当循序渐进，不逾越等级。

勉励学生独立观察、静心思考，不仅是教师在教育教学活动中应当坚持的一项原则，也是一种重要的教育方法。思考重在内心体悟、领会，而发问在于寻求师友的帮助。当然，在教学中这两者不可偏废，无论是自我修养，还是向人请教，都十分重要。学生固然需要自己从内心探求学问的道理，但有时候师友乃至旁人的点拨，也会起到醍醐灌顶、画龙点睛的作用。个人的独立观察和静心思考与及时发问、虚心求教并不矛盾，而是相得益彰的两种学习方法，在教育教学中合理运用，方能收到事半功倍的效果。

在教学中，由学生提问题之后教师再做解答，是孔子开创的一种重要的教学方法，这种方法也可以称作问题教学法。《论语》中就有许多孔子弟子向老师请教而孔子回答的记载。如《论语·先进》："子路问：'闻斯行诸?'子曰:'有父兄在,如之何其闻斯行之?'冉有问:'闻斯行诸?'子曰:'闻斯行之。'公西华曰:'由也问"闻斯行诸",子曰"有父兄在";求也问"闻斯行诸",子曰"闻斯行之"。赤也惑,敢问。'子曰:'求也退,故进之;由也兼人,故退之。'"① 事实上,孔子的许多思想观点,都是在回答其弟子所提问题时明确提出来的。问题教学法的运用,有利于激发学生的学习兴趣,培养学生的问题意识,也有利于学术探讨的深入。

《礼记》继承了孔子对有一定基础的学生采用问题教学法的传统,并赞许善于提问的学生。"善学者,师逸而功倍,又从而庸之;不善学者,师勤而功半,又从而怨之。"② 认为对于那些善于学习的学生,教师教起来可以收到事半功倍的效果,同时有助于教师的水平提升。

问题教学法对教师的学养有很高的要求。《学记》认为,教师要有深厚的学养,才能够针对学生所提的问题进行解说。"记问之学,不足以为人师,必也其听语乎!力不能问,然后语之。语之而不知,虽舍之可也。"③ 作为一个教师,如果学养不足,只是靠预先记诵书中的内容来回答学生的提问,是不足以做教师的。

教师对学问的解说,有不同的方法。可以在学生提问后,再针对学生所提问题进行针对性的解说;或者在学生的学识和能力不足以回答老师的提问时加以解说;教师对问题的解说应考虑到学生的实际情况,有些经过解说后学生仍不能理解的问题,可以暂时先放一下。

《学记》总结了学校教育方面得失成败的经验教训,作出了"四兴六费"的概括,认为教育的成功经验在于"四兴":"大学之法:禁于未发之谓豫,当其可之谓时,不陵节而施之谓孙,相观而善之谓摩。此四者,教之所由兴也。"④ 学校教育有其特殊规律:一是在学生的邪念尚未萌发时就加以防止,这就叫作"豫"即预防;二是当学生可以进行教育的时候就及时进行教育,这就叫作"时"即适时;三是不超越学生成长阶段循序

---

① (清)刘宝楠撰,高流水点校:《论语正义》卷14《先进第十一》,第461页。
② (汉)郑玄注,(唐)孔颖达正义,吕友仁整理:《礼记正义》卷46《学记第十八》,第1445页。
③ (汉)郑玄注,(唐)孔颖达正义,吕友仁整理:《礼记正义》卷46《学记第十八》,第1446页。
④ (汉)郑玄注,(唐)孔颖达正义,吕友仁整理:《礼记正义》卷46《学记第十八》,第1437页。

渐进地实行教育，这就叫作"孙"即顺序；四是互相观察、相互学习、相互借鉴以提高教学水平，这就叫作"摩"即观摩。这四点，就是教育兴盛的成功之道。

《学记》指出：要使学生学有所成，需要避免"六废"，即避免出现六个方面的问题："发然后禁，则扞格而不胜；时过然后学，则勤苦而难成；杂施而不孙，则坏乱而不修；独学而无友，则孤陋而寡闻；燕朋逆其师；燕辟废其学。此六者，教之所由废也。"[①] 具体而言，要避免以下六个方面的问题：一是坏事发生了才去禁止，二是学习起步时间过晚，三是教学进程杂乱，四是教学秩序不好，五是闭门自学而不相互切磋，不尊重朋友而违背师教，六是闲逛而荒废学业，这六种问题，有些是属于教学管理方面的问题，有些是属于学生性格修养方面的问题，它们都是造成教育失败的原因。

《学记》对学校教育得失成败原因的分析，既是对中国古代教育经验教训的总结，也是对中国古代学校教育一般规律的揭示。其基本原理，可以说至今仍然没有过时。

三 教育者和受教育者的素养

教育作为一种以提高人的综合素质为目的的社会实践活动，是由教育者有目的有计划有组织地对受教育者的身心发展进行教化和培育的过程，简言之，教育是一个立德树人的过程。这一过程离不开教育者和受教育者，前者通常被称为教师或先生，后者被称为学生或学子。教师是教育活动的主导，学生是教育活动的对象，也是教育活动的主体。《礼记》中的《学记》等篇章对教师如何从教、学生如何为学、社会如何尊师重教等都有精辟论述。

（一）为人师表、德学兼备

什么样的人才能成为老师呢？《礼记》中的《文王世子》《学记》等从不同角度进行了回答。概括起来，有以下方面：

一是要在德行方面能够为人师表。"师也者，教之以事而喻诸德者也。

[①] （汉）郑玄注，（唐）孔颖达正义，吕友仁整理：《礼记正义》卷46《学记第十八》，第1438页。

保也者，慎其身以辅翼之而归诸道者也。"① 为师者，要用事实来教育人，要把事实本身所体现出来的德性告诉学生；要审慎自己的言行，以使学生的言行能够符合道德要求。"德成而教尊，教尊而官正，官正而国治"②。教师修养德行非常重要，德行修养好了，所行教导就会受到尊重；教师的教导受到尊重，官吏就会清正廉洁；官吏清正廉洁，国家就能治理好。由于教育的直接目的是培养国家管理人才，所以教师自身的德至关重要，它关系到培养什么样的人，关系到将来由什么样的人来治理国家，因而也就关系到国家能否得到善治。

二是要具有深厚的学养。《学记》认为，教师还必须具有深厚的学养，能够针对学生所提的问题进行有说服力的解说。"记问之学，不足以为人师"③。靠临时记诵一些知识来回答学生问题的教师，难以堪当教育重任。

三是要明确教师的职责。《学记》认为，教师的职责是"长善救失"。"学者有四失，教者必知之。人之学也，或失则多，或失则寡，或失则易，或失则止。此四者，心之莫同也。知其心，然后能救其失也。教也者，长善而救其失者也。"④ 作为教师，应当了解学生经常容易犯的四种过失，他们有的失于贪多，有的失于过狭，有的失于见异思迁，有的失于浅尝辄止。犯这四种过失的学生，心理上各不相同。只有了解这些学生的心理，才能帮助他们避免过失。从事教育的人，就应当善于发扬学生的长处和挽救其过失。"长善救失"正是教师应有的职责。

四是要善于引导、鼓励和启发学生。"君子既知教之所由兴，又知教之所由废，然后可以为人师也。"⑤ 君子既知道能够促使教育兴盛的方法，又知道导致教育失败的原因，这就可以做老师了。"故君子之教喻也，道

---

① （汉）郑玄注，（唐）孔颖达正义，吕友仁整理：《礼记正义》卷28《文王世子第八》，第843页。
② （汉）郑玄注，（唐）孔颖达正义，吕友仁整理：《礼记正义》卷28《文王世子第八》，第843页。
③ （汉）郑玄注，（唐）孔颖达正义，吕友仁整理：《礼记正义》卷46《学记第十八》，第1446页。
④ （汉）郑玄注，（唐）孔颖达正义，吕友仁整理：《礼记正义》卷46《学记第十八》，第1440页。
⑤ （汉）郑玄注，（唐）孔颖达正义，吕友仁整理：《礼记正义》卷46《学记第十八》，第1439页。

而弗牵,强而弗抑,开而弗达。道而弗牵则和,强而弗抑则易,开而弗达则思。和、易以思,可谓善喻矣。"① 君子教育学生,要注意积极引导学生而不要强牵着学生走,鼓励而不是抑制学生的进取精神,开导学生而不把话说透。因为引导而不强牵着学生走,就能使学生不产生抵触情绪;鼓励而不抑制学生的进取精神,学生就会感到容易接受;开导而不把话说透,就能启发学生的思索。能使学生对学习无抵触情绪,易于接受而又勤于思索,可以称为善于教育了。

五是要善于表达,语言要精当。《学记》肯定了教师的个人魅力在教学中的作用:"善教者使人继其志。其言也约而达,微而臧,罕譬而喻,可谓继志矣。"② 善于教育的人,能够使人继承他的治学志向。教师的语言简约而明白顺达,含蓄而精妙,不用什么比喻就能使道理明白易晓,这样就会增强对学生的吸引力,这就算可以使人继承他的志向了。

《礼记》不仅阐发了良师应当具有的美德、学养和教学方法,也毫不留情地批评了不合乎标准的教师。《礼记》中的《学记》篇尖锐地指出:"今之教者,呻其占毕,多其讯,言及于数,进而不顾其安,使人不由其诚,教人不尽其材。其施之也悖,其求之也佛。夫然,故隐其学而疾其师,苦其难而不知其益也。虽终其业,其去之必速。教之不刑,其此之由乎!"③ 一些老师只会照本宣科,又经常刻意以向学生发问作出很有见解的样子来掩盖自己内在的空虚,解说没有定论,只顾贪多图快而不顾学生是否理解,不发自诚心毫无保留地将知识传授给学生,教授学生的内容矛盾百出,回答学生的提问也答非其解。这样就会给学生造成一系列负面影响,例如,学生学得不明不白而怨恨自己的老师;苦于所学的内容难以理解因而不知道学习这些有什么好处。在这种情况下,学生虽然完成了学业,但忘记得一定很快。教学不成功的原因,就在于此。《学记》中所尖锐批评的这些问题,直到今天仍然值得教育工作者警醒。

---

① (汉)郑玄注,(唐)孔颖达正义,吕友仁整理:《礼记正义》卷46《学记第十八》,第1439页。

② (汉)郑玄注,(唐)孔颖达正义,吕友仁整理:《礼记正义》卷46《学记第十八》,第1441页。

③ (汉)郑玄注,(唐)孔颖达正义,吕友仁整理:《礼记正义》卷46《学记第十八》,第1435页。

（二）慎重择师、尊师重教

《学记》将择师与从政联系起来，指出："君子知至学之难易，而知其美恶，然后能博喻，能博喻然后能为师，能为师然后能为长，能为长然后能为君。故师也者，所以学为君也，是故择师不可不慎也。《记》曰：'三王、四代唯其师。'此之谓乎！"① 君子知道进入学问之途的深浅难易，而又了解学生天资的高低差异，然后能广泛地因材施教。能广泛地因材施教然后能做老师，能做老师然后能做官长，能做官长然后能做人君。因此从师学习，就是要做对国家有用的贤能之人。所以学生选择教师不可不慎重。这恐怕也是后世将教师与天地君亲并列，称"天地君亲师"的重要原因。

《学记》将尊敬教师作为一项重要原则。"凡学之道，严师为难。师严然后道尊，道尊然后民知敬学。是故君之所不臣于其臣者二：当其为尸，则弗臣也；当其为师，则弗臣也。大学之礼，虽诏于天子，无北面，所以尊师也。"② 从师学习的原则，尊敬教师是最难做到的。教师被尊敬，道术才会被尊重；道术被尊重，人们才会严肃认真地对待学习。因此国君不敢把臣当作是自己的臣来对待的情况有两种：一是当臣在祭祀中充当尸祝的时候不敢把他看作是臣；二是当臣做自己教师的时候不敢把他看作是臣。按照大学的礼，即使向天子讲授，教师也不面朝北，这样来体现对教师的尊敬。在先秦儒家看来，至高无上的天子对待教师尚且如此尊重，那么，上行下效，整个社会都要尊重教师。教师受到尊重，教师传授的道德和学术就会受到尊重，学生就会去认真地学习道德和学术，就会通过学习而成长为有用之才。

显然，《学记》不仅指出了教师对于教育的重要性，也阐明了教师的职责、教师本身应有的道德素质和学养、教师在教学中必须注意的问题，还阐述了整个国家如何对待教师的问题，并把教师的地位提升到与天地君亲并立的地位。这不仅体现了尊师重教的思想，也赋予了教师德化自身、教化他人、提升自己、引导他人的社会责任。

---

① （汉）郑玄注，（唐）孔颖达正义，吕友仁整理：《礼记正义》卷46《学记第十八》，第1442页。

② （汉）郑玄注，（唐）孔颖达正义，吕友仁整理：《礼记正义》卷46《学记第十八》，第1443页。

（三）立德善学、学以致用

从学生方面来说，如何才能立德成人？如何才能增进学识？这是学生在学习过程中必须始终面对和思考的问题。《礼记》中的《学记》《中庸》篇主要提出如下要求：

一是要树立远大志向。《学记》认为，懂得四个方面的道理就可以明确学习的志向了，这就是"大德不官，大道不器，大信不约，大时不齐。"① 即具有大德性的人不拘泥于一官之任，掌握大道理的人不偏于一器之用，讲究大信用的人无须订立盟约，把握大时机的人不要求一切行动都整齐划一。这实际上是说，为学就是要学习和掌握做人做事的大道理、大智慧。端正学习态度，这是学习的重要前提。

二是要善于学习，掌握正确的学习方法。《学记》认为，学生需要善于学习，善于发问。"善问者如攻坚木，先其易者，后其节目，及其久也，相说以解；不善问者反此。"② 在学习过程中要善于思考，善于提问，能够从容易处着手，抓住主干，方法得当，举一反三，触类旁通，善于"比物丑类"③，这正是增进学识的道理所在。

三是要遵循学习规律，并做到学以致用。《中庸》提出了名传千古的学习思想："博学之，审问之，慎思之，明辨之，笃行之。"④ 主张应当广博地学习，审慎地提问，慎重地思考，明确地辨别，脚踏实地地行动。这里既指明了为学之道，也包含着学以致用的思想。这虽然在当时主要是针对君子修身来说的，但却成为数千年来无数读书人的学业遵循，至今仍是广大学者的座右铭。关于这一学习思想，本书在第六章还将论及。

四是端正学习态度，勤奋学习。《学记》提出"退息必有居"⑤ 的主

---

① （汉）郑玄注，（唐）孔颖达正义，吕友仁整理：《礼记正义》卷46《学记第十八》，第1449页。

② （汉）郑玄注，（唐）孔颖达正义，吕友仁整理：《礼记正义》卷46《学记第十八》，第1445页。

③ （汉）郑玄注，（唐）孔颖达正义，吕友仁整理：《礼记正义》卷46《学记第十八》，第1448页。

④ （汉）郑玄注，（唐）孔颖达正义，吕友仁整理：《礼记正义》卷60《中庸第三十一》，第2022页。

⑤ （汉）郑玄注，（唐）孔颖达正义，吕友仁整理：《礼记正义》卷46《学记第十八》，第1432页。

张，认为学生不在学习场所时应该有固定的住所，与志同道合的友人共同交谈研习。学生应当常怀学习之志，不断进取，无论在学校学习，还是休憩游玩时，都不忘学习，方能做到学得好而又亲爱教师，与同学友善相处而又笃信所学的道理，即使离开老师和学友也不会违反师道。对于一名学生来说，崇敬所学道理和学术，恭敬对待学业，时刻不忘学习，学过的道理就努力去实践，学业就会取得成功，学习才有价值。

综上所述，《礼记》特别是其中的《王制》《文王世子》《学记》《乐记》《大学》《内则》等篇目，全面系统地阐述了中国古代社会的礼乐教化思想，以及具有普遍意义和长久价值的教育理论和方法。其中，在教育的社会政治功能方面，提出了"建国君民，教学为先"[1]，"欲化民成俗，其必由学乎"[2]，以及"人不学，不知道"[3]等思想；在教育内容方面，提出了进行以"明德"为中心、德智体美全面教育的思想；在教育方法上，提出了倾听体悟（即体验式教学）、教学相长、长善救失等思想；在教育经验总结方面，提出了"四兴六废"的观点；在教育者方面，提出了德学兼备的要求；在学生方面，提出了端正学习态度、勤学好问，"博学之，审问之，慎思之，明辨之，笃行之"的要求；在教育制度和教学体系方面，作出了从家庭教育到学校教育、从初级到高级的一整套制度设计；在对待教师的态度方面，提出了慎重择师、尊师重教等思想。上述思想，使孔子首创的儒家教育思想得以系统化、理论化。

先秦儒家主张成德之教，其教育思想具有鲜明特征，这在《礼记》中得到集中体现。"《礼记》中有关人的教养与人格成长，特别是君子人格的养成的智慧，体现了儒教文明的特色。儒家教育是多样、全面的，其内核是成德之教，其目的是培养君子，成圣成贤，其方法是用礼乐六艺浸润身心，以自我教育与调节性情心理为主，其功能在于改善政治与风俗，其特点是不脱离平凡生活，知行合一、内外合一的体验。"[4]

《礼记》中阐述的儒家教育思想，从其社会政治功能角度看，无疑是

---

[1] （汉）郑玄注，（唐）孔颖达正义，吕友仁整理：《礼记正义》卷46《学记第十八》，第1424页。
[2] （汉）郑玄注，（唐）孔颖达正义，吕友仁整理：《礼记正义》卷46《学记第十八》，第1423页。
[3] （汉）郑玄注，（唐）孔颖达正义，吕友仁整理：《礼记正义》卷46《学记第十八》，第1424页。
[4] 郭齐勇：《道不远人：郭齐勇说儒》，第63页。

服务于中国古代国家治理的需要，"建国君民""化民成俗"，为国家治理培养人才和教化民众服务，因而是礼法合治思想的重要组成部分；而从其文化功能角度看，它着眼于平民的修养身心、涵养性情，对于发展古代教育、提高人口质量和民众素质，对于保存、传递以至创造人类文化发挥了重要作用。此外，它所内含的反映教育教学一般规律的思想，对于后世的教育理念、精神塑造都产生了重大影响，至今仍在我国各类教育教学中发挥着积极作用。

第五章　刑法明威

——礼法合治的重要方式

司寇正刑明辟，以听狱讼。必三刺。

——《礼记·王制》

凡听五刑之讼，必原父子之亲，立君臣之义以权之；意论轻重之序，慎测浅深之量以别之。

——《礼记·王制》

决狱讼，必端平。戮有罪，严断刑。

——《礼记·月令》

礼和刑是中国传统法的主要内容。在一定意义上，"刑"与法联系更紧密、更直接。尽管与法家"以法治国""严刑峻法"的治国主张不同，但儒家话语中的"刑"依然是一个与强制、暴力相联系的字眼。在儒家思想占统治地位的古代中国，礼乐教化和刑法明威在治国理政中都占有重要地位，是不可偏废的两种治理手段。礼乐教化主要是从道德层面提高人的素质，使人们自觉遵守和维护社会规范；刑法明威则是用强硬的手段迫使人们遵守既定的社会规范，并严厉惩处那些破坏社会规范的暴民乱人、奸佞行为。礼乐教化与刑法明威如车之两轮，鸟之两翼，相辅相成、相得益彰，缺一不可。两者相比较，礼乐教化的引导作用胜于刑法明威。在《礼记》中，礼的施行显然是优先于刑的。在礼、乐、刑、政四种社会治理手段中，"礼以道其志"居首位，"刑以防其奸"[1] 居三位或末位；"礼"几乎无所不包，"刑"则专指对违背、破坏礼的人施行的惩处，于是有"失

---

[1] （汉）郑玄注，（唐）孔颖达正义，吕友仁整理：《礼记正义》卷47《乐记第十九》，第1456页。

礼则入刑"①之说；礼与德、仁相联系，刑与罚相关联；礼法合治，德主刑辅，可以说是《礼记》各篇作者、编者乃至先秦儒家的主张，是中国古代文明中关于治国理政的重要思想。

本章集中探讨《礼记》中蕴含的司法思想。其中包括《礼记》中的"刑"字含义考，刑的明威、防奸、禁暴、除乱作用，先秦儒家德与刑之关系的辨析，《礼记》中的司法对象、程序设计及其特点，《礼记》中的四大司法原则即慎刑原则、公正原则、宗法人伦原则和司法时令原则。

第一节 刑以防其奸

在古代中国，无论"刑"多么令人望而生畏，但面对现实社会中不可避免、客观存在的危害社会秩序的人与事，刑无疑是居上位者不可或缺的治理手段，因此先秦儒家对于"刑"的研究也是不可回避的。《礼记》作为集中论述礼义的文集，并没有专门的篇目集中阐述"刑"，但其中论及"刑"及其所体现的司法思想的内容也占有一定比重。探讨《礼记》中的礼法合治思想，不可避免地需要探讨《礼记》中的刑及其相关的诉、讼等司法思想。以往学界对《礼记》的研究成果非常丰富，但主要集中在对于礼义的探讨上，而对其中的"刑"及与其相关的诉、讼等司法思想的研究则留下了较大空间。

一 《礼记》中的"刑"字分布

如前所述，"刑"字在不同时代、不同语境中有不同用法。②"刑"字的含义变化经历了动态的发展过程，由"刑"逐渐扩展到"型"（"侀"），形成了偏本义的"刑"含义与偏引申义的"型"（侀）两种含义。其中，"刑"字内含有刑罚、典刑、刑制、法度等，而"型"则统括成型、榜样、取法、定型等含义。

"刑"字在《礼记》各篇章的出现情况如下：

---

① （南朝宋）范晔：《后汉书》卷46《郭陈列传第三十六》，第456页。
② 见本书《绪论》中"相关概念辨析"一节。

"刑"字在《礼记》各篇章出现情况一览表①

"刑"字所在篇目	"刑"字出现次数	"刑法"之"刑"所在词句	表示"型"之"刑"所在语句	包含"刑"字的文献名所在语句
曲礼	3	1. 八十九十曰耄；七年曰悼。悼与耄，虽有罪，不加刑焉。② 2.3. 礼不下庶人，刑不上大夫。刑人不在君侧。③		
王制	9	1. 爵人于朝，与士共之；刑人于市，与众弃之。 2. 是故公家不畜刑人，大夫弗养士。④ 3. 天子无事与诸侯相见曰朝，考礼、正刑、一德，以尊于天子。⑤ 4. 司寇正刑明辟，以听狱讼。 5. 凡制五刑，必即天论，邮罚丽于事。⑥		

---

① 本表制作中参考了以下书目和文献：刘殿爵、陈方正主编：《礼记逐字索引》，香港商务印书馆1992年版；洪业、聂崇歧、李书春、马锡用编纂：《礼记引得》，上海古籍出版社1983年版；（汉）郑玄注，（唐）孔颖达正义，吕有仁整理：《礼记正义》，上海古籍出版社2008年版；（清）孙希旦撰；沈啸寰、王星贤点校：《礼记集解》，中华书局1989年版；杨天宇：《礼记译注》，上海古籍出版社2004年版；张志强：《〈礼记〉文本中"刑"字哲学意涵新探》，《人文论丛》2012年卷，中国社会科学出版社2012年版，等等。

② （汉）郑玄注，（唐）孔颖达正义，吕友仁整理：《礼记正义》卷2《曲礼上第一》，第24页。

③ （汉）郑玄注，（唐）孔颖达正义，吕友仁整理：《礼记正义》卷4《曲礼上第一》，第101页。

④ （汉）郑玄注，（唐）孔颖达正义，吕友仁整理：《礼记正义》卷16《王制第五》，第486页。

⑤ （汉）郑玄注，（唐）孔颖达正义，吕友仁整理：《礼记正义》卷17《王制第五》，第500页。

⑥ （汉）郑玄注，（唐）孔颖达正义，吕友仁整理：《礼记正义》卷19《王制第五》，第554页。

续表

"刑"字所在篇目	"刑"字出现次数	"刑法"之"刑"所在词句	表示"型"之"刑"所在语句	包含"刑"字的文献名所在语句
		6. 凡听五刑之讼，必原父子之亲，立君臣之义以权之；意论轻重之序，慎测浅深之量以别之；悉其聪明，致其忠爱以尽之。① 7. 王三又，然后制刑。 8. 凡作刑罚，轻无赦。 9. 刑者，侀也。侀者，成也，一成而不可变，故君子尽心焉。②		
月令	5	1. 断薄刑，决小罪，出轻系。③ 2. 戮有罪，严断刑。④ 3. 乃命有司申严百刑，斩杀必当，毋或枉桡。⑤ 4. 乃趣狱刑，毋留有罪。⑥	1. 百官静事毋刑，以定晏阴之所成。⑦	

---

① （汉）郑玄注，（唐）孔颖达正义，吕友仁整理：《礼记正义》卷19《王制第五》，第554—555页。

② （汉）郑玄注，（唐）孔颖达正义，吕友仁整理：《礼记正义》卷19《王制第五》，第555页。

③ （汉）郑玄注，（唐）孔颖达正义，吕友仁整理：《礼记正义》卷23《月令第六》，第659页。

④ （汉）郑玄注，（唐）孔颖达正义，吕友仁整理：《礼记正义》卷24《月令第六》，第692页。

⑤ （汉）郑玄注，（唐）孔颖达正义，吕友仁整理：《礼记正义》卷24《月令第六》，第695页。

⑥ （汉）郑玄注，（唐）孔颖达正义，吕友仁整理：《礼记正义》卷25《月令第六》，第717页。

⑦ （汉）郑玄注，（唐）孔颖达正义，吕友仁整理：《礼记正义》卷23《月令第六》，第670页。

续表

"刑"字所在篇目	"刑"字出现次数	"刑法"之"刑"所在词句	表示"型"之"刑"所在语句	包含"刑"字的文献名所在语句
文王世子	6	1. 其刑罪，则纤剸，亦告于甸人。 2. 公族无宫刑。 3. 其刑罪，则曰："某之罪在小辟。" 4. 及三宥，不对，走出，致刑于甸人。① 5. 刑于隐者，不与国人虑兄弟也。 6. 公族无宫刑，不翦其类也。②		
礼运	3	1. 刑肃而俗敝则法无常，法无常而礼无列，礼无列则士不事也。 2. 刑肃而俗敝，则民弗归也。③	1. 刑仁讲让，示民有常。④	
明堂位	2	1. 百官废职服大刑，而天下大服。⑤ 2. 礼乐刑法政俗未尝相变也。⑥		

---

① （汉）郑玄注，（唐）孔颖达正义，吕友仁整理：《礼记正义》卷 29《文王世子第八》，第 859 页。

② （汉）郑玄注，（唐）孔颖达正义，吕友仁整理：《礼记正义》卷 29《文王世子第八》，第 863 页。

③ （汉）郑玄注，（唐）孔颖达正义，吕友仁整理：《礼记正义》卷 30《礼运第九》，第 908 页。

④ （汉）郑玄注，（唐）孔颖达正义，吕友仁整理：《礼记正义》卷 29《礼运第九》，第 876 页。

⑤ （汉）郑玄注，（唐）孔颖达正义，吕友仁整理：《礼记正义》卷 41《明堂位第十四》，第 1265 页。

⑥ （汉）郑玄注，（唐）孔颖达正义，吕友仁整理：《礼记正义》卷 41《明堂位第十四》，第 1269 页。

续表

"刑"字所在篇目	"刑"字出现次数	"刑法"之"刑"所在词句	表示"型"之"刑"所在语句	包含"刑"字的文献名所在语句
大传	4	1.2. 爱百姓故刑罚中，刑罚中故庶民安①	1.2. 百志成故礼俗刑，礼俗刑然后乐。②	
学记	1		1. 教之不刑，其此之由乎！③	
乐记	6	1. 礼以道其志，乐以和其声，政以一其行，刑以防其奸。 2. 礼、乐、刑、政，其极一也，所以同民心而出治道也。④ 3. 礼节民心，乐和民声，政以行之，刑以防之。 4. 礼乐刑政，四达而不悖，则王道备矣。⑤ 5. 刑禁暴，爵举贤，则政均矣。⑥ 6. 暴民不作，诸侯宾服，兵革不试，五刑不用，百姓无患，天子不怒，如此则乐达矣。⑦		

---

① （汉）郑玄注，（唐）孔颖达正义，吕友仁整理：《礼记正义》卷44《大传第十六》，第1367页。

② （汉）郑玄注，（唐）孔颖达正义，吕友仁整理：《礼记正义》卷44《大传第十六》，第1367—1368页。

③ （汉）郑玄注，（唐）孔颖达正义，吕友仁整理：《礼记正义》卷46《学记第十八》，第1435页。

④ （汉）郑玄注，（唐）孔颖达正义，吕友仁整理：《礼记正义》卷47《乐记第十九》，第1456页。

⑤ （汉）郑玄注，（唐）孔颖达正义，吕友仁整理：《礼记正义》卷47《乐记第十九》，第1459页。

⑥ （汉）郑玄注，（唐）孔颖达正义，吕友仁整理：《礼记正义》卷47《乐记第十九》，第1471页。

⑦ （汉）郑玄注，（唐）孔颖达正义，吕友仁整理：《礼记正义》卷47《乐记第十九》，第1472—1473页。

续表

"刑"字所在篇目	"刑"字出现次数	"刑法"之"刑"所在词句	表示"型"之"刑"所在语句	包含"刑"字的文献名所在语句
祭法	1	1. 尧能赏均刑法以义终①		
祭义	1	1. 乐自顺此生,刑自反此作。②		
祭统	1	1. 古者不使刑人守门。③		
坊记	1	1. 君子礼以坊德,刑以坊淫,命以坊欲。④		
中庸	1	1.《诗》曰:"不显惟德,百辟其刑之。"⑤		
表记	4	1. 以德报怨,则宽身之仁也;以怨报德,则刑戮之民也。⑥ 2. 周人强民,未渎神,而赏爵刑罚穷矣。⑦		1.《甫刑》曰:"敬忌而罔有择言在躬。" 2.《甫刑》曰:"德威惟威,德明惟明。"

---

① (汉)郑玄注,(唐)孔颖达正义,吕友仁整理:《礼记正义》卷55《祭法第二十三》,第1803页。

② (汉)郑玄注,(唐)孔颖达正义,吕友仁整理:《礼记正义》卷56《祭义第二十三》,第1844页。

③ (汉)郑玄注,(唐)孔颖达正义,吕友仁整理:《礼记正义》卷57《祭统第二十五》,第1887页。

④ (汉)郑玄注,(唐)孔颖达正义,吕友仁整理:《礼记正义》卷59《坊记第三十》,第1953页。

⑤ (汉)郑玄注,(唐)孔颖达正义,吕友仁整理:《礼记正义》卷61《中庸第三十一》,第2045页。

⑥ (汉)郑玄注,(唐)孔颖达正义,吕友仁整理:《礼记正义》卷61《表记第三十二》,第2057页。

⑦ (汉)郑玄注,(唐)孔颖达正义,吕友仁整理:《礼记正义》卷62《表记第三十二》,第2081页。

第五章　刑法明威

续表

"刑"字所在篇目	"刑"字出现次数	"刑法"之"刑"所在词句	表示"型"之"刑"所在语句	包含"刑"字的文献名所在语句
缁衣	12	1. 为上易事也，下易知也，则刑不烦矣。 2. 好贤如《缁衣》，恶恶如《巷伯》，则爵不渎而民作愿，刑不试而民咸服。① 3. 夫民，教之以德，齐之以礼，则民有格心；教之以政，齐之以刑，则民有遯心。 4. 5. "苗民匪用命，制以刑，惟作五虐之刑曰法。"② 6. 7. 政之不行也，教之不成也，爵禄不足劝也，刑罚不足耻也，故上不可以亵刑而轻爵。 8. "播刑之不迪。"③	1.《大雅》曰："仪刑文王，万国作孚。"④	1.《甫刑》曰："苗民匪用命"⑤ 2.《甫刑》曰："一人有庆，兆民赖之。"⑥ 3.《甫刑》曰："播刑之不迪。"⑦
服问	1	1.《传》曰：罪多而刑五，丧多而服五。⑧		

---

① （汉）郑玄注，（唐）孔颖达正义，吕友仁整理：《礼记正义》卷62《缁衣第三十三》，第2101页。

② （汉）郑玄注，（唐）孔颖达正义，吕友仁整理：《礼记正义》卷62《缁衣第三十三》，第2103页。

③ （汉）郑玄注，（唐）孔颖达正义，吕友仁整理：《礼记正义》卷62《缁衣第三十三》，第2112页。

④ （汉）郑玄注，（唐）孔颖达正义，吕友仁整理：《礼记正义》卷62《缁衣第三十三》，第2102页。

⑤ （汉）郑玄注，（唐）孔颖达正义，吕友仁整理：《礼记正义》卷62《缁衣第三十三》，第2103页。

⑥ （汉）郑玄注，（唐）孔颖达正义，吕友仁整理：《礼记正义》卷62《缁衣第三十三》，第2105页。

⑦ （汉）郑玄注，（唐）孔颖达正义，吕友仁整理：《礼记正义》卷62《缁衣第三十三》，第2112页。

⑧ （汉）郑玄注，（唐）孔颖达正义，吕友仁整理：《礼记正义》卷64《服问第三十六》，第2163页。

续表

"刑"字所在篇目	"刑"字出现次数	"刑法"之"刑"所在词句	表示"型"之"刑"所在语句	包含"刑"字的文献名所在语句
聘义	1	1. 刑罚行于国，所诛者乱人也。①		
共18篇	共62次	共51次	共6次	共5次

如上述表格所示，"刑"在《礼记》中总共出现62次。其中，《曲礼》3次，《王制》9次，《月令》5次，《文王世子》6次，《礼运》3次，《明堂位》2次，《大传》4次，《学记》1次，《乐记》6次，《祭法》1次，《祭义》1次，《祭统》1次，《坊记》1次，《中庸》1次，《表记》4次，《缁衣》12次，《服问》1次，《聘义》1次。其中，"刑"作为有意义的单字，分别在18篇内共计出现57次。除个别是塑造、成型的含义外，大都指"刑罚"，共51次。另外，《礼记》在引用《甫刑》时，以文献名《甫刑》分别出现于《表记》2次，《缁衣》3次。比较而言，"刑"字在《王制》和《缁衣》这两篇中出现的次数相对较多，分别为9次和12次。这从一个侧面说明"刑"是由国家制定的成文法的重要组成部分，属于司法中必不可少的环节。

在近十万字的《礼记》49篇中，"刑"字出现的次数虽然不及"礼"字737次的十分之一，但就其本身而言并不算少，且分布比较广泛，先后在18个篇目中出现，在内容上也有举足轻重的分量。其中，既有相对于礼的"刑"和相对于制礼的"制刑"，也有表示刑之名目的"五刑""百刑""宫刑""大刑""薄刑""狱刑"；既有表示执行刑制过程的"断刑""断薄刑""狱刑""致刑""播刑"，也有用于称呼遭受刑罚和刑法之人的"刑者""刑人"，还有表示刑之暴力指向的"刑肃""刑罚""刑法""刑罪""刑戮"等等。

"刑"与"礼"的相对应关系，以及刑在礼乐刑政综合为治的社会治理方式中的地位和作用，决定了"刑"是《礼记》中一个不可忽略的重要概念，更是探讨《礼记》中的礼法合治思想及其制度设计的一个不可或

---

① （汉）郑玄注，（唐）孔颖达正义，吕友仁整理：《礼记正义》卷70《聘义第四十八》，第2345页。

缺的重要概念。

二 刑的明威、防奸、禁暴、除乱作用

在诸多关于国家治理的手段中，"刑"同礼、乐、政一起，并列为四种重要手段。不仅如此，刑的作用发挥得如何，还直接影响着国家的礼俗政事民心。"刑肃而俗敝则法无常，法无常而礼无列，礼无列则士不事也。刑肃而俗敝，则民弗归也。是谓疵国。"[①] 刑法严峻却习俗风气败坏，那么法令就会经常变化。法令经常变化，礼的秩序就会紊乱。礼的秩序紊乱，士人就会无所事事。刑罚严峻却习俗败坏，则民众不愿归顺，这就是有缺点有过失有毛病的病国。显然，刑罚必须适中，不能滥用，否则就会损害民俗、破坏礼制、干扰政令、影响民心、祸国殃民。

"刑"在《礼记》中的每一次出现，都有着突出的地位，特别是当它与其他治国手段并列出现时更是如此。一方面，"礼以道其志，乐以和其声，政以一其行，刑以防其奸"，礼乐政刑各自发挥其应有作用；另一方面，"礼、乐、刑、政，其极一也，所以同民心而出治道也"[②]，礼乐刑政的目的都是一致的，那就是"同民心而出治道"。"礼乐刑政，四达而不悖，则王道备矣。"[③] 也就是说，"刑"和礼、乐、政一样，是"王道备""同民心""出治道"的四大因素之一，四者合一，就可以实现"王道备""同民心""出治道"的美妙愿景。

刑之所以在四种治国手段中有一席之地，是因为它有禁暴止乱的作用。在刑的威力之下，"暴民不作，诸侯宾服，兵革不试，五刑不用，百姓无患，天子不怒，如此则乐达矣。"[④] 这就是先秦儒家所主张的实现其理想的治国之道——以仁义治天下、统一民心和治理社会的王道。

具体而言，与礼、乐和政都有紧密联系的刑，在国家治理中发挥着明威、防奸、禁暴、除乱的作用。《礼记》中的多篇文章从不同角度论述了

[①] （汉）郑玄注，（唐）孔颖达正义，吕友仁整理：《礼记正义》卷30《礼运第九》，第908页。

[②] （汉）郑玄注，（唐）孔颖达正义，吕友仁整理：《礼记正义》卷47《乐记第十九》，第1456页。

[③] （汉）郑玄注，（唐）孔颖达正义，吕友仁整理：《礼记正义》卷47《乐记第十九》，第1459页。

[④] （汉）郑玄注，（唐）孔颖达正义，吕友仁整理：《礼记正义》卷47《乐记第十九》，第1472—1473页。

这一作用。其中：

《礼记·乐记》在谈到刑的作用时，主要有"刑以防其奸"[①]"刑以防之"[②]"刑禁暴"[③] 等表述，意即刑的作用在于防止人们做坏事，在于禁止暴虐行为。

《礼记·坊记》有"刑以坊淫"[④]，即用刑罚来防止人们淫乱。

《礼记·缁衣》有"刑不试而民咸服"[⑤]，即刑措不用，民众就都信服归从，说明刑本身有威慑、压服的作用；还有"政之不行也，教之不成也，爵禄不足劝也，刑罚不足耻也，故上不可以亵刑而轻爵。"[⑥] 造成君王颁布的政令无法推行、教化不起作用的原因在于君王给小人加官晋爵、予以俸禄，将刑罚施加于本来无罪的人，不足以让人感到羞耻，这说明刑罚的恰当使用，是保障政令推行、教化开明的重要条件。

《礼记·聘义》有"刑罚行于国，所诛者乱人也"[⑦]，即在国家治理中施行刑罚，所惩处和镇压的对象是那些给社会制造混乱的人。

《礼记·表记》载"以怨报德，则刑戮之民也"[⑧]，即那些以怨报德的人是应该受到严厉惩罚和杀戮的。

综合《礼记》中为数不多的关于刑的功能作用的表述，可以看出，刑在社会治理中具有明威、防奸、禁暴、除乱的作用，是与礼、乐、政并行的一种社会治理手段，并且是现实社会中不可或缺的一种治理手段。正因为如此，《礼记·明堂位》在谈到鲁国对周天子以礼治国传统的传承时说：

[①] （汉）郑玄注，（唐）孔颖达正义，吕友仁整理：《礼记正义》卷47《乐记第十九》，第1456页。

[②] （汉）郑玄注，（唐）孔颖达正义，吕友仁整理：《礼记正义》卷47《乐记第十九》，第1459页。

[③] （汉）郑玄注，（唐）孔颖达正义，吕友仁整理：《礼记正义》卷47《乐记第十九》，第1471页。

[④] （汉）郑玄注，（唐）孔颖达正义，吕友仁整理：《礼记正义》卷59《坊记第三十》，第1953页。

[⑤] （汉）郑玄注，（唐）孔颖达正义，吕友仁整理：《礼记正义》卷62《缁衣第三十三》，第2101页。

[⑥] （汉）郑玄注，（唐）孔颖达正义，吕友仁整理：《礼记正义》卷62《缁衣第三十三》，第2112页。

[⑦] （汉）郑玄注，（唐）孔颖达正义，吕友仁整理：《礼记正义》卷70《聘义第四十八》，第2345页。

[⑧] （汉）郑玄注，（唐）孔颖达正义，吕友仁整理：《礼记正义》卷61《表记第三十二》，第2057页。

"礼乐刑法政俗未尝相变也"①。可见，即使在主张德治、以礼治国的周天子时代，刑法也和礼乐政俗并存，共同在国家治理中发挥着作用。《礼记·大传》在谈及刑的作用时，也认为适度的刑罚有利于治国安民，"爱百姓故刑罚中，刑罚中故庶民安"②。爱民和使民安宁的治理目标，体现了先秦儒家的民本思想和德政思想，体现了德主刑辅、礼法合治的治理取向。

三 德主刑辅——先秦儒家德刑关系辨析

中国古代社会的统治者治国理政的手段从其表现形式的属性来看，可以分为相辅相成的"两手"，即"软的一手"和"硬的一手"，或"柔的一手"和"刚的一手"，软硬或柔刚这两手都是不可缺少、相辅相成的，只靠其中的任何"一手"都有失偏颇。其中，软的一手、柔的一手与"德"联系在一起，如《尚书·尧典》曰："克明俊德，以亲九族"③；而硬的一手、刚的一手则与"刑"联系在一起，并且常与德相对立，例如，《左传》认为郑庄公："失政刑矣。政以治民，刑以正邪。既无德政，又无威刑"④。"贰而执之，服而舍之，德莫厚焉，刑莫威焉。服者怀德，贰者畏刑"⑤。"德以柔中国，刑以威四夷"⑥。"叛而伐之，服而舍之，德、刑成矣。伐叛，刑也；柔服，德也，二者立矣。"⑦ 德与刑之间的关系由此产生，简称德刑关系。

先秦时期的德、刑是相反相成的一对范畴，是两种截然相反的治国理念，在这两种不同的治国理念指导下，必然会产生完全不同的两种治国方式，前者谓之德治，后者谓之法治或刑治。它们具有以下两个特征：一是德、刑具有制度层面的礼的属性，即政治乃至军事行动及其原则；二是德、刑既相互对立，又协同作用，德的方式是抚、怀、宽、柔服和施惠等

---

① （汉）郑玄注，（唐）孔颖达正义，吕友仁整理：《礼记正义》卷41《明堂位第十四》，第1269页。
② （汉）郑玄注，（唐）孔颖达正义，吕友仁整理：《礼记正义》卷44《大传第十六》，第1367页。
③ 顾颉刚、刘起釪：《尚书校释译论·虞夏书·尧典》，第2页。
④ 杨伯峻编著：《春秋左传注·隐公十一年》，第82页。
⑤ 杨伯峻编著：《春秋左传注·僖公十五年》，第400页。
⑥ 杨伯峻编著：《春秋左传注·僖公二十五年》，第474页。
⑦ 杨伯峻编著：《春秋左传注·宣公十二年》，第788页。

怀柔措施，而刑的方式是伐、讨、威、罚、杀和正邪等严正措施。西周以后的政治（军事）原则和治国策略都包括德、刑两手，德是软的一手，刑是硬的一手。西周以来，中国传统政治理念的主流就是软硬兼施、宽猛相济。①

《诗经》曰："惠此中国，以绥四方。……柔远能迩，以定我王。"②"申伯之德，柔惠且直。揉此万邦，闻于四国。"③ 由此可见，周人主张"以德治国"，确定了"以礼治国"的政治制度，以安抚怀柔、实惠于民的方式，来处理国内各种社会关系，以及与诸侯方国和边疆少数民族之间的臣属关系。西周以来政治思想的主流是"倾向于以较为温和的'德'的方式而不是较为苛酷的'刑'的方式来解决问题"。"'德'——无论是作为制度设施还是作为政治理念——更合理也更人道，实际上也更加行之有效；无论是从理论上还是从实践上，'德'都代表了政治思想发展的趋势"，这正是《诗经》《尚书》《左传》《国语》之所以宣扬德政的原因；"这一点对于后世政治思想传统的影响十分深远，以至于形成了'重德轻刑'的倾向。"④

与"重德轻刑"的政治思想倾向相联系的，就是治理手段上的"德主刑辅"。在先秦儒家看来，相对于其他手段来说，刑在国家治理中只能处于辅助的地位，而不能起主导作用。刑只是在礼乐教化、政令推行等治理手段未能奏效时不得不采取的一种治理手段，其目的也是保证体现礼义精神的社会秩序不被破坏，进而保证国泰民安。

为什么刑在儒家治国理政的政治主张中不占主导地位而只能起辅助作用呢？这是因为儒家尚德不尚刑，他们主张"为政以德"，认为治理国政的手段应当是德主刑辅。儒家学派创始人孔子指出："为政以德，譬如北辰，居其所而众星共之。"⑤"道之以政，齐之以刑，民免而无耻；道之以德，齐之以礼，有耻且格。"⑥ 这就告诉人们，居上位者重视德礼教化，施行德政，就会像北极星有众星拱卫一样得到民众的拥戴。如果单纯用行

---

① 参见郑开《德礼之间：前诸子时期的思想史》，第 165 页。
② 高亨注：《诗经今注·大雅·生民之什·民劳》，第 462 页。
③ 高亨注：《诗经今注·大雅·荡之什·崧高》，第 495 页。
④ 郑开：《德礼之间：前诸子时期的思想史》，第 173 页。
⑤ （清）刘宝楠撰，高流水点校：《论语正义》卷 2《为政第二》，第 37 页。
⑥ （清）刘宝楠撰，高流水点校：《论语正义》卷 2《为政第二》，第 41 页。

政命令来训导民众，用刑罚威慑恐吓民众，民众虽然会因为害怕受惩罚而尽量避免罪过，但不会有廉耻的观念；反之，如果能用道德来教化民众，用礼义来规范民众的言行，那么，他们就不仅会养成廉耻观念，而且会心悦诚服。

孔子的上述关于德、礼、政、刑在社会治理中不同效果的观点，在《礼记·缁衣》中有类似的表述："夫民，教之以德，齐之以礼，则民有格心；教之以政，齐之以刑，则民有遯心。"[1] 用道德教化，用礼义规范民众，民众就会有归附之心；用政令教育，用刑罚整顿修理民众，民众就会有逃避远离隔膜之心。显然，德政讲究以诚相待，使人心悦诚服。道德教化和礼仪规范可以起到使民心归顺的作用，为政以德，可达到令人满意的治理效果。而刑罚是在为政者德行尚不足以施行德政，或是施政对象恶行顽劣以至于道德教化不足以起到匡正和警慑作用时才不得已而为之的手段。刑罚所起的只能是强制作用。运用刑罚手段，只能使人屈从，并不能让人的内心觉悟，因而不能使人心悦诚服地接受。一旦缺少了相应约束，遭受刑罚的人则很容易恢复原来的劣习。而施行德政则相反，虽然没有骇人的强制措施，却能使人从内心接受，并真正达到国家治理的目的。

总之，先秦儒家政治思想上的重德轻刑，表现在治理手段上就是主张德主刑辅。先秦儒家对刑罚手段并不排斥，但也绝不推崇，甚至相当漠视。可以说，刑罚在儒家的治国主张中处于既不被排斥，但也不被提倡的非主导地位。"尊德礼而卑刑罚，是儒家一致的信仰。"[2]

值得注意的是，推崇德政的儒家学者不仅不排斥刑罚手段，甚至也不排斥爵禄封赏等名利手段对人的刺激和鼓励作用。《礼记·缁衣》引述的一段孔子所言值得关注："政之不行也，教之不成也，爵禄不足劝也，刑罚不足耻也，故上不可以亵刑而轻爵。"[3] 政令不能实行，教化不能取得成效，是因为爵禄赏赐不足以鼓励人们向善，刑罚施用不足以使人们知道耻辱。因此在上位的人不可以滥用刑罚而轻视爵禄赏赐旌表等。当然，刑禁和赏罚的手段在国家治理中只是作为不得已而为之的治理手段，处于辅

---

[1] （汉）郑玄注，（唐）孔颖达正义，吕友仁整理：《礼记正义》卷62《缁衣第三十三》，第2103页。

[2] 瞿同祖：《中国法律与中国社会》，第331页。

[3] （汉）郑玄注，（唐）孔颖达正义，吕友仁整理：《礼记正义》卷62《缁衣第三十三》，第2112页。

助性的地位，其根本目的还是引导民众遵守社会规范，维护社会秩序，达到天下大治的效果。

刑虽然对防治违法犯罪、维护伦理秩序、治理国家社会有重要作用，却不能滥用；尤其是酷刑，非到万不得已时不可施用。酷刑不再出现，是一个国家实现礼乐教化成功的标志。"暴民不作，诸侯宾服，兵革不试，五刑不用，百姓无患，天子不怒，如此则乐达矣。"① 暴乱的人不出现，诸侯服从天子，武器不需要再被擦拭和使用，酷刑不再施用，百姓没有患难，天子不专横，这样方能达到乐教的目的，方能达到礼乐"揖让而治天下"的境界。

可见在《礼记》中，礼、乐是实现王道的根本途径，刑则对恶行起到惩戒、威慑的作用，是维护政治清明不可或缺的条件。而当乐教、礼教达到理想境界时，社会上就不再需要刑罚。尽管刑罚的惩处作用在此时不再需要得到发挥，但它作为施政的一个重要环节所树立的重器威慑作用仍是不可忽略的。

第二节 《礼记》中的司法对象和程序设计

在先秦儒家视域里，刑具有明威、防奸、禁暴、除乱等作用，因此，尽管他们不推崇刑，但也将其作为国家治理中不可或缺的一种手段。要适度运用这一手段，则首先必须明确司法对象，也必须经过一套适当的程序。《礼记》中的《王制》等篇目阐述了他们所认同的司法对象，并提出了他们对司法程序的精心设计。

一 《礼记》中的司法对象

《礼记》中的"刑"多指肉刑一类的重刑，具体内容则是"五刑"，分别指墨、劓、剕、宫、大辟这五种刑罚②。其罪行与相应的惩罚也由轻到重。《礼记·王制》中两次提到"五刑"。

刑因防奸、禁暴、儆乱而定。刑的对象，尤其是"五刑"的对象，主要是乱人、暴民，以及犯罪邪行的"奸"。《礼记》虽然主张以礼服人，

---

① （汉）郑玄注，（唐）孔颖达正义，吕友仁整理：《礼记正义》卷47《乐记第十九》，第1472—1473页。

② "五刑"的具体所指随着历史发展有一定变化。此处依据先秦时期的情况而述。

教化育人，却也认识到了刑对于防奸除乱、维护礼的必要性。那么，哪些罪行是不可饶恕的，因而必须要用严厉的刑法来加以惩处的呢？

《礼记·王制》归纳了四种不可饶恕的重罪，将这四种应判重刑的罪名称为"四诛"：一是"析言破律，乱名改作，执左道以乱政"者，这类人花言巧语，歪曲、曲解国家法令，擅自改变事物的既定名称和法度而另立名目，造成混乱，还用异端邪说、旁门左道扰乱政治；二是"作淫声、异服、奇技、奇器以疑众"[1]者，这类人创作淫邪的音乐，制作或穿戴奇装异服，玩弄奇技淫巧，制作奇诡的器具，来疑惑民众；三是"行伪而坚，言伪而辩，学非而博，顺非而泽，以疑众"者，这类人行为虚伪却顽固不化，言论似是而非却巧言善辩，学识错误、歪门邪道、旁门左道却见闻博杂，不循正道却文饰光泽来蛊惑民众；四是"假于鬼神、时日、卜筮以疑众"者，这类人假托鬼神、时日吉凶、卜筮文书来迷惑民众。这四类罪行严重扰乱和破坏社会秩序，属于不可饶恕之罪，对于犯有这四种罪行的人必须处以极刑，并且不需要听证，即"此四诛者，不以听"[2]。

对于犯有上述四类罪行者处以极刑而不予听证的原因，在于这四类罪行虽然不涉及暴力但却可以扰乱时政，搅乱人心，于无形中危害国家根本，动摇国家根基，必将对国家造成难以估量的恶劣影响。因此，《礼记·王制》虽然主张宽宥，但对于可能动摇国之根本的罪行，则十分严厉苛刻。另一种不予讨论赦免罪行的情况，则是因为在用禁令管理民众时，为了维护禁令的有效性和震慑作用，使人们不会轻易触犯禁令，同时也因为禁令相对刑法惩治手段较轻，不会造成特别严重的后果。

"四诛"中的部分内容，现在已不再被认为是旁门左道，至少不会因为奇装异服、音声缠绵、观念不尽相同就引来杀无赦之祸。今天的人们对多元的认识早已超越两千多年前，当今的时代，已远比《礼记·王制》作者所处的时期多元，社会对不同观点的接纳度也早已今非昔比。如今，人们自然不应当墨守这些已不符合社会现实的规定，但社会上有时存在的流言邪说，特别是一些似是而非、言之凿凿却无法从根本上站住脚的流言蜚语、异端邪说，以及巧言令色、声色犬马、庸俗媚俗低俗的文化形式，乃

---

[1] （汉）郑玄注，（唐）孔颖达正义，吕友仁整理：《礼记正义》卷19《王制第五》，第555页。

[2] （汉）郑玄注，（唐）孔颖达正义，吕友仁整理：《礼记正义》卷19《王制第五》，第556页。

至封建迷信、异端邪教等，会对社会造成危害与混乱，仍然是值得警惕的。治理这些问题，需要高扬法律的旗帜，发挥法的威慑惩处作用。在这些方面，《礼记·王制》的告诫仍是值得警醒和高度重视的。

二 《礼记》中的司法程序设计及其特点

程序性是司法活动最重要、最显著的特点之一。司法机关或专职司法人员按照法定程序进行审判，这一专门的活动即为现代社会的法律适用。虽然古今社会关于法的内容有很大不同，但就进入审判流程这一点来说，它们都属于"刑法"范畴。《礼记·王制》对国家制度作了全面而系统的设计，其中对国家司法制度以及刑法、狱讼、审判的程序等也有集中的阐述，并且呈现出若干鲜明特点。

《礼记·王制》记载了审判的整个流程：

> 司寇正刑明辟，以听狱讼。必三刺。有旨无简不听。附从轻，赦从重。凡制五刑，必即天论，邮罚丽于事。凡听五刑之讼，必原父子之亲，立君臣之义以权之；意论轻重之序，慎测浅深之量以别之；悉听聪明，致其忠爱以尽之。疑狱，氾与众共之，众疑赦之。必察小大之比以成之。成狱辞，史以狱成告于正，正听之。正以狱成告于大司寇，大司寇听之棘木之下。大司寇以狱之成告于王，王命三公参听之。三公以狱之成告于王，王三又，然后制刑。凡作刑罚，轻无赦。刑者，侀也。侀者，成也，一成而不可变，故君子尽心焉。①

这段话是对古时负责刑罚的官员——司寇的要求，包含了制刑、听证、量刑等各个方面，因此可以视为《礼记·王制》乃至《礼记》全书司法思想的集中体现，清楚地展示了当时构建的理想中的司法流程及其特点。

从司法程序上看，主要有以下几个步骤：

第一步，案件审理准备阶段。"司寇正刑明辟，以听狱讼。"司寇是古时掌管刑罚的官员，负责审定刑律，明辨罪行，以听审诉讼。也可以理解

---

① （汉）郑玄注，（唐）孔颖达正义，吕友仁整理：《礼记正义》卷19《王制第五》，第554—555页。

为司寇在接手某一案件之后，首先要研究相关刑律，并了解案件涉及的罪行的基本情况，为即将开始的狱讼做好相关准备工作。

第二步，听证阶段。司寇开始审理案件，在这一过程中必须再三探寻案情，即"必三刺"。审理案件时，必须再三询问不同阶层人们的意见。"刺，杀也，谓欲杀犯罪之人，三问之也。三刺虽以杀为本，其被刑不杀者，亦当问之。"[①]"三刺"，一是指询问群臣，二是指询问各位官吏，三是指询问万民（千万民众）。"三刺"的目的是在断案听讼的过程中倾听各方面的意见，包括民意。

第三步，断案阶段。在断案、定罪时，既要考虑到犯罪动机、主从地位，也要坚持慎刑原则，其中包括遵从天理、符合事实、合乎礼义、区别对待、重证据等。这些原则将在后文中专门论述。

第四步，案件复核审批阶段。在案情的供词清楚、案件审理完成后，掌管法典的官吏——史将审案情况报告给负责刑辟的廷尉的属吏——正；正在审理之后，将审理结果报告给大司寇；大司寇在天子外朝的棘木之下再审理，并将再审理结果报告给王；王命令三公（太傅、太师、太保）参加案件听审，三公再将审理结果报告给王；王再三对犯案者提出宽恕，即对罪犯的惩处三次提出宽宥的理由。对于这三次请求宽宥的理由，郑玄注："一宥曰不识，再宥曰过失，三宥曰遗忘。"[②] 即请求从无知、过失和遗忘三方面考虑能否予以宽宥。在此之后，然后判定刑罚即"制刑"，最后执行判决。

在《礼记》的司法制度设计中，对案件尤其是重刑案件、死刑案件的复核审查是由许多步骤组成的。具体而言，在司寇审理案件之后，其结果由狱史等司法官吏逐层上报，经过史、正、大司寇、三公，最后再到君王，可谓逐级审核裁定，直至天子才能最后确定。有些阶段的复审，还需要有一些有爵位官职的人旁听。

显然，《礼记·王制》中构建了系统的司法诉讼程序和听审制度。这一制度有以下鲜明特点：

其一，诉讼审理程序较为完整。《礼记·王制》规定的诉讼程序，由

---

① （清）孙希旦撰；沈啸寰、王星贤点校：《礼记集解》卷14《王制第五之三》，中华书局1989年版，370页。

② （汉）郑玄注，（唐）孔颖达正义，吕友仁整理：《礼记正义》卷19《王制第五》，第555页。

专门的司法官吏来掌管审理刑事诉讼案件，所谓"司寇正刑明辟，以听狱讼"，所遵循的诉讼审理原则是要进行三次审讯，即"必三刺"；对于论罪而无法可依者不予受理，即"有旨无简不听"；以及论罪从轻，论赦从重，即"附从轻，赦从重"。另一方面则规定有上诉制度，即由司法官吏将诉讼案件的审理结果逐级上报，由上一级官吏直至天子进一步审理裁定，这就是"成狱辞，史以狱之成告于正，正听之。正以狱之成告于大司寇，大司寇听之棘木之下。大司寇以狱之成告于王，王命三公参听之。三公以狱之成告于王，王三又，然后制刑。"[①] 从中可以看出：在《礼记》所设计的司法体系中，王（天子）是最高也是最终的裁判者，这也体现了早期政治中王权无所不在的特点。从专门管狱讼和审理案件的司寇审案断案，到史、正、大司寇等司法官吏逐层上报，最后到王；王命三公参加审理，三公将审理结果报告给王；王又以无知、过失、遗忘这三种理由请求予以宽宥，最后才制刑。显然，这是一套比较完整的关于司法程序的制度设计，也体现了慎刑的态度。《礼记·王制》构建的司法制度，确立了包括诉讼、上诉、定罪、刑罚等一系列司法程序与原则，与今天的刑法流程有所类似，因而在一定程度上显示出中国古代的司法文明。

其二，司法机构和司法队伍比较齐全。司法活动离不开专门的司法机关和司法人员。马克思曾经说过："法律是普遍的……要执行法律就需要法官。如果法律可以自行运用，那么法院也就是多余的了。"[②] 而在法律适用的过程中，司法机关和专职司法人员又是适用法律的主要承担者。在先秦两汉时期，虽然没有现代意义上的检察机关或法院，但也有专门的审判机构，还有专门从事审判的官吏。《礼记·王制》设计的国家层面有六个部门的官，分别协助天子处理不同方面的朝政，其中，"冢宰"为六官之首，负责国家的总预算；"司空"是掌管水利土木的最高长官，负责水利建设、土木营造、百工职事；"司徒"是掌管礼教的最高长官，负责修习礼义、倡导德行，以提高社会的伦理道德水准；"大乐正"是主管贵族教育的最高长官，负责诗、书、礼、乐教育，以造就贤才；"司马"是主管爵禄的最高长官，主要负责对由大乐正挑选出的贤才进行考评、任命。六官之下还有一些下属官员，例如"司"。而"司寇"则是六官中掌刑

---

① （汉）郑玄注，（唐）孔颖达正义，吕友仁整理：《礼记正义》卷19《王制第五》，第555页。

② 《马克思恩格斯全集》第1卷，人民出版社1995年版，第180页。

狱的最高官员，主要负责审定刑书，明断罪法，受理一切民事、刑事诉讼；国家层面的司寇为大司寇。从大司寇、正，到史、司寇，从上到下，每一层级司法官员下还有所属官员，这就构成了《礼记·王制》设计的古代司法的专职队伍。其他官员如三公，也要参与司法过程，直至天子。

其三，君王是古代司法的最高裁判者和最终制定者，对司法审判具有最高裁判权和最终裁决权。古代中华法系是以君长确立为至上权威的法律观，即君长权威高于他自己所主持制定的法律的权威。天子拥有对法的最高裁判权和最终裁判权，体现了君王至高无上的决定性权威。"天子无事与诸侯相见曰朝，考礼、正刑、一德，以尊于天子。"[①] 这段简练文字，形象地描述了天子对立法、司法和道德教化的绝对权力。天子在通常情况下与诸侯相见称为朝，考察诸侯国的礼仪，匡正刑律，统一德行，使诸侯尊崇天子。这里"刑"指刑律，与礼并为治国方略。天子正刑，是古代封建社会王权的体现，是天子受命于天、掌握法律最终确定权的体现。此外，《礼记·中庸》中也有"非天子不议礼，不制度，不考文"[②] 之语。这种"由家庭逻辑式亲属伦理而生的'圣贤作法制礼'论，则暗含一个逻辑或主张：一切立法权当归于圣君贤主，最后无条件地归于任何君主"[③]。掌握了制礼、正刑、一德权力的天子，才是政权与道德的至高统领者。这一点，无论是从维护王权统治来看，还是从树立道德圣贤来看，都具有重大意义。

君王是古代司法的最高裁判者和最终制定者，对司法审判具有最高裁判权和最终裁决权，这与古代中华法系的特点有关。它与西方之法的显著区别，具体可从以下四个方面看：一是人民观不同。体现在中华法系深处特有的人民观认为人民是未开智的，需要用道德伦理说教和法律来管治和教化；而西方的人民观是把所有的人假定为世界上唯一有理性的生物，那么所有的人理应平等自由，所以要保证自由平等和权利。二是国家法律起源不同。由家庭逻辑式亲属伦理而生的"圣贤作法制礼"论，则暗含一个逻辑或主张：

[①] （汉）郑玄注，（唐）孔颖达正义，吕友仁整理：《礼记正义》卷17《王制第五》，第500页。

[②] （汉）郑玄注，（唐）孔颖达正义，吕友仁整理：《礼记正义》卷61《中庸第三十一》，第2038页。

[③] 范忠信：《中西法文化的暗合与差异》，中国政法大学出版社2001年版，第207页。

一切立法权当归于圣君贤主，最后无条件地归于任何君主。而西方法系的最具代表性的国家和法律起源论是依市场逻辑或市民伦理而产生的"社会契约论"，蕴含的逻辑或主张是一切立法权归人民，法权高于执政权。三是法律观不同。中华法系是以君长确立为至上权威的法律观，即君长权威高于他自己所制定的法律的权威；而西方法系认为法律的权威高于执政的权威。四是审判模式不同。中华法系特有"家长制审判模式"，即在诉讼程序上贯彻亲伦原则；而西方法系的审判追求"公共裁判"和"独立裁判"，裁判权独立于行政权和司法权。[1]

天子的权威与掌控贯穿于《礼记》的司法全景。刑法从制定、实施，到执行的完整程序及司法审判原则，无处不有天子的威权和控制，这在《王制》《月令》等篇中都有体现。《礼记·月令》中有一段话，简洁而明晰地描述了刑法从制定、实施，到执行的完整程序及审判原则。"命有司修法制，缮囹圄，具桎梏，禁止奸，慎罪邪，务搏执。命理瞻伤、察创、视折、审断，决狱讼，必端平，戮有罪，严断刑。"[2] 毫无疑问，这里的"命"即颁行司法政令的主体就是至高无上的天子。其中，天子命令官员修订法制是立法；修缮监狱，完备镣铐是举措；禁止奸佞邪行是制法目的；慎察罪犯邪行、务必全数抓捕归案是侦查、归案的执法过程；命令狱官查看因刑致伤、残的人，决断狱讼，是审判过程；公正无偏地裁决狱讼，对有罪的人严厉判刑惩处，这是审判原则。从立法，到侦查归案，再到审判，司法基本流程已经具备，而审慎、公正的原则也已确立。它体现了王权在礼法合治社会中至高至上的作用。同时，它也由于得到天子的高度重视乃至亲力亲为，而体现了审慎的司法原则。

第三节 《礼记》中的司法原则

根据《现代汉语词典》的解释，司法即检察机关或法院依照法律对民事、刑事案件进行侦查、审判。因此，可以将司法理解为"国家司法机关根据法定职权和法定程序，具体应用法律处理案件的专门活动"[3]，这一

---

[1] 参见范忠信《中西法文化的暗合与差异》，第202—216页。
[2] （汉）郑玄注，（唐）孔颖达正义，吕友仁整理：《礼记正义》卷24《月令第六》，第692页。
[3] 本书编写组：《法理学》，第338页。

司法活动，也被称作法律适用。司法活动离不开专门的司法机关和司法人员。他们在其审判过程中，必须遵循一些司法原则。《礼记》中所阐述的司法原则，大体上可以概括为以下四项原则：一是慎刑原则，即"慎测浅深之量以别之"①；二是公正原则，即"决狱讼，必端平"②；三是宗法人伦原则，即"必原父子之亲，立君臣之义以权之"③，以及公族特殊性原则即"刑不上大夫"④ 等；四是司法时令原则，主张春夏省狱宽刑，秋冬断狱行刑。以下分别对《礼记》中体现的四项司法原则作概要阐述。

一 慎测浅深之量以别之的慎刑原则

《礼记》各篇都推崇礼义教化、以德治国、慎用刑罚。一些较轻的罪行和较小的案件，甚至可以得到赦免，"断薄刑，决小罪，出轻系。"⑤ "刑"的标准在因罪量刑，而不在严苛。对于极刑的处置也要恰当。"慎刑"的原则贯穿于《礼记》全书，是儒家司法思想的核心内容。"慎刑"对天子的要求，表现为"乃命有司申严百刑，斩杀必当，毋或枉桡。枉桡不当，反受其殃"⑥。天子命令官员申明并严格执行各种刑罚，特别是处以极刑一定要恰当，不要有被误判刑罚的人；如果枉曲人或量刑不当，量刑的人反而会遭受灾殃。这个灾殃显然是来自上天的惩罚。无所不在、至高无上的上天冥冥之中俯视着人间，宛如无形的宝镜，洞察着司法官员乃至天子的审案、断案、定案和制刑的情况，迫使他们出于对上天惩罚的畏惧而不敢胡乱作为，不得不小心谨慎地对待司法过程，因而对断狱的官员起着监督作用。它反映了《礼记》所主张的慎刑思想和量刑原则，并且指出了之所以必须慎刑而不能滥施刑罚的原因，根本上在

---

① （汉）郑玄注，（唐）孔颖达正义，吕友仁整理：《礼记正义》卷19《王制第五》，第555页。
② （汉）郑玄注，（唐）孔颖达正义，吕友仁整理：《礼记正义》卷24《月令第六》，第692页。
③ （汉）郑玄注，（唐）孔颖达正义，吕友仁整理：《礼记正义》卷19《王制第五》，第555页。
④ （汉）郑玄注，（唐）孔颖达正义，吕友仁整理：《礼记正义》卷4《曲礼上第一》，第101页。
⑤ （汉）郑玄注，（唐）孔颖达正义，吕友仁整理：《礼记正义》卷23《月令第六》，第659页。
⑥ （汉）郑玄注，（唐）孔颖达正义，吕友仁整理：《礼记正义》卷24《月令第六》，第695—696页。

于害怕天惩。

　　《礼记》中的慎刑原则，还体现在强调审判时必须考量周全，对主犯、从犯、再犯区别对待。"有旨无简不听。附从轻，赦从重……凡听五刑之讼……意论轻重之序，慎测浅深之量以别之；悉听聪明，致其忠爱以尽之。疑狱，氾与众共之，众疑赦之。必察小大之比以成之。"① 对于只有犯罪动机而没有犯罪事实的案件不受理诉讼，施刑可轻可重时从轻判，对协同犯罪的从犯从轻处罚，对于该赦免的罪行即使是重罪也应当得到宽赦。

　　"慎"有审慎、认真的含义，因而"慎刑"具有认真执法，绝不姑息的意味。之所以要主张慎刑，固然是因为人们认为无所不在的上天在冥冥之中进行监督，可能招致上天降至灾殃的恐惧威慑着司法人员必须慎刑，同时也是因为量刑者应怀有仁义道德之心。"刑者，侀也。侀者，成也，一成而不可变，故君子尽心焉。"② 刑，指侀；侀，是成型的意思。一旦成型就难以逆转。人的形体一旦受重刑，就会出现无法逆转的改变——残疾，甚至死亡。因此司法官在判定刑罚时应当万分慎重、十分尽心，不可随意。慎刑原则蕴含了仁政的思想以及对人体、生命的尊重，毕竟生命和身体都是上天赋予的，因而是神圣的，也是不可再生的。

　　慎刑原则要求断案定刑必须合理、适当。断案时，首要的是立足于犯罪事实，不能仅凭动机判断。量刑需审慎，同时也要依据伦理道德、人情事理。断案时应广泛听从不同社会阶层的意见，重罪、疑案在初审机关量刑后要经过司寇、正、大司寇、三公逐层再审，直至国家最高统治者天子。并且直到最终定刑前，天子仍应在情理范围内尽量提出宽赦。然而刑罚一旦确定，即使罪责较轻也不免除，否则就会减弱刑罚的威慑力，容易造成轻罪层出。重刑一旦施加就会对被施刑者造成无法逆转的结果，因此君子断案量刑时要尽心竭力，避免不当。《礼记·王制》所记载的量刑过程，体现了客观、慎刑、宽宥而遵法的司法原则。

　　慎刑原则反映了德政的思想，它充分体现在《礼记·王制》《礼记·

---

　　① （汉）郑玄注，（唐）孔颖达正义，吕友仁整理：《礼记正义》卷19《王制第五》，第554—555页。
　　② （汉）郑玄注，（唐）孔颖达正义，吕友仁整理：《礼记正义》卷19《王制第五》，第555页。

缁衣》等中。"为上易事也,为下易知也,则刑不烦矣。"① 如果君主容易侍奉,下属容易为上级所了解,上下级之间能够有效地沟通、和谐相处,刑罚不必过于苛烦,即可达到治理的目的。可见,德治是顺应民心,事半功倍,使人身心愉悦并能有效达到治理目标的治国方略。德治笃行,则无须刑罚。"子曰:'好贤如《缁衣》,恶恶如《巷伯》,则爵不渎而民作愿,刑不试而民咸服。《大雅》曰:'仪刑文王,万国作孚。'"② 如果能像《诗经·缁衣》里所说的那样喜欢贤能的人,像《诗经·巷伯》里所说的那样厌憎奸佞的人,那么君主决不会把官爵随便赏赐人,人民也会形成忠厚纯朴的风气;不必动用刑罚,人民也都会恭顺服从政教了。正如《诗经·大雅》所说,只有效法周文王,万国人民才会敦厚信仰。

《礼记》作者之所以追求德政,力图避免诉讼,是因为他们深刻总结了历史教训。"《甫刑》曰:'苗民匪用命,制以刑,惟作五虐之刑曰法。'是以民有恶德,而遂绝其世也。"③ 高辛氏末期,诸侯中三苗作乱,不行政令,专用严刑峻法惩治民众,制定了五种暴虐的刑罚来作为法。结果导致那里的民众道德败坏,人口不断减少,直至灭绝。这说明,只崇尚刑治必然导致道德败坏乃至亡国的恶果。

"《康诰》曰:'敬明乃罚'。《甫刑》曰:'播刑之不迪。'"④ 《康诰》记载:慎重严明地处罚。《甫刑》说:刑罚施展在不遵守道义的人身上。这段引文体现了《礼记》对赏罚严明的推崇,并通过引用《尚书》强调施用刑罚的态度要审慎严明,刑罚的对象是那些不遵守道义的人。

由此可见,《礼记》虽然更推崇德、礼,但同样重视刑政赏罚。而且主张无论刑罚还是奖赏都应有足够的力度,以发挥对人劝诫、惩恶扬善的作用。当然,刑罚的运用必须以德、礼为前提,德、礼仍然是天子治世的

---

① (汉)郑玄注,(唐)孔颖达正义,吕友仁整理:《礼记正义》卷62《缁衣第三十三》,第2101页。
② (汉)郑玄注,(唐)孔颖达正义,吕友仁整理:《礼记正义》卷62《缁衣第三十三》,第2101—2102页。
③ (汉)郑玄注,(唐)孔颖达正义,吕友仁整理:《礼记正义》卷六62《缁衣第三十三》,第2103页。"苗民匪用命"在《尚书·吕刑》(即《甫刑》)原文中为"苗民弗用灵",见顾颉刚、刘起釪:《尚书校释译论·周书·吕刑》,第1901页。
④ (汉)郑玄注,(唐)孔颖达正义,吕友仁整理:《礼记正义》卷62《缁衣第三十三》,第2112页。《尚书·吕刑》的原文是"播刑之迪","不"是衍字,见顾颉刚、刘起釪:《尚书校释译论·周书·吕刑》,第1982页。《缁衣》已对改后的文字作出了自己的解释和运用。

根本，但刑也已成为推行政令、实施教化、治理社会的重要手段。《礼记》对《甫刑》多次征引，分别用来引证刑政的弊端、德治的作用以及刑的作用对象等，这也从不同角度体现了作者对刑政的重视。

将慎刑原则与孔子关于"刑"的论述两相对照可知，《礼记·缁衣》的作者继承了孔子在德、礼和政、刑的比较中推崇德、礼的主张，但对"刑"的态度已不像孔子那样严厉，而是在力主德礼的同时也正视刑在治世中的必要性。从"必也使无讼"的避刑到"慎测浅深之量以别之"的慎刑，反映了从孔子到《礼记·缁衣》作者对"刑"的态度之微妙转变，也体现了从《论语》到《礼记》在"刑"这一问题上的认识发展。

二 决狱讼必端平的公正原则

与慎刑原则紧密相关的，是决狱讼必端平的公正原则。公正，合理、适当，是断刑时必须遵循的原则。断案，首要的是依据事实，不能仅凭主观想象，也不能单凭作案动机来判断。断案量刑需审慎。慎刑原则的前提是在依据事实的前提下对案件进行分析判断。

《礼记》中的司法公正原则首先体现在断案量刑的标准上。"凡制五刑，必即天论，邮罚丽于事。"① 决断犯罪的人要受五刑中的哪一种刑罚，必须合乎天理，定罪施罚一定要公正无私地依据犯罪事实本身，而不能徇私或被其他情绪左右。前文所言"申严百刑，斩杀必当，毋或枉桡。枉桡不当，反受其殃"② 中的"当"均指恰当、适当，而恰当、适当的前提就是司法官审案断案时要秉持公平的立场，只有公平才能恰当和适当。

断案量刑要做到公平、恰当，还必须多人进行讨论、分析、比较和鉴别。"疑狱，氾与众共之，众疑赦之。必察小大之比以成之。"③ 特别是对有疑问的狱讼，要由多人审核讨论；多人有疑问而不能决断的，就要宽赦

---

① （汉）郑玄注，（唐）孔颖达正义，吕友仁整理：《礼记正义》卷19《王制第五》，第554页。
② （汉）郑玄注，（唐）孔颖达正义，吕友仁整理：《礼记正义》卷24《月令第六》，第695—696页。
③ （汉）郑玄注，（唐）孔颖达正义，吕友仁整理：《礼记正义》卷19《王制第五》，第555页。

被告人。罪大罪小,依照法律判决分清罪责轻重浅深。前文所引"意论轻重之序,慎测浅深之量以别之"①,不仅体现了慎刑的原则,也体现了公平公正的审判原则。

《礼记》的司法公正原则,也体现在对重罪犯绝不姑息之上。对于经过审察认定确实有罪的人,就要严格执法,绝不留情。"戮有罪,严断刑"②,表明了严格执法的这一原则立场。同时也明确了严惩不贷、绝不姑息的对象是"析言破律,乱名改作,执左道以乱政","作淫声、异服、奇技、奇器以疑众"③,"行伪而坚,言伪而辩,学非而博,顺非而泽,以疑众",和"假于鬼神、时日、卜筮以疑众"④者。对于一些涉及危害国家社会的乱政、惑众的严重行为,一旦确定了罪名,在刑罚处置上是不可以宽赦的。这同样是《礼记》司法公正原则的体现。强调对乱政惑众的行为实行重惩,其目的在于维护社会秩序的稳定。

不仅如此,《礼记》对曾犯过重罪而遭到刑罚的人的态度也十分严厉苛刻。"爵人于朝,与士共之;刑人于市,与众弃之。是故公家不畜刑人,大夫弗养士。遇之涂,弗与言之。屏之四方,唯其所之,不及以政,亦弗故生也。"⑤ 这些人被剥夺了政治、纳税和祭祀的权利,即使是祭祀中地位最低微的守门人,也不得担任,"古者不使刑人守门"⑥。

《礼记》对待赏罚的态度,可谓泾渭分明。一般来说,无论奖惩,都要分别在朝堂和市集公开进行,以儆效尤。对待受过肉刑之人的态度,一言以蔽之,就是"弃"。对被判刑之人的处理方式则由施行地点、处置方法等组成。施刑的地点设在闹市,表示与百姓共同抛弃受刑的罪犯。此外,国家不能录用这种人,大夫不能收留这种人,在路上遇到这种人也不

---

① (汉)郑玄注,(唐)孔颖达正义,吕友仁整理:《礼记正义》卷19《王制第五》,第555页。
② (汉)郑玄注,(唐)孔颖达正义,吕友仁整理:《礼记正义》卷24《月令第六》,第692页。
③ (汉)郑玄注,(唐)孔颖达正义,吕友仁整理:《礼记正义》卷19《王制第五》,第555页。
④ (汉)郑玄注,(唐)孔颖达正义,吕友仁整理:《礼记正义》卷19《王制第五》,第556页。
⑤ (汉)郑玄注,(唐)孔颖达正义,吕友仁整理:《礼记正义》卷16《王制第五》,第486页。
⑥ (汉)郑玄注,(唐)孔颖达正义,吕友仁整理:《礼记正义》卷57《祭统第二十五》,第1887页。

能理睬他们，使这些受过肉刑的人失去一切正常的社会关系，并被流放到四方边远地区。在流放地的受刑之人虽然没有赋税，但也没有了田地，没有资格履行社会责任义务，同时失去了社会权利，不可能正常地生活下去。总之，受过重刑的罪犯被剥夺了经济、社会、政治权利和义务，为社会所抛弃。对重罪犯的绝不姑息和严惩不贷，不仅是对犯罪的惩罚，更是对人们的警示，告诫人们不敢犯罪、厌恶犯罪、远离犯罪。刑的严厉，是对破坏社会秩序者的有力警示和预防。

《礼记》中的司法公正原则，也体现为不赦轻刑，即"凡作刑罚，轻无赦"①。尽管《礼记》作者继承了孔子的思想，主张判罚从轻，但是对处置犯罪的主张比孔子更加严厉，认为量刑一旦定下，即使判罚轻微也不得赦免。

执法的举措，除了严厉的刑罚，还有相对轻微的禁令。在当事人所犯过错未达到犯罪的程度时，就不用刑罚；但为了表示惩戒，使用禁令。禁令的主要目的是统一秩序、规范民众的行为。由于禁令本身并不严苛，因此为了达到训诫民众进而统一秩序的目的，凡是用禁令来规范民众时，就不赦免罪过。"凡执禁以齐众，不赦过。"②严格执法是公平公正的体现，也保障了公平公正。

司法的公平公正是君王美德的重要衡量标准。《礼记·祭法》赞美尧能赏赐公平，行刑有法度，又能遵循义禅让于贤人："能赏均刑法以义终"③。更重要的是，司法公平公正关系到民心的归属、民众的安定。"爱百姓故刑罚中，刑罚中故庶民安"④。刑罚公平恰当，方能保证国家安泰、社会安宁、人民安康。从这个意义上说，司法公正是实现天下太平的必要条件。总之，《礼记》奉行严格公正的执法原则，其根本目的在于维护社会秩序的安定和国家统治的稳定。

---

① （汉）郑玄注，（唐）孔颖达正义，吕友仁整理：《礼记正义》卷19《王制第五》，第555页。
② （汉）郑玄注，（唐）孔颖达正义，吕友仁整理：《礼记正义》卷19《王制第五》，第556页。
③ （汉）郑玄注，（唐）孔颖达正义，吕友仁整理：《礼记正义》卷55《祭法第二十三》，第1803页。
④ （汉）郑玄注，（唐）孔颖达正义，吕友仁整理：《礼记正义》卷44《大传第十六》，第1367页。

三 刑讼必原父子之情、立君臣之义以权之的宗法人伦原则

《礼记》各篇成文至全书成书的时代处于等级分明的宗法时代。宗法人伦渗透于社会的各个方面,也毫无例外地贯彻于司法之中。刑罚的判定,有许多必须考虑的因素,其中最重要的就是宗法人伦。"凡听五刑之讼,必原父子之情,立君臣之义以权之;意论轻重之序,慎测浅深之量以别之;悉其聪明,致其忠爱以尽之。"①但凡审理判处"五刑"的诉讼案件,一定要从体恤父子亲情,立足于君臣大义的基本立场,以权衡其性质。这表明,"礼为立法之本"是中国古代法律体系所尊奉的基本原则;礼是法制定的依据,是法的核心、灵魂所在。纵观中国历史,人们一直追问着法的善恶,将法分为"祥法"和"虐法"。而判断、区分它们的标准,就是礼。通常来说,符合礼义精神的法,就是祥法、善法,也是易于被百姓接受并遵守的法;反之,不符合礼义精神的法,就是虐法、恶刑。

刑与礼的基础,在于是否孝道,"乐自顺此生,刑自反此作"②。孝道是礼和乐的源泉,违背孝道行事则是招致刑罚的重要原因。司法合宜的根源在于亲爱亲人,并从人伦推广至宗族、国家、百姓,乃至天下。"人道亲亲也。亲亲故尊祖,尊祖故敬宗,敬宗故收族,收族故宗庙严,宗庙严故重社稷,重社稷故爱百姓,爱百姓故刑罚中,刑罚中故庶民安,庶民安故财用足,财用足故百志成,百志成故礼俗刑,礼俗刑然后乐。"③可见,刑罚的根本目标在于使天下和美,刑罚恰当源自血缘之亲、宗法人伦的推而广之。司法断案亦需要兼顾天理与人情。"悉其聪明,致其忠爱以尽之。"④审案断案的司法官员要兼听各方观点,权衡天理人情,兼顾人情与义理,充分发挥聪明才智去推理和审查案件,奉献自己的忠诚仁爱之心,彻底查清案情。宗法人伦无论对立法和执法都有影响,"夫礼者,所

---

① (汉)郑玄注,(唐)孔颖达正义,吕友仁整理:《礼记正义》卷19《王制第五》,第554—555页。

② (汉)郑玄注,(唐)孔颖达正义,吕友仁整理:《礼记正义》卷56《祭法第二十四》,第1844页。

③ (汉)郑玄注,(唐)孔颖达正义,吕友仁整理:《礼记正义》卷44《大传第十六》,第1367—1368页。

④ (汉)郑玄注,(唐)孔颖达正义,吕友仁整理:《礼记正义》卷19《王制第五》,第555页。

以定亲疏、决嫌疑、别同异、明是非也",“分争辨讼，非礼不决"①，都表明了将礼作为分辨是非、审案断案根本依据的意思。礼是法之本，立法、司法都必须以礼为原则。汉代董仲舒在此基础上，提出了"据义行法"和"春秋决狱"②的原则。

"春秋决狱"亦称"经义决狱"，其特点是司法者凭借儒家经典中的微言大义来判案，被引用的儒家经典包括《诗经》《尚书》《礼记》《易经》《春秋》等，其中《春秋》最为常用，故名"春秋决狱"。"春秋决狱"对中国古代法律文化发展进程产生了重大影响，推动了法律适用中的礼法融合和审判方法上的礼法融合。即在法律适用上，改变了以往依照客观情况"一刀切"的司法方式，根据不同案件情形区别对待；在审判方法上，改变了秦以后客观主义的审判方法，开始特别重视对犯罪者主观心理动机的考量。当法律条文与春秋决狱原则发生矛盾时，当法律条文与伦理道德发生冲突时，执法者往往舍法律而取经义，将人情伦理置于法条之上，因而让法律退居次要地位以适用人伦规范，最终以礼入法，将经义法律化。后世唐代颁布的《唐律》更是明文规定"为子为臣，惟孝惟忠"③，从而使儒家的伦理原则和道德规范法律化。此后，"律出于礼"和"以礼立法"几乎成为历代法律体系中不可或缺的重要原则。"春秋决狱"也使中国古代法律具有非常浓郁的道德伦理色彩。当然，春秋决狱也有其弊端，主要是加大了司法的主观性，因而对司法者的素质要求很高，否则有可能导致判决的随意性，进而影响司法的公正性。

先秦儒家法律的本质之一在于使宗法等级秩序和制度合法化。这种人伦高于法律条文的现象尤为显著地表现在复仇问题上。《礼记·檀弓上》和《礼记·曲礼上》分别记载了以下两段文字："子夏问于孔子曰：'居父母之仇，如之何？'夫子曰：'寝苫枕干，不仕，弗与共天下也。遇诸市朝，不反兵而斗。'曰：'请问居昆弟之仇如之何？'曰：'仕弗与共国，

---

① （汉）郑玄注，（唐）孔颖达正义，吕友仁整理：《礼记正义》卷2《曲礼上第一》，第19页。

② 根据《汉书·艺文志》记载，董仲舒曾著《公羊董仲舒治狱》十六篇（见（汉）班固：《汉书》卷30《艺文志第十》，第328页。今已佚）。这可能是"春秋决狱"的来源。"春秋决狱"的说法出自《刑部尚书薛公墓志铭（代）》："近人说经多搜抄汉学。汉儒以董子为醇，郑康成为大。董以《春秋》决狱，郑以律令注《礼》。汉制试士，讽诵尉律籒文九千字，则汉儒无不习律者。"

③ 岳纯之点校：《唐律疏议》卷1《名例·凡七条·十恶》，第7页。

衔君命而使，虽遇之不斗。'曰：'请问居从父昆弟之仇如之何？'曰：'不为魁，主人能，则执兵而陪其后。'"① "父之仇，弗与共戴天。兄弟之仇，不反兵。交游之仇，不同国。"② 这两段文字的大意是：对杀父仇人，即使走遍天涯海角也要杀之以雪恨；对杀害兄弟的仇人，要时刻携带兵器，以便随时杀之；对杀害知己朋友的仇人，只有他躲避到其他诸侯国去了，才可以放弃复仇。杀父母之仇未报时，不做官；杀兄弟之仇未报时，可以做官，但如果在从事公事时遇到仇人，是不可以复私仇的。因为从事公务是奉君王之命，而君臣关系在宗法人伦中高于兄弟关系。可见在当时人的观念中，复仇是人之常情。儒家认同有条件的复仇，即亲属无罪却被他人所杀，经报官通缉后遇到仇人，可以实行复仇。但尽管如此，公理仍在私情之上，君臣关系在公务中具有优先性，因此不可公报私仇。

孝、悌、义是中国传统伦理道德规范中重要的人伦内容。它们所体现的，是以"五伦"为根基的伦理关系。在以"五伦"为基础的古代中国社会关系中，"复仇的责任也以五伦为范围，而朋友亦在其中"③，责任的大小程度则随着"五伦"的亲疏远近而区别。

不可否认的是，礼之所以优于法，就在于礼的本质是为了维护长幼亲疏、尊卑贵贱的等级秩序，其在宗法层面的最核心内容就是"君尊臣卑"。在此原则下建立起来的法律体系，首先要体现的自然是统治者的利益与意志，而绝非全然"法律面前人人平等"的现代法治思想。这种法律观是君王至上的法律观，君王的权力高于国家的法律。其审判模式是"家长制审判模式"，即在诉讼程序上贯彻亲属伦理原则。它的内在精神"就是它的'亲伦精神'，就是它以亲属伦理（东方内陆型农业社会的家庭伦理，以'孝'为核心的伦理）为灵魂的特质"④。

与宗法人伦相对应的，是在刑罚上对老者和幼者的照顾和宽恕。在《礼记》中，有长幼不加罪的原则。"八十九十曰耄；七年曰悼。悼与耄，

---

① （汉）郑玄注，（唐）孔颖达正义，吕友仁整理：《礼记正义》卷10《檀弓上第三》，第287—288页。
② （汉）郑玄注，（唐）孔颖达正义，吕友仁整理：《礼记正义》卷4《曲礼上第一》，第108页。
③ 瞿同祖：《中国法律与中国社会》，第82页。
④ 范忠信：《中西法文化的暗合与差异》，第216页。

虽有罪，不加刑焉。"① 八九十岁的高龄长者和七岁以下的孩童稚子，即使有罪也不施加刑罚。因为七岁以下的稚子尚在幼年，本应处于学习阶段，犯罪可能出于尚不知理，也还有改过重来的机会；老年人已至生命末期，施加刑罚的意义相对不大。而且，稚子幼小、老人已近风烛残年，他们都是社会的弱者，同时也都是身体上的弱者，对刑罚的承受力非常低微，所以不对他们实施刑罚。长幼不加罪的原则体现了仁爱、尊老爱幼、亲亲等思想观念。

宗法人伦司法原则的另一个具体表现，就是公族特殊性原则。在等级分明的中国古代社会，贵族享有一定的特权。《礼记·文王世子》集中记录了公族即君王或诸侯同族的特殊事务，包括教化传承、学习教育、宗族祭祀等，其中也包括公族犯罪的判罪制刑情况。

与非公族的判罪制刑相比，对公族的判罪制刑具有明显的特殊性，这种特殊性表现在以下四个方面：一是不当众行刑。"公族其有死罪，则磬于甸人。其刑罪，则纤剸，亦告于甸人。"② 公族中如果有人犯了死罪，交由执掌郊野的官——甸人绞杀，因此可以保全遗体。如果犯了刺、割等肉刑，也送到甸人处行刑。"刑于隐者，不与国人虑兄弟也。"③ 在隐蔽的地方行刑而不行刑于闹市，是为了不让公众知道，避免国人议论国君兄弟的过错，以维护公族的尊严。二是不施宫刑。"公族无宫刑"，④ 既是为了保护公族的颜面，使其免受宫刑这样的奇耻大辱，更是为了保存公族的血脉，使公族不致绝后。三是国君会再三请求司法官宽宥犯了死罪的公族之人，这既是"公为之贬降之礼"⑤，也是履行一种义务，有些时候或许只是走一个过场。"狱成，有司谳于公，其死罪，则曰：'某之罪在大辟。'其刑罪，则曰：'某之罪在小辟。'公曰：'宥之。'有司又曰：'在辟。'

---

① （汉）郑玄注，（唐）孔颖达正义，吕友仁整理：《礼记正义》卷2《曲礼上第一》，第24页。

② （汉）郑玄注，（唐）孔颖达正义，吕友仁整理：《礼记正义》卷29《文王世子第八》，第859页。

③ （汉）郑玄注，（唐）孔颖达正义，吕友仁整理：《礼记正义》卷29《文王世子第八》，第863页。

④ （汉）郑玄注，（唐）孔颖达正义，吕友仁整理：《礼记正义》卷29《文王世子第八》，第859、863页。

⑤ （汉）郑玄注，（唐）孔颖达正义，吕友仁整理：《礼记正义》卷29《文王世子第八》，第860页。

公又曰：'宥之。'有司又曰：'在辟。'及三宥，不对，走出，致刑于甸人。公又使人追之，曰：'虽然，必赦之。'有司对曰：'无及也。'反命于公。"① 案件定审后，有司（司法官）要向国君报告，国君先后三次提出宽恕，如司法官经复查后都没有改变审判结果，要把罪犯送到甸人处行刑。这时国君又一次要求赦免，司法官却告知已经行刑完毕，无可挽回。显然，国君再三请求司法官宽宥犯了重罪的公族之人，很可能是作出一种姿态，显示国君的宽仁之心和亲亲之情。四是国君为因罪被处死的公族之人穿素服，居住宫外，不听乐，到异姓的庙中哭丧。"公素服"②，"居外"③，"不举，为之变，如其伦之丧"④。国君私下悼念死者，是因为骨肉亲情并未断绝；但是国君"弗吊，弗为服，哭于异姓之庙"⑤，"无服，亲哭之"⑥，不吊唁被处死的公族人，不为他服丧，而是亲自到异姓的宗庙中为死者哭，是为了避免使祖先蒙羞而疏远被处死者，"忝祖，远之也"⑦。

即使看上去公族有这些特权，但公族判罪的最高原则仍然是公正执法，与百姓无异。虽然根据前文对司法流程的记载，国君具有最高司法裁决权——如果国君确实认为公族犯罪者的罪行应该得到赦免，是能够采取实际行动赦免其罪行的，但是根据《礼记·文王世子》的记载，虽然国君再三向司法官请求对犯了死罪的公族之人从宽处理，却并未从实质上改变判罪和行刑的结果。"公族之罪，虽亲不以犯有司，正术也，所以体百姓也"⑧。公族的人犯了罪，即使与国君是亲属、关系亲近，也不能以此来

---

① （汉）郑玄注，（唐）孔颖达正义，吕友仁整理：《礼记正义》卷29《文王世子第八》，第859页。
② （汉）郑玄注，（唐）孔颖达正义，吕友仁整理：《礼记正义》卷29《文王世子第八》，第859页。
③ （汉）郑玄注，（唐）孔颖达正义，吕友仁整理：《礼记正义》卷29《王世子第八》，第863页。
④ （汉）郑玄注，（唐）孔颖达正义，吕友仁整理：《礼记正义》卷29《文王世子第八》，第859页。
⑤ （汉）郑玄注，（唐）孔颖达正义，吕友仁整理：《礼记正义》卷29《文王世子第八》，第863页。
⑥ （汉）郑玄注，（唐）孔颖达正义，吕友仁整理：《礼记正义》卷29《文王世子第八》，第859—860页。
⑦ （汉）郑玄注，（唐）孔颖达正义，吕友仁整理：《礼记正义》卷29《文王世子第八》，第863页。
⑧ （汉）郑玄注，（唐）孔颖达正义，吕友仁整理：《礼记正义》卷29《文王世子第八》，第862—863页。

干涉、阻挠司法官执法。这是为了端正法纪，并以事实说明公族犯法，司法中的宗法人伦原则不能背离决狱讼必端平的公正原则，因罪量刑仍然是司法审判的核心原则。

讨论公族特殊性原则，不可避免地要涉及《礼记·曲礼上》中的一句话，即"礼不下庶人，刑不上大夫。刑人不在君侧"①。这是否意味着礼与刑各有其特定的实施对象呢？

自《礼记》成书起，对"礼不下庶人，刑不上大夫"的理解向来存有争议。两千多年来，学者们从不同角度讨论了"礼不下庶人，刑不上大夫"的实质。就文本而言，"礼不下庶人，刑不上大夫"的前文是"国君抚式，大夫下之；大夫抚式，士下之"②，因此就其具体语境下的意义，"礼不下庶人，刑不上大夫"指庶人没有过宗庙时的下车之礼，肉刑不得加诸之于大夫。③ 也有学者认为，刑最初施加于奴，大夫以上的人不可以为奴，因此不可以被施刑。"刑之始，乃以为奴婢而俾诸异族，大夫以上，不可以为奴，故亦不容施刑也。"④ 而自汉儒起，古今学者对"礼不下庶人，刑不上大夫"的讨论，都已超越了《礼记·曲礼上》的具体文字，而将其作为礼和刑关系的一般原则来加以理解和阐释。

多数学者认为西周的礼与刑的区分并非绝对。礼既然是普遍的行为规范，庶人断无不受礼制约束之理；而如果贵族、大夫弑君犯上、越礼逾制，也逃不脱惩之以刑的命运，古时有许多"刑上大夫"的例子，因此"刑不上大夫"并不符合实际情况。东汉许慎认为，士与大夫仅在行刑地点上有所区别，"无刑不上大夫之事"。东汉郑玄则认为，"刑不上大夫"指的是不公开处刑士大夫，"凡有爵者，与王同族，大夫以上适甸师氏，令人不见"⑤。因此，"刑不上大夫"是符合实际情况的。由此可见，两者对"刑不上大夫"的解读虽然不同，但是得出结论的前提却有相同之处，即士大夫犯罪仍然会被处刑，只是处刑的地点不公开，以维护贵族和皇权

---

① （汉）郑玄注，（唐）孔颖达正义，吕友仁整理：《礼记正义》卷4《曲礼上第一》，第101页。

② （汉）郑玄注，（唐）孔颖达正义，吕友仁整理：《礼记正义》卷4《曲礼上第一》，第101页。

③ 参见俞荣根《儒家法思想通论》（修订本），第120页。

④ 吕思勉：《先秦史》，中国友谊出版公司2009年版，第335页。

⑤ （汉）郑玄注，（唐）孔颖达正义，吕友仁整理：《礼记正义》卷29《文王世子第八》，第103页。

的颜面。通常认为，此处的"刑"指"五刑"。刑罚是惩治恶习、约束民众的强制手段，与礼相辅相成。作为士大夫，本应有礼的规范和修养，是不应该触犯刑法的。

还有一种说法是，"刑不上大夫"之"刑"指刑辱[①]，即刑罚和刑讯手段给当事人带来的羞辱。儒者"可杀而不可辱也"[②]，同理，"士可杀不可辱"，对于有一定身份地位和自尊心的士大夫来说，刑讯的羞辱恐怕比刑罚本身更加令人难以承受。因此，"刑不上大夫"的制度设计，无论对于维护士大夫的尊严，还是对于统治者笼络官员人心，都有裨益。

礼的规定对象是君子，即士大夫。"礼不下庶人"，是因为礼的规制严格，程序复杂，种类繁多，各种礼的施行，不可避免地要耗费人力物力。因此，礼特别是盛大的礼仪，是不对普通百姓作硬性要求的。对寻常百姓来说，行礼只需量力而行；而对于士大夫来说，礼是他们必须遵循的准则。可见通过礼的施行，既划定了社会阶层，也体现了对不同阶层的区别对待。

正如公族的人犯罪仍要受到刑罚惩处一样，如果士大夫犯了需要用刑罚来惩处的恶行，同样要受到惩罚，并且从此不再是士大夫，也失去了侍奉君王的资格，"刑人不在君侧"[③]。这点与公族不同。公族人即使犯罪，也依然保持着公族的身份，并且在行刑时会顾及公族的颜面而不公开处刑，对一些极刑的处置也保留了适当避免的可能。而士大夫的身份并非一成不变，遵礼守礼是他们保持自己士大夫身份的必要条件。

《礼记》中蕴含的司法思想对宗法人伦的重视，与它所继承的以孔子、孟子为代表的儒家思想并无二致。它主张礼治、德治和人治，反对激进的社会变革观和严刑峻法、"缘法而治"[④]等治国主张。无论礼治、德治、人治，都强调统治者的自我约束，强调民众遵德守礼，即"有耻且格"[⑤]，其目的在于促成社会和谐，而不是破坏社会秩序。

---

① 参见吕友仁《〈礼记〉研究四题》，中华书局2014年版，第137页。
② （汉）郑玄注，（唐）孔颖达正义，吕友仁整理：《礼记正义》卷66《儒行第四十一》，第2222页。
③ （汉）郑玄注，（唐）孔颖达正义，吕友仁整理：《礼记正义》卷4《曲礼上第一》，第101页。
④ 蒋礼鸿：《商君书锥指》卷5《君臣第二十三》，第131页。
⑤ （清）刘宝楠撰，高流水点校：《论语正义》卷2《为政第二》，第41页。

四　春夏省狱宽刑、秋冬断狱行刑的司法时令原则

古代的许多司法都与时令紧密联系，《礼记·月令》篇对此有系统建构。《礼记·月令》司法时令思想的主要特点是春夏宽刑，秋冬决狱。其中与司法有关的农历月份及其与司法关联的内容如下：

孟春正月，万物苏生、东风解冻、虫鱼跃动、鸿雁归来。在这个时节里，"乃命太史守典奉法"①。天子命令太史颁布德教，宣布相关条令（包括禁令），要求人们遵守典章法度，于是法令在这时制定并颁布，已有的较稳定的法律原则、典章制度则一以贯之。这体现了以仁为本、施行德政的宗旨和守先待后的遵德守礼精神。

仲春二月，细雨霏霏、桃红柳绿、莺飞草长。在这个时节里，"命有司省囹圄，去桎梏，毋肆掠，止狱讼"②。天子吩咐官员减少牢狱刑拘，去除被拘禁的人的脚镣手铐，不得肆意拷问、鞭挞他们，并停止受理刑事和民事诉讼，即削减刑罚，止狱息讼，暂缓司法活动，给予人们休养生息、调整身心的时间。

孟夏四月，蛙类鸣叫、瓜蔬生长。在这个时节里，应当"断薄刑，决小罪，出轻系"③。可以审判一些较小的案件和罪行，赦免一些罪行较轻的犯人。对于只需轻微体罚或罪行并不严重因而只需短期囚禁的犯人，都应在判决后予以释放。它适应了立夏时节需要集中有限的人力从事农业生产的客观要求。

仲夏五月，蝉鸣花开。应当少安毋躁，相应地对重刑犯予以宽待，"挺重囚，益其食"④。为重犯减刑，增加和改善他们的伙食。与仲夏时节的万物滋长、生命绽放相联系，司法政令也体现了对劳动力的重视和涵养，甚至包括对囚犯的尊重与人道观念，依然是与时令相关的。

孟秋七月，秋意渐起，白露夜降。"命有司修法制，缮囹圄，具桎梏，

---

① （汉）郑玄注，（唐）孔颖达正义，吕友仁整理：《礼记正义》卷22《月令第六》，第618页。
② （汉）郑玄注，（唐）孔颖达正义，吕友仁整理：《礼记正义》卷22《月令第六》，第631页。
③ （汉）郑玄注，（唐）孔颖达正义，吕友仁整理：《礼记正义》卷23《月令第六》，第659页。
④ （汉）郑玄注，（唐）孔颖达正义，吕友仁整理：《礼记正义》卷23《月令第六》，第666页。

禁止奸，慎罪邪，务搏执。命理瞻伤、察创、视折、审断，决狱讼，必端平，戮有罪，严断刑。"① 天子命令司法官员修订法制，修缮监狱，补充好镣铐之类的刑具，禁绝奸佞行为，慎察罪犯邪行，务必将违法犯罪者立即全数抓捕归案，逮捕拘囚；同时命令狱官查看那些因受到或轻或重的刑罚而受伤、受创、肢体残缺受损的囚徒；决断狱讼，必须保证公平；惩处有罪的人，要严格决断判刑。七月立秋，天气有了凉意，与自然之气开始变得严厉相适应，决断狱讼、执行刑罚不可稍有宽纵懈怠。这体现了与时偕行和严于律刑的思想。

仲秋八月，秋风萧瑟。刑当罚罪，市当均平，税当减免，老当颐养。"乃命有司申严百刑，斩杀必当，毋或枉桡。枉桡不当，反受其殃。"② 它体现了严刑和慎刑的思想。

季秋九月，白霜始降，叶落草枯。"乃趣狱刑，毋留有罪。"③ 天子下令督促司法官员加紧清理积压的案件，审案定刑，不得遗留有未经审理的罪犯。这体现了秋后定刑结案的惯例。

孟冬十月，河水凝冰，大地始冻。"是察阿党，则罪无有掩蔽。"④ 天子下令检举和惩处贪官污吏和徇私枉法的司法官吏，使那些犯罪的人不能得到庇护。

仲冬十一月，天寒地冻、万木萧疏。此时需要"筑囹圄"⑤，对关押罪犯的监狱进行修筑，以便来年关押新的犯人。

以上内容集中体现了先秦儒家关于天子在一年各个时节发布相应司法、政令的制度设计。这一制度设计，体现了春夏省狱宽刑、秋冬断狱行刑的司法时令原则。这一原则的内涵归纳起来就是：宽政令、省刑罚、布德施恩、行庆施惠、安及万民与万物复苏、莺飞草长的春季相对应；审理小案、判决

---

① （汉）郑玄注，（唐）孔颖达正义，吕友仁整理：《礼记正义》卷24《月令第六》，第692页。

② （汉）郑玄注，（唐）孔颖达正义，吕友仁整理：《礼记正义》卷24《月令第六》，第695—696页。

③ （汉）郑玄注，（唐）孔颖达正义，吕友仁整理：《礼记正义》卷25《月令第六》，第717页。

④ （汉）郑玄注，（唐）孔颖达正义，吕友仁整理：《礼记正义》卷25《月令第六》，第721页。

⑤ （汉）郑玄注，（唐）孔颖达正义，吕友仁整理：《礼记正义》卷25《月令第六》，第732页。

轻罪与万物生长、草木茂盛、生命绽放的夏季相对应；戮有罪、严断刑与秋气肃杀、万木凋零的秋季相对应；赏罚抚恤、检查整饬、修典议政与万籁俱寂、修养待发的冬季相对应。国法与天道虽有区别，但却高度吻合，充分体现了中国古人天人合一的观念和智慧。

司法时令原则也体现了古人"受命于天"① 的君权神授观念和"恭行天罚"② 的天惩观念。其原因在于，"我国是一个古老的农业国，农业生产在很大程度上取决于天时，人们的生产及其他社会活动如军事、文化、司法都受季节时令的影响。加之统治者宣扬'受命于天''恭行天罚'的神权思想，以论证其统治的合理性。这一迷信思想在司法上的反映就是'秋冬行刑'。"③

《礼记·月令》继承了春秋时期"赏以春夏，刑以秋冬"④ 的思想并加以阐述，认为春夏万物滋长，秋冬肃杀蛰藏，是永恒的自然法则。"春夏施德，秋冬行刑"的思想，"是春秋时代'赏以春夏，刑以秋冬'的具体化。这种理论的最大社会功用是把儒家的德政礼教和法家的法治刑罚结合起来。"⑤ 继汉武帝时期董仲舒宣扬"天人感应"的神学目的论并将"秋冬行刑"说神化之后，后世封建统治者逐渐将"秋冬行刑"制度化。

《礼记·月令》系统阐述了王朝统治的法令应如何效法自然的问题，其中就包括君王应根据不同的节气行使不同的政令，春夏赏庆、宽刑，秋冬行刑、决狱。这种司法时令说，根植于靠天吃饭的农耕社会，表达了人们对上天即自然的敬畏。无论是慎刑原则、执法公平原则、宗法人伦原则，还是司法时令原则，都源自天道。司法时令原则体现了效法自然的思想，贯彻了先秦儒家法律思想的核心理念"和谐"，其中就包括人与自然的和谐。

司法时令原则是《礼记》司法观的重要内容，它对春秋以降的中国古代传统司法制度也产生了深远的影响。春夏省狱宽刑，而秋冬断狱行刑，这是中华文明自古以来秉承的传统，经《礼记·月令》的传承而制度化、

---

① （清）郭庆藩撰，王孝鱼点校：《庄子集释》卷2下《德充符第五》，第201页。
② 参见《尚书·甘誓》："今予惟共行天之罚"，见顾颉刚、刘起釪：《尚书校释译论·虞夏书·甘誓》，第854页。
③ 武树臣：《"秋冬行刑"的是与非》，《武树臣的博客》，http://blog.sina.com.cn/s/blog_5350caaf0100a6ok.html，2008年7月22日。
④ 杨伯峻编著：《春秋左传注·襄公二十六年》，第1236页。
⑤ 武树臣：《儒家法律传统》，第285页。

法典化。

　　作为中国古代法自然思想的重要组成部分，司法时令原则是"依四时行政令"在司法上的表现，它像一条隐形的线索，贯穿在中国古代的法自然思想观念中。它在后世的刑法中集中表现为"主张法律的宽简，强调法律的规律性和稳定性，反对朝令夕改"①。在古代的司法实践中，顺应自然时令成为一种主导意识，这与《礼记·月令》的法自然思想也有着密切的关系。

　　从一定意义上说，中国古代的法自然思想属于自然法思想，因为自然法代表着一种永恒的存在，这种存在不因为时空的变化而变化，它代表着公平和正义，具有引导人们向善弃恶的功能。《礼记·月令》中的司法时令思想与中国古人的天人合一、天人感应思想是密切联系在一起的。"天人合一"概念由战国时期庄子最先提出，经汉代董仲舒发展为理论体系。其基本思想是认为人与天的关系不是主体与对象的关系，而是部分与整体、扭曲与原貌、为学之初与最高境界之间的关系。而天人感应思想是天人合一思想的组成部分，认为天意与人事之间交感相应，天能预示人事吉凶，人的行为也能感应上天。古人对自然的敬畏和崇拜在实际行动中的表现，就是要使自己的行动与自然界的运行相契合，就是要效法自然。而《礼记·月令》则详细阐述了封建王朝的政治、法令应该如何效法自然的思想。《礼记·月令》强调，君王应该根据不同的节气来行使不同的政令。以赏罚为例，万物生长的春夏之际应当行使庆赏之政令，而"戮有罪，严断刑"②之类的政令则必须在秋后阴寒之时颁布执行。

　　《礼记·月令》呈现的司法时令思想，是对先秦诸子学说中遵从自然、取法自然思想的继承和总结，并以法则的形式彰显和弘扬了中国古代法自然思想的传统，体现了中国古代法自然的精神，成为中国古代社会时令说的范本，并对皇权体制下的政治实践中产生很大影响，成为古代中国社会的政治制度和国家法的重要组成部分，在传统政治生活中被持续而广泛地遵循。这一思想还成为中华传统文化的重要组成部分，引导着人们顺应自然，合乎自然地安排社会的政治、经济、文化生活。

　　中国传统的法律有其鲜明特色，其微妙之处在于，"礼法传统中之法

---

① 本书编写组：《法理学》，第210页。
② （汉）郑玄注，（唐）孔颖达正义，吕友仁整理：《礼记正义》卷24《月令第六》，第692页。

律，融合天理、国法、人情于一：天理体现道德价值，以伦理秩序导引法律秩序；国法显现君主权威，是具有合法性的国家暴力；人情接引天理，同时又引事实于法律之中，为生活中的多样诉求提供正当性，令法律更切近于伦常日用。这里，普遍与特殊、形上与形下，虽非一事但并不隔绝对立，而是相互依赖和补足"[①]。

综上所述，《礼记》对于国家司法制度的设计有比较全面的考量，总体上是主张在依据事实、坚持国家大义的基础上尽量宽宥。《礼记》中的司法原则符合儒家慎刑、仁政的思想，同时也有法家严格执法理念的影响。虽然它的具体内容已经不适用于当下，但是其基本精神对当今社会仍有借鉴作用。在全面推进依法治国的今天，我们需要对中国传统文化中的司法思想进行考察和甄别，取其精华、去其糟粕，从而深化和拓展对中华优秀传统文化的研究，从中获得治国理政的有益启迪，让《礼记》中体现中国古代文明的司法精神焕发出新的生命力。

---

① 梁治平：《礼教与法律：法律移植时代的文化冲突》，第 65 页。

第六章　为政在人

——礼法合治的关键

政者，正也。君为正，则百姓从政矣。君之所为，百姓之所从也。君所不为，百姓何从？

——《礼记·哀公问》

文武之政，布在方策。其人存，则其政举；其人亡，则其政息。人道敏政，地道敏树。夫政也者，蒲卢也。故为政在人，取人以身，修身以道，修道以仁。

——《礼记·中庸》

一家仁，一国兴仁，一家让，一国兴让；一人贪戾，一国作乱。

——《礼记·大学》

古之欲明明德于天下者，先治其国。欲治其国者，先齐其家，欲齐其家者，先修其身……身修而后家齐，家齐而后国治，国治而后天下平。

——《礼记·大学》

在先秦儒家看来，人是世间万事万物中最宝贵的，有德之人可以充分发挥人和万物的本性，进而帮助天地化育生命，因此能够参天地，即与天地并列为三。从国家治理的角度来看，无论是追求所向往的"天下为公"的大同社会，还是希望通过"礼义以为纪"来实现的"天下为家"的小康社会；无论是实行以礼治国的政治主张，还是实行礼乐刑政的综合治理方式；无论是制礼作乐、礼乐教化，还是施政明刑、刑政统摄，所有这一切都需要政令的推行，都离不开有德性的居上位者。《礼记》揭示了政的内涵及其与礼的关系，阐述了政在国家治理中的地位，提出并论述了为政在人、为政以礼、为政以德等理念，提出了惠均政行、德本刑末、德本财末、依四时行政令等施政原则。同时认为，身为治国理政之人，其德性如何关系极大。只有那些道德高尚的人才能实施仁政，才能实现德治。彼时这样的人被儒家称为"君子"，亦称"国君""君王""君"。《礼记》对治国理政的主体——君子及其道德伦理提出了很高要求，阐述了独具先秦儒家特色的君子之道和理想人格，提出并论述了君子修身进德必须遵循的"三纲八目"、絜矩之道、中庸之道、"五达道"和"三达德"、至诚之道，并揭示了君子修身进德与治国理政的关系。

第一节 政以一其行

在礼、乐、刑、政这四种治国手段中，礼具有引导人们主动向善、遵德守位的功能；乐具有调和人情、移风易俗的潜移默化作用，这两者都属于软化的手段；而政则属于带有某种强制性的治理手段，但也不具有刑那样的威慑性和惩罚性。那么，什么是政？政在治理国家中处于何种地位？政与礼有何关系？政与刑有何关系？政与人有何关系？如何为政？《礼记》中的《礼运》《乐记》《哀公问》《祭统》《中庸》等篇目，不同程度地回答了关于政的一系列问题，并提出了"政者，正也"[1] "为政在人"[2] "政，必本于天"[3] "政以一其行"[4] "政以行之"[5] "为政以礼""惠均则政行"[6] "凡为天下国家有九经"[7]、依四时行政令等一系列思想观点。

一 政者正也、政以行之

何谓政？政的基本内涵是什么？《礼记》中的多个篇章从不同角度作

---

[1] （汉）郑玄注，（唐）孔颖达正义，吕有仁整理：《礼记正义》卷58《哀公问第二十七》，第1915页。
[2] （汉）郑玄注，（唐）孔颖达正义，吕有仁整理：《礼记正义》卷60《中庸第三十一》，第2012页。
[3] （汉）郑玄注，（唐）孔颖达正义，吕友仁整理：《礼记正义》卷30《礼运第九》，第908页。
[4] （汉）郑玄注，（唐）孔颖达正义，吕友仁整理：《礼记正义》卷47《乐记第十九》，第1456页。
[5] （汉）郑玄注，（唐）孔颖达正义，吕友仁整理：《礼记正义》卷47《乐记第十九》，第1459页。
[6] （汉）郑玄注，（唐）孔颖达正义，吕友仁整理：《礼记正义》卷57《祭统第二十五》，第1885页。
[7] （汉）郑玄注，（唐）孔颖达正义，吕友仁整理：《礼记正义》卷60《中庸第三十一》，第2016、2019页。

了回答。最典型的回答是孔子的"政者，正也"。《礼记·哀公问》记载，孔子在回答哀公"敢问何谓为政？"之问时回答道："政者，正也。君为正，则百姓从政矣。君之所为，百姓之所从也。君所不为，百姓何从？"① 政是正的意思。国君实行正道，百姓就服从政教了。国君所做的，就是百姓所遵从的榜样。国君不做，百姓就无所遵从。这里，作者以孔子回答哀公之问的形式，阐述了先秦儒家对"政"之内涵的理解，由此也揭示了政在国君治国理政中的作用。

《礼记·礼运》在阐述"礼者，君之大柄也，所以别嫌明微，傧鬼神，考制度，别仁义，所以治政安君也"② 时，将政与礼、刑、法等问题联系起来，论述了政与国家安危之间的关系。"故政不正则君位危，君位危则大臣倍，小臣窃。刑肃而俗敝则法无常，法无常而礼无列，礼无列则士不事也。刑肃而俗敝，则民弗归也。是谓疵国。"③ 如果国政不正，君位就危机了，君位危机，大臣就会背叛，小臣就会窃权。如果刑法严峻而礼俗败坏，法律就会变动不定，法律不定而礼又因败坏而不能区别上下等级；礼不能区别上下等级，做官为士的就不会恪尽职守。刑法严峻而礼俗败坏，民众就不会归心于国家，这就叫作病国。可见，先秦儒家认为，国政的正与不正，关系到君臣上下等级秩序的是否端正稳定，关系到刑法是否适度和礼俗是否增益，关系到民心向背。一句话，关系到国家安危存亡。

政与国家安危如此密切，决定了国君为政必须十分谨慎。《礼记·礼运》认为："故政者，君之所以藏身也。是故夫政，必本于天，殽以降命。"④ 政是国君赖以生存的载体，是国君的藏身之地，这就揭示了政与国君之间的关系，说明这里的政是国君之国政，国君是国家的最高统治者。国君下达的诏书就是政令。国君要效仿天理来下达政令，要参照天地、比照先贤来治理国政。这样，受命于天的国君按照天理的要求来施行

---

① （汉）郑玄注，（唐）孔颖达正义，吕有仁整理：《礼记正义》卷58《哀公问第二十七》，第1915页。
② （汉）郑玄注，（唐）孔颖达正义，吕友仁整理：《礼记正义》卷30《礼运第九》，第907页。
③ （汉）郑玄注，（唐）孔颖达正义，吕友仁整理：《礼记正义》卷30《礼运第九》，第908页。
④ （汉）郑玄注，（唐）孔颖达正义，吕友仁整理：《礼记正义》卷30《礼运第九》，第908页。

国政，既获得了不容置疑的合法性，也有了至高无上的权威性。

在先秦儒家看来，既然国君受命于天，那么国君用来牢固安身的国政必须根源于天理，必须效法天理来发布政令。对于一个以农耕为基础的传统社会来说，所要效仿的天理包括耕种土地、祭祀祖庙、利用山川、修葺宫室等方面的内容，"命降于社之谓殽地，降于祖庙之谓仁义，降于山川之谓兴作，降于五祀之谓制度。此圣人所以藏身之固也"①。在国君颁发的政令中，有的是源出于地，依据地道而颁降社祭的，有的是源出于缅怀列祖列宗而体现仁义的宗庙之祭的，有的是关于祭祀为人类提供兴建制作材料的山川之神的，也有的是关于祭祀据以建立制度的五行之神的。国君根据耕种土地、祭祀祖庙、利用山川、修葺宫室等方面的需要来发布政令，就是国政的内容。而当源于天理并效法天理所发布的政令得到贯彻执行时，国君的地位就会得到巩固。"故圣人参于天地，并于鬼神，以治政也。"②"故君必正身立于无过之地，而与天地合其德，与鬼神合其吉凶，然后礼序而民治也。"③

政的社会功能是什么？这是《礼记》中关于政的又一个问题。《礼记·乐记》主要从乐和政的关系、政与礼的关系、政与刑的关系等方面，阐述了政在礼乐刑政综合治理方式中的地位和作用。

《礼记·乐记》提出了"政以一其行""政以行之"等重要论断，指出了政令统一执行的特点和在社会治理中的作用，即通过颁布和执行体现君主意志政令的方式，来保证统治者的意志在全社会得以统一贯彻执行，进而统一整个社会的行动，维护社会的正常运行。政是统治者治国理政的政策和举措贯彻执行的过程，也可以说是行政。这与礼、乐、刑的治理功能是不一样的，但它们又是相辅相成的。"政者，所以布礼乐之具，而刑又所以为政之辅者也。"④ 政是实现礼乐之道的具体举措，是礼乐文明的具体表现，而刑是对政起辅助作用的社会治理手段。

---

① （汉）郑玄注，（唐）孔颖达正义，吕友仁整理：《礼记正义》卷30《礼运第九》，第908—909页。

② （汉）郑玄注，（唐）孔颖达正义，吕友仁整理：《礼记正义》卷30《礼运第九》，第911页。

③ （清）孙希旦撰，沈啸寰、王星贤点校：《礼记集解》卷22《礼运第九之二》，第605页。

④ （清）孙希旦撰，沈啸寰、王星贤点校：《礼记集解》卷37《乐记第十九之一》，第978页。

《礼记·乐记》还强调"声音之道，与政通矣"[①]"审乐以知政"[②]，揭示了乐与政的关系，认为乐反映着民心、民意、民声，这种反映民心、民意、民声的乐是衡量国家政治状况好坏、治乱、盛衰、兴亡的一个重要而具体的标准。这从一个侧面体现了先秦儒家所主张的德政特点。

二 为政在人、人存政举

在礼乐刑政、综合为治的治国方式中，礼、乐、政、刑中的任何一项都是一种治理手段，或者说是一种具体的治国方式。而任何一种治理方式都离不开人，人是国家治理的主体。施政行政离不开人，特别是离不开有德性的居上位的人。先秦儒家明确提出了"为政在人""人存政举，人亡政息"的论断。这在《礼记·中庸》中有集中体现。"哀公问政。子曰：'文武之政，布在方策。其人存，则其政举；其人亡，则其政息。人道敏政，地道敏树。夫政也者，蒲卢也。故为政在人'"[③]。这里，孔子以周文王和周武王与西周政事命运相连为例，揭示了人与政之间的关系，突出了人对政的决定性作用，强调了"为政在人"，"人存政举，人亡政息"的观点。荀子在《君道》中也强调类似的观点，认为"法不能独立，类不能自行，得其人则存，失其人则亡。法者，治之端也；君子者，法之原也。"[④] 认为法制不可能单独建立功绩，律例不可能自动被实行；得到了善于治理国家的人才，那么法制就存在；失去了这种人才，那么法制也就丧失了。法制，是政治的开头；人格高尚的君子，则是法制的本原。这些观点虽然体现了儒家治理思想中的人治色彩，但也反映了先秦儒家对人在国家治理中关键性作用的认识。

实际上，"在儒家的思想中，无论是法律化的'礼'，还是'刑'，都只不过是'成德''治世'的手段。在儒家看来，手段本身并不可靠，实现目的关键取决于执行手段的人。""'礼'与'刑'不可能完全消除纷争，只有君子才能真正完善法令，落实法令，使人心向善。这就是儒家倡

[①] （汉）郑玄注，（唐）孔颖达正义，吕友仁整理：《礼记正义》卷47《乐记第十九》，第1457页。

[②] （汉）郑玄注，（唐）孔颖达正义，吕友仁整理：《礼记正义》卷47《乐记第十九》，第1458页。

[③] （汉）郑玄注，（唐）孔颖达正义，吕有仁整理：《礼记正义》卷60《中庸第三十一》，第2012页。

[④] （清）王先谦撰，沈啸寰、王星贤点校：《荀子集解》卷8《君道篇第十二》，第226页。

导'圣人为王'的人治理念的原因。"①

《礼记》揭示了人与政、正己与取人、政与礼的关系，阐述了"为政在人"的思想。

在人与政的关系上，《礼记·中庸》明确提出了人存政举、人亡政息的观点。"文武之政，布在方策。其人存，则其政举；其人亡，则其政息。"② 为政在人，人存政举，人亡政息。再好的治国方案都要靠人来实施，如果没有人来实施，再好的治国方案也没有价值。

人与政之间的密切关系，决定了为政者需要勤勉为政，不能懈怠。"人道敏政，地道敏树。夫政也者，蒲卢也。""为政在人，取人以身，修身以道，修道以仁。"③ 政事如同随风摇曳的芦苇一样，具有很大的可塑性。治国安民的办法就是要勤勉为政，如同经营土地的方法就是要努力耕种一样，慵懒为政是不可能做好政事的。不仅如此，为政者还需要修身以正。治理国家的关键在于得人才。而要获取人才要靠自身正，修正自身要靠道德，修养道德要靠仁义。

先秦儒家主张以礼治国，那么治国的主体是什么人呢？在他们看来，主体是君子，是在上位者，是少数人，甚至是一二个人，即明君、圣王、圣贤之人。"儒家既坚信人心的善恶是决定于教化的，同时又坚信这种教化，只是在位者一二人潜移默化之功，其人格有绝大的感召力，所以从德治主义又衍而为人治主义。所谓德治是指德化的程序而言，所谓人治则偏重于德化者本身而言，实是二而一，一而二的。他的人格为全国上下所钦仰，他的行为为全国上下所模仿，成为一种风气，为风俗善恶之所系。"④

先秦儒家有很多关于上位者德行示范作用的论述。譬如，"君子之德风，小人之德草。草上之风，必偃。"⑤ 君子的德行好比是风，小人的德行好比是草，风吹在草上，草就必定跟着倒，可见君子的德性具有典型示范作用。因此，"为人君者，谨其所好恶而已矣。君好之，则臣为之；上

---

① 任强：《知识、信仰与超越——儒家礼法思想解读》（增订版），第100、101页。
② （汉）郑玄注，（唐）孔颖达正义，吕有仁整理：《礼记正义》卷60《中庸第三十一》，第2012页。
③ （汉）郑玄注，（唐）孔颖达正义，吕有仁整理：《礼记正义》卷60《中庸第三十一》，第2012页。
④ 瞿同祖：《中国法律与中国社会》，第335页。
⑤ （清）刘宝楠撰，高流水点校：《论语正义》卷15《颜渊第十二》，第506页。

行之，则民从之。"① 国君对自己个人的好恶要十分谨慎，他喜欢什么，为臣者就做什么；上位者怎么做，普通民众就会跟着怎么做。"先王见教之可以化民也，是故先之以博爱而民莫遗其亲，陈之以德义而民兴行，先之以敬让而民不争，导之以礼乐而民和睦，示之以好恶而民知禁。"② 对百姓进行美德大义方面的教化，民众就会效法；表明自己的好恶，民众就会知道哪些事情可以做或者不能做。"上好羞，则民暗饰矣；上好富，则民死利矣。"③ 上位者喜好道义，则民众私下就会用礼仪来规范自己的行为举止；上位者喜好财富，则民众就会不惜生命去追求私利。"未有上好仁而下不好义者也"④，没有在上位的人喜爱仁德，而在下位的人却不喜爱忠义的。"上有好者，下必有甚焉者矣。"⑤ 上位者喜欢什么，下位者就会变本加厉地追求什么。"君上之于臣下犹仪之于影，原之于流，仪正则影正，原清则流清，原浊则流浊。又若铄金在炉，变化唯冶所为。臣子的行为只是君上行为的反应。"⑥

正因为君上的行为如此重要，所以先秦儒家认为君子必须修身，通过修身来端正自身的品行。身正才能得人，得人方可为政。在他们看来，君子为政的道理其实并不复杂，相反还很简单。只要端正其身，通过修身来端正自己，就会给臣下及民众树立典范，治国安民的政事也就顺畅了。孔子回答季康子问政时说："政者，正也。子帅以正，孰敢不正？"⑦ 孔子在回答鲁哀公提出的同样问题时也说："政者，政也，君为正，则百姓从政

---

① （汉）郑玄注，（唐）孔颖达正义，吕有仁整理：《礼记正义》卷48《乐记第十九》，第1528页。
② （唐）李隆基注，（宋）邢昺疏，金良年整理：《孝经注疏》卷3《三才章第七》，上海古籍出版社2009年版，第30页。
③ （清）王先谦撰，沈啸寰、王星贤点校：《荀子集解》卷19《大略篇第二十七》，第486—487页。根据王念孙注，"羞"当为"义"。
④ （汉）郑玄注，（唐）孔颖达正义，吕有仁整理：《礼记正义》卷67《大学第四十二》，第2254页。
⑤ （清）焦循撰，沈文倬点校：《孟子正义》卷10《滕文公上》，第330页。
⑥ 瞿同祖：《中国法律与中国社会》，第336页。这里的"君上之于臣下犹仪之于影，原之于流，仪正则影正，原清则流清，原浊则流浊"，出自《荀子·君道》："君者，仪也，仪正而景正"和"君者，民之原也，原清则流清，原浊则流浊。"见（清）王先谦撰，沈啸寰、王星贤点校：《荀子集解》卷8《君道篇第十二》，第230页。"若铄金在炉，变化唯冶所为"，出自《汉书·董仲舒传》："夫上之化下，下之从上，……犹金之在镕，唯冶者之所铸。"见（汉）班固：《汉书》卷56《董仲舒传第二十六》，第563页。
⑦ （清）刘宝楠撰，高流水点校：《论语正义》卷15《颜渊第十二》，第505页。

矣。君之所为，百姓之所从也。君所不为，百姓何从？"① "君子有诸己而后求诸人，无诸己而后非诸人。""其所令反其所好，而民不从。"② 品德高尚的国君总是自己先做到，然后才要求别人做到；自己先不这样做，然后才要求别人不这样做。己所不欲，勿施于人。这才是合情合理的。民众希望国君品德高尚，所发出的政令能够顺应民心，这样民众才愿意遵守。反之，如果国君发出的政令违背了民众的意愿，民众就不会去遵守。所以孔子说："其身正，不令而行；其身不正，虽令不从。"③

孔子用上行下效的历史事实，来说明为政以正以仁还是以暴以虐对于民众的不同影响："尧舜帅天下以仁，而民从之；桀纣帅天下以暴，而民从之"；强调上位者一家一人德性对国家的影响，认为一家仁爱，一国也会兴起仁爱；一家礼让，一国也会兴起礼让；一人贪婪暴戾，一国就会犯上作乱。"一家仁，一国兴仁；一家让，一国兴让；一人贪戾，一国作乱。"④ 正因为君上是否有仁心行仁义与国家兴亡治乱有着如此密切的关系，所以先秦儒家认为，"惟仁者宜在高位；不仁而在高位，是播其恶于众也"⑤。"君贤者其国治，君不能者其国乱"⑥，国之治乱，都与是否得贤人有关。有了明君良吏，国家就能兴旺发达；反之，如果君上不正，又用了一些心怀奸邪的恶吏或浅薄无能之辈，社会风气败坏，必然导致天下大乱。正是基于以上认识，儒家提出了"为政在人""政者，正也""仁者人也"的主张。

君子修身的关键在于仁义正人。"仁者人也，亲亲为大；义者宜也，尊贤为大。亲亲之杀，尊贤之等，礼所生也。在下位不获乎上，民不可得而治矣。故君子不可以不修身；思修身，不可以不事亲；思事亲，不可以

---

① （汉）郑玄注，（唐）孔颖达正义，吕有仁整理：《礼记正义》卷58《哀公问第二十七》，第1915页。
② （汉）郑玄注，（唐）孔颖达正义，吕有仁整理：《礼记正义》卷67《大学第四十二》，第2250页。
③ （清）刘宝楠撰，高流水点校：《论语正义》卷16《子路第十三》，第527页。
④ （汉）郑玄注，（唐）孔颖达正义，吕有仁整理：《礼记正义》卷67《大学第四十二》，第2250页。
⑤ （清）焦循撰，沈文倬点校：《孟子正义》卷14《离娄上》，第486页。
⑥ （清）王先谦撰，沈啸寰、王星贤点校：《荀子集解》卷10《议兵篇第十五》，第265页。

不知人；思知人，不可以不知天。"① 仁义与礼的产生直接关联。仁出于人的天性，亲爱亲人为最大的仁；义是应该做的事情，尊敬贤人为最大的义。亲爱亲人而区分远近亲疏，尊敬贤人而区别贵贱等级，由此就产生了礼。处在下位的臣得不到君上的信任，民众就不可能得到有效治理。因此，君子必须修正自身，而修正自身就必须侍奉双亲；想侍奉双亲就必须了解人，想了解人就必须知道天理。天理主要有五条：一是君臣关系之理，二是父子关系之理，三是夫妇关系之理，四是兄弟关系之理，五是朋友关系之理。君子通过智慧、仁爱和勇敢这三条路径而明白了这五条天理，就会成为仁义之君，就可以实施以仁义治理国家的仁政。

先秦儒家政治哲学的核心是仁义价值及其向社会推广的仁政学说。"在孔孟那里，'仁'是内在精神，'义'是行事的准则。'义'德亦可以说是'仁'德的具体分别，敬（爱）其所当敬（爱），行其所当行，人们对父母、夫妻、兄弟、亲戚、邻人、陌生人，对门内门外，对公事私事，对家、国、天下，每人的当担、责任、义务不同，行仁有一定的范围、等级、边界、节度、分寸感。'义'是对事情应当与否的判断及由此而引发的行为，有应当、正当性的义涵。'义者宜也'，又是合宜、得宜、恰当。"② 总之，在先秦儒家看来，"仁"是这一学说的内在精神，"义"是行事规则，施行仁义要有一定的范围，而"礼"就是对这个范围的规定。"仁义"应当无边，大爱无疆，而礼则有节，必须分差等。

这样，《礼记·中庸》通过为政在人、身正得人、仁义正人这几个层面，将政与礼、人和政联系了起来，强调人是政的关键要素，为政在人，人是行政的关键，人存而政举，人亡而政息；要吸引人才治理国家，就必须正己修身，修身以道，以仁礼来修身，从而揭示了人与政、正己与取人、政与礼的关系。先秦儒家强调依靠仁君贤人来施政行政、治国理政，既贯彻了礼的要求，也体现了礼治的本质在于人治。

《礼记·中庸》提出的为政在人、身正得人、仁义正人，并非说一概不要制度和法律，也并非把良法与贤人对立起来。"儒家文化传统重天人调谐，整体观念，讲和谐、中庸，这是《中庸》篇给我们的重要启示。所以，若用法治与人治对立的模式去理解儒家的'为政在人'主张，在总体

---

① （汉）郑玄注，（唐）孔颖达正义，吕有仁整理：《礼记正义》卷60《中庸第三十一》，第2012—2013页。

② 郭齐勇：《道不远人：郭齐勇说儒》，第139页。

上已不符合儒家文化精神。全面地看，儒家是主张有良法又有贤人的，他们的良法，就是尧舜禹文武周公的圣人之法，贯注宗法人伦道德精神的伦理法。"①《中庸》对"为政在人"的论述，突出了人在国家治理中的地位和作用，对后世产生了很大影响。中国古代社会的礼法合治思想大致循着儒家关于人与法关系的思路，主张贤人与良法并重，但关键在人，因而更加重视任用贤人。这也凸显了先秦儒家以人为中心、关注人的思维特色。这一思想无疑具有很高的学术价值和广泛的社会运用价值，至今也有现实意义。

第二节 施政的基本原则

政是国君之所藏，是施行礼乐的工具，其实施情况关系到国家安危，那么，应当如何为政呢？《礼记》提出了为政以礼、惠均政行、德本刑末、德本财末、依四时行政令等思想主张。

一 为政先礼、政事惠均

在政与礼的关系上，《礼记·哀公问》明确提出了"为政先礼，礼其政之本与"②的思想。孔子在回答哀公"敢问为政如之何？"时说："夫妇别，父子亲，君臣严，三者正，则庶物从之矣。"③ 夫妇有别，父子相亲，君臣庄重。这三者的关系都端正了，其他事情也就上正道了。显然，处理君臣、父子、夫妇之间关系的尊卑贵贱等级秩序的礼，是国君为政的总纲。

孔子还对政与礼的关系作了进一步阐发："古之为政，爱人为大。所以治爱人，礼为大。所以治礼，敬为大。""爱与敬，其政之本与！"④ "为

---

① 俞荣根：《儒家法思想通论》（修订本），第576页。
② （汉）郑玄注，（唐）孔颖达正义，吕有仁整理：《礼记正义》卷58《哀公问第二十七》，第1916页。
③ （汉）郑玄注，（唐）孔颖达正义，吕有仁整理：《礼记正义》卷58《哀公问第二十七》，第1915页。
④ （汉）郑玄注，（唐）孔颖达正义，吕有仁整理：《礼记正义》卷58《哀公问第二十七》，第1915页。

政先礼，礼其政之本与！"① 古人行政，把爱别人看得很重要。所用以爱别人的，行礼最重要。所用以行礼的，敬意最重要。爱和敬，可以说是行政的基础。礼义礼制在先，施政行政在后；行政以行礼为先，行礼就是行政的基础，国家行政是依照礼义礼制行事的过程，从而将礼置于政之本的位置，突出了礼对于政的决定性作用，揭示了政与礼的关系。

根据以礼治国的要求，《中庸》提出了治国理政中处理人与人之间关系的九条原则，强调"凡为天下国家有九经"。"九经"即"修身""尊贤""亲亲""敬大臣""体群臣""子庶民""来百工""柔远人""怀诸侯"②。这九经正是"爱与敬，其政之本"③ 和"为政先礼，礼其政之本"④ 的体现。

《礼记·中庸》对九条治国方针中的每一条都提出了具体要求。如"修身"，就是要穿整齐洁净的服装，不做不合礼的事情；"尊贤"，就是要摒弃谗言佞人，远离女色，轻财货而贵道德；"亲亲"，就是要使亲人地位尊贵，俸禄优厚，与亲人的好恶保持一致，以此来鼓励人们亲爱亲人；"敬大臣"，就是要为大臣多设属官，供其使令，以此来鼓励大臣；"劝百姓"，就是要在役使民力时不违农时，并薄收其赋税，以此来鼓励百姓；"劝百工"，就是要经常检查工匠的工作情况，使给予他们的粮米薪资与他们所做的工作相称，以此鼓励工匠；"柔远人"，就是要依礼送往迎来，嘉奖有善行者而同情体恤能力薄弱的人，以安抚边远的人；"怀诸侯"，就是要"继绝世，举废国"，整顿好混乱的秩序，救扶有危难的国家，让诸侯自定朝聘的时节，收受贡品要薄，赏赐要厚，以抚慰诸侯。这九经即九条治国原则，涵盖了国家的经济、政治、外交、官制以及统治者自身政德等方面，实际上是制定有关国政的礼制、法规、政令的原则。在这九条治国原则中，修身是本，亲亲为始，其余七个方面可以说是统治者修身的道德外化。

---

① （汉）郑玄注，（唐）孔颖达正义，吕有仁整理：《礼记正义》卷58《哀公问第二十七》，第1916页。
② （汉）郑玄注，（唐）孔颖达正义，吕友仁整理：《礼记正义》卷60《中庸第三十一》，第2016页。
③ （汉）郑玄注，（唐）孔颖达正义，吕有仁整理：《礼记正义》卷58《哀公问第二十七》，第1915页。
④ （汉）郑玄注，（唐）孔颖达正义，吕有仁整理：《礼记正义》卷58《哀公问第二十七》，第1916页。

在先秦儒家看来，"九经"是实行王道政治、道德政治即仁政必须遵循的大政方针。《礼记·中庸》认为，"凡为天下国家有九经，所以行之者一也。"这里的"一"，就是一样的办法，这个办法就是"凡事豫则立，不豫则废"①，即不管处理什么事情，事先计划好就能成功，反之就会失败。同时，也有一个"诚"和"善"的问题，"诚者，天之道也；诚之者，人之道也。"② 真诚是天的德性，使自身真诚是人的德性。"至诚之道，可以前知。……故至诚如神。"③ 具有最真诚的德性，可以知晓前行的方向，宛如神明一样。"可以说，'九经'是从王道政治大政方针的角度将《大学》《中庸》的修齐治平、中庸之道、絜矩之道、至诚之道总汇于一炉，化为礼制法制的基本原则。"④

总之，"九经"涵盖国家政治生活的方方面面，都是以国君为中心，涉及国君对自身的道德要求和对各种社会群体成员的仁义施行。修身以正道，尊贤以为政，亲亲为大仁，修正自身，尊敬贤人，亲爱亲人，敬重大臣，体恤群臣，爱护民众，鼓励工匠，安抚边远的人，抚慰诸侯。同时在对待自身和各类群体时，都强调一个"诚"字；在施政方法上，提出"凡事豫则立，不豫则废"⑤，强调事先谋划和整体掌控的施政意识。

国政施行的范围是整个国家，涉及社会的方方面面，因此，是否能够公平公正地施政也是为政的一个重要问题。《礼记·祭统》在谈到祭祀所用祭品时，涉及施惠公平与政令畅行的关系，将"见政事之均焉"作为祭祀"十伦"之一，实际上提出了"政事之均"即政事必须公平的原则。《礼记·祭统》指出："惠均则政行，政行则事成，事成则功立。功之所以立者，不可不知也。俎者，所以明惠之必均也。善为政者如此。故曰

---

① （汉）郑玄注，（唐）孔颖达正义，吕友仁整理：《礼记正义》卷60《中庸第三十一》，第2019页。

② （汉）郑玄注，（唐）孔颖达正义，吕友仁整理：《礼记正义》卷60《中庸第三十一》，第2021页。

③ （汉）郑玄注，（唐）孔颖达正义，吕友仁整理：《礼记正义》卷60《中庸第三十一》，第2025页。

④ 俞荣根：《儒家法思想通论》（修订本），第578页。

⑤ （汉）郑玄注，（唐）孔颖达正义，吕友仁整理：《礼记正义》卷60《中庸第三十一》，第2019页。

'见政事之均焉'。"① 施惠公平就可以使政令施行，政令施行办事就会有成效，办事有成效就可以建功立业。设俎祭祀，就是用来表明施恩惠必须公平，善于治国理政的人就应该这样。所以说，祭祀可以体现政事的公平。这就将政事公平作为国政的一项原则。

政事惠均的思想体现了基于君臣等级秩序的公平施惠和处理政事的原则。尽管这里的施惠公平是以君臣父子等级秩序为前提的，但将公平的原则与国政相连，还是有积极意义的。

政事惠均的思想也体现了儒家以理服人的"王道"的精神。此外，《礼记·乐记》中的"刑禁暴，爵举贤，则政均矣"②的表述，也将"政均"即政事均平、公平正义作为治国理政的重要目标。总之，赏罚分明，惩恶扬善，是政治公平的一个重要标志。

政事惠均的思想还体现了先秦儒家道德政治的特点。良好的政治必须保证民众的生存和利益。儒家认为富民的政治才是良好的政治，重视民利，为民谋利，体民之情，遂民之欲，对民众的基本态度和策略是富而后教，治理者要宽厚待民，这是儒家王道、仁政即道德政治的基本内容，在利益分配上强调"应得"和"配得"、强调机会公平和关心弱者。"儒家对政治权力的源头、合法性、权力分配与制衡等，有其系统论说、制度与实践。""儒家的'道德的政治'就是要坚守政治的应然与正当性。政治权力之根源在天、天命、天道，之根据、本位在人民、老百姓、农工商，之基础是广阔的民间社会空间、民间力量及其自治，之指导、参与、监督与言责则在士人。"③

二　德本刑末、德本财末

先秦儒家主张为国以礼，为国先礼，本质上是主张德治，因为德是礼的本质，礼是德的外化和载体。但是刑罚也是不可缺少的治国手段，是在礼乐教化不能奏效时的不得已之举。如何处理好德刑之间的关系，也是为政者必须面对的问题。《礼记》中的《大学》《缁衣》等篇目表达了德本

---

①　（汉）郑玄注，（唐）孔颖达正义，吕友仁整理：《礼记正义》卷57《祭统第二十五》，第1885—1886页。

②　（汉）郑玄注，（唐）孔颖达正义，吕友仁整理：《礼记正义》卷47《乐记第十九》，第1471页。

③　郭齐勇：《道不远人：郭齐勇说儒》，第62页。

刑末的思想。

《礼记·大学》引用了《论语·颜渊》中记载的孔子的一句话："听讼，吾犹人也，必也使无讼乎！"① 孔子在鲁定公时曾担任治理刑事的大司寇，他说自己审理诉讼案件时，同别人差不多，一定要使诉讼这类事情完全消灭才好。《礼记·大学》在引用这句话之后，又接着写道："无情者不得尽其辞，大畏民志。此谓知本。"② 也就是说，使那些心怀叵测、隐瞒实情的人不敢把事先编造的谎言都说出来，要使民心大为畏服，这就叫作知道根本。

朱熹在《四书章句集注》中对此解释道："引夫子之言，而言圣人能使无实之人不敢尽其虚诞之辞。盖我之明德既明，自然有以畏服民之心志，故讼不待听而自无也。关于此言，可以知本末之先后矣。"③ 也就是说，明明德可以减少诉讼之类的事情。这也体现了德优于刑的地位，蕴含了先秦儒家以德为本、德主刑辅的思想。

《礼记·缁衣》也引用了孔子的话表达德本刑末的主张，"政之不行也，教之不成也，爵禄不足劝也，刑罚不足耻也，故上不可以亵刑而轻爵。《康诰》曰：'敬明乃罚。'《甫刑》曰：'播刑之不迪。'"④ 先秦儒家认为，政令不能实行，教化不能成功，是因为爵禄赏赐不当而不足以鼓励人们向善，刑罚施用不当不足以使人们知道耻辱，因此居上位者不可以滥用刑罚而轻赏爵禄。正如《尚书》中的《康诰》篇所说：要谨慎严明地运用刑罚。又如《甫刑》所说：施用刑罚于不遵循义的人。也就是说，只有对那些不遵循礼义甚至破坏礼义的人才能施以刑罚。

可见，德礼为先，刑罚在后，先德后刑，德主刑辅，德本刑末，既可积极引领和促使人们积极向善，也可严惩那些背弃礼义之人，因而是施政者在治国理政中应秉持的一项原则。它体现了先秦儒家在治国理政方面的德治、仁政和王道主张。

《礼记》不仅提出并阐述了德本刑末观，也提出并阐述了德本财末观。

---

① （汉）郑玄注，（唐）孔颖达正义，吕友仁整理：《礼记正义》卷67《大学第四十二》，第2249页。

② （汉）郑玄注，（唐）孔颖达正义，吕有仁整理：《礼记正义》卷67《大学第四十二》，第2249页。

③ （宋）朱熹：《四书章句集注·大学章句》，第6页。

④ （汉）郑玄注，（唐）孔颖达正义，吕友仁整理：《礼记正义》卷62《缁衣第三十三》，第2112页。

德是指道德品行、政治品质；财是钱和物资的总称。德是一个人的立身之本，财也是人生在世不可缺少的条件。德与财之间的关系如何呢？《礼记·大学》中指出："君子先慎乎德。有德此有人，有人此有土，有土此有财，有财此有用。德者本也，财者末也。外本内末，争民施夺。是故财聚则民散，财散则民聚。"① 这就是说，君子要注重修养自己的德行，百姓就会爱戴，就会获得土地，有土地方有财产，有财产方有用度。因此，德是根本，财是末节。本末倒置，就会争夺百姓的利益和财产，而聚敛财富就会导致人民离散，施散财富民众方会归聚。"德本财末"，这是先秦儒家一以贯之的思想主张。无论是从孔子反对聚敛、斥责"苛政猛于虎"②，至孟子提出"制民之产"③，抑或荀子主张"节用裕民"④，都体现了这一思想。《礼记·大学》对先秦儒家德财关系的论断进行了系统的总结和阐述："仁者以财发身，不仁者以身发财。"⑤ 仁爱的人用财富发扬自己的德行，不仁爱的人不惜丧身以求发财。显然，君子要做仁者。

德本财末的思想观点，旨在要求君王正确认识和处理德财之间的关系，以德取财，生财有道，而不要与民争财，否则就会失去民众的支持，"财聚则民散"⑥，甚至会人财两空。《礼记·大学》提出了君王的生财之道。"生财有大道。生之者众，食之者寡，为之者疾，用之者舒，则财恒足矣。"⑦ 创造财富的方法是让更多的人从事生产，减少吃闲饭的人；创造财富的人要抓紧时间，使用财富的人要量入为出，节俭为用，如此国家的财富就会经常保持充足。先秦儒家的德本财末论和君王的生财之道观点，对后世社会经济发展方针的制定有重要指导作用。

先秦儒家对德财关系和德刑关系的论述，是儒家伦理政治和伦理法学

---

① （汉）郑玄注，（唐）孔颖达正义，吕有仁整理：《礼记正义》卷67《大学第四十二》，第2252页。
② （汉）郑玄注，（唐）孔颖达正义，吕有仁整理：《礼记正义》卷14《檀弓下第十四》，第421页。
③ （清）焦循撰，沈文倬点校：《孟子正义》卷3《梁惠王上》，第94—95页。
④ （清）王先谦撰，沈啸寰、王星贤点校：《荀子集解》卷6《富国篇第十》，第175页。
⑤ （汉）郑玄注，（唐）孔颖达正义，吕有仁整理：《礼记正义》卷67《大学第四十二》，第2254页。
⑥ （汉）郑玄注，（唐）孔颖达正义，吕有仁整理：《礼记正义》卷67《大学第四十二》，第2252页。
⑦ （汉）郑玄注，（唐）孔颖达正义，吕有仁整理：《礼记正义》卷67《大学第四十二》，第2254页。

说最关注的两个问题。"是否做到德本刑末和德本财末,是衡量德治、仁政和王道的两块试金石。"① 它们的共同点是都强调君王治理国政只有以德为本,才能实现天下大治、江山社稷长治久安。

三 依四时行政令

人是自然界的一部分,人类的种种活动归根到底受制于自然,政令施行也不例外。先秦儒家将依四时行政令视为圣王施政的一个重要原则。在政事与自然界四时变化的关系上,《礼记·月令》详尽地表述了依四时行政令的思想,强调圣王布政施令的活动与天子之行等种种行动一样,需要依自然时序而进行。根据《礼记·月令》全文,布政施令的活动可依一年中的月份作出相应安排。

概括说来,包括刑事在内的政事与时岁紧密相连。夏历也是农历,每个月都有其显著的季节性特征。一月是万物复苏的月份,于是法令在这个时间制定并颁布,比较稳定的法律原则、典章制度要一以贯之。二月时分,新生事物开始生长,因此刑讯、狱讼等一切偏于惩治的举措都暂且中止。三月伊始,生机盎然,是惠民礼贤、布德施恩的时节。四月初夏,万物生长,是赏赐表彰、选贤举能、小案轻判的季节。五月仲夏,万物滋长,生命绽放,是涵养劳力、休养生息的季节,应当少安毋躁。六月为盛夏时节,于是染布浆帛,制作祭服、旗帜和官服,以区别贵贱等级。七月秋意渐起,正适合秣马厉兵,讨伐不义,修订法制,将罪犯抓捕归案,决狱断案。八月秋风萧瑟,正是刑当罚罪、市当均平、税当减免、老当颐养的季节。九月已是晚秋时节,秋收万物,万方朝贡,准备祭祀,骑马练兵、定刑结案。十月,冬季初临,赏赐有功之人,抚恤其亲属后人;检举惩处贪官污吏,罚罪,监督检查,整饬等级秩序;祭祀诸神,讲习武事。十一月,天寒地冻、万木萧疏,因此进行清理整顿,兵士立壮志,免去不称职官员,废弃无用之物。十二月即将冬去春来,需要整理典章、调整政令,以待来年。

《礼记·月令》告诉人们,春夏秋冬,一年四季,每个季节都有与时令特征相符合之政事的制度设计和安排。总体看来,一年之计在于春。在

---

① 俞荣根:《儒家法思想通论》(修订本),第 568 页。

春季，需要建章立制定规矩，礼贤惠民，布德施恩，以便人们集中力量春耕播种。在夏季，农事相对稳定平和，正好集中力量选贤举能、养精蓄锐、制作祭服、旗帜和官服等体现等级秩序的布帛。秋季是农作物大面积收获并集中上缴的阶段，要保证统治集团的生活和国家的运转，体现君主政体的一统威权。冬季相对清闲，主要是练兵习武，清理整顿，修典建制，以便来年继往开来。这其中，宽政令、省刑罚、布德施恩、行庆施惠，安及万民的理念和举措与莺飞草长、树木茂盛的春夏之季相对应；讲武练兵、戮有罪、严断刑的理念和举措与秋气肃杀、万木凋零的秋季相对应；赏罚抚恤、检查整饬、修典议政的理念和举措则与万籁俱寂、清净寒冷的冬季相对应。国法与天道虽有区别，但却高度吻合，充分体现了中国古人天人合一的观念和智慧，亦与中国古人"受命于天"[①]的君权神授观念和"恭行天罚"[②]的天惩观念相契合。

由此可见，《礼记·月令》"依照农业生产'春种、夏长、秋收、冬藏'的规律为准则，将执政者的一切政令活动，开列出一个详尽的政治月程表，告诫执政者不得违反上述自然规律。如有违反，一定会遭到天谴。"[③] 以孟春之月为例，执政者在孟春之月如果施行夏季的政令，就会导致雨水不时，草木过早地凋零，国都中常有令人惊恐的事发生；如果施行秋季的政令，就会导致瘟疫在百姓中流行，疾风暴雨突然来到，各种野草疯狂生长；如果施行冬季的政令，就会导致水涝成灾，雪霜大至，百谷中应当最先播种的稷无法下种。"孟春行夏令，则雨水不时，草木蚤落，国时有恐；行秋令，则其民大疫，猋风暴雨总至，藜莠蓬蒿并兴；行冬令，则水潦为败，雪霜大挚，首种不入。"[④] 不仅孟春之月如此，四季中的其他月份也同样如此。总之，如果国君不依据四时行政令，就会遭到上天的严厉惩罚，就会给国家和人民带来巨大灾难。

"春夏施德，秋冬行刑"的观念是与农业生产的国情相联系的。"我国是一个古老的农业国，农业生产在很大程度上取决于天时，人们的生产

[①] （清）郭庆藩撰，王孝鱼点校：《庄子集释》卷2下《德充符第五》，第201页。
[②] 参见《尚书·甘誓》："今予惟共行天之罚"，见顾颉刚、刘起釪：《尚书校释译论·虞夏书·甘誓》，第854页。
[③] 赵元信等：《中国法的思路历程》，中国政法大学出版社2017年版，第344页。
[④] （汉）郑玄注，（唐）孔颖达正义，吕友仁整理：《礼记正义》卷22《月令第六》，第626页。

及其他社会活动如军事、文化、司法都受季节时令的影响。加之统治者宣扬'受命于天''恭行天罚'的神权思想,以论证其统治的合理性。这一迷信思想在司法上的反映就是'秋冬行刑'。"①

《礼记·月令》中的"依四时行政令"思想是对春秋时期"先德后刑"思想的继承和发挥。《黄老帛书》中的《观》篇论述了"先德后刑"以养民功的思想。"春夏为德,秋冬为刑。先德后刑以养生。"② "夫是故使民毋人执,举事毋阳察,力地毋阴敝。"③ 对民众而言,其职责在于养生。施政者要重视农业生产,毋违农时,以养民功。因此,"统治人民不要人为地偏执一己之私,征战伐国时不要从存生护养的角度考虑问题,务农息养时不要从刑杀诛戮的角度去考虑问题"④。"只有这样才能做到五谷丰登,君臣上下交相得志。此即为'先德'之含义。如果违背农时,遭受饥荒,便是受到了'天刑'。因此君王的任务是'不达天刑'。'先德后刑'的另一重含义是善使民力,赋敛有度,使民富而有羞耻之心,不主动触犯刑罚,这样国家法度不乱,即可立于不败之地。"⑤

《礼记·月令》继承了春秋时期"赏以春夏,刑以秋冬"⑥的思想并加以详细阐述,认为春夏季万物滋育生长,秋冬季肃杀蛰藏,是宇宙永恒的自然法则。因此,为政者也应"春夏施德,秋冬行刑"。春夏之际,天地和同,草木萌动,万物复苏,滋育生长。与之相联系,治国要以德政为先;秋冬之际,草木凋零,万物闭藏,故治理国家应当以刑罚为主要方式。《礼记·月令》集中论述了"春夏施德,秋冬行刑"的理论。"这种理论的最大社会功用是把儒家的德政礼教和法家的法治刑罚结合起来。"⑦

后来,汉武帝时期的董仲舒吸收了阴阳五行学说,创造了"天人合一"的神学体系,宣扬"天人感应"的神学目的论,主张春夏行德教,

---

① 武树臣:《"秋冬行刑"的是与非》,《武树臣的博客》,http://blog.sina.com.cn/s/blog_5350caaf0100a6ok.html,2008年7月22日。
② 陈鼓应注译:《黄帝四经今注今译:马王堆汉墓出土帛书·十大经·〈观〉第二》,商务印书馆2016年版,第217页。
③ 陈鼓应注译:《黄帝四经今注今译:马王堆汉墓出土帛书·十大经·〈观〉第二》,第223页。
④ 陈鼓应注译:《黄帝四经今注今译:马王堆汉墓出土帛书·十大经·〈观〉第二》,第223页。
⑤ 刘惠恕:《论"礼"的精神》,上海人民出版社2011年版,第106页。
⑥ 杨伯峻编著:《春秋左传注·襄公二十六年》,第1236页。
⑦ 武树臣:《儒家法律传统》,第285页。

秋冬施刑罚,并将春季行赦、秋冬行刑之说加以神化,这对专制社会产生了深远影响。他认为,人类社会的政治行为应当效法天道:"圣人副天之所行以为政,故以庆副暖而当春,以赏副暑而当夏,以罚副清而当秋,以刑副寒而当冬。庆赏罚刑,异事而同功,皆王者之所以成德也。庆赏罚刑与春夏秋冬,以类相应也,如合符。"①"天道的精神是以阴阳来体现的,这个精神就是阳为主而阴为辅,阳主德而阴主刑"②:"刑者德之辅,阴者阳之助也"③。"王者承天意以从事,故任德教而不任刑。"④"春夏属阳,故行德政;秋冬属阴,故行刑罚。治国以刑罚为务,是违背天道。但是若废除刑罚,也不符合天道。"⑤

根据不同的节气行使不同的政令即"依四时行政令"的思想,表达了靠天吃饭的农耕社会里人们对上天（自然）的敬畏。这种"依四时行政令"的思想,就是效法自然的思想。"效法自然思想体现于立法中,则是主张法律的宽简,强调法律的规律性和稳定性,反对朝令夕改。"⑥

"依四时行政令"的思想体现了先秦儒家的德主刑辅、先德后刑的思想,也表现了先秦儒家对自然之天、主宰之天的敬畏。

综上所述,《礼记》中所阐述的关于政的思想,主要涉及政的内涵、为政的关键要素、政与礼乐的关系、政的地位和作用、施政的原则和内容等方面,系统回答了在君主专制的国家什么是政,政在治理国家中处于何种地位,政与礼、政与刑、政与人之间有何关系,以及应当如何为政等问题,从而对我国古代社会的政治运行产生了深刻影响。除去宗法等级秩序的内容,其中蕴含的政治智慧和方法对当今国家的政治运作也是有参考借鉴价值的。

第三节 君子之道和理想人格

先秦儒家所主张的礼乐教化,其对象涉及社会各阶层,但教化的主体

---

① 苏舆撰,钟哲点校:《春秋繁露义证》卷13《四时之副第五十五》,第353页。
② 武树臣:《中国法律思想史》,法律出版社2017年第2版,第173页。
③ 苏舆撰,钟哲点校:《春秋繁露义证》卷11《天辨在人第四十六》,第336页。
④ （汉）班固:《汉书》卷56《董仲舒传第二十六》,第563页。
⑤ 武树臣:《中国法律思想史》,第173页。
⑥ 本书编写组:《法理学》,第210页。

应当是君子。君子的道德修养、理想情操，对一般民众具有示范作用。这些人从数量上来看是少数，但从社会地位来说却高于一般民众，并且是国家治理的骨干力量。因此，他们的道德品质、言行举止，在很大程度上决定了礼乐教化是否具有说服力和感染力。《礼记》中的许多篇目都有对君子和君子之道以及君子理想人格的阐述，其中蕴含着丰富的道德伦理思想，反映了先秦儒家的核心价值观和道德制高点。

一　君子和君子之道

"君子"是中华民族理想人格的代名词。"君子"一词，最早见于《易经》。《周易·乾卦》："君子终日乾乾。"① 《诗经》中也有多处提到"君子"，如"彼君子兮，不素餐兮？"② "凡百君子，敬而听之。"③ 可见，"君子"一词，在周代已经广泛使用。在先秦儒家的著述中，"君子"一词更是使用广泛，仅在《论语》中就出现了108次。

"君子"一词的含义历来众说纷纭，综合来看，"君子"首先应该是指掌握统治权力的人，或处于管理地位的人，引申可指社会地位高的人或名望大的人，总之都是贵人。《礼记·玉藻》认为："古之君子必佩玉"④，"君子无故，玉不去身。"⑤ 能够佩戴玉的人显然不是一般庶民百姓。先秦典籍中的"君子"，大多是指"有位者"，是权力、身份、地位的标志，并不主要以"道德"之有无来作为裁量尺度。孟子说："无君子莫治野人，无野人莫养君子。"⑥ 这说明直到战国时期，"君子"仍然是指"有位者"，属于权力阶层。当然，"君子"一词也可以称呼普通男子，如"窈窕淑女，君子好逑"⑦，这里的"君子"应为普通男子，但这只属于"君子"的义项，不属于当时主流文化中的"君子"。

总体上说来，"君子"这一概念具有历史性，经历了一个从"有位

---

① （魏）王弼撰，楼宇烈校释：《周易注校释·乾》，中华书局2012年版，第1页。
② 高亨注：《诗经今注·魏风·伐檀》，第155页。
③ 高亨注：《诗经今注·小雅·节南山之什·巷伯》，第328页。
④ （汉）郑玄注，（唐）孔颖达正义，吕友仁整理：《礼记正义》卷40《玉藻第十三》，第1229页。
⑤ （汉）郑玄注，（唐）孔颖达正义，吕友仁整理：《礼记正义》卷40《玉藻第十三》，第1230页。
⑥ （清）焦循撰，沈文倬点校：《孟子正义》卷10《滕文公上》，第350页。
⑦ 高亨注：《诗经今注·周南·关雎》，第3页。

者"到"有志者"和"有德者"的变化过程。"在中华文化发轫之初,'君子'是人们对于为官者的称谓,其中所蕴含的道德要求,是全体社会成员对于权力阶层所抱持的理想期待。以后随着社会政治经济文化的发展,'君子'概念逐渐脱离了权力意义,成为普通民众的人格向往,形成中华民族的集体人格规范。今天我们所称'君子'者,纯指'有德者'而言,只是说某人有道德,有修养,已跟是否有官位毫无关联了。"①

由于《礼记》中绝大多数篇章反映的都是先秦时期的儒家思想,因此,《礼记》中的"君子"主要是指"有位者",即"权力阶层";《礼记》中的"君子之道"即是"在上位者"的成功之道,是儒家对君子提出的核心价值观。与此同时,《礼记》中对儒者应当具有的道德品行的描述,实际上也寄托着儒家对君子理想人格的希望。这集中体现在《礼记》中的《表记》《坊记》和《儒行》等篇目中。也正因为如此,"君子"概念后来才能够最终脱离权力阶层,成为普通民众对有道德修养者的美称,成为一切希望接受良好教育、追求崇高境界者的人格向往。《礼记》中讨论的君子和君子之道,就道德情操、人格修养、为人师表等层面来说,无论是对于掌握统治权力的"有位者",还是对于希望济世安民的有志者,其要求都是一样的。无论是"有位者"还是"有志者",都应该通过修身成为"有德者"。

《礼记》中的"君"出现了979次,其中包括"君子"一词。"君子"一词分别出现在《曲礼上》《曲礼下》《檀弓上》《檀弓下》《王制》《月令》《曾子问》《文王世子》《礼运》《礼器》《郊特牲》《玉藻》《少仪》《学记》《乐记》《杂记下》《丧大记》《祭义》《祭统》《经解》《哀公问》《仲尼燕居》《孔子闲居》《坊记》《中庸》《表记》《缁衣》《服问》《三年问》《儒行》《大学》《昏义》《乡饮酒义》《射义》《聘义》等篇目中,总计331次。

在这些篇目中,儒家对君子的定义有:"博闻强识而让,敦善行而不怠,谓之君子。"② 见识广博、记忆力强而又谦让、多做好事而不懈怠,称之为君子。此外,还有许多关于君子之德的要求和描述。例如,"君子

---

① 高喜田:《君子之道》,中华书局2011年版,第10页。
② (汉)郑玄注,(唐)孔颖达正义,吕友仁整理:《礼记正义》卷4《曲礼上第一》,第94页。

之中庸也，君子而时中"①。其中的"中庸""时中"都是对君子道德修养标准的要求。《礼记·杂记下》用"三患""五耻"等来说明君子的德性。"君子有三患：未之闻，患弗得闻也；既闻之，患弗得学也；既学之，患弗能行也。君子有五耻：居其位，无其言，君子耻之；有其言，无其行，君子耻之；既得之，而又失之，君子耻之；地有余而民不足，君子耻之；众寡均而倍焉，君子耻之。"②"三患""五耻"从反面揭示了君子应有的品行，包括广闻博识、勤奋好学、躬行实践、在其位谋其政、言行一致、坚守不移、爱民惠民、体恤民生等。显然，这样的君子已经超出了有位者的范围，而属于有德者之列。

有君子就有君子之道。君子之道是先秦儒家心目中理想的人格标准。《礼记》中的君子之道直接继承了《论语》的思想。"君子之道"在《论语》中先后出现3次，分别是：

《论语·公冶长》记载："子谓子产，'有君子之道四焉：其行己也恭，其事上也敬，其养民也惠，其使民也义。'"③ 孔子认为子产有君子的四种美德：在自己的修身方面，能够恭敬谦逊；在事奉君上和为国办事方面，能够恭敬庄重认真，不苟且也不怠慢；在对待民众方面，能够教养民众，使民众得到实惠；在组织派遣民众为国做事方面，能够遵守礼义、符合法度。这里的君子之道，说的是君子的四种美德，分别涉及对君子在行己、事上、养民、使民这四个方面的德行要求。

《论语·子张》中记载子夏说："君子之道，孰先传焉？孰后倦焉？譬诸草木，区以别矣。君子之道，焉可诬也？有始有卒者，其惟圣人乎？"④ 对于君子的学术，哪一项先传授，哪一项最后说呢？学术犹如草木，是区别为各种各类的。君子的学术，不可以歪曲，能够依照一定的次序去传授而有始有终的，大概只有圣人吧。这里的君子之道，说的是君子的学术以及如何对待学术、传播学术的态度。

上述可见，《论语》中的君子之道，包括德行和学术两个方面，其德

---

① （汉）郑玄注，（唐）孔颖达正义，吕友仁整理：《礼记正义》卷60《中庸第三十一》，第1990页。
② （汉）郑玄注，（唐）孔颖达正义，吕友仁整理：《礼记正义》卷52《杂记下第二十一》，第1673页。
③ （清）刘宝楠撰，高流水点校：《论语正义》卷6《公冶长第五》，第188页。
④ （清）刘宝楠撰，高流水点校：《论语正义》卷22《子张第十九》，第743页。

行体现在为人处世的态度上，其学术体现在能够传于后学的知识道理上。

"君子之道"在《礼记》中出现了8次，其中1次在《坊记》中，7次在《中庸》里。具体如下：

一是治国方式上的君子之道。《礼记·坊记》曰："君子之道，辟则坊与？坊民之所不足者也。大为之坊，民犹踰之，故君子礼以坊德，刑以坊淫，命以坊欲。"① 君子治理人的办法，就像防水的堤坝，是用来防止人们德行不足而出现的失范。但还是有人越轨，因此，君子用礼教来防止人们失德，用刑罚来防止人们淫乱，用政令来防止人们的贪欲。显然，这里的"君子之道"，说的是治理国家的办法，是礼乐刑政综合为治的方式。

二是深邃博学的君子之道。《礼记·中庸》曰："君子之道费而隐。"② 君子的道理广大而隐微。这里的"君子之道"，是说君子的道理博大而精深。

三是发端于日常生活中却可以透视其中蕴含天理的君子之道。《礼记·中庸》曰："君子之道，造端乎夫妇，及其至也，察乎天地。"③ 君子的道理，发端于一般人的见闻，至于它的全部道理，则昭著于天地万物。这里的"君子之道"，说的是君子的道理发端于日常生活中，看似平常，但却蕴含着天理。

四是体现为人处世核心价值观的君子之道。《礼记·中庸》曰："君子之道四，丘未能一焉：所求乎子，以事父，未能也；所求乎臣，以事君，未能也；所求乎弟，以事兄，未能也；所求乎朋友，先施之，未能也。庸德之行，庸言之谨。有所不足，不敢不勉；有余，不敢尽。言顾行，行顾言，君子胡不慥慥尔！"④《礼记·中庸》引述孔子所言，认为君子遵循的准则有四条，即作为儿子要孝顺父母；作为臣下要忠于国君；作为兄弟应敬顺兄长；作为朋友应先施恩惠于对方。常依德而行，说话谨

---

① （汉）郑玄注，（唐）孔颖达正义，吕友仁整理：《礼记正义》卷59《坊记第三十》，第1953页。
② （汉）郑玄注，（唐）孔颖达正义，吕友仁整理：《礼记正义》卷60《中庸第三十一》，第1996页。
③ （汉）郑玄注，（唐）孔颖达正义，吕友仁整理：《礼记正义》卷60《中庸第三十一》，第1996页。
④ （汉）郑玄注，（唐）孔颖达正义，吕友仁整理：《礼记正义》卷60《中庸第三十一》，第1999页。

慎，努力弥补不足，不显摆自己的长处，说话要考虑能否实行，行为要考虑是否与言论相符，君子凡事都要努力自勉。尽管孔子自谦地认为这四条准则中，自己一条也没能做到，但他却以这样一种独到的方式揭示了君子之道的核心要素，即孝亲、忠君、敬顺、友爱、仁德、谦虚、谨慎、言行一致、躬行实践等。

五是躬身践行的君子之道。《礼记·中庸》曰："君子之道，譬如行远必自迩，譬如登高必自卑。"① 君子所应当遵循的道理，就像到远处去，必从近处开始；就像登高，必从低处开始。这里的"君子之道"，强调君子要从细微之处着手，从身边的具体事情做起，从小到大，从低到高，由近及远，强调的重点仍然是脚踏实地，切实躬行。

六是率先垂范的君子之道。《礼记·中庸》曰："君子之道，本诸身，徵诸庶民，考诸三王而不缪，建诸天地而不悖，质诸鬼神而无疑，百世以俟圣人而不惑。"② 君子之道，根本在于本身，在百姓那里得到验证，并用三代圣王的教诲来考校而没有发现错误，立于天地之间而不违背，在鬼神面前验证也无可怀疑，百世之后待圣人出来检验也无疑惑。这里的"君子之道"，仍然是强调自我践行，以身示范，所做之事，要经得起各种检验。

七是精妙入微、日臻善美的君子之道。《礼记·中庸》曰："君子之道，闇然而日章；小人之道，的然而日亡。君子之道：淡而不厌，简而文，温而理，知远之近，知风之自，知微之显，可与入德矣。"③ 君子的道德，深远而日益彰明；小人的道德，浅近而日益消亡。君子的道德恬淡而令人不厌，简质而有文采，温和而达理，由近而知远，由末而知本，由显而知微，就可以进入圣人的道德境界了。这里的"君子之道"，有其自身的特点，它影响深远，光照日月；它简约而丰富，温和而达理，由近及远，由末至本，由表及里，由显入微，无处不在，日臻善美。

从以上引述可以看出，《礼记》中关于君子之道的直接论述文字虽然

---

① （汉）郑玄注，（唐）孔颖达正义，吕友仁整理：《礼记正义》卷60《中庸第三十一》，第2002页。
② （汉）郑玄注，（唐）孔颖达正义，吕友仁整理：《礼记正义》卷61《中庸第三十一》，第2040页。
③ （汉）郑玄注，（唐）孔颖达正义，吕友仁整理：《礼记正义》卷61《中庸第三十一》，第2044—2045页。

不多，但却涉及君子之道的产生、内涵、特点等方面的丰富内容。在先秦儒家的心目中，君子应当具备诸多优良品质，能够孝亲、忠君、敬顺、友爱、仁德、谦虚、谨慎、言行一致、躬行，能够仁德修身、注重个人修养，能够端正个人与国家、人与人之间的关系，具有完美的理想人格、高尚的道德情操，这些统称为君子之道。

二 君子的理想人格

儒家的理想人格以忠君孝亲为主要内容，讲求修身、尊贤、亲亲、敬大臣、体群臣、子庶民、来百工、柔远人、怀诸侯，即前文所说的"九经"，这些无疑带有特定的时代特点，但同时，儒家的理想人格中也包含仁人志士的阳刚之气和道德情操。例如，《论语》中就有"三军可夺帅也，匹夫不可夺志也"[1]；"不义而富且贵，于我如浮云"[2]；"士不可以不弘毅，任重而道远"[3]；《孟子》中有"居天下之广居，立天下之正位，行天下之大道，得志与民由之，不得志独行其道，富贵不能淫，贫贱不能移，威武不能屈"[4]，等等，这些无疑具有恒久的价值。

从这些千古传颂的名句中，我们看到了先秦儒家奉献的中华民族精神的深邃内涵，其中包括：不朽的人格力量，强烈的历史责任感和使命感，刚正不阿的正义感，舍生取义的献身精神，士可杀不可辱的优秀品质，坚守理想信念不动摇的执着精神。他们不仅大力提倡，而且躬行实践，因而使这些精神更具有说服力、感染力和历史的穿透力。而《礼记》作为儒家集中讨论伦理道德学说的一部经典之作，不可避免地要对他们所主张的君子的理想人格进行描述。

《礼记》中的《表记》《坊记》和《儒行》等篇目，比较集中地表达了儒家对君子理想人格的希望。特别是其中的《儒行》篇，记载了鲁哀公向孔子"问儒行"而引发的孔子关于儒家德行的系统阐述，从中可以看出先秦儒家对他们心目中的君子理想人格的系统构建。

《礼记·儒行》中关于君子理想人格的构建，大体包括自立、备豫、近人、独立、特行、刚毅、正道出仕、忧思、宽裕、举贤授能、任举、规

---

[1] （清）刘宝楠撰，高流水点校：《论语正义》卷10《子罕第九》，第354页。
[2] （清）刘宝楠撰，高流水点校：《论语正义》卷8《述而第七》，第267页。
[3] （清）刘宝楠撰，高流水点校：《论语正义》卷9《泰伯第八》，第296页。
[4] （清）焦循撰，沈文倬点校：《孟子正义》卷12《滕文公下》，第419页。

为、交友、尊让，以及坚忍不拔、清正为人的操守等。①

关于"自立"。《礼记·儒行》认为，"儒有席上之珍以待聘，夙夜强学以待问，怀忠信以待举，力行以待取。其自立有如此者。"② "儒有忠信以为甲胄，礼义以为干橹；戴仁而行，抱义而处；虽有暴政，不更其所。其自立有如此者。"③ 儒者能陈述上古的善道以待聘用，早晚都努力学习以待咨询，怀着忠信之心以待推举，努力实践以待取用。他们把忠信作为甲胄，把信义作为盾牌，头戴仁而行，怀抱义而居，即使遭遇暴政，也不能改变他们的平生志向。这就是儒者自立于世的原则。

关于"备豫"。《礼记·儒行》认为，"儒有居处齐难，其坐起恭敬；言必先信，行必中正；道涂不争险易之利，冬夏不争阴阳之和；爱其死以有待也，养其身以有为也。其备豫有如此者。"④ 儒者日常起居庄重严肃，他们坐下和起身时表现得都很恭敬，说话必须先有诚信的态度，行动必须无偏差，行路时如果遇到险峻路途和容易走的路则不和其他人争路以利己，冬季和夏季不与人争温暖或凉快的地方；爱惜生命以等待时机，保养好身体以便有所作为。这就是儒者预先准备的功夫，即"备豫"的原则。

关于"近人"。《礼记·儒行》认为，"儒有不宝金玉，而忠信以为宝；不祈土地，立义以为土地；不祈多积，多文以为富；难得而易禄也，易禄而难畜也。非时不见，不亦难得乎？非义不合，不亦难畜乎？先劳而后禄，不亦易禄乎？其近人有如此者。"⑤ 儒者把忠信当作宝物，把建立道义作为立身之本，把多学问多才艺作为财富。儒者难以被发现，政治不清明的时候他们就隐居而不出来做官；出来做官时则先建立功劳而后接受俸禄，因此比较容易供养。这就是儒者"近人"的原则。

---

① 本书关于《儒行》中理想人格构建的分析阐述，参考了杨天宇《礼记译注》，第792—799页；以及刘松来、唐永芬《礼记开讲》，第260—263页。
② （汉）郑玄注，（唐）孔颖达正义，吕友仁整理：《礼记正义》卷66《儒行第四十一》，第2216页。
③ （汉）郑玄注，（唐）孔颖达正义，吕友仁整理：《礼记正义》卷66《儒行第四十一》，第2223页。
④ （汉）郑玄注，（唐）孔颖达正义，吕友仁整理：《礼记正义》卷66《儒行第四十一》，第2216页。
⑤ （汉）郑玄注，（唐）孔颖达正义，吕友仁整理：《礼记正义》卷66《儒行第四十一》，第2216—2117页。

关于"特立独行"。《礼记·儒行》认为,"儒有委之以货财,淹之以乐好,见利不亏其义;劫之以众,沮之以兵,见死不更其守;鸷虫攫搏,不程勇者;引重鼎,不程其力;徃者不悔,来者不豫;过言不再,流言不极;不断其威,不习其谋。其特立有如此者。"①"儒有澡身而浴德,陈言而伏,静而正之;上弗知也,粗而翘之,又不急为也;不临深而为高,不加少而为多;世治不轻,世乱不沮;同弗与,异弗非也。其特立独行有如此者"②。儒者特立独行的精神具体表现为以下方面:在各种物质利诱和爱好爵禄的引诱包围下,不会贪图利益而亏损道义;面对暴力胁迫,至死也不会改变操守;遇到凶猛野兽便上前搏斗,而不考虑自己的力量是否能够与之相当;举重鼎时只问该不该动手,而不掂量自己的气力能否胜任。对于已经开始做的事情,一定要做到底,而不会半途而废;对于未来的事情不作预谋,应该做的就毫不犹豫地去做;讲错了的话,就不会再讲;不听信流言蜚语,也不去追究;始终保持威严的容止,不需要按照谋略,而行所当行。儒者洁身自好,用道德净化心灵;陈述自己的见解而恭听君命,静处而坚守正道以待君用;如果君不了解自己,就微言启发其了解,但又不急于求成;不站在深壑边上自以为高,不凌驾于功少的人之上而自以为功多;社会治理好的时候知道自重,社会混乱时也不沮丧;不与意见相同的人结成帮派,也不非难和诋毁与自己意见不同的人。这就是儒者独特的立身行事原则。

关于"刚毅"。《礼记·儒行》认为,"儒有可亲而不可劫也,可近而不可迫也,可杀而不可辱也。其居处不淫,其饮食不溽,其过失可微辨而不可面数也。其刚毅有如此者。"③儒者可亲而不可被劫持,可近而不可被胁迫,可以被杀而不可以被侮辱。他们居住简朴,饮食清淡,对他们的过失可以私下分辨指正而不可当面数落。这就是儒者应秉持的"刚毅"原则。

关于正道出仕。《礼记·儒行》认为,"儒有一亩之宫,环堵之室,

---

① (汉)郑玄注,(唐)孔颖达正义,吕友仁整理:《礼记正义》卷66《儒行第四十一》,第2220页。
② (汉)郑玄注,(唐)孔颖达正义,吕友仁整理:《礼记正义》卷66《儒行第四十一》,第2229页。
③ (汉)郑玄注,(唐)孔颖达正义,吕友仁整理:《礼记正义》卷66《儒行第四十一》,第2222页。

筚门圭窬，蓬户瓮牖；易衣而出，并日而食；上答之，不敢以疑；上不答，不敢以谄。其仕有如此者。"① 儒者尽管生活困苦，但也坚持正道出仕；受到君主任用，就竭忠尽智不怀二心；没有得到君主任用，就静心以待，不用讨好谄媚而博取欢心来求得官位。这就是儒者秉持的正道出"仕"原则。

关于"忧思"。《礼记·儒行》认为，"儒有今人与居，古人与稽；今世行之，后世以为楷；适弗逢世，上弗援，下弗推，谗谄之民有比党而危之者；身可危也，而志不可夺也；虽危，起居竟信其志，犹将不忘百姓之病也。其忧思有如此者。"② 儒者虽然同当时的人生活在一起，却能上考古代君子的言行；在当时社会的行为，成为后世的楷模；恰巧生不逢时，居上位的人不任用他，下面的人不推举他，谗佞谄媚的人结党陷害他；他虽然身处危难中，志向节操却不可改变；虽然身处危险境地，他的行为处事仍然能伸展自己的志向，仍然不忘记百姓的疾苦。这就是儒者秉持的忧国忧民的"忧思"原则。

关于"宽裕"。《礼记·儒行》认为，"儒有博学而不穷，笃行而不倦，幽居而不淫，上通而不困；礼之以和为贵，忠信之美，优游之法；慕贤而容众，毁方而瓦合。其宽裕有如此者。"③ 儒者广泛地学习而无穷尽，切实地实行而不厌倦，隐居独处而不做邪僻的事，上通达于国君，德才兼备，能胜其任而不至于困窘，以礼待人又重视人际关系的和谐，具有忠信的美德、从容优游的风度，思慕贤人而又能团结众人，犹如磨毁自己玉圭般的方角而与如瓦器般的众人相融合。这就是儒者应当秉持的"宽裕"原则。

关于"举贤授能"。《礼记·儒行》认为，"儒有内称不辟亲，外举不辟怨；程功积事，推贤而进达之，不望其报；君得其志，苟利国家，不求富贵。其举贤援能有如此者。"④ 儒者举荐宗族内的人不回避亲人，推举

---

① （汉）郑玄注，（唐）孔颖达正义，吕友仁整理：《礼记正义》卷66《儒行第四十一》，第2223页。
② （汉）郑玄注，（唐）孔颖达正义，吕友仁整理：《礼记正义》卷66《儒行第四十一》，第2225页。
③ （汉）郑玄注，（唐）孔颖达正义，吕友仁整理：《礼记正义》卷66《儒行第四十一》，第2226页。
④ （汉）郑玄注，（唐）孔颖达正义，吕友仁整理：《礼记正义》卷66《儒行第四十一》，第2227页。

宗族外的人不避弃仇人。只考虑被奉荐者有无才学和业绩，推举贤才来进达于朝廷。不期望被举荐者回报，但求君王实现其天下为治的志向；只要有利于国家，不求个人富贵。儒者就是这样推举引荐贤能的。

关于"任举"。《礼记·儒行》认为，"儒有闻善以相告也，见善以相示也，爵位相先也，患难相死也，久相待也，远相致也。其任举有如此者。"[①] 儒者听到有益的话就对人们相互告知，见到善行就对人指出，爵位相让给别人，遇到患难时可以牺牲自己，召唤有志的朋友来共事明君。这就是儒者在任用和举荐他人时所秉持的"任举"原则。

关于"规为"。《礼记·儒行》认为，"儒有上不臣天子，下不事诸侯；慎静而宽，强毅以与人，博学以知服；近文章，砥厉廉隅；虽分国，如锱铢；不臣，不仕。其规为有如此者。"[②] 儒者有对上不臣服于天子，对下不事奉诸侯的，谨慎宁静而崇尚宽和，与人相处时坚持原则不随波逐流，广博学习以知晓道理，多学习文章，磨砺节操，即使分封国土给他，也看得轻如锱铢，不因此在无道之君的手下为臣做官。这就是儒者对自己行为规范所秉持的"规为"原则。

关于"交友"。《礼记·儒行》认为，"儒有合志同方，营道同术：并立则乐，相下不厌；久不相见，闻流言不信；其行本方立义，同而进，不同而退。其交友有如此者。"[③] 儒者有志向相合、所学道义相同的朋友，大家在一起感到快乐，相互谦下而不厌，虽然长久不见面，但听到流言蜚语也不相信。儒者的行为本于方正而立于道义，志趣相同就一起进取，不同就分手退避。这就是儒者交友的原则。

关于"尊让"。《礼记·儒行》认为，"温良者，仁之本也。敬慎者，仁之地也。宽裕者，仁之作也。孙接者，仁之能也。礼节者，仁之貌也。言谈者，仁之文也。歌乐者，仁之和也。分散者，仁之施也。儒皆兼此而有之，犹且不敢言仁也。其尊让有如此者。"[④] 温和善良是仁的根本，恭

---

① （汉）郑玄注，（唐）孔颖达正义，吕友仁整理：《礼记正义》卷66《儒行第四十一》，第2228页。

② （汉）郑玄注，（唐）孔颖达正义，吕友仁整理：《礼记正义》卷66《儒行第四十一》，第2231页。

③ （汉）郑玄注，（唐）孔颖达正义，吕友仁整理：《礼记正义》卷66《儒行第四十一》，第2232页。

④ （汉）郑玄注，（唐）孔颖达正义，吕友仁整理：《礼记正义》卷66《儒行第四十一》，第2233页。

敬谨慎是仁的实践，宽裕是仁的动作，谦逊接物是仁的技能，礼貌仪节是仁的外在，言语谈吐是仁的文饰，歌舞音乐是仁的和悦，分散财务是仁的布施。儒者兼有这些美德，尚且不敢自称为仁。这就是儒者应秉持的"尊让"原则。

关于操守。《礼记·儒行》认为，"儒有不陨获于贫贱，不充诎于富贵，不慁君王，不累长上，不闵有司，故曰儒。今众人之命儒也妄常，以儒相诟病。"① 儒者应自强于义理，不因贫贱而丧失志向，不因富贵而骄奢淫逸，不受君王的困辱，不受长上束缚，不受官吏的刁难。具备这些操守的人方可被称为"儒"，而不是现在的众人胡乱称作的"儒"和用以相互羞辱的"儒"。

显然，《礼记·儒行》虽然文字不多，但是内容丰富，蕴含着丰富的道德哲学，阐述了具有良好道德修行的儒者立身处世的基本原则，也就是后世称之为"君子"的"君子之道"。由以上对儒的定义和简叙，可知《礼记·儒行》所陈之主旨极为博大高深，非但为夫子自朝之语，第亦为大儒所必循之途径耳。考之孟、荀二子，上推卜商、子夏，以及子思、曾子，皆可说能深提此中之大道，而能深切笃行而无愧者。是以读《儒行》之道德哲理，可知原儒之自期以及其德行之卓越与品性之高超处，正值吾人之矜式与效法也。②

先秦儒家的理想人格由于其崇高的理想道德追求，也由于以孔子为代表的先贤哲人的躬行实践，因而对后世产生了深远的影响。"春秋时代仁人志士的思想和行为，共同构建了一种文化与道德的遗产。影响一个民族文化的，不仅是有识者提出的伦理思想和德行体系，更有实践这些价值理想、身体力行地体现这些德行的贤人君子。他们的道德榜样和他们的言论一起，成为影响后世的重要文化资源，从而在不同的层次上成为后人的道德典范和人格范型，使得后人追慕他们，学习他们，而追慕学习的实践也同时积淀、建构、强化了价值信念和文化心理。"③

回顾中华民族的历史，许多青史留名的仁人志士都是具有理想人格的

---

① （汉）郑玄注，（唐）孔颖达正义，吕友仁整理：《礼记正义》卷66《儒行第四十一》，第2234页。
② 参见魏元珪《礼记的道德哲学》，《中国文化月刊》（台北）1984年第54期。
③ 陈来：《古代思想文化的世界——春秋时代的宗教、伦理与社会思想》，生活·读书·新知三联书店2002年版，第306—307页。

人，历史上许多千载传颂的名句都传承着理想人格的精神，如范仲淹的"先天下之忧而忧，后天下之乐而乐"（《岳阳楼记》），张载的"为天地立心，为生民立命，为往圣继绝学，为万世开太平"①，文天祥的"人生自古谁无死，留取丹心照汗青"（《过零丁洋》），林则徐的"苟利国家生死以，岂因祸福避趋之"（《赴戍登程口占家人》）等。时至今日，世事变迁，但中华民族先贤哲人倡导的理想人格仍有其现代意义，对于我们加强道德修养、更好地立身处事、忠诚报国为民提供了丰富的思想涵养，其所蕴藏的民族精神更是炎黄子孙特有的精神家园。

第四节　君子修身进德之道

先秦时期，由孔子创立的儒家学派在前人基础上，全面系统地探讨了社会生活中的道德现象，创立了一整套道德理论。这个理论认为道德起源于天授，"天生德于予"，道德来于天，但后天社会生活的不同也会给"性相近"的人造成"习相远"的道德差距。于是有了人的内心反省自觉和理性的社会改造这两种提升道德水平的方式。前者更适用于圣贤、君子等少数人，后者适用于人数广大的一般民众。前者主要通过修习"六礼""七教""八政"②来施行，目的在于使人明白做人的道理和掌握一定的技能，在于培养具有高尚道德情操的新人，在于实现人与人之间和谐相处的至善境界；后者主要通过礼法规制和君子的人格示范，使一般民众从中感受和体会到礼义，通过礼乐的化民成俗、移风易俗来营造和谐的社会环境。为了取得礼乐教化的有效性，圣贤、君子要以身作则，率先垂范。为此，他们需要进行格致诚正的心性修养，遵循修齐治平的社会政治实践逻辑。

由于礼既是君上节制百姓的手段，也是百姓评判君上的标准，百姓依据礼，要求包括君上及有志者在内的君子秉承仁爱之心，修身立德，施行

---

① （清）黄宗羲原撰，（清）全祖望补修，陈金生、梁运华点校：《宋元学案》卷17《横渠学案上·高平门人·献公张横渠先生载》，中华书局1986年版，第664页。
② "六礼"即冠、昏、丧、祭、乡、相见，是指冠礼、婚礼、丧礼、祭礼、乡饮酒礼和乡射礼、相见礼；"七教"即父子、兄弟、夫妇、君臣、长幼、朋友、宾客，是指七种人伦关系，具体内容为父子有亲，兄弟有爱，夫妇有别，君臣有义，长幼有序，朋友有信，宾客有礼；"八政"即饮食、衣服、事为、异别、度、量、数、制，是指饮食方式，衣服制度，工艺标准，器具品类，长度规定，容量单位，数码进位和布帛宽窄。

仁政。因此，礼无论对于百姓还是君子，都是一种约束和规范。遵守这种规范，实现社会和谐，达到天下大治，要靠礼乐刑政综合为治，其中礼乐教化是治本之策。之所以是治本之策，就在于它能深入人的内心，启发人的自觉。人的自觉实际上就是一个修身的过程。君子应当以身作则，为此就要带头修身。《礼记》中的《大学》《中庸》篇对修身的目的、原则、内容、方法等进行了系统的阐述。

一 三纲八目——修身的目的和步骤

《礼记》中的《大学》篇是儒家关于穷理正心、修己治人之道的专门著作。全文文辞简约，内涵深刻，主要概括总结了先秦儒家道德修养理论，阐述了道德修养的基本原则和方法，以及儒家政治哲学，对做人、处事、治国等均有深刻启迪。全篇集中讨论了"三纲领八条目"，简称"三纲八目"[①]。

前文在谈到礼乐教化的目的时已涉及"三纲领"，即《礼记·大学》开篇语中所说的"大学之道，在明明德，在亲民，在止于至善"[②]。这里的"明明德""亲民""止于至善"，亦即博学的目的在于彰明内心美善的德性，在于使人自新，在于使人处在最美善的道德境界。而"八条目"即《礼记·大学》中所说的实现"三纲领"的具体步骤。"古之欲明明德于天下者，先治其国。欲治其国者，先齐其家。欲齐其家者，先修其身。欲修其身者，先正其心。欲正其心者，先诚其意。欲诚其意者，先致其知。致知在格物。物格而后知至，知至而后意诚，意诚而后心正，心正而后身修，身修而后家齐，家齐而后国治，国治而后天下平。"[③] 格物、致知、诚意、正心、修身、齐家、治国、平天下，就是"八条目"。

本书第四章已从礼乐教化的地位和作用角度阐述了"三纲领"的意义，而从君子修身角度来看，"三纲领"阐明了修身的目的性。一是"明

[①] 宋明理学家朱熹在其所著的《大学章句》中，把《大学》提出的"明明德""亲民""止于至善"三者称为"大学之纲领"，把"格物""致知""诚意""正心""修身""齐家""治国""平天下"八项称为"大学之条目"。后人称之为"三纲领八条目"，简称"三纲八目"。参见（宋）朱熹《四书章句集注·大学章句》，第3—4页。

[②] （汉）郑玄注，（唐）孔颖达正义，吕有仁整理：《礼记正义》卷66《大学第四十二》，第2236页。

[③] （汉）郑玄注，（唐）孔颖达正义，吕有仁整理：《礼记正义》卷66《大学第四十二》，第2237页。

明德"，就是彰显人人所具有的、与生俱来的善良本性即"明德"，以便自觉回归善良本性。二是"亲民"（即新民），即在彰显个人善良本性、实现个人道德更新之后，又推己及人，使人人都能去除污染而自新。三是"止于至善"，即要求人们在修身方面达到完美境界而又能够长久保持这一完美境界。"止于至善"的"善"，对不同对象有不同的要求："为人君，止于仁；为人臣，止于敬；为人子，止于孝；为人父，止于慈；与国人交，止于信。"① 君仁、臣敬、子孝、父慈、友信，这就是先秦儒家所追求的至善境界，也是礼义的主要内容。

"三纲领"归为一条纲领，就是"在明明德"，"亲民"是"明明德"的途径，而"明明德"的终极完成，便是"止于至善"。②

那么，如何才能实现"三纲领"、达到"明德""亲民""止于至善"的境界呢？格物、致知、诚意、正心、修身、齐家、治国、平天下这"八条目"，就是对这个问题的精妙回答。

"八条目"是实现"三纲领"的具体步骤，它们各自有其独特内涵，彼此之间又环环相扣，任何一环都不可或缺。其中格物是修身的起点，通过接触事物，来穷究事物之理，以达到"致知"即认识事物的目的。致知是诚意的前提和基础，推究事物的原理，从而获得知识，就能发自内心，表里如一"毋自欺"，就能达到诚意的境界。诚意是正心的前提，意念真诚，内心端正，使身心摆脱愤怒、恐惧、好乐、忧患等情绪的缠绕，达到意诚的境界，才能正心。正心是修身的前提，端正自己的内心而无邪念，使自己的知、情、意与外界融合，与自己面前的事物自然融合。如果心不在焉，就会视而不见，听而不闻，食不知味。只有端正自己的内心，保持内心的纯净，才能有效地修身。修身是齐家的前提，也是整顿家族、治理国家、使天下和谐有序的前提。修身是齐家的先决条件，自身不加修养就不可能整顿好自己的家庭。只有自己加强修养，以身作则，在遵守社会规范方面成为典范，才能使全家都能自觉遵守社会规范。齐家是治国的基础，修身方能齐家，齐家方能治国，"所谓治国必先齐其家者，其家不可教而能教人者，无之。故君子不出家而成教于国：孝者，所以事君也；弟者，所以事长也；慈者，所以使众也。"孝悌是事奉君长的行为基础，慈

---

① （汉）郑玄注，（唐）孔颖达正义，吕有仁整理：《礼记正义》卷66《大学第四十二》，第2239页。

② 参见冯友兰《中国哲学简史》，新世界出版社2004年版，第159页。

爱是率领众人的必备品质。家族伦理道德是立国之本，治理国家的基础在于整顿好自己的家族。"一家仁，一国兴仁；一家让，一国兴让"①。"宜其家人，而后可以教国人。"② 因此，齐家对于治国具有极端重要性。治国是平天下的前提。只有治理好自己的国家（当时是诸侯国），才能为天下太平、社会秩序井然创造前提。君王只要能够敬养老人、尊重长者、体恤鳏寡孤独，全国百姓就会效仿，兴起孝道、悌道而不相互背弃，就会"国治而后天下平"。平天下即天下太平，公平正义，和谐有序，国泰民安。这是君子的天下情怀和社会责任，是希冀入世之君子的终极追求。

将"八条目"归结为一条，就是"修身"。格物、致知、诚意、正心是"修身"的方式和途径，齐家、治国、平天下是"修身"以到达"止于至善"的方式和途径，目的正在于"止于至善"。"明明德"与"修身"具有同一性，"修身"才能"明明德"，"明明德"必须以"修身"为前提。"修身"的内容和直接目的都是"在明明德"。③ 因此，"修身"是根本，"自天子以至于庶人，壹是皆以修身为本"④，从天子到庶人，各个等级的人无一例外地都要把修养自身作为立足的根本。丧失了这个根本，是不可能把家族整顿好、把国家治理好、实现天下太平的。

"三纲领""八条目"之间的紧密联系，也被合称为"三纲八目"。《礼记·大学》中的"三纲领""八条目"与先秦儒家特别是孔子、孟子、荀子的思想有着内在的联系。孔子提出孝悌为政、先正己后正人、博施济众；孟子提出"天下之本在国，国之本在家，家之本在身"⑤；荀子提出"修身""养心"，"以修身自名则配尧、禹"。⑥ 这些思想观点与"三纲领""八条目"是一致的。而"三纲领""八条目"则在以往思想的基础上，得以条理化、系统化，"使儒家'修齐治平'、'内圣外王'的伦理政

---

① （汉）郑玄注，（唐）孔颖达正义，吕有仁整理：《礼记正义》卷67《大学第四十二》，第2250页。
② （汉）郑玄注，（唐）孔颖达正义，吕有仁整理：《礼记正义》卷67《大学第四十二》，第2251页。
③ 参见冯友兰《中国哲学简史》，第159页—160页。
④ （汉）郑玄注，（唐）孔颖达正义，吕有仁整理：《礼记正义》卷66《大学第四十二》，第2237页。
⑤ （清）焦循撰，沈文倬点校：《孟子正义》卷14《离娄上》，第493页。
⑥ （清）王先谦撰，沈啸寰、王星贤点校：《荀子集解》卷1《修身篇第二》，第22页。

治哲学在表述上有了完整的逻辑,在理论上有了纲领性的概括"①。《礼记·大学》"把修身的作用,也就是以孝悌为中心的宗法人伦道德的政治功能提到了无以复加的高度,从而为宗法人伦道德的政治化、法典化提供了理论依据,也为后世封建法典制定伦理性犯罪条款,罚及非道德行为提供了理论依据。"②

二 絜矩之道——君子对民众行为的规范作用

"三纲八目"是君子内圣外王之道,它以君子修身为根本,因为君子的德行对齐家治国起着至关重要的作用。"一人贪戾,一国作乱。"③ 对于治国君民的统治者来说,只有修身以达到圣贤,才能齐家治国平天下,足以为万民效仿,"为父子兄弟足法,而后民法之也"④。君王如果能够敬养老人、尊重长者、体恤鳏寡孤独,全国百姓就会效仿,兴孝悌之道而不相互背弃,因此君王有规范人的行为的作用。"所谓平天下在治其国者:上老老而民兴孝,上长长而民兴弟,上恤孤而民不倍,是以君子有絜矩之道也。"⑤

什么是絜矩之道?"絜"的本义是用绳子围量,引申为衡量、度量;"矩"的本义是画方的器具,古书中常作法则的代称。"絜矩",就是规则、尺度的意思。君子的絜矩之道有其特定的含义:"所恶于上,毋以使下;所恶于下,毋以事上;所恶于前,毋以先后;所恶于后,毋以从前;所恶于右,毋以交于左;所恶于左,毋以交于右。此之谓絜矩之道。"⑥ 凡是做得不好、令自己厌恶的事情,不论是什么人做的,不管是上级还是下级,不管是前辈还是后辈,不管是自己身边哪一方的人,都不要把一方做得不好的令人厌恶的事情用来对待另外一方,这就叫作规范人的行为的

---

① 俞荣根:《儒家法思想通论》(修订本),第563页。
② 俞荣根:《儒家法思想通论》(修订本),第565页。
③ (汉)郑玄注,(唐)孔颖达正义,吕有仁整理:《礼记正义》卷67《大学第四十二》,第2250页。
④ (汉)郑玄注,(唐)孔颖达正义,吕有仁整理:《礼记正义》卷67《大学第四十二》,第2251页。
⑤ (汉)郑玄注,(唐)孔颖达正义,吕有仁整理:《礼记正义》卷67《大学第四十二》,第2251页。
⑥ (汉)郑玄注,(唐)孔颖达正义,吕有仁整理:《礼记正义》卷67《大学第四十二》,第2251页。

作用，也就是君子的絜矩之道。

显然，絜矩之道是统治者（居上位者）作出表率、孝悌仁慈、上行下效、己所不欲勿施于人的品质。它不是法术、刑罚等"外在的行为规范，而是指确立内在的伦理道德准则"①。它是由修身而达到齐家、治国、平天下，即从内圣发展向外王的重要途径。絜矩之道主要指以德治国君民，是治国平天下的"外王"之方，所要解决的是从修身到齐家、治国、平天下之间的联系问题，对应的是现代伦理政治的范畴。它是对"三纲八目"的进一步阐释和补充，是对《论语》中的"忠恕之道"的发展，也是对"外王"之道的探索。

儒家企图通过提出絜矩之道，"在统治者面前树起一道宗法伦理围墙，以孝悌慈惠为束心之法，规范其行为"。它与"三纲领""八条目"一样，"具有为政治、为现实法、为最高统治者确立最高道德法的意义"，是法的价值和标准的作用和功能的体现，亦是人们对法的理想追求和致思趋向。②

三 中庸之道——道德修养的最高标准

"中庸"这个范畴，首先由孔子在《论语·雍也》中提出："中庸之为德也，其至矣乎，民鲜久矣。"而在《礼记·中庸》中，"中庸"这个范畴得到了系统论述。

"中"，指不偏不倚、无过无不及；"庸"，则是平常的意思。南宋理学家朱熹在《中庸章句》中，记载了理学家程颐关于中庸的题解："中者，天下之正道，庸者，天下之定理。"③ 不偏于一边的叫作中，永远不变的叫作庸。中是天下的正道，庸是天下的定理。这是对中庸的解释。"中庸作为自然、人生和政治的'正道'、'定理'具有普遍性和至上性。"④ 因此，《中庸》引述孔子说："天下国家可均也，爵禄可辞也，白刃可蹈也，中庸不可能也。"⑤ 中庸既是人道，又是天道，是人情和天道的结合和贯通。⑥ 其中人道效法天道而来："诚者，天之道也；诚之者，

---

① 俞荣根：《儒家法思想通论》（修订本），第565页。
② 参见俞荣根《儒家法思想通论》（修订本），第567页。
③ （宋）朱熹：《四书章句集注·中庸章句》，第17页。
④ 俞荣根：《儒家法思想通论》（修订本），第571页。
⑤ （汉）郑玄注，（唐）孔颖达正义，吕友仁整理：《礼记正义》卷60《中庸第三十一》，第1993页。
⑥ 参见俞荣根《儒家法思想通论》（修订本），第571页。

人之道也。"①

《礼记·中庸》提出的伦理哲学范畴主要是"中庸"和"诚",是从天人关系上来阐述它们的重要性的,"并以'中庸'和'诚'为纲,统率其他宗法人伦道德,从哲学高度论述了儒家伦理法的基本精神。"② 与中庸相关的重要命题,包括致中和、时中、"执其两端,用其中于民"③ 等。关于"诚",本书将在后文中予以专门论述,故此处不赘述。

关于"致中和"。《礼记·中庸》认为:"喜怒哀乐之未发,谓之中;发而皆中节,谓之和。"④ 这里的"中",指的是在心理上求得平衡;这里的"和",指的是在行为上表现得恰如其分。"致中和",是指把握住恰如其分的态势,达到恰如其分的境界。"致中和,天地位焉,万物育焉。"⑤ "致中和",就是"致广大""极高明"⑥。天地万物只有在和谐的状态下才能化生发展,"中和"是天的本性,是大自然的本性,也是人的本性。"中也者,天下之大本也;和也者,天下之达道也。致中和,天地位焉,万物育焉。"⑦ 中,是天下各种感情和道德的本源;和,是天下一切事物的通理。人一旦达到中和的境界,天地间一切事物的位置就摆正了,万物就都能够繁育生长了。人们把握了中和,顺应了中和,便可以"赞天地之化育",达到天人合一的境界。"万物并育而不相害,道并行而不相悖。小德川流,大德敦化,此天地之所以为大也。"⑧ 万物同时生长而不相互妨害,日月运行四时更替彼此不相违背。小的德行好比合川分流、川流不息,大的德行如醇厚化育,根深叶茂,无穷无尽。这就是天地之所以伟大

---

① (汉)郑玄注,(唐)孔颖达正义,吕友仁整理:《礼记正义》卷60《中庸第三十一》,第2021页。

② 俞荣根:《儒家法思想通论》(修订本),第569页。

③ (汉)郑玄注,(唐)孔颖达正义,吕友仁整理:《礼记正义》卷60《中庸第三十一》,第1992页。

④ (汉)郑玄注,(唐)孔颖达正义,吕友仁整理:《礼记正义》卷60《中庸第三十一》,第1987页。

⑤ (汉)郑玄注,(唐)孔颖达正义,吕友仁整理:《礼记正义》卷60《中庸第三十一》,第1988页。

⑥ (汉)郑玄注,(唐)孔颖达正义,吕友仁整理:《礼记正义》卷61《中庸第三十一》,第2037页。

⑦ (汉)郑玄注,(唐)孔颖达正义,吕友仁整理:《礼记正义》卷60《中庸第三十一》,第1987—1988页。

⑧ (汉)郑玄注,(唐)孔颖达正义,吕友仁整理:《礼记正义》卷61《中庸第三十一》,第2043页。

的大道理。

这就明确地告诉人们:"建立在'中'这一天下之大本基础上的'和'是天下之达道,人能够达致天下之达道,则可以使天地万物达到各安其所、物各付物的理想境界。原始儒家揭明的追求普遍和谐的理论意向经后儒的不断发明推广而成为儒家基本的价值取向之一。"[1] 人的日常行为也应当致中和、合法度。如果不合法度,就不得中和。无论从形而上的高远来看,还是形而下的日常行为来看,"致中和"都是中庸之道的精髓所在,反映了先秦儒家追求普遍和谐的思想。

关于"时中"。"时"这个范畴出现于《孟子》中。《孟子·万章下》记载,孟子评价孔子为"圣之时者"[2],即为识时务之圣人。《礼记·中庸》记载,"仲尼曰:'君子中庸,小人反中庸。君子之中庸也,君子而时中;小人之(反)中庸也,小人而无忌惮也。'"[3] 君子常守中道,表现为君子随时随地都恪守中道,不管情况发生怎样的变化,都不背离基本的原则,都能始终保持中道;小人违反中道,表现为小人的肆无忌惮。

关于"执其两端,用其中于民"[4]。这里的执其两端,就是要在事物发展的不同方面选取一个中道,选取一个适度的平衡点,来引导人民。这里蕴含着在矛盾中保持统一体相对平衡和稳定的观点,也有着"综合平衡"的思想意蕴。

关于"忠恕"。《礼记·中庸》认为:"君子以人治人,改而止。忠恕违道不远,施诸己而不愿,亦勿施于人。"[5] 君子按照人性治理人,对那些有过错的人,只要改正就行,不要揪住不放。忠厚宽恕的态度离道不远,不愿意施加在自己身上的事情,也就不要施加在别人身上。忠恕之道即"絜矩之道"。"忠恕违道不远",即忠恕之道接近于中庸之道。它同样

---

[1] 李翔海:《从弘扬和培养民族精神看儒家思想对和谐社会建设的当代意义》,载郭齐勇主编《儒家文化研究》第6辑,中国哲学与海外哲学研究专号,生活·读书·新知三联书店2013年版,第66页。
[2] (清)焦循撰,沈文倬点校:《孟子正义》卷20《万章下》,第672页。
[3] (汉)郑玄注,(唐)孔颖达正义,吕友仁整理:《礼记正义》卷60《中庸第三十一》,第1990页。
[4] (汉)郑玄注,(唐)孔颖达正义,吕友仁整理:《礼记正义》卷60《中庸第三十一》,第1992页。
[5] (汉)郑玄注,(唐)孔颖达正义,吕友仁整理:《礼记正义》卷60《中庸第三十一》,第1999页。

要求君子作出表率，具有孝悌仁慈、上行下效、己所不欲勿施于人的品质。"忠恕"在《论语》中就有记载。《论语》记载"忠恕"为"己所不欲，勿施于人"① 和"己欲立而立人，己欲达而达人"②，《礼记·中庸》的记载与《论语》的记载一致。忠恕之道就是以修身为重心的道德实践的方法，是践行仁德、达到"内圣"境界的方法。

显然，致中和、时中、"执其两端，用其中于民"和忠恕等，都是中庸思想的组成部分。中庸之道"费而隐"，是一种体现于日常的宗法人伦和一切社会生活之中，却又隐而不显的美德，"致广大而尽精微，极高明而道中庸"③。中庸并没有明确的行为对象和具体的行为标准，而是要以一定的道德实践或社会政治实践为载体才能体现。

中庸思想在儒家伦理政治哲学中占有十分重要的地位。"从伦理学的观点来看，'中庸'是指道德修养中不偏不倚、平和中正的状态。它不像其他道德范畴那样具有实在性的意义，而只是贯彻于道德修养过程中的最高标准。"④《礼记·中庸》认为，人们如果能在各自的道德修养中按照儒家的伦理原则和道德规范，"择乎中庸"⑤"中立而不倚"⑥，就可以做到："君子素其位而行，不愿乎其外。素富贵，行乎富贵；素贫贱，行乎贫贱；素夷狄，行乎夷狄；素患难，行乎患难：君子无入而不自得焉。在上位不陵下，在下位不援上，正己而不求于人，则无怨。上不怨天，下不尤人。"⑦ 君子在他现在的位置上去做他应该做的事情，不羡慕他本位之外的事情。现在富贵就做富贵者该做的事；现在贫贱就做贫贱者该做的事；身在夷狄就做夷狄该做的事；平素患难就做患难者该做的事。君子无处不安然自得。上位者不欺凌下面的人，下位者不巴结上面的人，端正自身，

---

① （清）刘宝楠撰，高流水点校：《论语正义》卷15《颜渊第十二》，第485页；卷18《卫灵公第十五》，第631页。

② （清）刘宝楠撰，高流水点校：《论语正义》卷7《雍也第六》，第249页。

③ （汉）郑玄注，（唐）孔颖达正义，吕友仁整理：《礼记正义》卷61《中庸第三十一》，第2037页。

④ 刘松来、唐永芬：《礼记开讲》，第255页。

⑤ （汉）郑玄注，（唐）孔颖达正义，吕友仁整理：《礼记正义》卷60《中庸第三十一》，第1993页。

⑥ （汉）郑玄注，（唐）孔颖达正义，吕友仁整理：《礼记正义》卷60《中庸第三十一》，第1994页。

⑦ （汉）郑玄注，（唐）孔颖达正义，吕友仁整理：《礼记正义》卷60《中庸第三十一》，第1999—2000页。

不求他人，就不会有怨恨之心。上不怨恨天，下不责怪人。在先秦儒家看来，人人各安其位，安分守己，"王道"政治理想的实现也就为期不远了。

四 修身以道——三达德及其修养方法

《礼记·中庸》提倡"修身以道"。它引孔子之言说："故为政在人，取人以身，修身以道，修道以仁。仁者人也，亲亲为大；义者宜也，尊贤为大。亲亲之杀，尊贤之等，礼所生也。在下位不获乎上，民不可得而治矣。故君子不可以不修身；思修身，不可以不事亲；思事亲，不可以不知人；思知人，不可以不知天。"① 这里把"修身"与"事亲""知人""知天"联系在一起，并将其作为君子修己治人必须践行的大事，在此基础上，提出了"五达道""三达德"的思想。

《礼记·中庸》指出："天下之达道五，所以行之者三。曰君臣也，父子也，夫妇也，昆弟也，朋友之交也，五者天下之达道也。知、仁、勇三者，天下之达德也，所以行之者一也。"② 这里的"五达道"是天下的五条通理，与孟子的"五伦"说一脉相连，孟子的"五伦"说主张用忠、孝、悌、忍、善，作为处理君臣、父子、兄弟、夫妇、朋友五种人伦关系的准则。而"三达德"又与孟子的仁、义、礼、智四端有所区别。孟子认为，人的内心存在仁、义、礼、智的思想胚芽，天也具有仁、义、礼、智的特质，因此人的心性可与天命相通。连接二者的途径是"反身而诚"，即存心养性以扩张四端，达到天人合一的理想境界。而《礼记·中庸》认为，智慧、仁爱、勇敢是天下的三条通德，是用来实现五条通理的三种通用的美德。对这五条通理和三种通德，有的人生而知之，有的人学而后知，有的人遇困难再学而后知。也就是说，对于绝大多数人来说，是由学习出发经过审问、慎思、明辨、笃行而逐步养成知、仁、勇三种通德，进而通达五条天理的。这其中，既有与客观外界联系的"学"，也有反身向内的问、思、辨，更落脚到自身在日常生活、社会实践中的努力践行。

《礼记·中庸》阐述了"三达德"对于修己治人、治国安民的重要性："好学近乎知，力行近乎仁，知耻近乎勇。知斯三者，则知所以修身；

---

① （汉）郑玄注，（唐）孔颖达正义，吕有仁整理：《礼记正义》卷60《中庸第三十一》，第2012—2013页。

② （汉）郑玄注，（唐）孔颖达正义，吕友仁整理：《礼记正义》卷60《中庸第三十一》，第2013页。

知所以修身，则知所以治人；知所以治人，则知所以治天下国家矣。"① 可见，践行"三达德"，不仅是推行"五达道"的关键所在，也是修己治人、治世安民的关键所在。而前文所说的治理国家必须遵循"九经"，即"修身也，尊贤也，亲亲也，敬大臣也，体群臣也，子庶民也，来百工也，柔远人也，怀诸侯也"②，其中位居首位的，也正是修身。修身是基础，其他八条是修身的外化和展开，是修身的必然结果。

按照"知、仁、勇"的"三达德"观念，《中庸》提出了"学、问、思、辨、行"的修养方法："博学之，审问之，慎思之，明辨之，笃行之。有弗学，学之弗能弗措也；有弗问，问之弗知弗措也；有弗思，思之弗得弗措也；有弗辨，辨之弗明弗措也；有弗行，行之弗笃弗措也。人一能之，己百之；人十能之，己千之。果能此道矣，虽愚必明，虽柔必强。"③ 只要刻苦学习，不断追问，慎重思考，反复分辨，切实实践，百折不挠，不言放弃，再笨的人也会变得聪明，再柔弱的人也会变得坚强。

"学、问、思、辨、行"的修养方法，是"知、仁、勇"三者的统一，其中，"博学之，审问之，慎思之，明辨之"是好学的表现，"好学近乎知"；"笃行之"是实践的过程，而"力行近乎仁"；"人一能之，己百之；人十能之，己千之"是勇于进取、顽强奋斗的表现，它可以使人由"愚"和"柔"变得"明"和"强"。这是知耻的结果，所以说"知耻近乎勇"。

总之，坚持"学、问、思、辨、行"的修养方法，是达到"知、仁、勇"这"三达德"的必经环节。"博学之，审问之，慎思之，明辨之，笃行之"的修养方法，在《论语·子张》中有类似的表达："博学而笃志，切问而近思，仁在其中矣。"④ 广泛地学习，坚守自己的志趣，恳切地发问，多考虑当前的问题，仁德就在这中间了。可见，将修养方法与仁德联系在一起，修身的过程就是培育养成仁德的过程，修身的本质就是涵育仁德，使人成为道德高尚的君子，这是先秦儒家的一贯主张，也体现了先秦

---

① （汉）郑玄注，（唐）孔颖达正义，吕友仁整理：《礼记正义》卷60《中庸第三十一》，第2015—2016页。

② （汉）郑玄注，（唐）孔颖达正义，吕友仁整理：《礼记正义》卷60《中庸第三十一》，第2016页。

③ （汉）郑玄注，（唐）孔颖达正义，吕友仁整理：《礼记正义》卷60《中庸第三十一》，第2022页。

④ （清）刘宝楠撰，高流水点校：《论语正义》卷22《子张第十九》，第740页。

儒家道德伦理的鲜明特征。

五 至诚之道——完善自我、成就事物的品质

"诚",是《礼记·中庸》中与"中庸"并列的最具代表性的范畴之一。"诚者,天之道也;诚之者,人之道也。"[①] 真诚是天的德性,使自身真诚是人的德性。使自身真诚的人,是选择了善道就紧紧抓住不放松的人。"诚"是一种客观、实有的东西,是"天之道";"诚之者"是通过人的修养才具备的东西,是"人之道"。人之道是效法天之道的结果。坚持做到诚,乃是符合天道的结果。因此,修养诚德非常重要。

诚德有两种:一种是"自诚明,谓之性"[②],讲的是先天赋予的诚德,"诚者不勉而中,不思而得,从容中道,圣人也"[③]。不用费劲就能符合善道,不费思虑就能获得善道,从容悠闲之间都能符合善道,这就是圣人了;另一种是"自明诚,谓之教"[④],讲的是通过后天修养的道德——诚德,即"诚之者,择善而固执之者也"[⑤]。"自诚明"讲的是性之自然;"自明诚"讲的是教化之功之使然。前者涉及"性",后者涉及"教"。

一方面,"性"与"教"是有联系的,"诚则明矣,明则诚矣"[⑥]。由真诚而明道理,叫作天性;由明道理而真诚,叫作教化。真诚就会明白道理,明白道理就会变得真诚。另一方面,"性"与"教"又是有区别的,但是可以通过"道"相连。"天命之谓性,率性之谓道,修道之谓教。"天所赋予人的就叫作性,遵循天性而行就叫作道,使人修道就叫作教。因此,"自明诚"的过程就是修道的过程,是修道之"教"的必然结果。人循着天赋之性、顺乎天之法则就称之为"道"。"修道"之"教",人不可

[①] (汉)郑玄注,(唐)孔颖达正义,吕友仁整理:《礼记正义》卷60《中庸第三十一》,第2021页。

[②] (汉)郑玄注,(唐)孔颖达正义,吕友仁整理:《礼记正义》卷60《中庸第三十一》,第2023页。

[③] (汉)郑玄注,(唐)孔颖达正义,吕友仁整理:《礼记正义》卷60《中庸第三十一》,第2021页。

[④] (汉)郑玄注,(唐)孔颖达正义,吕友仁整理:《礼记正义》卷60《中庸第三十一》,第2023页。

[⑤] (汉)郑玄注,(唐)孔颖达正义,吕友仁整理:《礼记正义》卷60《中庸第三十一》,第2021页。

[⑥] (汉)郑玄注,(唐)孔颖达正义,吕友仁整理:《礼记正义》卷60《中庸第三十一》,第2023页。

少。"道也者,不可须臾离也,可离非道也。是故君子戒慎乎其所不睹,恐惧乎其所不闻。莫见乎隐,莫显乎微,故君子慎其独也。"① 道,一刻也不能离开,可以离开的就不是道。因此,君子在没有人看见的时候也谨慎守道,在没有人知道的时候也生怕离道,所以君子在独自一人的时候也十分谨慎。"这里提出的'慎独'观念,既是'修'道之'教'的题中应有之义,又合乎'诚'德之本旨。"②

诚德对人特别重要。《礼记·中庸》从多个方面阐述了诚德的极端重要性。首先,"唯天下至诚,为能尽其性;能尽其性,则能尽人之性;能尽人之性,则能尽物之性;能尽物之性,则可以赞天地之化育;可以赞天地之化育,则可以与天地参矣。"③ 只有天下最真诚的人,才能发挥自己的天性,进而彻底发挥他人的天性、万物的天性,进而助天地变化繁育万物,与天地相参配。"其次致曲。曲能有诚,诚则形,形则著,著则明,明则动,动则变,变则化。唯天下至诚为能化。"④ 其次是将真诚推至细小的事情上,在细小的事情上都能够真诚,真诚就会表现出来,并且逐渐显著、彰明,进而感动众人并改变人,使其化恶为善。"至诚之道,可以前知。……故至诚如神。"⑤ 具有最真诚的德行的人,可以预知未来。最真诚的人,就如同神明一样。

总之,"诚者自成也;而道,自道也。诚者,物之终始,不诚无物。是故君子诚之为贵。诚者非自成己而已也,所以成物也。成己,仁也;成物,知也。性之德也,合外内之道也。故时措之宜也。"⑥ 真诚是人的自我完善,道是人自己的遵循。真诚贯穿于一切事物的始终,没有真诚就没有事物。因此,君子以真诚为贵。真诚的德性不仅用来完善自我,还要用来成就事物。完善自我是仁爱的体现,成就事物是智慧的体现。处于天性

---

① (汉)郑玄注,(唐)孔颖达正义,吕友仁整理:《礼记正义》卷60《中庸第三十一》,第1987页。
② 黄钊:《中国古代德育思想史论》(上),中国社会科学出版社2011版,第120页。
③ (汉)郑玄注,(唐)孔颖达正义,吕友仁整理:《礼记正义》卷60《中庸第三十一》,第2023—2024页。
④ (汉)郑玄注,(唐)孔颖达正义,吕友仁整理:《礼记正义》卷60《中庸第三十一》,第2024页。
⑤ (汉)郑玄注,(唐)孔颖达正义,吕友仁整理:《礼记正义》卷60《中庸第三十一》,第2025页。
⑥ (汉)郑玄注,(唐)孔颖达正义,吕友仁整理:《礼记正义》卷60《中庸第三十一》,第2027—2028页。

真诚的德性，是一种内外结合的德性，随时运用而无不适宜。"唯天下至诚，为能经纶天下之大经，立天下之大本，知天地之化育。"① 只有天下最真诚的人，才能制定天下的纲纪，确立天下的根本，通晓天地的化育之功。

综上所述，在先秦儒家看来，君子秉承"敬德"之心，通过长时间的修身过程来认识客观事物规律，保持自己的本真之心，提升自己的德性，即为修身进德。君子修身进德应当具有崇高目标，内含丰富内容，遵循正确路径，经历必要环节，讲究规则方法。孔子及其门生所提出并阐述的"三纲领""八条目""絜矩之道""忠恕之道""中庸之道""修身以道""五达道""三达德""至诚之道"等，构成了先秦儒家的君子修身进德理论。这一理论是在特定社会历史条件下形成的，内容上具有当时的历史特点，但其中内含的修身进德理念、路径、方式、方法也有其当代价值。

第五节　君子之德与治国理政

在儒家看来，"为治之要，莫先于用人"②。有德有位的君子必然在治国理政中奉行德政，有志的君子秉承"敬德"之心，通过长时间的修身过程来认识客观事物规律，保持自己的本真之心，提升自己的德性，通过修身进而齐家、治国、平天下。无论是对于有位者还是对于有志者，君子修身进德的目标指向都是治国理政，是实行道德政治即德治，是将以礼乐教化为具体内容的德化作为治国理政的主要方式。

一　君子之德与德治

《礼记》中影响最为深远的社会政治理想，莫过于《礼运》篇中的"大同"和"小康"；而《礼记》中对后世人们的道德修养和价值追求影响最广的篇目，则无疑是《大学》和《中庸》。其中关于君子修身进德思想的系统阐述，特别是其中的"修身、齐家、治国、平天下"（简称"修齐治平"），寄托着先秦儒家的人生追求，是后世儒者和志士仁人努力践行的宗旨。

---

① （汉）郑玄注，（唐）孔颖达正义，吕友仁整理：《礼记正义》卷61《中庸第三十一》，第2044页。

② （宋）司马光编著：《资治通鉴》卷73《魏纪五》，第861页。

在先秦儒家创立的学说中经常出现的道、德、修身、进德等重要范畴，代表着君子对完美人格和崇高境界的追求。其中的"道"本意是指道路，后引申为客观事物运动变化的内在规律。而在运用到道德范畴时，"道"是指人顺着反映天命的人性去思考和行事，以求得人际关系和谐及社会秩序稳定。其中"德"与"得"意义相近，"德者，得也。得其道于心而不失之谓也"①。人在思想认识上对"道"有所得，也就是"德"。而人的自然至诚之性则被称作德性。德或者德性的外化就是德行，即在行为上遵循本性、本心，顺乎自然、社会和人类发展需要。"德字古亦写作上直下心，《说文》释为'外得于人，内德于己'，外得于人即其'行为'得到别人的肯定和赞许，内德于己是指个人内心具备了'善'的'品性'。因此，中国古代的'德'字，不仅仅是一个内在意义上的美德的概念，也是一个外在意义上的美行的观念，而'德行'的观念正好将德的这两种意义合并表达出来。"② "修身"就是指依照"道"的要求去接受教化、进行修养，为了实现崇高的价值理想和人生意义而自我磨炼、自我约束、自我反省，从而弥补不足、不断提升和完善自身的自觉过程。修身的结果是进德，是使君子富有美好德行，从而有利于以德礼治国，先德礼后刑罚、礼法合治、德主刑辅。

从礼乐刑政、综合为治的社会治理角度来看，君子之德关系到国家治理。"政刑是所以推行礼乐的，固有王者兴，必要制礼作乐。不过制礼作乐的领袖，非是有德有位的圣王不可。"③《礼记·中庸》指出："非天子不议礼，不制度，不考文。……虽有其位，苟无其德，不敢作礼乐焉；虽有其德，苟无其位，亦不敢作礼乐焉。"④ 之所以注重有德有位的圣王，是因为圣王的威望具有暗示的作用。《礼记·缁衣》援引孔子言说："上好仁，则下之为仁争先人"⑤；"王言如丝，其出如纶。王言如纶，其出如

---

① （宋）朱熹：《四书章句集注·论语集注》卷4《述而第七》，第94页。
② 陈来：《古代思想文化的世界——春秋时代的宗教、伦理与社会思潮》，第285页。
③ 李安宅：《〈仪礼〉与〈礼记〉之社会学的研究》，上海人民出版社2005年版，第71页。
④ （汉）郑玄注，（唐）孔颖达正义，吕友仁整理：《礼记正义》卷61《中庸第三十一》，第2038—2039页。
⑤ （汉）郑玄注，（唐）孔颖达正义，吕友仁整理：《礼记正义》卷62《缁衣第三十三》，第2106页。

綍。"① 君王的声音细若丝，传播出去就会粗如绶带；君王的声音粗如绶带，传播出去就会粗得像引棺绳索。也就是说，君王之德传播出去呈逐步放大态势。因此居上位的人要谨言慎行，富有美好德行。

"德"即道德品行，也称德行，《周易·乾卦》有："君子终日乾乾，夕惕若，厉无咎。何谓也？子曰：君子进德修业。忠信，所以进德也；修辞立其诚，所以居业也。"② 一个胸怀大志、道德高尚的人，应当自强自立，渐进不休，终日不懈，晚上也要戒惧警省，如能常以危厉自警，虽处危地，最终不能有咎害。"德"也有恩惠的意思，《尚书·盘庚》曰："汝克黜乃心，施实德于民"③。《左传·成公三年》言："无怨无德，不知所报。"④《论语·宪问》曰："以直报怨，以德报德。"⑤ "德"也引申为感谢、感德，如《左传·僖公二十四年》："王德狄人"⑥。可见，"德"之概念，是与君子的道德品行联系在一起的，是与给人以实惠特别是给民众以实惠联系在一起的，也是与民众的感受联系在一起的，涉及君子修身、惠民以及民众的感受等三个方面，而这三个方面又是密切相关的。君子德行不好，不可能惠及百姓，当然百姓也不会对君子感恩戴德，甚至会推翻君子的统治；反之，君子进德修身，就会爱民养民，给人民以实惠，人民也不会以怨报德，国家就安定，君子的地位也就会得到巩固。

先秦儒家之所以如此重视君子修身进德，就是因为在先秦儒家看来，君子的德行对于国家至关重要，关系到维护社会秩序的礼能否得到实行。能否为国以礼，关键在人，关键在君子。《礼记·中庸》记载："礼仪三百，威仪三千，待其人然后行。"⑦ 即使有丰富而完备的礼法制度，也必须靠有德有才的贤能之人贯彻实施。"文武之政，布在方策。其人存，则其政举；其人亡，则其政息。"⑧ 而为政在人，人存政举，人亡政息，这

---

① （汉）郑玄注，（唐）孔颖达正义，吕友仁整理：《礼记正义》卷62《缁衣第三十三》，第2107页。
② （魏）王弼撰，楼宇烈校释：《周易注校释·乾·文言》，第3页。
③ 顾颉刚、刘起釪：《尚书校释译论·商书·盘庚》，第939页。
④ 杨伯峻编著：《春秋左传注·成公三年》，第889页。
⑤ （清）刘宝楠撰，高流水点校：《论语正义》卷17《宪问第十四》，第591页。
⑥ 杨伯峻编著：《春秋左传注·僖公二十四年》，第464页。
⑦ （汉）郑玄注，（唐）孔颖达正义，吕有仁整理：《礼记正义》卷60《中庸第三十一》，第2032页。
⑧ （汉）郑玄注，（唐）孔颖达正义，吕有仁整理：《礼记正义》卷60《中庸第三十一》，第2012页。

里的人指的就是君子，是以君王为核心的士以上的贵族阶层。从国家的有效治理来看，他们必须是有德之人。

就君子之德与礼乐之间的关系来看，两者关系密切。礼的背后有德的理念在推动。"德"字出现在周代的彝铭中，而礼仪也正盛行于周代，两者间呈现出表里关系。"周之制度、典礼，乃道德之器械，而尊尊、亲亲、贤贤、男女有别四者之结体也。此之为民彝。"① 礼乐制度承载着德的内容，知礼守礼是德之表现。孟子说："动容周旋中礼者，盛德之至也。"② 动作容貌都合乎于礼，是美德的最高境界。《左传·僖公二十七年》说："礼、乐，德之则也"③。礼乐是陶冶道德的准则。《国语·周语上》说："成礼义，德之则也。"④ 行礼得当，是具有德行的表现。《礼记·乐记》说："德者，性之端也。乐者，德之华也。"德行是人的正性的表露，乐是德行的花朵。乐是用来象征德行的，礼是用来制止人们的越轨行为的。"乐者，所以象德也。礼者，所以缀淫也。"⑤ 可见，德既是政治价值及其原则，也是蕴含在日常生活及整个社会实践活动之中的精神价值及其原则，而礼乐则是德的外部表现。"实际上，'德礼体系'的两个方面，犹如车之两轮、鸟之两翼。换言之，无论是从制度设计角度说还是从现实实践层面看，'礼'都贯穿、体现着'德'的理念和价值。"⑥ "总之，从政治制度的层面上看，西周创设的礼乐制度建构了'德政'的政治传统，这也是后世所艳称的'王道'。"⑦

先秦儒家认为，君子是国家礼乐的制定者，有德行的当政者才有资格制礼作乐。而制礼作乐的目的不是为了满足人的感情欲望，而在于培养人的道德情感。"礼乐皆得，谓之有德。德者，得也。是故乐之隆，非极音也。食飨之礼，非致味也。……是故先王之制礼乐也，非以极口腹耳目之

---

① 王国维：《殷周制度论》，载《王国维儒学论集》，四川大学出版社2010年版，第249页。
② （清）焦循撰，沈文倬点校：《孟子正义》卷29《尽心下》，第1012页。
③ 杨伯峻编著：《春秋左传注·僖公二十七年》，第487页。
④ （战国）左丘明著，（三国）韦昭注：《国语》卷1《周语上·内史兴论晋文公必霸》，第28页。
⑤ （汉）郑玄注，（唐）孔颖达正义，吕友仁整理：《礼记正义》卷48《乐记第十九》，第1497页。
⑥ 郑开：《德礼之间：前诸子时期的思想史》，第87页。
⑦ 郑开：《德礼之间：前诸子时期的思想史》，第89页。

欲也，将以教民平好恶而反人道之正也。"① 礼和乐皆懂，可以称为有德。德，就是得到的意思。既然先王制礼作乐的目的不是为了极度满足人们的口腹耳目等感官欲望，而是在于培养人们爱好憎恶等道德情感，从而返回到做人的正道上来，那么当政者怎样才能担当起制礼作乐的重任呢？《礼记·乐记》指出："德成而上，艺成而下，行成而先，事成而后。是故先王有上有下，有先有后，然后可以有制于天下也。"② 成就德行是主要的，懂得技艺是次要的，成就德行的在上位，成就事功的在下位。所以先王使人们有了上下尊卑的区别，然后才制定礼乐颁行天下。这就告诉人们，惟有成就德行之人才能从事制礼作乐的工作，因此君子必须修身以德、修身进德，使自己成为有德之人，才能有资格制礼作乐，进而得以齐家、治国、平天下。

春秋战国时期，群雄并起，彼此称霸，战乱频仍，天下大乱，百姓遭殃。在这种情况下，先贤哲人百家争鸣，探讨治世安民之道。由于德之传统自西周初年就已被广泛推崇，德的主题又涉及政治、民族、宗教、社会、文化、法律和意识形态的一切方面，有着相当深厚的历史文化基础，因此有德之君子在治世安民的理念上必然选择实行德治。德治是先秦儒家推崇的政治伦理，是主张借助于礼制而施行的道德政治。儒家的德治主张以道德去教育感化人，用以尊卑等级为核心、以礼乐为载体的道德去教育感化广大民众，使人心良善，启发其自觉，知道耻辱而无奸邪之心。儒家将这种教化方式作为治世的主要手段，置于优先地位，对绝大多数民众采用礼乐教化的治理方式，只有对那些冥顽不化、以怨报德、给社会带来严重危害的奸邪之人、暴虐之民才施以刑戮。总之，德主刑辅，先德礼后刑罚。

儒家在治国理政的政治主张上奉行德治，也就是道德的政治。这种"道德的政治"，"就是要坚守政治的应然和正当性。政治权力之根源在天、天命、天道，之根据、本位在人民、老百姓、农工商，之基础是广阔的民间社会空间、民间力量及其自治，之指导、参与、监督与言责则在士人。中国传统的政治文明中（包括理念、制度、实践、民俗诸层面）的许

---

① （汉）郑玄注，（唐）孔颖达正义，吕有仁整理：《礼记正义》卷47《乐记第十九》，第1458页。

② （汉）郑玄注，（唐）孔颖达正义，吕有仁整理：《礼记正义》卷48《乐记第十九》，第1517页。

多遗产，值得人们认真地去思考与创造性转化。"①

国家层面的道德的政治即德治，是与个人层面的修身进德紧密联系在一起的。儒家主张道德的政治，必然对施政者提出较高的道德要求。君子修身进德，以便成为先王尧、舜、禹、文王、武王、周公一般的圣人，或者成为有高尚道德的贤人，从而不仅能够制定出体现德行的礼乐制度，而且能够有效地对民众施行礼乐教化，辅之以刑政，进而实现天下安宁太平。当然，这归根到底还是人治，是君王、圣王之治。虽然它带有浓厚的宗法人伦色彩，属于君主专制范畴，但在当时的社会历史条件下，相对于滥施刑罚、穷兵黩武、"以刑去刑"的暴政，有德之君施行仁政毕竟对人民是有利的。"礼由政治原则向道德规范的创造性转化是礼的政治地位急剧下降，礼的实施反而求助于个体的道德自觉的结果。"② 而儒家强调君子修身进德，提出和阐述"三纲八目""絜矩之道""中庸之道""修身以道""至诚之道"，一方面是强调在整个国家中处于至高无上地位的君王的自我约束，另一方面也给予民众抛弃暴君昏君以合法性依据。这些对于稳定传统社会秩序无疑是有积极意义的。

二 先秦儒家倡导为政以德之原因

先秦特指我国秦朝建立之前的历史时代，从古史传说中的三皇五帝开始，历经夏、商、西周三代，到春秋战国时期。在这期间，中华民族的祖先创造了辉煌灿烂的古代文明，书写了中华文明史上的华彩篇章。史称"百家争鸣"的局面，便出现于春秋战国时期。而以孔子为创始人、主张"为政以德"、讲究修身治国的儒家，就是其中最具影响力的学派。

先秦儒家倡导为政以德、修身进德不是偶然的，是与春秋战国时期的社会历史条件密切联系在一起的。

第一，先秦儒家倡导为政以德、修身进德，是对当时因社会经济政治变动引起的时代问题的积极回应。春秋战国时期，中国古代社会结构发生重大变动，社会动荡，秩序混乱，礼崩乐坏。在这个时期，有两个方面的变化值得关注。一是周王室与诸侯、大夫的关系发生变动。由于周王室的分裂和诸侯国的离心，周平王东迁，周王室的"共主"地位被削弱，一些

---

① 郭齐勇：《道不远人：郭齐勇说儒》，第62页。
② 陆建华：《先秦诸子礼学研究》，第9页。

大的封国"挟天子以令诸侯"并兼并弱国,形成春秋"五霸",诸侯争霸战争不断。后来,诸侯国国君的权力也逐渐旁落,"政令自大夫出",发生"三家分晋""田氏代齐"等事件。二是生产力发展引起财产关系、阶级关系的变动。由于铁器代替石器作为生产工具和牛耕技术的使用,生产力水平明显提高,"普天之下莫非王土"的井田制受到严重挑战,井田以外的大量土地被臣属开发和私有化。财产关系的变化进一步带来了阶级关系的变动:一方面,贵族阶级逐渐衰落,与之相联系的氏族制和世袭制解体;另一方面,平民阶级地位上升,区域制、郡县制等行政管理制度开始逐步兴起,宗法分封制度面临土崩瓦解。

春秋战国时期这种剧烈的社会经济政治的变动以及由此引起的社会关系的变动,也带来了人们价值观念和道德信仰上的危机。这种社会现实,不能不引起思想文化领域的巨大变动,并由此产生形形色色的社会思潮。正是作为对社会经济政治变动所引起的时代问题的回应,先秦诸子百家应运而生。他们著书立说,纳徒讲学,提出各具特色的学术思想和治国方略,形成了百家争鸣的繁荣局面。而先秦儒家学派所主张的修身进德思想正是对当时因社会经济政治变动所引起的时代问题的一种回应,是对当时统治阶级治国理政方案的一种理论设计。

第二,先秦儒家倡导的为政以德、修身进德,在春秋战国时期诸子百家治国理论中独树一帜。春秋战国时期,群雄并起,彼此称霸,战乱频仍,天下大乱,百姓遭殃。面对社会动荡和秩序混乱,介于贵族的大夫和平民的"庶人"之间的"士",逐步形成为一个相对独立的社会阶层。战国时期,各国君主纷纷招揽贤士,有名望的卿大夫也私家养士。"'士'的阶层既受如此器重,'士'的队伍亦必膨胀。不同境遇、不同价值取向的士人都有志于建构自己的一套理论以立世,于是出现了一种'百家争鸣'的格局"①,并出现了"百家之学"。春秋战国时期的百家是一个约数,实际上只有儒、墨、道、法、名、兵、农、阴阳、小说、杂等十家。而在中国思想史上有重要意义的,主要是儒、墨、道、法、名、阴阳诸家。

先秦诸子百家各有其治国主张,他们各自从不同角度探讨治世安民之道。有的怀着崇高价值理想,从事着入世拯救工作,如儒家和墨家;有的

---

① 冯达文、郭齐勇主编:《新版中国哲学史》(上册),人民出版社2004年版,第26页。

秉承批判性、解构性立场，反思社会和文化的变动及其影响，如道家和名家；有的秉承工具理性原则和务实态度，为新兴阶级提供国家、社会体制机制的建构方案，如法家；有的则热衷于对宇宙发生发展蓝图的玄想，如阴阳家。诸子百家各持己见，彼此争辩和交锋。"实际上，诸子百家诤辩'道'的问题，是以一个相当深厚的思想文化脉络为背景和基础，这个历史背景和思想文化基层或基础，简言之，就是自西周初年以来曾经独领风骚的德的传统。更重要的是，德的主题涉及了政治、民族、宗教、社会、文化、法律和意识形态的一切方面，而且绵延不绝。'德'不仅是独步于前诸子时期（春秋末年之前）思想史的关键词和支配性主题，而且也是中国思想史特别是先秦思想史中最核心的概念之一。"[1]

诸子百家中的儒家之学，是由孔子创立的、经过孔门学人特别是子思、孟子、荀子发展的、以"仁"为核心内容的道德范畴体系。它偏重人生与政治，以修己治人为中心，主张修身为本、为政以德，通过修身进德来达到用"王道""仁政"治理国家的目的，因而是一种典型的道德政治理论，成为对中国乃至东亚、东南亚地区影响最大、最为深远的一门学术流派。

第三，先秦儒家道德政治思想是对以往道德思想的继承和极大发展。《尚书·禹贡下》中，即有"祗台德先"[2]之语，强调要恭敬地把德行放在第一位。《尚书·盘庚》也多次使用"德"字，其中包括"积德"[3]"用德彰厥善"[4]，主张褒赏有德之人以明其善行。而在周代，更有敬德保民、"惟德是辅"[5]"明德慎罚"[6]"明德恤祀"[7]"以德配天"等复合型的道德范畴，并在此基础上创造了完备的礼乐文化。由孔子创立的儒家学派正是在深入研究夏商周特别是周代礼乐文化的基础上，深刻反思"礼崩乐坏"的社会现实以及由此带来的人生困境，以强烈的社会责任感和使命

---

[1] 郑开：《德礼之间：前诸子时期的思想史》，第1页。
[2] 顾颉刚、刘起釪：《尚书校释译论·虞夏书·禹贡》，第807页。
[3] 顾颉刚、刘起釪：《尚书校释译论·商书·盘庚》，第939页。
[4] 顾颉刚、刘起釪：《尚书校释译论·商书·盘庚》，第947页。
[5] （汉）孔安国传，（唐）孔颖达等正义：《尚书正义》卷17《周书·蔡仲之命》，《十三经注疏》，第227页。不见于今文尚书。
[6] 顾颉刚、刘起釪：《尚书校释译论·周书·康诰》，第1299页；《尚书校释译论·周书·多方》，第1610页。
[7] 顾颉刚、刘起釪：《尚书校释译论·周书·多士》，第1512页。

感，创立了一整套以修身进德、修己治人、为政以德为主要内容的道德政治理论。

这一理论认为道德起源于天授。"天生德于予"①，道德来于天，但后天社会生活的不同也会给"性相近"的人造成"习相远"的道德差距，于是有了人的内心反省自觉和理性的社会改造这两种提升道德水平的方式。前者更适用于圣贤、君子，后者更适用于一般民众。前者主要通过修习"六礼""七教""八政"来施行，目的在于使人明白做人的道理和掌握一定的技能，在于培养具有高尚道德情操的新人，在于实现人与人之间和谐相处的至善境界；后者主要通过礼法规制和君子的人格示范，使一般民众从中感受和体会到礼义，通过礼乐的化民成俗、移风易俗来营造和谐的社会环境。这两方面的结合与统一，就是"德治"。

为了实现"德治"，先秦儒家创始人孔子主张要从"为政以德"和"道之以德，齐之以礼"两方面着手：一方面居上位者要做到"为政以德"，以德感人、以德教人，以德正人。圣贤、君子要以身作则，率先垂范，带头修身，秉承仁爱之心，修德立德进德，发挥表率作用，这样才能施行"仁政""德治"。为此，他们需要进行格致诚正的心性修养，遵循修齐治平的社会政治实践逻辑。另一方面，对普通百姓要进行德礼教化即"德教"，启发他们的道德自觉，使他们有知耻之心，能自我检点而归于正道，不逾越社会规范，做到"有耻且格"②。同时，也要保持必要的刑罚，借以防奸、禁暴、除佞。后来，先秦儒家进一步提出了礼乐刑政、综合为治的治理模式，认为"礼、乐、刑、政，其极一也，所以同民心而出治道也"③。关于这一治理方式，前文已作分析，此处恕不赘述。

显然，礼乐刑政这四种社会治理手段中，以德为根基和核心内容的礼是第一位的，无论对于百姓还是君子，礼都是一种约束和规范。遵守这种规范，就能实现社会关系和谐，达到天下大治，因此，德礼教化是治本之策，因为它能深入人的内心，启发人的自觉。而启发人的自觉的过程，实际上就是一个修身的过程。君子应当以身作则，带头修身。基于以上思想，先秦儒家经典《礼记》中《大学》篇提出了"自天子以至于庶人，

---

① （清）刘宝楠撰，高流水点校：《论语正义》卷8《述而第七》，第273页。
② （清）刘宝楠撰，高流水点校：《论语正义》卷2《为政第二》，第41页。
③ （汉）郑玄注，（唐）孔颖达正义，吕友仁整理：《礼记正义》卷47《乐记第十九》，第1456页。

壹是皆以修身为本"①。"这里,完全不讲条件地皆'以修身为本',可能已把道德的自主性和文化的社会性转换成社会的必然性了。"②

从一定意义上说,先秦儒家的道德学说就是政治学说。"基于对宗法血缘尊卑、亲疏等级秩序的肯定,儒家道德学说强调服从社会整体秩序,所规定的道德原则和规范,极力唤起人们的道德责任感,从个人道德行为的自觉实践开始,实现社会的整体道德秩序,也就是实现社会的政治秩序。"③

总之,先秦儒家通过修身进德进而实行德治的思想主张是春秋战国时期社会经济、政治发生巨大变动的产物,是以孔子为代表的先秦儒家对时代问题回应的结果,是对当时统治者治国理政方案的理论设计,也是对夏商周三代特别是周代道德政治思想的继承和创新发展,无论对当时还是对后世的道德学说和政治学说都产生了很大影响。

---

① (汉)郑玄注,(唐)孔颖达正义,吕有仁整理:《礼记正义》卷66《大学第四十二》,第2237页。
② 龚建平:《意义的生成与实现——〈礼记〉哲学思想》,第293页。
③ 符浩:《先秦儒家的道德观》,广西师范大学出版社1998年版,第9页。

第七章 《礼记》治理思想的特点、影响和启示

> 在漫长的历史进程中，中华民族创造了独树一帜的灿烂文化，积累了丰富的治国理政经验，其中既包括升平之世社会发展进步的成功经验，也有衰乱之世社会动荡的深刻教训。我国古代主张民惟邦本、政得其民，礼法合治、德主刑辅，为政之要莫先于得人、治国先治吏，为政以德、正己修身，居安思危、改易更化，等等，这些都能给人们以重要启示。
>
> ——习近平在2014年10月13日中共中央政治局第十八次集体学习时的讲话

《礼记》中的治理思想含有丰富内容，它以实现"大同"为最高的社会政治理想，以实现"小康"为一定时段的社会政治理想；以"以礼治国"为治国理政的指导思想和基本准则；以礼乐刑政、综合为治为国家治理方式；以德治和仁政为内容的国家制度设计为制度载体；以礼乐教化和刑政统摄为两种并行不悖的治国理政手段，以君子为政以德、修身进德为治国理政的关键。可见，《礼记》中治理思想的内容相当丰富和具体，构成了一个比较完整的古代中国关于国家治理的基本框架，体现了中国古代文明中的礼法合治、德主刑辅的治国理政思想。这一思想，既是先秦儒家关于先王治国理政经验教训的总结，也是先秦儒家对未来理想的国家治理原则、治理模式的憧憬和设计，因而是先秦儒家关于国家治理主张的集中体现。这一思想既有若干鲜明特点，也有其历史局限，更有其深远的历史影响，对于当代中国的治国理政也有重要启示。

第一节 《礼记》治理思想的若干特点

考察《礼记》中的治理思想，可以看出其中具有的若干鲜明特点，主

要是：追求理想和现实相结合的国家治理目标，向往"大同"，着眼"小康"；坚持以礼为国的基本准则，实行礼乐刑政的综合治理方式；体现仁政、德治的制度设计和为政在人、修身进德的政治伦理；以人本为中心，神本、民本、德本三者并行的政治色彩。这一思想有着很高的价值，也有其不可避免的历史局限性。

一 大同和小康相结合的国家治理目标

《礼记》治理思想的一个最鲜明特点，就是在理想和现实的国家治理目标上，向往"大同"，着眼"小康"，既有崇高的社会政治理想，又有一定时段相对低度的、较为现实可行的社会政治理想。

理想是一种精神现象，是人们在实践过程中形成的、有实现可能性的、对未来社会和自身发展的向往和追求。人们在客观社会实践中，既渴望满足眼前的物质和精神需求，又憧憬未来的美好生活，期盼满足未来的物质和精神需求。对现状永不满足、对未来不懈追求，这就是理想形成的动力源泉。理想是多方面和多类型的。从时序上划分，既有长远理想，也有近期理想；从内容上划分，既有社会政治理想，也有个人理想；从程度上划分，既有远大的崇高理想，也有务实的现实理想。《礼记·礼运》中的"大同""小康"，正是先秦儒家为后人描绘的社会政治理想。其中，"大同"是他们心中的最高社会政治理想。

大同理想倡导"天下为公"，既鼓励人们致力于公共事业，又向往没有私有财产的社会制度；强调"选贤与能"，主张用"任人唯贤"代替"任人唯亲"的用人制度；强调"讲信修睦"，主张建立诚信友善和睦相处的人际关系；强调"不独亲其亲，不独子其子"，主张由"亲亲"而推及非血缘关系的其他人；强调"老有所终，壮有所用，幼有所长，矜寡孤独废疾者，皆有所养"，主张完善社会保障系统；强调"男有分，女有归"，主张男女之间社会关系的和谐；向往"谋闭而不兴，盗窃乱贼而不作"，"外户而不闭"的太平盛世。"天下为公"的大同理想，集中反映了中华民族的先民们对美好社会的憧憬、向往和追求。

一般说来，每一时代的人都有自己的理想，因而理想总是带有特定时代的烙印，但先秦儒家的大同理想"不仅具有超前性，而且具有高尚性，给人以真、善、美的感受。它代代相继，成为我们民族不断走向文明进步的精神寄托"①。大同理想以其鲜明独特的民族个性和全方位理想设计的优势和特点，对后世产生了深远影响。

在"天下为公"的大同理想暂时不能实现的情况下，"小康"成为先秦儒家彼时所致力于实现的第一阶段的社会政治理想。它主张"礼义以为纪"，"刑仁讲让，示民有常"，采取建章立制、区域划分、人才选拔任用等一整套与礼义纲纪相配套的措施，促进社会关系和谐，实现国治天下平的目标。在先秦儒家的设计中，"小康"是一个相对于大同理想的一定时段的、相对低度的、比较现实的社会政治目标。

《礼记·礼运》中的"小康"是与当时社会生产力相适应的社会政治理想，它建立在农耕社会的小生产基础之上，所要维护的是区分尊卑贵贱等级的社会秩序，具有当时的时代特点。但由于"小康"一词中含有社会比较安定有序、人民生活比较富裕的内容，因而成为千百年来普通民众对美好生活向往和期待的一个通俗表达。当代中国更是将"小康"社会作为中国式现代化的一种实现状态，将全面建成小康社会的战略目标作为实现中华民族伟大复兴的关键一步。

关于《礼记·礼运》中"大同""小康"的社会政治理想对后世特别是近现代中国的影响，将在后文集中阐述。

二 治国以礼的治理准则和礼乐刑政的综合治理方式

《礼记》治理思想的第二个特点，是在治理国家的指导思想和方式上，主张以礼为国，将治国以礼作为治理的基本准则，同时也将礼乐刑政、综合为治作为国家治理的基本方式。

《礼记》将礼治主义作为治国理政的指导思想，强调治国以礼，"礼义以为纪"②，"礼者，君之大柄也，……所以治政安君也"③；但同时，也不排斥其他治国手段，而是主张礼乐刑政、综合为治，认为"礼以道其志，乐以和其声，政以一其行，刑以防其奸。礼、乐、刑、政，其极一

---

① 黄钊：《儒家德育学说论纲》，武汉大学出版社2006年版，第359页。
② （汉）郑玄注，（唐）孔颖达正义，吕友仁整理：《礼记正义》卷29《礼运第九》，第875页。
③ （汉）郑玄注，（唐）孔颖达正义，吕有仁整理：《礼记正义》卷30《礼运第九》，第907页。

也，所以同民心而出治道也"①。《礼记》中的这一思想，奠定了西汉以后的封建社会在国家治理上实行礼法合治、德主刑辅的思想基础。

不可否认的是，在礼法合治思想内容与形式的表述上，《礼记》中虽有礼法合治的思想，但还没有完全成型的系统集中阐述。《礼记》中并没有《荀子》那样明确的"降礼"与"重法"并立的语句，没有将礼和法两者并立并重并加以系统明确论述的篇章和词句，只有极个别的语句将礼、法（刑）统摄在一起，如《礼记·礼运》中的"刑肃而俗敝则法无常，法无常而礼无列，礼无列则士不事也"②；《礼记》全书以"礼"贯通，讲述礼义、礼仪、礼制、礼治，但却没有任何一篇文献专门论述法治。虽然在《礼记·乐记》中有"先王之为乐也，以法治也"③ 这样的"法治"词语，但这里的"法治"，显然不是"以法治国"的意思，而只是说先王制乐这一创举正是为了提供一种治理的方法。《礼记》中甚至连属于司法范畴的"刑"也没有专门篇章加以系统论述，"刑""讼""狱"这类属于司法范畴的字眼，也只是散落在《礼记·月令》《礼记·王制》等属于制度设计的文献中，以及《礼记·缁衣》等篇目中。从现代意义上的法来看，《礼记》中的法思想主要由礼和刑组成，基本上没有冠用"法"的字样来表述，而是常常分别以"礼""令""制""刑""律"等字样呈现出来，其中属于准则法的内容囊括在"礼"之中，一般规则属于"政令"或"律"，而司法方面的内容则纳入"刑"的表述中。

《礼记》中虽然有对于礼义原则的规定和"王者之治"的制度设计，但显然是主张君子贤人和体现礼义精神的良法并重。可以说，在《礼记》各篇中，只有礼治，没有与礼治相对应的明确的法治表述。此时儒家的法治尚处在萌芽中，法治的内容要么以朦胧的形态居处在礼治中尚未分明，要么以制度、刑罚、诉讼、牢狱等具体措施威慑奸邪作为礼治的补充。不过，到《礼记》编撰完成和问世时，礼法并重合治的社会治理格局事实上已开始形成。

显然，相对于礼治，法治在《礼记》中尚未得到同等的重视，没有像

---

① （汉）郑玄注，（唐）孔颖达正义，吕友仁整理：《礼记正义》卷47《乐记第十九》，第1456页。

② （汉）郑玄注，（唐）孔颖达正义，吕友仁整理：《礼记正义》卷30《礼运第九》，第908页。

③ （汉）郑玄注，（唐）孔颖达正义，吕友仁整理：《礼记正义》卷48《乐记第十九》，第1497页。

《荀子》那样将法置于几乎与礼同等的位置上。尽管如此,《礼记》还是已经注意到法在国家治理中不可或缺的作用,其集中体现在《礼记·月令》《礼记·王制》等篇目关于国家治理的制度设计中,并以未来社会理想的制度设计形式体现出来。《礼记·王制》等篇目也为后世的治理思想与实践提供了思想资源。

三 体现德治的制度设计和修身进德的政治伦理

《礼记》治理思想的第三个特点,是在人与制度关系上,既重视仁政、德治的制度设计,强调人伦、等级秩序,更重视有德之人在国家治理中的作用,强调为政在人,为政以德,修身进德。

《礼记》的政治主张是建立在宗法人伦基础之上的。宗法是指调整家族关系的制度,它源于氏族社会末期的家长制,依血缘关系分为大宗和小宗,强调前者对后者的支配以及后者对前者的服从。中国古代君主制国家产生之后,宗法制与君主制、官僚制相结合,成为古代中国的基本体制和法律维护的主体。宗法制曾经是西周的重要政治制度,起着维护西周政治等级制度和稳定社会秩序的作用。与宗法相联系的是人伦,将人与人之间的关系定为君臣、父子、兄弟、夫妇、朋友,即"五伦"。因此,《礼记》中的道德同人与人之间的亲疏、尊卑、长幼、大小等存在着密不可分的联系,道德的核心始终体现为伦理。在《礼记》作者和编者看来,对这套伦理体系的认同正是对礼的认同。《礼记》中的礼法以血缘关系为核心,并扩展为人伦,基于人情,注意人伦,强调社会各阶层知礼、崇礼、尊礼、守礼,不得违背礼、僭越礼、破坏礼,以此来促进社会关系的和谐,维护社会秩序的稳定,因而具有伦理法的特征,带有鲜明的伦理色彩。

《礼记》治理思想内含有体现仁政、德治的制度设计,对此,《礼记》中的《王制》《月令》《大学》篇目,都有非常集中的论述。与此同时,《礼记》中的《中庸》《大学》《文王世子》等篇目,则以很大篇幅论述了君子之德的问题,并揭示了君子之德与治国的关系。例如,《礼记·文王世子》记载:"君子曰:'德,德成而教尊,教尊而官正,官正而国治,君之谓也。'"[1]

---

[1] (汉)郑玄注,(唐)孔颖达正义,吕友仁整理:《礼记正义》卷28《文王世子第八》,第843—844页。

显然，君子的德治在《礼记》的治理思想中占有突出的地位。这里的德就是彼时处理君臣、父子、兄弟、夫妇、朋友关系的原则，就是父子有亲、君臣有义、夫妇有别、长幼有序、朋友有信，就是君仁臣忠、父慈子孝、兄良弟悌、夫义妇听、长惠幼顺、朋友之间相互揖让。"儒者的德化的治道既是靠仁者行仁政，是理性之内容的表现，当然结果是端赖乎人——仁者。无仁者即不能表现。这不是人治主义，而是政道方面无办法的不得已。若政道方面得到解决，转出理性之外延的表现，则赖于此仁者的程度即减轻"。① "此种德化的治道，吾名之曰'理性之内容的表现'。因政道方面无办法，故只好以此种治道补救之。然仁者是可遇不可求的。故儒者之理想总不易实现也。"②

在君权至上的古代社会，德治是儒家学者对统治者的嘱托和期望，它虽然对有理想有抱负的君王有规谏、引导作用，但在很多情况下难以得到实现，以至于流于空想。从一定意义上说，在君主专制制度下，德治是一种理想的治道，德主刑辅是儒者推崇的治国之道。当然，在实际运作过程中，统治者通常是阳儒阴法、礼法合治、德刑并施。尽管如此，先秦儒家对德治的推崇和完整的理论阐述及其广泛传播，也会对统治者产生影响，使其一般不敢滥用刑罚，更不敢公然实行暴政。同时，也给予民众以评判君主德行及其统治善恶的潜在标准，并为百姓揭竿而起推翻昏君暴政的行动提供了合乎理性的解释。

四 以人本为中心，神本、民本、德本并行的思想观念

《礼记》治理思想的第四个特点，是在人与自然之间、人与人之间、人的自身修养与国家治理之间的关系上，体现了以人本为中心，神本、民本、德本三者并行的思想观念，体现了先秦儒家具有整体性、联系性的思维方式和追求普遍和谐的价值取向。

在人与自然的关系上，《礼记》治理思想体现了神本观念，反映的是现实存在着的人与"天"的关系，包括自然之天、宗教之天、义理之天。在先秦儒家看来，由于神本是自然与社会的存在之本，因而神本观念是中

---

① 牟宗三：《中国传统思想与西方民主精神之汇通与相济问题》，载牟宗三撰，罗义俊编《中西哲学之会通十四讲》，第210页。

② 牟宗三：《中国传统思想与西方民主精神之汇通与相济问题》，载牟宗三撰，罗义俊编《中西哲学之会通十四讲》，第209页。

国古代礼法思想中的首要观念。君权神授、受命于天，是君王贵为天子并能够治国理政的合法性依据；包括各种祭祀活动的神事，是君王政治社会生活中的头等大事；依四时行政令，是君王治国理政的一项基本原则；修身以德、以德配天、追求符合天意、天理的本性，是君王安身立命之本；天谴、天怒、天惩等，被视为君王为政不仁而招致的报应，因而无形中对统治者起着约束作用，迫使其调整政策，施行仁政。神本观念在《礼记·月令》等篇目中有非常集中的体现，它使古代礼法思想具有一定的自然性，带有自然法的性质，是"在顺应不可抗拒的自然法则、效法自然、与自然沟通的原则基础上制定人间的法则，这就是礼，这也就是中国古人的'自然法'"①。在先秦儒家思想中，神本观念代表着永恒的公平和正义，具有引导人们向善弃恶的功能。

在人与人之间的关系上，《礼记》治理思想体现了先秦儒家的民本观念，反映了古代社会在君权神授和君权至上的前提下君王和民众的关系，这是统治者在治国理政中应当注意的关系。《礼记》中的许多篇目都充满着承认人情、关注人伦、重视人事，主张君子修身、尚贤使能、对人民施行仁政等思想。因为民本观念的根本前提是君本位而非民本位，强调的是君王绝对权威、至高无上地位前提下的民贵君轻，涉及的是国家治理之道，关系到社会治乱、民心所向、国之安危，因而是君主国家的政治之本。

在人的自身修养与外在事功方面，《礼记》中的治理思想体现了先秦儒家的德本观念。《礼记·中庸》将个人修身与"天德"联系起来，指出："唯天下至诚，为能经纶天下之大经，立天下之大本，知天地之化育。……苟不固聪明圣知达天德者，其孰能知之？"② 从《礼记·大学》中的"明明德"，到《礼记·中庸》中的"天德"；从君子修身以德，到治国理政中的礼法合治、德主刑辅、司法中的慎刑，这些都有德的因素，德是"王者之政"的根本。

神本、民本、德本的观念与"天地为本"③ 相连。"儒家理想，以

---

① 马小红：《礼与法：法的历史连接》，第78页。
② （汉）郑玄注，（唐）孔颖达正义，吕友仁整理：《礼记正义》卷61《中庸第三十一》，第2044页。
③ （汉）郑玄注，（唐）孔颖达正义，吕友仁整理：《礼记正义》卷31《礼运第九》，第929、931页。

'圣人参与天地，并于鬼神'并以'天地为本'的精神，得到人与自然界的平衡；以伦理的人伦之正，得到社会内部的平衡；再以正心诚意的工夫，得到人心内部的平衡，颇能成功一个整个的思想系统。"[1]

与上述神本、民本、德本三种观念相联系的，还有农本观念。先秦儒家的农本观念，反映的是现实社会中农业和其他行业、农事与国家经济生活中其他事务之间的关系。由于农业是脱离了原始社会之后一切人类社会中人的生存之本，关系到国计民生，是生计之本，因而农本观念是中国古代治理思想在农耕社会经济方面的集中体现。《礼记·王制》中关于不违农时、轻徭薄赋、减轻民众负担、保护耕地、使人民安居乐业的主张和制度设计，关于生态环境保护、动物保护等方面主张和制度设计，关于春夏赏庆宽刑、秋冬决狱行刑等主张和制度设计，都鲜明体现了先秦儒家的农本观念，其中也涉及天人关系、君民关系。

从先秦儒家在《礼记》中阐述的以人本为中心，神本、民本、德本并行的思想观念可以看出，"中华先民与先秦儒家对生态系统的认识是在容纳天、地、人、神诸多要素的'天地'概念下展开的，这是一种整体论、系统论的观念，以'和'为条件的不断创生是他们对这个生态系统的根本认识。他们对'天地'的创生现象持有价值判断的观念，肯定天地万物皆有内在价值，要求一种普遍的生态的道德关怀，而他们对人性、物性的辩证认识又同时清楚地表明了一种生态伦理的等差意识，或曰不同伦理圈层的区分意识。儒家在从工具价值的立场取用生态资源的同时，并不忽视动植物等的内在价值。从儒家'天人合一'的理念看，生态伦理作为一种新的伦理范式其确立的基础必须建立于对人性的重新反思之上。"[2]

在中国古代先贤的视域里，整个世界都是一个整体。个人的身体与内心、个人与他人、个人与社会甚至个人与祖先及子孙，都有割不断的联系。"在中国的思想世界中，'个人'并不是如近代社会中所看到的孤零零而与'社会'或'国家'对抗的'个人'；相反地，中国思想传统中的'个人'，深深地浸润在群体的脉络与精神之中。在时间上，'个人'与过去无以数计的祖先与未来生生不息的子孙构成绵延不绝的传承关系；在空间上，'个人'与社会上其他的'个人'透过'心'或'良知'的感通

---

[1] 李安宅：《〈仪礼〉与〈礼记〉之社会学的研究》，第74—75页。
[2] 郭齐勇：《道不远人：郭齐勇说儒》，第62—63页。

而构成一种密切互动的关系。古人所谓'民胞物与',就是'个人'与'群体'不但不是互相对抗反而是互相滋润这项事实来讲的。"①

从一定意义上说,先秦儒家关于古代国家社会治理的思想就是建立在对世界整体性的认识基础之上的,体现了一种联系性的思维方式。《礼记·大学》中的"格、致、诚、正、修、齐、治、平"这"八条目",便被视为一个相互联系、不可分割、井然有序、层层递进的过程。而贯穿这个整体过程的主体始终都是具有个人修养的人,因而可以归结到个人的修身问题上。它具体表现为人文秩序与自然秩序的联系性,也表现为人的身体与人的心理的联系性,以及个人与社会的联系性。总之,"中国传统的思维方式强调'自然'与'人文'之间、'身'与'心'之间、'个人'与'社会'之间的联系性,这一种思考方式与近代西方文化中所见的思考方式差异甚大。"②

无论是人与自然的关系,还是人与人的关系,或者是人的自身修养与社会运行及国家治理的关系,都是以天地万物中的人为中心展开的,因此,无论是神本、民本、德本,归根到底还是人本,强调的是各种关系的和谐,体现了先秦儒家追求的普遍和谐的理论意向和价值取向。正如《礼记·中庸》所言:"万物并育而不相害,道并行而不相悖。小德川流,大德敦化,此天地之所以为大也。"③"中也者,天下之大本也;和也者,天下之达道也。致中和,天地位焉,万物育焉。"④"儒家关于'和谐'的观念是把'自我身心内外的和谐'作为起点的。儒家是由通过道德修养达到自身的和谐而推广到'人与人的和谐',人类社会和谐了,才能很好地处理人和自然的关系;人与自然的关系处理好了,才能不破坏'自然的和谐'。正如《中庸》第二十二章中所说,'唯天下之至诚,为能尽其性。能尽其性,则能尽人之性。能尽人之性,则能尽物之性。能尽物之性,则可以赞天地之化育。可以赞天地之化育,则可以与天地参矣。'故而儒家关于'和谐'的路向是:由自身之'安身立命',而至'推己及人',再

---

① 黄俊杰:《东亚儒学史的新视野》,台湾大学出版中心2009年版,第324页。
② 黄俊杰:《东亚儒学史的新视野》,第325页。
③ (汉)郑玄注,(唐)孔颖达正义,吕友仁整理:《礼记正义》卷61《中庸第三十一》,第2043页。
④ (汉)郑玄注,(唐)孔颖达正义,吕友仁整理:《礼记正义》卷60《中庸第三十一》,第1987—1988页。

至'民胞物与',而达到'保合太和'而与天地参。"① 人通过主观上的修炼和客观上的关系调整,能够"参天地""赞化育",从而屹立于天地之间,实现人与自然、个人与社会、人的自我身心各个方面的普遍和谐,"真正实现人与自然(作为生态环境的外在自然)的和谐相处和亲密关系;与此同时,人自身的自然(作为生命情欲的内在自然)也取得了理性的渗透和积淀。外在和内在两方面的自然在这意义上都获得了'人化',成为对照辉映的两个崭新的感性系统,这才是新的世界、新的人和新的'美'。"②

《礼记》中的治理思想,虽然出自先贤哲人对治世之道的思考,表达了中国古代文明中的治国理政主张,代表着那个时代治国理政的最高智慧,但它毕竟产生于农耕社会的小生产基础之上,因而不可避免地具有历史局限性。它强调君王绝对的权威,也强调君王的修身以德,但倚重君王德行的力量,而忽视整个国家制度对君王的约束;它强调上位者的优越地位,强调个体的归顺和服从,但忽视对个体的独立人格、自主意识、进取精神的保障,忽视民众个人价值、个性的发展;它特别重视礼乐教化的作用,也承认刑法有防奸禁暴治乱的作用,但对于国家治理中的规则意识重视和强调不够;它强调人的静观、平宁的超越,但缺乏情感与理性的巨大张力,缺乏促使人积极进取发奋追求的内在动力。此外,它的一些构想过于理想化,缺乏实际操作性。特别需要注意的是,《礼记》中的治理思想不是对彼时社会国家治理的真实描述,而是对心目中的三代及周公之治的缅怀,更是对未来理想社会的美好愿景和殷切期待。

第二节 《礼记》中的大同、小康理想对后世的影响

《礼记》中包含了丰富的国家治理思想,其中最具影响力的当属《礼记·礼运》篇中提出的"大同"和"小康"的社会政治理想。特别是近代以来,为了挽救民族危亡,摆脱西方列强入侵和封建统治腐败造成的深重苦难,实现民族独立、人民解放和国家富强、人民富裕,先进的中国人

---

① 汤一介:《儒学十论及外五篇》,北京大学出版社2009年版,第66—67页。
② 李泽厚:《中国古代思想史论》,生活·读书·新知三联书店2009年版,第339—340页。

上下求索，寻找救国救民的真理。在这一过程中，中华优秀传统文化中的"大同""小康"概念被赋予他们各自理解的内涵，成为他们用于阐述心中理想社会的中国话语，并因此为中国人所知晓、理解和认同，成为激励人们为之奋斗的旗帜。从一定意义上可以说，古老的"大同""小康"概念被赋予新的时代内涵和意义后，在中国人的现实生活中得到重新复活。"在这里，最直接地体现出中国马克思主义从思想资源上对'从孔夫子到孙中山'的总结和承继，并把这一总结和承继工作由学术领域、思想领域扩展到现实政治领域。"[①]

一 大同理想对后世的影响

大同理想虽然是先秦儒家基于对上古三代社会状况的理想主义重构而提出的，但为人们描绘了一幅理想社会的蓝图，提供了一种用来审视、评判现实世界的理想标准。因此，自大同理想在《礼记·礼运》中提出之后，就不断地激发着人们改进现状、追求理想的向往、意愿、热忱和行动。众多思想家对其进行阐释和发挥，无数仁人志士为之不懈奋斗。古往今来皆是如此。

在古代中国，"天下为公、选贤任能"的大同理想不仅成为君子的憧憬和向往，也在古代的教育制度和官僚制度中得到不同程度的体现。先秦儒家倡导的理念和制度，潜移默化地影响着国家治理的体制机制，保证了平民的参政机会，使他们有可能通过科举制、选考制、九品中正制等选官制度改变命运，宋代王洙《神童诗》中的"朝为田舍郎，暮登天子堂"，便是对一般平民通过科举得以改变命运的形象写照。尽管"天下为公"的大同理想难以实现，专制制度下选贤与能的具体制度存在种种弊端，"但从总体上看，这些制度贯穿了机会平等的原则，是中国文官制的依托。这涉及教育与政治的公平，其实是民权意识和民选意识的萌芽"[②]。

1840年鸦片战争后，随着西方列强的入侵，中国由一个独立的封建国家逐步演变为一个半殖民地半封建国家，山河破碎，灾难深重，中华民族面临着严重危机，社会矛盾更加激化。无数仁人志士为救亡图存而前仆后继，英勇奋斗。在这一历史进程中，各种社会力量的代表人物都以不同

[①] 李维武：《中国哲学的传统更新》，第314页。
[②] 郭齐勇：《道不远人：郭齐勇说儒》，第121页。

形式来表达自身奋斗与"大同"目标的联系。向往"大同"社会，追求"大同"目标，探索实现"大同"的路径，成为近代以来先进中国人的共有特征。

近代以来，"大同"一词先后被具有不同政治信仰、代表不同阶级利益的历史人物所使用，其中既有农民阶级革命派代表、主张建立太平天国的洪秀全，又有资产阶级改良派、主张实行君主立宪的康有为；既有资产阶级革命派代表、主张实行三民主义的孙中山，又有代表无产阶级和人民大众利益、主张通过社会主义直至共产主义的毛泽东，还有以习近平为主要代表的当代中国共产党人。他们在不同历史时期赋予"大同"一词以新的内涵，用以鼓舞和激励人们为理想而奋斗，从而彰显了"大道之行，天下为公"的大同理想所具有的恒久价值。

（一）康有为的《大同书》对大同社会的设计

在中国近代新兴阶级政治力量登上政治舞台之前，传统社会力量中的农民阶级政治代表也表达了自己对"大同"社会的向往。例如，洪秀全在其所著的《原道醒世训》中引录《礼记·礼运》中的"大道之行，天下为公……是为大同"一段，感慨他即将发动的太平天国运动使得"大同"社会理想"而今尚可望哉"，希望大家齐心协力，实现"天下一家，共享太平"[①]。但是，洪秀全向往的太平天国式"大同"只能是建立在小生产基础上的平均主义的空想世界，农民阶级的狭隘性使太平天国运动最终不可避免地归于失败。

资产阶级维新派代表人物康有为面对外患日迫、内政不修的社会状况，相继撰写了《人类公理》和《康子内外篇》，阐述"平等公同"的社会理想。在为维新变法做舆论准备的过程中，康有为把《春秋公羊传》的"三世"[②]说和《礼记·礼运》中的"大同""小康"相糅合，基本构成一个"三世"系统，即以《公羊》的衰乱世为当时，《公羊》的升平世为《礼运》中的"小康"，《公羊》的太平世为《礼运》中的"大同"。[③] 1901年，康有为以"大同"为题，著成《大同书》，展望"大同"境界，

---

① 《洪秀全集》，广东人民出版社1985年版，第12—13页。
② 《春秋》分所见、所闻、所传闻三世，汉代何修著《公羊》，以"所传闻世"为"衰乱"，"所闻世"为"升平"，"所见世"为"太平"。如以古代为衰乱、近代为升平、现代为太平的话，社会历史是向前发展的。
③ 参见康有为撰，汤志钧导读《大同书》，上海古籍出版社2005年版，第8页。

设计理想社会，主张均产、民选政府、无国家、无家族、妇女怀孕入胎教院，婴儿出生入育婴院，儿童按年入蒙养院及各级学校，成年人由政府指派分任农工等生产事业，病人入养病院，老人入养老院；设公共宿舍、公共食堂供劳动者自由享用；奖勤罚懒；死则火葬等。

显然，"康有为是基于仁爱之心或者说人道主义精神来构想大同社会的，他多么希望人类社会能够很快走向公正、合理、富裕、极乐的大同世界，从而摆脱充满战争和暴力、尔虞我诈、痛苦不堪的现实社会阴影。可是，他的思想局限性和当时社会现实的严酷性让康有为本人也感到大同世界不过是空想而已。"① 康有为希望建立一个以"公"为核心的更加理想的社会，他的《大同书》也为后人留下了宝贵的思想资料。但他并没有找到如何到达"大同"社会的道路。他幻想通过改良主义的方式改变中国命运并由此发动的戊戌维新运动，对于推动民族觉醒和救亡图存、冲击封建制度、传播西方资产阶级社会政治学说和自然科学等有着重大的历史意义，但其领导的维新变法运动的失败证明，在半殖民地半封建的旧中国，试图通过统治阶级走自上而下的改良道路是行不通的。

（二）孙中山的"世界大同"情怀

孙中山是中国民主革命的伟大先行者。戊戌维新运动失败后，以孙中山为代表的革命派在中国掀起了一场资产阶级革命运动，其革命纲领是三民主义，其中的民族主义内容是"驱逐鞑虏、恢复中华"，即推翻清朝专制政府，建立中华民族独立国家；民权主义的内容是"创立民国"，即推翻封建君主专制制度，建立资产阶级民主共和国；民生主义的内容是"平均地权""节制资本"。孙中山的三民主义是一个比较完整的资产阶级民主革命纲领，初步描绘了希望在中国实行的资产阶级共和国方案，对推动中国民主革命的发展产生了重大而积极的影响。

孙中山的革命救国思想究其渊源来说，无疑主要来源于西方资产阶级民主主义，但是却带有浓厚的中华优秀传统文化的色彩。中华优秀传统文化中的大同理想对孙中山的影响极大。孙中山曾经无数次手书《礼记·礼运》中有关"大同"的词句。据不完全统计，目前已知的孙中山题词墨宝收集起来共有469件，其中遗墨299件，而有关"天下为公""世界大同""博爱"和理想精神的题词占了很大部分。仅"天下为公"就有39

---

① 臧世俊：《康有为大同思想研究》，广东高等教育出版社1997年版，序第1—2页。

件、"博爱"64件。如果将字异义同的"大道之行也天下为公""公天下""世界大同""共进大同"等36件题词计算在内,总数达139件。①"这些题词不仅证明孙中山以天下兴亡为己任,体现了孙中山的公天下情怀和政治主张,以及执著的永不停息的追求,也表明孙中山的革命目标,不仅在求中国之'天下为公'、'共进大同',而且也致力于'世界大同主义',开全球历史新纪元的重大意义。"②

孙中山还在其论著和讲演中多次提到"大同"。他在《三民主义·民族主义》中说:"我们要将来能够治国平天下,便先要恢复民族主义和民族地位。用固有的道德和平做基础,去统一世界,成一个大同之治,这便是我们四万万人的大责任。"③ 在孙中山看来,"大道之行,天下为公"的"大同"世界,过去"只有思想",现代却"有了这个事实"④。孙中山观察审视当时世界发展大势,援引《礼记·礼运》篇的"大同"概念,对中国的前途充满信心,认为时代在前进,向往"大同"理想,可谓"适乎世界之潮流,合乎人群之需要"⑤。

孙中山以《礼记·礼运》中的"天下为公"为座右铭和政治理想,激励人民奋起进行革命斗争,推翻封建帝制,建立民主共和,解放被封建帝制所束缚的社会生产力,为实现"大同"创造政治前提和物质条件。尽管孙中山领导的辛亥革命的胜利果实最终为北洋军阀所篡夺,但民主共和的观念却从此深入人心,为中国社会进步打开了思想的闸门。

孙中山还撰写了《建国方略》《建国大纲》《三民主义》以及《第一次全国代表大会宣言》,并在《国事遗嘱》中强调:"现在革命尚未成功,凡我同志,务须依照余所著《建国方略》、《建国大纲》、《三民主义》及《第一次全国代表大会宣言》,继续努力,以求贯彻。"⑥ 孙中山列举的这些著作,涵盖了孙中山的革命思想、建国理论、革命方略和政策。其中,《建国方略》涉及物质建设、精神文明和政治文明建设的理论、思想、主张和方案,反映了孙中山建设国家的大致设想。

---

① 刘望龄:《孙中山题词遗墨汇编》,华中师范大学2000年版,第1—2页。
② 林家有:《重读孙中山遗嘱》,广东人民出版社2011年版,第140页。
③ 《孙中山全集》第9卷,中华书局2006年第2版,第253页。
④ 《孙中山全集》第8卷,中华书局2006年第2版,第470页。
⑤ 《孙中山全集》第6卷,中华书局2006年第2版,第228页。
⑥ 《孙中山全集》第11卷,中华书局2006年版,第639—640页。

孙中山目光远大、胸怀天下。"他坚持中国的独立自主，坚持'睦邻友好'的政策，由救国而强国，由'博爱'与'天下为公'、'以进大同'，并把'济弱扶倾'作为中国对外的既定方针。这一切都说明孙中山虽然是中国的民族主义者、爱国主义者，但他又是反对侵略战争的和平主义者、国际主义者。"①

孙中山不仅多次表达了"革命尚未成功，同志仍须努力"的嘱托，而且在临终时频频呼唤"和平""奋斗""救中国"三个口号，留下了他临终时的口头政治遗嘱，这表明他虽然自己已经没有时间为实现毕生追求的"天下为公""四海兄弟，万邦归一""世界大同"而继续奋斗了，但是，他念念不忘、至死不渝的仍然是实现中国的和平、统一、独立、自由、民主、富强，并谆谆教导革命政党和全国人民唯有不懈奋斗，才能实现救中国和振兴中华的伟大理想。

孙中山已经逝世90多年了，但是他的"天下为公""世界大同"的情怀，为实现祖国的和平、自由、民主、统一、富强，为振兴中华而生命不息、奋斗不止的崇高精神，一直激励着海内外中华儿女为实现中华民族伟大复兴而共同奋斗。

（三）毛泽东对"大同"概念的运用和转化

毛泽东是马克思主义中国化的伟大开拓者，他深谙中华优秀传统文化并能对之进行创造性的转化和创新性发展。《礼记·礼运》中的"天下为公"的大同理想对中国人的影响是深远的，毛泽东也不例外。他自幼受到传统文化的熏陶，少年时代入私塾读"四书""五经"，后来又受到康有为的《大同书》影响。青年时代的毛泽东在1917年8月23日的一封信中写道，孔子"立太平世为鹄"，表示"大同者，吾人之鹄也"。② 可见，这时的毛泽东是向往孔子提出的大同理想的。但是，当毛泽东在1920年接受马克思主义并成为一个坚定的马克思主义者之后，就没有再孤立地讲中华优秀传统文化中的大同理想，而是在语言表达上将"大同"概念与中国革命的前途、中国革命道路等联系起来，将其作为阐述科学社会主义理论的一种中国式的话语表达。

例如，毛泽东在1925年冬第一次国共合作期间所写的一篇文章中指

---

① 林家有：《重读孙中山遗嘱》，第70页。
② 《毛泽东早期文稿》，湖南出版社1990年版，第89页。

出:"现代殖民地半殖民地的革命,乃小资产阶级、半无产阶级、无产阶级这三个阶级合作的革命……其终极是要消灭全世界的帝国主义,建设一个真正平等自由的世界联盟(即孙先生所主张的人类平等、世界大同)。"① 显然,这里的"大同"是作为包括中国革命在内的世界革命的前途和奋斗目标出现的,是与孙中山所主张的"世界大同"基本一致的。

又如,1937年1月第二次国共合作前夕,毛泽东在一次谈话中指出:"中国共产党人是国际主义者,他们主张世界大同运动;但同时又是保卫祖国的爱国主义者,为了保卫祖国,愿意抵抗日本到最后一滴血。十五年来共产党领导的民族解放斗争,是人人皆知的事实。这种爱国主义与国际主义并不冲突,因为只有中国的独立解放,才有可能去参加世界的大同运动。"② 这里的"大同运动"实际上指的是共产主义运动,是用中华优秀传统文化中的"大同"概念表达中国共产党人自身的共产主义特色。

再如,1949年6月30日,正值中国共产党成立28周年前夕,也是新政治协商会议筹备期间。为了向世人阐述中国共产党的建国主张,毛泽东发表《论人民民主专政》一文。在这篇文章中,毛泽东连续三次使用了"大同"一词,阐述中国共产党的理想信念和历史使命。他写道:"对于工人阶级、劳动人民和共产党,则不是什么被推翻的问题,而是努力工作,创设条件,使阶级、国家权力和政党很自然地归于消灭,使人类进到大同境域。"③ 毛泽东将"大同境域"作为人类进步的远景,并在总结历史经验教训的基础上说明:"经过工人阶级领导的人民共和国"是最终到达共产主义即"大同"的"唯一的路"。他明确指出:"资产阶级的民主主义让位给工人阶级领导的人民民主主义,资产阶级共和国让位给人民共和国。这样就造成了一种可能性:经过人民共和国到达社会主义和共产主义,到达阶级的消灭和世界的大同。康有为写了《大同书》,他没有也不可能找到一条到达大同的路。资产阶级的共和国,外国有过的,中国不能有,因为中国是受帝国主义压迫的国家。唯一的路是经过工人阶级领导的人民共和国。"④

显然,毛泽东在《论人民民主专政》一文中,借用中国人民所熟悉的

---

① 《毛泽东文集》第1卷,人民出版社1993年版,第25页。
② 《毛泽东文集》第1卷,第484页。
③ 《毛泽东选集》第4卷,人民出版社1991年版,第1469页。
④ 《毛泽东选集》第4卷,第1471页。

中华优秀传统文化中代表理想社会的"大同"概念,来通俗地说明中国共产党人为之奋斗终身的共产主义远大理想,并且明确指出人民民主专政的共和国是到达共产主义"大同"社会的唯一正确道路。

毛泽东还曾以诗化语言表达自己对共产主义远大理想的坚定信念。他在 1935 年 1 月所写的《念奴娇·昆仑》诗词中气势豪迈地表示:"而今我谓昆仑:不要这高,不要这多雪。安得倚天抽宝剑,把汝裁为三截?一截遗欧,一截赠美,一截还东国。太平世界,环球同此凉热。"[1] 从这首词中,我们也可以看到类似中华优秀传统文化中"大同"的话语表达。

正是在马克思主义的指导下,毛泽东立足中国实践,坚持把马克思主义与中国实际相结合,吸收中华优秀传统文化精华,集中集体智慧,创立了毛泽东思想,"领导我们党和人民找到了新民主主义革命的正确道路,完成了反帝反封建的任务,建立了中华人民共和国,确立了社会主义基本制度,取得了社会主义建设的基础性成就,并为我们探索建设中国特色社会主义的道路积累了经验和提供了条件,为我们党和人民事业胜利发展、为中华民族阔步赶上时代发展潮流创造了根本前提,奠定了坚实的理论和实践基础。"[2]

(四)习近平对"大同"概念的运用和转化

党的十八大以后,习近平大力倡导实现中华优秀传统文化的创造性转化和创新性发展,"大同"概念也在不同场合得到提及、运用和转化。习近平主要是在以下三种语境中讲到"大同":一是在纪念孙中山先生的讲话时;二是在讲到中国共产党为中国人民谋幸福、为中华民族谋复兴的初心使命时;三是在阐释人类命运共同体理念时。也就是说,当代中国共产党人对《礼记·礼运》中的大同理想之认识和转化,不仅表现在对近代以来中华民族追求伟大复兴征程的概括和表述中,而且还体现在当代世界国际关系方面提出的"构建人类命运共同体"理念之中。

习近平多次谈及"大道之行也,天下为公",并对一生追求"天下为公"的世纪伟人孙中山先生予以高度评价。2016 年 11 月 11 日,习近平在纪念孙中山先生诞辰 150 周年大会上指出:"我们要学习孙中山先生天下为公、心系民众的博大情怀。孙中山先生有着深厚的为民情怀,一生坚持

---

[1] 《毛泽东诗词集》,中央文献出版社 1996 年版,第 60—61 页。
[2] 《十八大以来重要文献选编》(上),第 691 页。

以'天下为公'为最高思想境界，致力于'除去人民的那些忧愁，替人民谋幸福'，对此矢志不移、无比坚定。"① 这既表达了当代中国共产党人对中国革命伟大先行者孙中山先生情怀风范品格的高度评价，同时也表明了当代共产党人对《礼记·礼运》提出的大同理想的高度认同和接续追求。

2017年10月，习近平用先秦儒家对大同理想的核心界定"大道之行，天下为公"，引出中共十九大报告的结束语。他说："大道之行，天下为公。站立在九百六十多万平方公里的广袤土地上，吸吮着五千多年中华民族漫长奋斗积累的文化养分，拥有十三亿多中国人民聚合的磅礴之力，我们走中国特色社会主义道路，具有无比广阔的时代舞台，具有无比深厚的历史底蕴，具有无比强大的前进定力。"② 这就把中华民族数千年来始终萦怀在心的大同理想与当代中国人民的奋斗联系了起来，激励当代中国人民为实现中华民族伟大复兴而奋斗。

习近平多次用中国古代的"大同"概念表达他的外交理念，阐述他提出的人类命运共同体的主张，并将"为世界谋大同"与中国共产党"为中国人民谋幸福，为中华民族谋复兴"的初心使命并列。他在众多国际国内重大场合对中华优秀传统文化中的大同理想加以宣传解释和运用，从顺应历史潮流、增进人类福祉出发，提出"推动构建人类命运共同体"的倡议，并同有关各方多次深入交换意见。2015年3月，他在出席博鳌亚洲论坛2015年年会时，提出了"通过迈向亚洲命运共同体，推动建设人类命运共同体"③的倡议。2015年9月28日，他在纽约联合国总部出席第七十届联合国大会一般性辩论时发表讲话指出："'大道之行也，天下为公。'……当今世界，各国相互依存、休戚与共。我们要继承和弘扬联合国宪章的宗旨和原则，构建以合作共赢为核心的新型国际关系，打造人类命运共同体。"④ 2016年12月31日，他在2017年新年贺词中指出："中国人历来主张'世界大同，天下一家'。中国人民不仅希望自己过得好，

---

① 习近平：《在纪念孙中山先生诞辰150周年大会上的讲话》（2016年11月11日），《人民日报》2016年11月12日第2版。
② 《十九大以来重要文献选编》（上），中央文献出版社2019年版，第49页。
③ 习近平：《迈向命运共同体　开创亚洲新未来——在博鳌亚洲论坛2015年年会上的主旨演讲》（2015年3月28日），《人民日报》2015年3月29日第2版。
④ 《习近平谈治国理政》第2卷，外文出版社2017年版，第522页。

也希望各国人民过得好。当前，战乱和贫困依然困扰着部分国家和地区，疾病和灾害也时时侵袭着众多的人们。我真诚希望，国际社会携起手来，秉持人类命运共同体的理念，把我们这个星球建设得更加和平、更加繁荣。"① 这里，习近平把中华优秀传统文化中的"大同"概念与当代中国共产党人所主张的人类命运共同体理念联系起来。

中国向世界提出的"人类命运共同体"有其特定含义。"人类命运共同体，顾名思义，就是每个民族、每个国家的前途命运都紧紧联系在一起，应该风雨同舟，荣辱与共，努力把我们生于斯、长于斯的这个星球建成一个和睦的大家庭，把世界各国人民对美好生活的向往变成现实。"② 2017年1月18日，习近平在联合国日内瓦总部的演讲中指出：构建人类命运共同体，关键在行动。国际社会要从伙伴关系、安全格局、经济发展、文明交流、生态建设等方面作出努力。坚持对话协商，建设一个持久和平的世界；坚持共建共享，建设一个普遍安全的世界；坚持合作共赢，建设一个共同繁荣的世界；坚持交流互鉴，建设一个开放包容的世界；坚持绿色低碳，建设一个清洁美丽的世界。③ 显然，习近平提出的构建人类命运共同体的理念，是对先秦儒家提出的"大道之行，天下为公"的大同理想的创造性运用，是基于中华优秀传统文化中内含的包容、和谐精神和智慧而作出的重要创新，是新时代中国外交的核心理念。它打破了世界秩序中旧有的意识形态界限，为世界未来发展提供了全新视角，必将对当今世界产生重大而积极的影响。

经过不懈努力，中国领导人提出的构建人类命运共同体的倡议得到越来越多国家和人民的欢迎和认同，被认为是应对反全球化、极端民族主义的良药，是保障全球持续和平与安全，保障各国开放、繁荣、稳定的源泉，因而不仅得到各国官员、学者的认同，而且多次被写入联合国决议。这表明构建人类命运共同体的理念与联合国"维持国际和平及安全"的宗旨相契合，是对世界人民追求和平发展愿望的呼应，也彰显了中华优秀传统文化中"大道之行，天下为公"的大同理想的无穷魅力和时代价值，是当代中国对世界和平发展和人类进步的新贡献。

---

① 《国家主席习近平发表二〇一七年新年贺词》（2016年12月31日），《人民日报》2017年1月1日第1版。
② 《习近平谈治国理政》第3卷，外文出版社2020年版，第433页。
③ 参见《习近平谈治国理政》第2卷，第541—544页。

人类只有一个地球，各国共处一个世界。在世界面临百年未有之大变局的今天，中国主张"世界大同，天下一家"，希望让共识远远大于分歧，让开放包容惠及亚洲和世界，让合作共治共赢共享成为世界各国的共同理念，从而为亚洲和世界的稳定、发展与繁荣贡献出中国智慧、中国力量。在2020年初开始的抗击新冠肺炎疫情的全球战"疫"中，"人类命运共同体"比任何时候都更为真切地显示出来。2020年1月开始，新冠病毒引发的肺炎疫情肆虐全球，波及200多个国家和地区，人类面临着共同的威胁。在应对这场全球公共卫生危机的过程中，构建人类命运共同体的迫切性和重要性更加凸显。疫情没有国界，在疯狂肆虐的新冠肺炎疫情面前，世界各国是休戚与共的命运共同体。唯有团结一致，才能最终战胜疫情。在中国领导人与各国政要的会谈、通话和慰问电中，"人类命运共同体"成为高频词，它表达了国际社会携手抗疫的决心，寄托着各国共渡难关的希望。

构建人类命运共同体这一理念与《礼记》中的大同理想一脉相连，是对一系列世界之问、时代之问的中国回答和中国方案，体现了当代中国共产党人对中华优秀传统文化的传承，以及对人类前途命运的深邃思考和思想贡献。

从思想到实践，从历史到现实，从历代儒家学者到农民起义军领袖，从近代"托古改制"的思想家到中国民主革命的先行者，从立志"改造中国"的人民共和国缔造者到当代共产党人和无数期待中华民族伟大复兴的海内外华夏儿女，《礼记·礼运》中提出的"天下为公"的大同理想的影响无时不有，无处不在。大同理想已经渗透在中华民族的血脉之中，激励着华夏儿女不断追求更加美好的未来。

二 小康理想在当代中国的运用和转化

如前所述，"小康"一词是一个古老的中国词汇，是千百年来表达普通百姓对殷实、宽裕生活向往和追求的一个通俗词汇。但在漫长的古代社会中，由于社会生产力低下，也由于封建土地所有制以及由此带来的封建剥削关系，决定了亿万农民的全面小康只能存在于憧憬和向往之中，并不能够真正实现。

与"大同"这一概念在近代以来被具有不同政治信仰、代表不同阶级利益的历史人物所使用有所不同的是，近代以来"小康"一词在20世纪

70 年代末之前，只被康有为使用过。19 世纪与 20 世纪之交，康有为把"大同""小康"两个概念与公羊三世说、进化论结合起来，形成了用以指导改革运动的历史哲学和政治理想。康有为认为，他所处的时代就是要使中国经过变法实现"小康"之世，继之还要进一步向前发展，逐渐实现"大同"理想境界，从而在新的历史条件下重新复活传统儒家的这两个概念。① 但"小康"一词的再度出现和广泛使用，则是在 1978 年我国实行改革开放之后，是和邓小平的名字联系在一起的，并成为其后四十多年时间里中国人民的奋斗目标。

（一）邓小平对"小康"概念的创造性运用和转化

1978 年中共十一届三中全会后，党和国家的工作重点实现了向社会主义现代化建设的转移。在开创中国特色社会主义道路和探索国家现代化发展战略过程中，作为中国改革开放和社会主义现代化建设的总设计师，邓小平对"小康"这一古老的词语进行了创造性的转化，并赋予其当代意义。他在 20 世纪 70 年代末和 80 年代，先后使用了"小康之家""小康状态""小康的国家""小康社会"等概念，用以阐述中国式的现代化，使"小康社会"成为中国社会主义现代化建设历史进程中的重要阶段。

1979 年 12 月，邓小平在与时任日本首相大平正芳的谈话中，第一次使用了"小康之家""小康的状态""小康的国家"的概念，来解释"中国式的现代化"。他说："我们要实现的四个现代化，是中国式的四个现代化。我们的四个现代化的概念，不是像你们那样的现代化的概念，而是'小康之家'。到本世纪末，中国的四个现代化即使达到了某种目标，我们的国民生产总值人均水平也还是很低的。要达到第三世界中比较富裕一点的国家的水平，比如国民生产总值人均一千美元，也还得付出很大的努力。就算达到那样的水平，同西方来比，也还是落后的。所以，我只能说，中国到那时也还是一个小康的状态"，"只是一个小康的国家"②。1984 年 3 月，邓小平在会见时任日本首相中曾根康弘时，进一步明确提出了"小康社会"概念。他说："翻两番，国民生产总值人均达到八百美元，就是到本世纪末在中国建立一个小康社会。这个小康社会，叫做中国式的现代化。翻两番、小康社会、中国式的现代化，这些都是我们的新概念。"③

---

① 参见李维武《中国哲学的传统更新》，第 314 页。
② 《邓小平文选》第 2 卷，人民出版社 1994 年版，第 237—238 页。
③ 《邓小平文选》第 3 卷，人民出版社 1993 年版，第 54 页。

显然，邓小平通过对中华优秀传统文化中"小康"概念的创造性转化，明确提出了"小康社会"概念。邓小平提出的"小康社会"，实际上是指基于中国国情而设计的中国式的现代化。这个中国式的现代化，低于发达国家的现代化水平，是中国在现代化进程中一定时段所能达到的发展目标，是介于贫困与富裕之间的一种经济社会发展状态。"小康社会"发展目标的提出，调整和优化了中国共产党以往提出的到20世纪末实现"四个现代化"的标准，使之更加符合当代中国的具体实际，也体现了当代中国共产党人既有雄心壮志又要脚踏实地的精神状态。

邓小平不仅描绘了包括小康社会在内的实现现代化的发展蓝图，明确了小康社会在我国社会主义现代化建设进程中的地位，而且提出了实现这一蓝图的跨世纪发展战略，即"三步走"的发展战略。1987年4月，邓小平在会见西班牙客人时，全面阐述了建设小康社会的构想和"三步走"发展战略。他说："我们原定的目标是，第一步在八十年代翻一番。以一九八〇年为基数，当时国民生产总值人均只有二百五十美元，翻一番，达到五百美元。第二步是到本世纪末，再翻一番，人均达到一千美元。实现这个目标意味着我们进入小康社会，把贫困的中国变成小康的中国。那时国民生产总值超过一万亿美元，虽然人均数还很低，但是国家的力量有很大增加。我们制定的目标更重要的还是第三步，在下世纪用三十年到五十年再翻两番，大体上达到人均四千美元。做到这一步，中国就达到中等发达的水平。这是我们的雄心壮志。目标不高，但做起来可不容易。"[①] 这就告诉我们：小康社会是介于"贫困的中国"和中等发达的现代化国家之间的一个阶段，是摆脱贫困、走向富裕的必经阶段。小康社会既有对于国民生产总值这一社会生产力水平的总体考量，也涉及人均国民生产总值这一贴近民生民意的具体指标。

邓小平在最初提出小康社会目标时，主要谈到的是具体的经济指标，最贴近生活的解释是不穷不富，"日子普遍好过"[②]。这实际上就是从温饱到现代化的中间阶段。随着认识的深化，邓小平进一步强调，实现小康社会，不仅经济要搞上去，要建设高度发达的物质文明，而且要把政治民主、精神文明也搞上去，建设高度发达的民主政治和精神文明。只有实现

---

① 《邓小平文选》第3卷，第226页。
② 《邓小平文选》第3卷，第162页。

了经济、政治和文化的全面发展和进步，才能达到小康社会的目标。邓小平所设想的小康社会，是我国进入社会主义初级阶段以后经济发展和社会发展、物质文明建设和精神文明建设的全面推进，是我国在建设成为社会主义现代化国家过程中的一个重要发展阶段。

显然，邓小平在领导中国改革开放和社会主义现代化建设事业中，"把中国现代化建设'三步走'战略目标的第二步界定为达到'小康'，这就使得儒家的'小康'概念，由一种古代的历史哲学、政治哲学观念而成为了中国共产主义运动的阶段性的科学目标。"[①]"小康社会这个概念，具有中国特色，可以赋予丰富的内涵，易于为广大群众理解，有利于动员全国各族人民，包括港澳同胞、台湾同胞和海外侨胞，共同为中华民族的发展壮大贡献力量。"[②]

邓小平对"小康"概念的创造性转化以及对其内涵的科学界定，既传承了千百年来中国人心目中的"小康"理想，又反映了对当代中国国情的现实观照；既便于与世界各国相比较，又深入浅出、通俗易懂，容易为人民群众所掌握。这体现了邓小平开阔的国际视野、高度的政治智慧和务实的精神，是国际视野和中国特色、国际标准和中国实际、国际内容和中国话语的有机结合，因而具有重大意义。它为中国共产党科学确立我国现代化建设的总体规划及实施步骤勾画了蓝图，指引着我国现代化建设事业稳步健康发展。

（二）从建设小康社会到全面建成小康社会

在邓小平关于小康社会思想的指导下，中国共产党领导人民在实现"三步走"发展战略的第一阶段奋斗目标之后，明确提出了"建设小康社会"的历史任务，由此我国各族人民满怀信心地踏上奔小康的征程。到2000年，我国国内生产总值突破1万亿美元，人均国内生产总值达到800多美元。这表明，"我们已经实现了现代化建设的前两步战略目标，经济和社会全面发展，人民生活总体上达到了小康水平，开始实施第三步战略部署"[③]。考虑到实现第三步战略目标的时间跨度比较大，即从进入21世纪之初到21世纪中叶基本实现现代化要经过50年，所以，以江泽民为主要代表的中国共产党人集中全党智慧，决定以21世纪头20年为期，提出

---

① 李维武：《中国哲学的传统更新》，第314页。
② 《江泽民文选》第3卷，人民出版社2006年版，第415页。
③ 《十五大以来重要文献选编》（中），人民出版社2001年版，第1369页。

一个鲜明的阶段性目标,以便更好地带领广大人民为之奋斗。2000年,中共十五届五中全会通过的《中共中央关于制定国民经济和社会发展第十个五年计划的建议》,明确提出了"全面建设小康社会,加快推进社会主义现代化"的历史任务。"全面建设小康社会"战略目标的提出"并在科学论证的基础上加以阐述,对凝聚人心、鼓舞斗志,加快推进我国的现代化建设,具有十分重大的意义"①。

2002年召开的中共十六大进一步明确了今后20年全面建设小康社会的奋斗目标,强调全面建设小康社会是我国实现现代化建设第三步战略目标必经的承上启下的发展阶段,也是完善社会主义市场经济体制和扩大对外开放的关键阶段,并作出了全面建设小康社会的具体战略部署。2007年,中共十七大在十六大确立的全面建设小康社会目标的基础上,对我国发展提出新的更高要求,强调要坚定信心,埋头苦干,为全面建成惠及十几亿人口的更高水平的小康社会打下更加牢固的基础。2012年,中共十八大根据我国经济社会发展实际,提出要在十六大、十七大确立的全面建设小康社会目标的基础上努力实现新的要求,号召全党全国人民全面把握机遇,沉着应对挑战,赢得主动,赢得优势,赢得未来,确保到2020年实现全面建成小康社会的宏伟目标。

中共十八大以来,以习近平为主要代表的中国共产党人继往开来,提出全面建成小康社会、全面深化改革、全面依法治国、全面从严治党即"四个全面"的战略布局。其中,"全面建成小康社会是我们现阶段战略目标,也是实现中华民族伟大复兴中国梦关键一步"②,而全面深化改革、全面依法治国、全面从严治党则是实现这个战略目标的战略举措。

基于"中国已经进入全面建成小康社会的决定性阶段。实现这个目标是实现中华民族伟大复兴中国梦的关键一步"③这一基本判断,为了走好这关键一步,习近平阐述了关于全面建成小康社会的一系列重要观点。

首先是关于全面建成小康社会的战略定位和历史承接性。强调中国人民正在为实现"两个一百年"奋斗目标而努力,全面建成小康社会是我们奋斗目标的第一步,也是关键一步。"其中全面建成小康社会中的'小

---

① 《江泽民文选》第3卷,第416页。
② 习近平:《共建伙伴关系,共创美好未来——在金砖国家领导人第七次会晤上的讲话》(2015年7月9日),《人民日报》2015年7月10日第3版。
③ 《习近平谈治国理政》第1卷,外文出版社2018年版,第314页。

康'这个概念,就出自《礼记·礼运》,是中华民族自古以来追求的理想社会状态。使用'小康'这个概念来确立中国的发展目标,既符合中国发展实际,也容易得到最广大人民理解和支持。"①

其次是关于全面建成小康社会的内涵和特点。一是小康覆盖地区、民族、家庭、人口的全面性。"小康不小康,关键看老乡。"全面小康路上不能忘记每一个民族、每一个家庭,特别是农村地区、少数民族地区和革命老区。全面建成小康社会,最艰巨最繁重的任务在农村特别是在贫困地区,绝不能让一个少数民族、一个地区掉队,要让13亿中国人民共享全面小康的成果。全面建成小康社会,如果没有老区的全面小康,特别是没有老区贫困人口脱贫致富,那是不完整的。二是小康覆盖领域的全面性。"全面建成小康社会,强调的不仅是'小康',而且更重要的也是更难做到的是'全面'……全面小康,覆盖的领域要全面,是五位一体全面进步。全面小康社会要求经济更加发展、民主更加健全、科教更加进步、文化更加繁荣、社会更加和谐、人民生活更加殷实。要在坚持以经济建设为中心的同时,全面推进经济建设、政治建设、文化建设、社会建设、生态文明建设,促进现代化建设各个环节、各个方面协调发展,不能长的很长、短的很短。"②"小康"讲的是发展水平,"全面"讲的是发展的平衡性、协调性、可持续性。三是小康发展目标的实在性。"全面建成小康社会,不是一个'数字游戏'或'速度游戏',而是一个实实在在的目标。在保持经济增长的同时,更重要的是落实以人民为中心的发展思想,想群众之所想、急群众之所急、解群众之所困,在学有所教、劳有所得、病有所医、老有所养、住有所居上持续取得新进展。"③

再次是关于实现全面建成小康的路径。强调实现全面建成小康社会必须打好贫困地区脱贫攻坚仗;要把发展作为第一要务,努力使发展达到一个新水平。发挥全面推进依法治国的保障作用;要推动医疗卫生工作重心下移、医疗卫生资源下沉,推动城乡基本公共服务均等化;扶贫必扶智,

---

① 习近平:《在纪念孔子诞辰2565周年国际学术研讨会暨国际儒学联合会第五届会员大会开幕会上的讲话》(2014年9月24日),《人民日报》2014年9月25日第2版。
② 习近平:《在党的十八届五中全会第二次全体会议上的讲话(节选)》(2015年10月29日),《求是》2016年第1期。
③ 《习近平关于社会主义社会建设论述摘编》,中央文献出版社2017年版,第18页。

治贫先治愚。脱贫致富"既要富口袋，也要富脑袋"①；要以壮士断腕的决心、背水一战的勇气、攻城拔寨的拼劲，坚决打好污染防治攻坚战。

最后是关于全面建成小康社会的主体力量。强调"决胜全面建成小康社会的伟大进军，每一个中国人都有自己的责任。领导干部要勇于担当，人民群众要增强主人翁意识，全党全国各族人民要拧成一股绳，以必胜的信心、昂扬的斗志、扎实的努力投身新的历史进军，朝着全面建成小康社会的宏伟目标奋勇前进！"② 作为执政的中国共产党，则要进一步提高党领导发展的能力和水平，确保全面建成小康社会各项任务落到实处。

综上所述，习近平关于全面建成小康社会的一系列论述内容十分丰富，强调覆盖的领域全面、人口全面、区域全面，把人民福祉作为前提，依托人民的力量共求发展，是一个以群众为先、求真务实的发展思想，体现了对人民的尊重和对中国发展道路的正确选择，引领中国人民为实现全面建成小康社会而做最后冲刺，力求在中国共产党成立100周年之际全面建成小康社会，进而在全面建成小康社会的基础上，分两步走在21世纪中叶建成富强民主文明和谐美丽的社会主义现代化强国，奋力实现中华民族伟大复兴的中国梦。

全面建成小康社会有深厚的群众基础。具有悠久文明历史的中华民族进入新时代，全国人民期待有更好的教育、更稳定的工作、更满意的收入、更可靠的社会保障、更高水平的医疗卫生服务、更舒适的居住条件和更优美的环境。这是当代中国人民对幸福生活的美好憧憬，也是全面小康的群众表达。而把全面小康放在中国梦的大格局中，把全面小康目标升华成中华民族伟大复兴的重要里程碑，使全面小康与中国梦相互激荡，绘制出人民幸福生活的美好图景，凝聚为全社会的"最大公约数"，已经成为中国共产党带领全国各族人民共同奋斗的时代主题。

回顾历史，"小康"这一承载千百年来人民群众对美好生活追求，寄托着一代又一代仁人志士执着梦想的古老词汇，已穿越了艰难而漫长的岁月，经过中国共产党人的创造性转化，如今在当代中华儿女手中化为美好现实。

---

① 《十八大以来重要文献选编》（下），中央文献出版社2018年版，第50页。
② 习近平：《在全国政协新年茶话会上的讲话》（2015年12月31日），《人民日报》2016年1月1日第2版。

第三节 《礼记》中的修身进德和成德之教思想的价值和启示

《礼记》的治理思想十分丰富，不仅有大同、小康的社会政治理想，而且有治国以礼的治理准则和礼乐刑政综合为治的治理方式；不仅有礼乐教化和刑法明威这一软一硬的两种治理手段，而且有关于治理主体为政以德、修身进德的政治伦理要求。《礼记》中关于君子修身进德之道的深刻论述，以及以大学之道为统领的成德之教思想，以其跨越时空的价值卓然于世，流传至今，泽被后人。习近平指出："中国优秀传统文化的丰富哲学思想、人文精神、教化思想、道德理念等，可以为人们认识和改造世界提供有益启迪，可以为治国理政提供有益启示，也可以为道德建设提供有益启发。对传统文化中适合于调理社会关系和鼓励人们向上向善的内容，我们要结合时代条件加以继承和发扬，赋予其新的涵义。"[①]

一 修身进德思想的价值和启示

先秦儒家道德政治思想为中国历史上有志于"修齐治平"的人实行德礼之治提供了理论依据。这一思想主张人们通过修身来增加自己的美好德性，以便成为尧、舜、禹、文王、武王、周公一般的圣贤之人，从而不仅为百姓做出表率，而且制定出体现德行的礼乐制度，并对民众进行礼乐教化，辅之以刑政，进而实现国治天下平。显然，这种德治、礼治归根到底还是人治，是君王、圣王之治，带有浓厚的宗法人伦色彩。"儒家思想中，'德'几乎就是'好'的同义语，它是封建宗法制度社会的价值理性的最终基础，同时也起着判断社会行为是否合乎社会秩序（礼）的价值导向作用。就是说，儒家所谓的'德'本质上是一种依附于宗法社会结构的意识形态，他们所说的'善'与'德'，例如仁义忠孝智勇，都匹配于封建宗法社会的结构：儒家伦理学呈现了宗法社会结构的轮廓。"[②] 尽管先秦儒家的道德政治理论本质上是一种依附于宗法社会结构的意识形态，因而不可避免地具有其历史局限性，但在当时的社会历史条件下，相对于滥施刑

---

① 习近平：《在纪念孔子诞辰 2565 周年国际学术研讨会暨国际儒学联合会第五届会员大会开幕会上的讲话》（2014 年 9 月 24 日），《人民日报》2014 年 9 月 25 日第 2 版。
② 郑开：《德礼之间——前诸子时期德思想史》，第 370 页。

罚、穷兵黩武、"以刑去刑"的暴政，有德之君施行"德治"和"仁政"毕竟对人民是有利的。先秦儒家强调君子修身进德，提出和阐述"三纲八目""絜矩之道""中庸之道""修身以道""至诚之道"，一方面是强调有志于"修齐治平"的君子必须自我约束，只有修身方可齐家、治国、安天下；另一方面，这些基于对修身进德之道的系统阐述，指出了道义制高点，因而给予民众抛弃暴君昏君的行动以合法性的理论依据，这些无疑是有积极意义的。

先秦儒家主张的君子修身进德、实行道德政治的思想，也为后世统治者实行礼法合治、德主刑辅的治国理政方式奠定了思想基础。在先秦儒家看来，实践为政之道的人是君子，"君子动而世为天下道，行而世为天下法，言而世为天下则"[1]。君子既是内圣，又是外王者。有盛德的君子，天下就有道、法、则，狱讼之类的事情就会减少。《礼记·坊记》说："礼以坊德，刑以坊淫，命以坊欲。"[2] 孙希旦认为："礼以教之于未然，故曰'坊德'，坊其悖于德也。刑以治之于已犯，故曰'坊淫'，坊其入于淫也。命，谓政令。命以禁之于将发，故曰'坊欲'，坊其动于欲也。君子之坊民，以礼为本，而刑与政辅之。"[3] 德礼相连，重德轻刑、礼法合治、德主刑辅，礼乐刑政、综合为治，就会实现国家安定、百姓安宁、天下太平。

先秦儒家关于君子修身进德、实行道德政治的思想作为中国传统道德的主要代表，是中华优秀传统文化的重要组成部分，蕴含着丰富的思想道德资源，是对中华民族先人道德实践经验的总结、提炼和概括。继承和弘扬中华优秀传统美德，并对其进行创造性转化和创新性发展，对于当代中国加强道德建设、提升公民思想道德素质具有积极的现实意义。特别是对于掌握一定公共权力的社会群体来说，对于一切有志于为实现中华民族伟大复兴而奋斗的中国人来说，先秦儒家的修身进德思想也提供了修身处事、治国理政方面的智慧和有益借鉴，因而也具有其当代价值。

例如，先秦儒家所提出的"大学之道，在明明德，在亲民，在止于至

---

[1] （汉）郑玄注，（唐）孔颖达正义，吕友仁整理：《礼记正义》卷61《中庸第三十一》，第2040页。

[2] （汉）郑玄注，（唐）孔颖达正义，吕友仁整理：《礼记正义》卷59《坊记第三十》，第1953页。

[3] （清）孙希旦撰，沈啸寰、王星贤点校：《礼记集解》卷50《坊记第三十》，第1280页。

善",启迪人们通过学校教育和自我修习,来彰显人的善良本性,自觉实现道德更新,并追求至善境界;所提出的"格物、致知、诚意、正心、修身、齐家、治国、平天下",启迪人们通过接触实际,来探求事物内在规律,达到认识事物的目的;要自觉摆脱种种不良情绪的困扰,达到意诚心正的境界;要加强个人的自我修养,以身作则,做遵守社会规范的典范,从而使家庭成员起而效仿,并通过治理好家庭为治理好社会和国家奠定基础;所提出的"絜矩之道",提醒人们在遵守伦理道德准则和外在行为规范方面以身作则,率先垂范,做出表率;所倡导的"忠恕之道"启迪人们,要严于律己,宽以待人,己所不欲,勿施于人,将心比心,推己及人;所极力推崇的"中庸之道"启示人们,凡事不背离基本原则,不走极端,要保持心理上的平衡和行为上的适度;处理问题要恰如其分,要在事物纷繁复杂的不同方面寻找一个适度的平衡点,注意不同事物、不同群体之间的和谐有序;所提出的"三达德""五达道"启示人们,要正确处理工作中的人事关系,明规不逾矩;要正确处理家庭中的各种关系,保持家庭关系的和睦;要正确处理朋友之间的关系,形成健康有益的朋友圈;要勤于学习,博览群书,不断积累知识;注意发现问题,增强问题意识;善于思考问题,从中找出解决问题的办法;加强比较,在比较中明辨是非,明确行动方向、路径和方法;把认准了的思想理念付诸实践,努力践行、勇于担当、坚定不移,等等。

先秦儒家主张的君子修身进德、实行道德政治的思想对今天的干部队伍建设也有着一定的现实启迪。习近平指出:"我国历朝历代都重视官吏选拔和管理,强调'为政之要,惟在得人'、'育才造士,为国之本'。我国古代吏治思想和做法既积累了丰富的治吏经验,也带有明显的历史局限,其中有不少封建糟粕,这是我们必须注意的。"要"了解我国历史上吏治的得失,为建设高素质干部队伍提供一些借鉴。"①

先秦儒家主张的君子修身进德、实行道德政治的思想是中华优秀传统文化的重要组成部分,《礼记》提出的为政以德、修身进德中的"德"有其特定的内涵,其中不可避免地带有旧时代的特点,但也有很多超越时代的思想因子。学习借鉴其中的修身进德、为人处世、治国理政方面的智

---

① 《习近平在中共中央政治局第十次集体学习时强调 严把标准公正用人拓宽视野激励干部 造就忠诚干净担当的高素质干部队伍》,《人民日报》2018年11月27日第1版。

慧，有助于人们知廉耻、明是非、懂荣辱、辨善恶、谨慎独，崇德向善，追求理想人格，养浩然之气，严于律己，宽以待人，反身以诚，反求诸己，存心养性，培养健全的道德品格。同时，我们还要把中华民族的传统美德与中国共产党人的革命道德、时代发展所要求的现代道德结合起来、统一起来，积极培育和努力践行社会主义核心价值观。

当代中国公民应有的品德，涉及社会公德、职业道德、家庭美德、个人品德诸方面。2019年10月，中共中央、国务院印发了《新时代公民道德建设实施纲要》，指明了当代中国公民道德建设的具体内容和努力方向，即："把社会公德、职业道德、家庭美德、个人品德建设作为着力点。推动践行以文明礼貌、助人为乐、爱护公物、保护环境、遵纪守法为主要内容的社会公德，鼓励人们在社会上做一个好公民；推动践行以爱岗敬业、诚实守信、办事公道、热情服务、奉献社会为主要内容的职业道德，鼓励人们在工作中做一个好建设者；推动践行以尊老爱幼、男女平等、夫妻和睦、勤俭持家、邻里互助为主要内容的家庭美德，鼓励人们在家庭里做一个好成员；推动践行以爱国奉献、明礼遵规、勤劳善良、宽厚正直、自强自律为主要内容的个人品德，鼓励人们在日常生活中养成好品行。"[①]

这些方面的品德要求，是对中华传统美德的继承发扬，构成了引领中国社会发展进步的社会主义道德体系。而以主流价值建构道德规范、强化道德认同、指引道德实践，引导人们明大德、守公德、严私德，立根塑魂、明德修身、立德树人，则是当代中国道德建设的重要任务。

为政在人，为政以德。作为国家公职人员的党员干部，则不仅要带头遵守社会公德、职业道德、家庭美德、个人品德，还需要严守政治品德。干部在这些方面都要过硬，最重要的是政治品德要过硬。忠于党和人民，坚定理想信念，增强"四个意识"、坚定"四个自信"，维护党中央权威和集中统一领导，全心全意为人民服务，全面贯彻执行党的理论和路线方针政策，清正廉洁，执政为民，严守政治纪律，严以修身、严以用权、严以律己，这些都是对党员干部尤其是领导干部政治品德即政德的内在要求。

"人之初，性本善。性相近，习相远。"一个人的品德不是与生俱来

---

① 《新时代公民道德建设实施纲要》，《人民日报》2019年10月28日第1版。

的，也不是一劳永逸的。优秀的品德只能通过学习、实践、修身来逐步养成。整个国家和社会道德水平的提升，则必须通过持续强化教育引导、实践养成、制度保障。学习借鉴《礼记》中的君子修身进德思想，并对其进行创造性转化和创新性发展，必将有益于当代中国的道德建设，助力公民道德素质的提升，促进人的全面发展，进而造就能够担当民族复兴重任的时代新人。

二 成德之教思想的价值和启示

《礼记》中的《学记》是对先秦儒家教育思想的系统阐述。这一思想涉及教育的一系列基本问题，其中包括教育的地位和作用、教育的基本原理、教育的主要内容、教育的基本方法、教育的经验总结、教育者和受教育者的基本素养，以及社会对教育和教师的态度。具体而言，在教育的地位和作用方面，提出"建国君民，教学为先"[1]，"欲化民成俗，其必由学乎"[2]，以及"人不学，不知道"[3]；在教育原理方面，提出"教学相长"；在教育内容方面，提出以"德""道""信""礼"为中心的全面教育；在教育方法上，提出倾听体悟、"长善救失"；在教育经验总结方面，提出"四兴六废"；在教育者方面，提出德性、学养、教育方法兼备的要求；在对待教师态度方面，提出慎重择师、尊师重教等。凡此种种，涉及教学目的和作用、教学原理、教学原则与方法、教育过程中的师生关系、教师的地位和作用等，形成了系统化的教育思想。它是中华优秀传统文化的重要组成部分，具有重要的思想价值和应用价值，对后世的教育以及中国教育学的发展产生了重大影响。

成德之教是先秦儒家教育思想的主要内容和鲜明特色。"《礼记》中有关人的教养与人格成长，特别是君子人格的养成的智慧，体现了儒家文明的特色。儒家教育是多样、全面的，其内核是成德之教，其目的是培养君子，成圣成贤，其方法是用礼乐六艺浸润身心，以自我教育与调节性情心理为主，

---

[1] （汉）郑玄注，（唐）孔颖达正义，吕友仁整理：《礼记正义》卷46《学记第十八》，第1424页。

[2] （汉）郑玄注，（唐）孔颖达正义，吕友仁整理：《礼记正义》卷46《学记第十八》，第1423页。

[3] （汉）郑玄注，（唐）孔颖达正义，吕友仁整理：《礼记正义》卷46《学记第十八》，第1424页。

其功能在于改善政治与风俗，其特点是不脱离平凡生活，知行合一、内外合一的体验。"①《礼记》中的教育思想从其社会政治功能看，无疑是要服务于中国古代国家治理的需要，为培养国家治理人才服务，为治国安民和化民成俗服务，因而是古代治国理政思想的重要组成部分；而从其文化功能看，它对于发展古代教育和化民成俗，保存、传播以至创造人类文化发挥了重要作用，其中反映教育教学一般规律的思想具有恒久的价值。在当代进行现代公民道德建设，培养平民化的自由人格的过程中，尤其需要借鉴儒家修养身心与涵养性情的思想资源。

《礼记》中的教育思想无疑也具有历史局限性，所主张的教育是建立在农耕社会基础上的，彼时社会生产力水平低下，教育规模极其有限，不可能面向人民大众，而只能面向少数人，所培养学生的目标指向是"建国君民"，所建的"国"是以君主为最高统治者而由少数圣贤襄助的剥削阶级统治的国家，统治的对象则是广大人民。这种教育的主要内容是规范夫妇、父子、君臣、上下等级关系的"礼"；而在教育手段的运用方面，也不可能觅寻到当今先进技术的影踪。尽管这些历史局限性是不可避免的，是我们不能苛求于前人的，但也是我们今天在借鉴古代经典教育思想时需要加以明辨的。

中共十九大报告指出："深入挖掘中华优秀传统文化蕴含的思想观念、人文精神、道德规范，结合时代要求继承创新，让中华文化展现出永久魅力和时代风采。"② 这对我们学习和借鉴中华优秀传统文化中的教育思想，并在学校教育教学中对其加以创造性转化和创新性发展具有指导意义。以《礼记·学记》等为代表的中国古代教育文献，是中华优秀传统文化宝库中的重要内容，所蕴含的教育思想对我国当今教育特别是学校思想政治教育具有重要启迪。

其一，充分认识教育在国家和社会治理中的地位，发挥教育在"四个服务"中的特有作用。《礼记》强调教育在国家和社会治理及培养人才中的地位和作用，提出"建国君民，教学为先"③，"如欲化民成俗，其必由

---

① 参见郭齐勇《道不远人：郭齐勇说儒》，第63页。
② 《十九大以来重要文献选编》（上），第30页。
③ （汉）郑玄注，（唐）孔颖达正义，吕友仁整理：《礼记正义》卷46《学记第十八》，第1424页。

学乎"①。新时代学校教育面临着培养什么样的人、如何培养人以及为谁培养人这个根本问题,肩负着立德树人的使命,肩负着培养德智体美劳全面发展的社会主义事业建设者和接班人的重大任务。党和国家高度重视教育的作用,强调"建设教育强国是中华民族伟大复兴的基础工程,必须把教育事业放在优先位置"②,而且特别重视包括思政课在内的思想政治教育。

习近平强调,"我国有独特的历史、独特的文化、独特的国情,决定了我国必须走自己的高等教育发展道路,扎实办好中国特色社会主义高校。我国高等教育发展方向要同我国发展的现实目标和未来方向紧密联系在一起,为人民服务,为中国共产党治国理政服务,为巩固和发展中国特色社会主义制度服务,为改革开放和社会主义现代化建设服务。"③这"四个服务",揭示了当代中国高等教育的政治社会功能,指明了中国高等教育发展方向。作为教育教学主体的教师更要坚持正确政治方向,坚持把立德树人作为中心环节和首要任务,把思想政治工作贯穿于教育教学全过程。

其二,把握教学内容,发挥教育在立德树人中的独特作用。《礼记》提倡的教育内容首先是大德、大道、大信、大时,是明德、新民、至善、修齐治平的成德教育,新时代的教育教学无论在教学形式和教学方法上如何进行改革创新,都应当始终坚持"内容为王",坚持教学形式和方法的探索为教学内容服务。习近平指出:"要教育引导学生正确认识世界和中国发展大势,从我们党探索中国特色社会主义历史发展和伟大实践中,认识和把握人类社会发展的历史必然性,认识和把握中国特色社会主义的历史必然性,不断树立为共产主义远大理想和中国特色社会主义共同理想而奋斗的信念和信心;正确认识中国特色和国际比较,全面客观认识当代中国、看待外部世界;正确认识时代责任和历史使命,用中国梦激扬青春梦,为学生点亮理想的灯、照亮前行的路,激励学生自觉把个人的理想追求融入国家和民族的事业中,勇做走在时代前列的奋进者、开拓者;正确认识远大抱负和脚踏实地,珍惜韶华、脚踏实地,把远大抱负落实到实际

---

① (汉)郑玄注,(唐)孔颖达正义,吕友仁整理:《礼记正义》卷46《学记第十八》,第1423页。
② 《十九大以来重要文献选编》(上),第32页。
③ 《习近平谈治国理政》第2卷,第376—377页。

行动中,让勤奋学习成为青春飞扬的动力,让增长本领成为青春搏击的能量。"① 这"四个正确认识",指明了学校教育教学特别是思政课教学的主要内容和教育引导学生的正确方向,更赋予了广大教师特别是思政课教师崇高使命和神圣职责。

思想政治教育不能局限于思想政治理论课,而必须贯穿人才培养体系,全面推进高校课程思政建设,发挥好每门课程的育人作用,提高人才培养质量。2020年5月28日教育部印发的《高等学校课程思政建设指导纲要》明确指出:落实立德树人根本任务,必须将价值塑造、知识传授和能力培养融为一体、不可割裂。全面推进课程思政建设,就是要寓价值观引导于知识传授和能力培养之中,帮助学生塑造正确的世界观、人生观、价值观,这是人才培养的应有之义,更是必备内容。这一战略举措,影响甚至决定着接班人问题,影响甚至决定着国家长治久安,影响甚至决定着民族复兴和国家崛起。要紧紧抓住教师队伍"主力军"、课程建设"主战场"、课堂教学"主渠道",让所有高校、所有教师、所有课程都承担好育人责任,守好一段渠、种好责任田,使各类课程与思政课程同向同行,将显性教育和隐性教育相统一,形成协同效应,构建全员全程全方位育人大格局。②

其三,努力改进教学方法,不断提高教学质量。《礼记》提倡倾听体悟、独立思考、善于发问、积极引导的教学方法,今天的教学更要坚持问题导向,不断改进教学方法。具体而言,就是要把实体课堂教学、网上空间教学和社会实践教学结合起来,把教师联系实际讲授基本理论与学生通读教材、研读经典文献、观看视频资料、撰写课程论文、进行课堂讨论等多种教学形式结合起来,把引导学生线上自主学习与线下面对面学习交流探讨结合起来,把发挥任课教师的主导作用与发挥学生的主体作用结合起来,努力增强教学的吸引力、说服力、感染力、针对性和实效性。

日新月异的现代科学技术,不仅对学校的课程教学提出了新要求,也提供了创新教学方法的契机和条件。习近平指出:"做好高校思想政治工作,要因事而化、因时而进、因势而新。"③ 身为教师,应当秉持"因事

---

① 《习近平谈治国理政》第2卷,第377—378页。
② 教育部:《高等学校课程思政建设指导纲要》,2020年,发文字号:教高〔2020〕3号,信息索引:360A08-07-2020-0015-1。
③ 《习近平谈治国理政》第2卷,第378页。

而化、因时而进、因势而新"的"三因"理念，借助现代科技的力量，让教学插上科技的翅膀，运用新科技手段改进教学方法，不断提高教学质量。

其四，不断提高教师的自身素养，努力做到学为人师，行为世范。《礼记》对师者的德行、学养有很高要求，主张慎重择师、尊师重道。当代中国的教育事业同样对教师有很高的要求。教师是人类灵魂的工程师，承担着教书育人的神圣使命。习近平指出："传道者自己首先要明道、信道。高校教师要坚持教育者先受教育，努力成为先进思想文化的传播者、党执政的坚定支持者，更好担起学生健康成长指导者和引路人的责任。要加强师德师风建设，坚持教书和育人相统一，坚持言传和身教相统一，坚持潜心问道和关注社会相统一，坚持学术自由和学术规范相统一，引导广大教师以德立身、以德立学、以德施教。"① 这就从政治信念、理论水平、学术素养、师德师风、社会责任等方面，为广大教师修身进德、爱岗尽责指明了方向。

习近平还特别对思政课教师提出了六项明确要求：第一，政治要强，让有信仰的人讲信仰，善于从政治上看问题，在大是大非面前保持政治清醒。第二，情怀要深，保持家国情怀，心里装着国家和民族，在党和人民的伟大实践中关注时代、关注社会、汲取养分、丰富思想。第三，思维要新，学会辩证唯物主义和历史唯物主义，创新课堂教学，给学生深刻的学习体验，引导学生树立正确的理想信念、学会正确的思维方法。第四，视野要广，有知识视野、国际视野、历史视野，通过生动、深入、具体的纵横比较，把一些道理讲明白、讲清楚。第五，自律要严，做到课上课下一致、网上网下一致，自觉弘扬主旋律，积极传递正能量。第六，人格要正，有人格，才有吸引力。亲其师，才能信其道。要有堂堂正正的人格，用高尚的人格感染学生、赢得学生，用真理的力量感召学生，以深厚的理论功底赢得学生，自觉做为学为人的表率，做让学生喜爱的人。② 这六项要求，为加强教师队伍建设特别是学校思政课教师队伍建设指明了方向。

在新时代，教师肩负着党和人民赋予的立德树人的重任，肩负着培养中国特色社会主义建设者和接班人的任务，所以更要严格要求自己。首先

---

① 《习近平谈治国理政》第 2 卷，第 379 页。
② 《习近平谈治国理政》第 3 卷，第 330 页。

要认真学习马克思主义基本理论，努力做到真学真懂真信真用，这样才能正确引导学生坚定信仰信念信心。同时，要端正师德师风，做到以德立身、以德立学、以德施教。还需要不断提升自己的学养，增强自己的学者气质和人格魅力，在学生面前树立起良好的教师形象，增强对学生的影响力和感染力，真正做到立德树人，引导和帮助学生成德成长成才。

结 束 语

> 如果没有中华五千年文明，哪有什么中国特色？如果不是中国特色，哪有我们今天这么成功的中国特色社会主义道路？我们要特别重视挖掘中华五千年文明中的精华，弘扬优秀传统文化，把其中的精华同马克思主义立场观点方法结合起来，坚定不移走中国特色社会主义道路。
>
> ——2021年3月习近平考察朱熹园时的谈话

历史的长河奔流不息，从不间断。中华民族的昨天、今天、明天一脉相承，源远流长。在历史发展进程中，中国古代先人积累了丰富的治理经验，彰显了丰富的历史智慧。"中国历代王朝成败兴亡，一治一乱的经验和教训表明，治国之道在于制和治，治在制，乱亦在制；治在良治，乱在恶治。乱之后出现治，因为乱，人心思变，求稳求治，治，符合人心民意；久安之后出现乱，因为人亡政息，懒政惰政，失人心忤民意，这同样包含教训，不能安而忘危。"[①] 当代中国是历史中国的延续和发展。对于当代中国人来说，历史的经验教训是一笔宝贵的财富，把握历史规律，按照历史规律办事，鉴古知今，学史明智，需要我们汲取古代智者贤人治国理政的智慧，重视和借鉴历史上治乱的经验教训，明了当下的形势和任务，探寻完成目标任务的途径，坚定走向未来的信心和决心。

礼法合治作为中国古代社会逐步形成的一种治国理政思想，作为中国古代统治者长期实行的一种治国方式，对于保持中国古代社会的稳定和发展起到了重要作用，是一份珍贵的历史遗产。2014年10月13日，中共中央政治局就我国历史上的国家治理进行第十八次集体学习，习近平在主持学习时的讲话中，对包括礼法合治在内的中国古代治国理政经验予以高度

[①] 陈先达：《历史唯物主义与当代中国》，《光明日报》2020年2月3日第15版。

评价。他指出:"历史是最好的老师。在漫长的历史进程中,中华民族创造了独树一帜的灿烂文化,积累了丰富的治国理政经验,其中既包括升平之世社会发展进步的成功经验,也有衰乱之世社会动荡的深刻教训。我国古代主张民惟邦本、政得其民,礼法合治、德主刑辅,为政之要莫先于得人、治国先治吏,为政以德、正己修身,居安思危、改易更化,等等,这些都能给人们以重要启示。中国的今天是从中国的昨天和前天发展而来的。要治理好今天的中国,需要对我国历史和传统文化有深入了解,也需要对我国古代治国理政的探索和智慧进行积极总结。"① 这一讲话,揭示了当代中国治国理政的深厚历史文化底蕴,表明当代中国领导人更加重视对绵延5000多年的中华文明的传承,更加重视对中国古代治国理政智慧的吸取,也展现了当代中国领导人在吸收和借鉴人类文明有益成果的基础上奋力前行的历史担当和宽广视野。

时代车轮滚滚向前,每一时代都有自己的时代特点,但是各个时代之间又是不能孤立存在的。"各时代的统一性是如此紧密,古今之间的关系是双向的。对现实的曲解必定源于对历史的无知;而对现实一无所知的人,要了解历史也必定是徒劳无功的。"② 礼法合治是中国古代先贤对经世治国安民之道进行理性思考而形成的创造性文化成果,凝聚着不同学派思想家的智慧,是古代中国统治者对治国理政正反两方面经验教训的深刻总结,也是被古代中国实践所证明的历朝历代鼎盛时期治国理政的成功方式。"当今世界,人类文明无论在物质还是精神方面都取得了巨大进步,特别是物质的极大丰富是古代世界完全不能想象的。同时,当代人类也面临着许多突出的难题,比如,贫富差距持续扩大,物欲追求奢华无度,个人主义恶性膨胀,社会诚信不断消减,伦理道德每况愈下,人与自然关系日趋紧张,等等。要解决这些难题,不仅需要运用人类今天发现和发展的智慧和力量,而且需要运用人类历史上积累和储存的智慧和力量。"③ 作为中华优秀传统文化有机组成部分的礼法合治、德主刑辅的思想,其中所

---

① 《习近平在中共中央政治局第十八次集体学习时强调 牢记历史经验历史教训历史警示 为国家治理现代化提供有益借鉴》,《人民日报》2014年10月14日第1版。

② [法]马克·布洛赫:《历史学家的技艺》,张和声、程郁译,上海社会科学院出版社1992年版,第36页。

③ 习近平:《在纪念孔子诞辰2565周年国际学术研讨会暨国际儒学联合会第五届会员大会开幕会上的讲话》(2014年9月24日),《人民日报》2014年9月25日第2版。

蕴含的哲学思想、人文精神、教化思想、道德理念等，无疑可以为当代中国的治国理政提供有益启示，也可以为文明中国建设和法治中国建设提供有益启发。

当今世界日新月异，纷繁复杂。治理国家，是一个复杂的系统工程。现代国家的治理不可能是某种单一的方式，而需要有一个完整的治理体系。"一个国家选择什么样的治理体系，是由这个国家的历史传承、文化传统、经济社会发展水平决定的，是由这个国家的人民决定的。我国今天的国家治理体系，是在我国历史传承、文化传统、经济社会发展的基础上长期发展、渐进改进、内生性演化的结果。"① 我国古代思想家提出的民惟邦本、政得其民、礼法合治、德主刑辅等有益思想，也必然潜移默化地影响着我们今天的国家治理体系，并赋予这一治理体系以本民族的特色。"以'仁爱'为核心价值的儒学精神，在今天与未来的世界上，在文明对话与全球伦理的建构中具有积极的意义。""在人与自然、人与社会、人与人的交往关系，以及人自身的身心关系方面，儒家有极其重要的资源，尤其是'推己及人''将心比心'的'恕道''推爱''推恩'的方式，值得珍视。'爱有差等'是具体理性、实践理性，恰可证成普爱。儒家强调主体性，特别是道德的主体性，但儒家人己、人物关系，是交互主体性的。成己、成人、成物等是仁心推扩的过程。这对今天的人际交往与文明对话有其积极意义。"②

习近平指出：对绵延5000多年的中华文明，我们应该多一份尊重，多一份思考。对古代的成功经验，我们要本着择其善者而从之、其不善者而去之的科学态度，牢记历史经验、牢记历史教训、牢记历史警示，为推进国家治理体系和治理能力现代化提供有益借鉴。③ 这一讲话精神，无疑适用于我们对中国古代文明中礼法合治思想的借鉴和扬弃。

在当代中国的国家治理中，单靠道德或者单靠法律都不可能彻底解决社会矛盾，需要法律和道德共同发挥作用。因此在全面推进依法治国、推进国家治理体系和治理能力现代化的进程中，"必须坚持一手抓法治、一手抓德治，大力弘扬社会主义核心价值观，弘扬中华传统美德，培育社会

---

① 《习近平谈治国理政》第1卷，第105页。
② 郭齐勇：《道不远人：郭齐勇说儒》，第63—64页。
③ 《习近平在中共中央政治局第十八次集体学习时强调 牢记历史经验历史教训历史警示 为国家治理能力现代化提供有益借鉴》，《人民日报》2014年10月14日第1版。

公德、职业道德、家庭美德、个人品德,既重视发挥法律的规范作用,又重视发挥道德的教化作用,以法治体现道德理念、强化法律对道德建设的促进作用,以道德滋养法治精神、强化道德对法治文化的支撑作用,实现法律和道德相辅相成、法治和德治相得益彰。"① 坚持依法治国和以德治国相结合,实行法治与德治同时并举,必将为建设社会主义现代化强国,实现中华民族伟大复兴创造良好的社会环境,其本身也应当是中国梦的有机组成部分。

当然,无论是德治还是法治,无论是依法治国还是以德治国,还是依法治国与以德治国相结合,作为一种理念、一种文化固然都是极为重要的,但是仅有这种理念和文化显然又是严重不够的,科学的理念和优秀的思想文化必须用以指导国家制度和治理体系的设计,必须转化为体现这种理念和文化的国家制度和治理体系。在古代中国,德治是通过礼治来实现的,故有德礼之治一说。而礼又着眼于调节人情,故又有情理法之说。礼就是各种秩序的制度规定,在古代中国国家治理中发挥着极大作用。"中国传统是道统、礼乐和法律的三位一体的治道体系,形成了德治、礼治、法治相结合的实践体系。其中礼治在德治与法治中起着上通下贯、中道制衡的作用。德治和法治的结合要以礼治作为主体,居中制衡,向上沟通道德,使道德能够落实;向下沟通法律,使法律有所统摄,否则德治和法治相结合就很难落实,就形不成综合性的治理模式。"②

礼治是一个历史的概念,作为一种社会秩序的代名词,礼已经随着古代社会的终结而退出国家治理领域,取而代之的是制度。在当代中国,"中华优秀传统文化的创造性转化和创新性发展应该超越解释学范畴,真正把中华优秀传统文化的精华转化并渗透到我国制度文明建设中。""文化是一种观念,优秀文化是'应该如此'的理念;而文明则是制度化的现实,是文化观念的社会化、实践化。"③ 因此,我们要加强国家制度和治理体系建设,坚持和完善具有深厚历史底蕴的中国特色社会主义制度,推进国家治理体系和治理能力现代化,使具有悠久历史、独特基因、丰富内涵的中华文明在当代传承中创新发展,彰显其历久弥新、生机勃发的强大

---

① 《十八大以来重要文献选编》(中),第159页。
② 韩星、单长城:《礼法合治、德主刑辅、王霸结合——汉代国家治理模式的确立及其现实意义》,《孔子研究》2019年第6期。
③ 陈先达:《历史唯物主义与当代中国》,《光明日报》2020年2月3日第15版。

生命力。

今天的中国是历史的中国的继续。当代中国正在坚持和完善的国家制度和治理体系，不是从天上掉下来的，而是在中国的社会土壤中生长起来的，归根到底是由中国的历史文化、社会性质、经济发展水平决定的。2019年10月，习近平在中共十九届四中全会上的讲话中指出："中国特色社会主义制度和国家治理体系具有深厚的历史底蕴。在几千年的历史演进中，中华民族创造了灿烂的古代文明，形成了关于国家制度和国家治理的丰富思想，包括大道之行、天下为公的大同理想，六合同风、四海一家的大一统传统，德主刑辅、以德化人的德治主张，民贵君轻、政在养民的民本思想，等贵贱均贫富、损有余补不足的平等观念，法不阿贵、绳不挠曲的正义追求，孝悌忠信、礼义廉耻的道德操守，任人唯贤、选贤与能的用人标准，周虽旧邦、其命维新的改革精神，亲仁善邻、协和万邦的外交之道，以和为贵、好战必亡的和平理念，等等。这些思想中的精华是中华优秀传统文化的重要组成部分，也是中华民族精神的重要内容。马克思主义传入中国后，科学社会主义的主张受到中国人民热烈欢迎，并最终扎根中国大地、开花结果，决不是偶然的，而是同我国传承了几千年的优秀历史文化和广大人民日用而不觉的价值观念融通的。"[1] 这段话，高度概括了中国古代思想家特别是先秦儒家关于国家制度和国家治理的丰富思想，深刻揭示了中国特色社会主义制度和国家治理体系的历史底蕴，为我们站在时代高度深入探讨中国古代文明中的治理思想和制度设计的内涵意蕴指明了方向。

无论是从历史语境还是从现代语境看，包括国家治理思想和制度设计在内的中华优秀传统文化，都具有讲究人与自然的和谐、人与人之间关系的和谐、人自身的道德修养等特征。当今世界，人们面对现代化进程中出现的种种社会弊端，诸如人类对自然界的一味无限索取而导致的生态环境恶化、道德滑坡、人际关系冷漠等，不能不对现代化、全球化进程中的经济发展模式、人的生活方式等问题进行深刻反思。在探索人类可持续发展和自身安全的过程中，许多学者、政要对以儒家学说为代表的中华优秀传统文化给予了广泛的关注和重视。在这种情况下，我们作为中华儿女，一

---

[1] 习近平：《坚持和完善中国特色社会主义制度　推进国家治理体系和治理能力现代化》，《求是》2020年第1期。

方面应当感到由衷的自豪，更加自觉地礼敬和尊重中华优秀传统文化，并把继承和弘扬中华优秀传统文化作为自己义不容辞的责任，增强中华民族的文化自信，决不能妄自菲薄，更不能数典忘宗。另一方面，我们也要看到包括儒家学说在内的中华传统文化毕竟产生于农耕社会，属于与农耕社会相适应的社会意识形态，因而不可能提供完全适应现代社会的价值观。因此，我们决不能简单地把传统文化中的思想观念不加区别、不加创造性转化就照搬到现代社会中，决不能一味地去追求还原古代，抑或厚古薄今。我们所要做的，是剔除其中封建性的糟粕，吸取其中民主性的精华，并对其加以创造性转化和创新性发展，使之在当代中国呈现生动、鲜活的形态，成为当代文化创新发展的重要源泉，更好地为今天的发展提供思想资源和精神动力，并让中华优秀传统文化的生命力在当代文化中延伸和强大，最大程度地发挥它的社会功用。

当今人类社会，虽然已从农耕社会进入到工业化、信息化时代，但是，我们仍在同一个地球上。远比过去多无数倍的人口——70多亿人口共同生活在一个地球上，在可以预见的未来，地球还只能是我们唯一的家园。恩格斯曾经说过，"我们这个世纪面临的大变革，即人类同自然的和解以及人类本身的和解"[1]。恩格斯的这句话至今没有过时。我们应当吸取古今中外哲人的智慧，用他们的智慧结晶涵养我们的思想，在制度设计时注重对人与自然相协调的考量，并把它付诸实践，为实现人类自身和谐、人与自然和谐的理想而执着追求，共建人类美好家园，共享和平安宁的幸福生活。

以史为鉴，可以知兴替。悠久的中华文明是当代中国独具特色的历史底蕴和文化根基，沐浴着中华文明之光的当代中华儿女对包括国家治理思想在内的中国古代文明，要始终保持着尊重和礼敬之情，从中吸取智慧和力量，继承和弘扬中华优秀传统文化，并对其进行创造性转化和创新性发展，让中华文化不断发扬光大，让中华文明之光在人类文明进程中光焰长存、绽放异彩！

---

[1] 《马克思恩格斯全集》第1卷，人民出版社1956年版，第603页。

参考文献

一 马克思主义类文献

《马克思恩格斯选集》第1卷,人民出版社2012年版。
《马克思恩格斯文集》第2卷,人民出版社2009年版。
《马克思恩格斯全集》第1卷,人民出版社1956年版。
《马克思恩格斯全集》第1卷,人民出版社1995年版。
《马克思恩格斯全集》第28卷,人民出版社2018年版。
《列宁专题文集·论辩证唯物主义和历史唯物主义》,人民出版社2009年版。
《毛泽东早期文稿1912.6—1920.11》,湖南出版社1990年版。
《毛泽东文集》第1卷,人民出版社1993年版。
《毛泽东选集》第4卷,人民出版社1991年版。
《毛泽东诗词集》,中央文献出版社1996年版。
《邓小平文选》第2卷,人民出版社1994年版。
《邓小平文选》第3卷,人民出版社1993年版。
《江泽民文选》第3卷,人民出版社2006年版。
《习近平谈治国理政》第1卷,外文出版社2018年版。
《习近平谈治国理政》第2卷,外文出版社2017年版。
《习近平谈治国理政》第3卷,外文出版社2020年版。
《习近平关于社会主义社会建设论述摘编》,中央文献出版社2017年版。
《十五大以来重要文献选编》(中),人民出版社2001年版。
《十八大以来重要文献选编》(上),中央文献出版社2014年版。
《十八大以来重要文献选编》(中),中央文献出版社2016年版。
《十八大以来重要文献选编》(下),中央文献出版社2018年版。
《十九大以来重要文献选编》(上),中央文献出版社2019年版。

《习近平在省部级主要领导干部学习贯彻十八届三中全会精神全面深化改革专题研讨会开班式上发表重要讲话强调　完善和发展中国特色社会主义制度　推进国家治理体系和治理能力现代化》,《人民日报》2014年2月18日第1版。

习近平:《在纪念孔子诞辰2565周年国际学术研讨会暨国际儒学联合会第五届会员大会开幕会上的讲话》(2014年9月24日),《人民日报》2014年9月25日第2版。

《习近平在中共中央政治局第十八次集体学习时强调　牢记历史经验历史教训历史警示　为国家治理现代化提供有益借鉴》,《人民日报》2014年10月14日第1版。

习近平:《迈向命运共同体　开创亚洲新未来——在博鳌亚洲论坛2015年年会上的主旨演讲》(2015年3月28日),《人民日报》2015年3月29日第2版。

习近平:《共建伙伴关系,共创美好未来——在金砖国家领导人第七次会晤上的讲话》(2015年7月9日),《人民日报》2015年7月10日第3版。

习近平:《在全国政协新年茶话会上的讲话》(2015年12月31日),《人民日报》2016年1月1日第2版。

习近平:《在党的十八届五中全会第二次全体会议上的讲话(节选)》(2015年10月29日),《求是》2016年第1期。

习近平:《在纪念孙中山先生诞辰150周年大会上的讲话》(2016年11月11日),《人民日报》2016年11月12日第2版。

《国家主席习近平发表二〇一七年新年贺词》(2016年12月31日),《人民日报》2017年1月1日第1版。

习近平:《携手建设更加美好的世界——在中国共产党与世界政党高层对话会上的主旨讲话》(2017年12月1日),《人民日报》2017年12月2日第2版。

《习近平在中共中央政治局第十次集体学习时强调　严把标准公正用人拓宽视野激励干部　造就忠诚干净担当的高素质干部队伍》,《人民日报》2018年11月27日第1版。

习近平:《坚持和完善中国特色社会主义制度　推进国家治理体系和治理能力现代化》,《求是》2020年第1期。

《新时代公民道德建设实施纲要》,《人民日报》2019年10月28日第1版。

教育部:《高等学校课程思政建设指导纲要》,2020年,发文字号:教高〔2020〕3号,信息索引:360A08-07-2020-0015-1。

二 古籍文献

上海古籍出版社编:《十三经注疏》,上海古籍出版社1997年版。

(汉)郑玄注,(唐)孔颖达正义,吕有仁整理:《礼记正义》,上海古籍出版社2008年版。

(元)陈澔注:《礼记集说》,上海古籍出版社1987年版。

(清)孙希旦撰,沈啸寰、王星贤点校:《礼记集解》,中华书局1989年版。

(清)朱彬撰:《礼记训纂》,浙江大学出版社2010年版。

杨天宇:《礼记译注》,上海古籍出版社2004年版。

钱玄等注译:《礼记》,岳麓书社2001年版。

彭林注译:《仪礼》,中州古籍出版社2011年版。

(清)孙诒让撰,王文锦、陈玉霞点校:《周礼正义》,中华书局2013年版。

吕友仁、李正辉注译:《周礼》,中州古籍出版社2010年版。

(清)孔广森撰,王丰先点校:《大戴礼记补注:附校正孔氏大戴礼记补注》,中华书局2013年版。

顾颉刚、刘起釪:《尚书校释译论》,中华书局2005年版。

陈戍国校注:《尚书校注》,岳麓书社2004年版。

高亨注:《诗经今注》,上海古籍出版社2018年版。

蒋冀骋标点:《左传》,岳麓书社1988年版。

杨伯峻编著:《春秋左传注》,中华书局2016年版。

(宋)朱熹:《四书章句集注》,中华书局1983年版。

(清)刘宝楠撰,高流水点校:《论语正义》,中华书局1990年版。

程树德撰,程俊英、蒋见元点校:《论语集释》,中华书局1990年版。

钱穆:《论语新解》,巴蜀书社1985年版。

杨伯峻译注:《论语译注》,中华书局1980年版。

(清)焦循撰,沈文倬点校:《孟子正义》,中华书局1987年版。

杨伯峻译注：《孟子译注》，中华书局1960年版。

（清）王先谦撰，沈啸寰、王星贤整理：《荀子集解》，中华书局2012年版。

（清）王先慎撰，钟哲点校：《韩非子集解》，中华书局2013年版。

（唐）房玄龄注，（明）刘绩补注：《管子》，上海古籍出版社2015年版。

蒋礼鸿：《商君书锥指》，中华书局2017年版。

（魏）王弼注，楼宇烈校释：《老子道德经注校释》，中华书局2008年版。

陈鼓应：《老子注译及评介》，中华书局1984年版。

（清）郭庆藩撰，王孝鱼点校：《庄子集释》，中华书局2016年版。

陈鼓左注释：《黄帝四经今注今译》，商务印书馆2016年版。

方勇译注：《墨子》，中华书局2011年版。

许富宏编著：《慎子集校集注》，中华书局2013年版。

（晋）张湛注，（唐）卢重玄解，（唐）殷敬顺、（宋）陈景元释文，陈明校点：《列子》，上海古籍出版社2014年版。

吴则虞编著：《晏子春秋集释》，中华书局1962年版。

何宁：《淮南子集释》，中华书局1998年版。

（魏）王弼撰，楼宇烈校释：《周易注校释》，中华书局2012年版。

唐明邦主编：《周易评注》（修订本），中华书局2009年版。

（唐）李隆基注，（宋）邢昺疏，金良年整理：《孝经注疏》，上海古籍出版社2009年版。

（三国）王肃注，［日］太宰纯增注，宋立林校点：《孔子家语》，上海古籍出版社2019年版。

（战国）吕不韦著，陈奇猷校释：《吕氏春秋新校释》，上海古籍出版社2002年版。

苏舆撰，钟哲点校：《春秋繁露义证》，中华书局1992年版。

（汉）司马迁：《史记》，中华书局2009年版。

（汉）班固：《汉书》，中华书局2007年版。

（南朝宋）范晔：《后汉书》，中华书局2007年版。

（晋）陈寿撰，（宋）裴松之注：《三国志》，中华书局2006年版。

（唐）房玄龄等：《晋书》，中华书局1974年版。

（宋）司马光编著：《资治通鉴》，中华书局2009年版。

（明）陈建著，钱茂伟点校：《皇明通纪》，中华书局2008年版。

（汉）许慎著，（清）段玉裁注，许惟贤整理：《说文解字注》，凤凰出版社 2015 年版。

郝懿行、王念孙、钱绎、王先谦等：《尔雅·广雅·方言·释名　清疏四种合刊》，上海古籍出版社 1989 年版。

邓广铭点校：《陈亮集》，中华书局 1987 年版。

岳纯之点校：《唐律疏议》，上海古籍出版社 2013 年版。

（唐）杜佑：《通典》，中华书局 1988 年版。

（清）黄宗羲原撰，（清）全祖望补修，陈金生、梁运华点校：《宋元学案》，中华书局 1986 年版。

（宋）洪迈撰，何卓点校：《夷坚志》，中华书局 2006 年版。

三　个人文集

《郭沫若全集·历史编》（第一卷），人民出版社 1982 年版。

《郭沫若全集·历史编》（第二卷），人民出版社 1982 年版。

《洪秀全集》，广东人民出版社 1985 年。

《刘述先文集》，中国人民大学出版社 2020 年版。

《孙中山全集》第 6、8、9、11 卷，中华书局 2006 年版。

《谭嗣同集》，浙江古籍出版社 2018 年版。

《徐复观文集》（修订本），湖北长江出版集团、湖北人民出版社 2009 年版。

《王国维儒学论集》，四川大学出版社 2010 年版。

四　学术著作

《梁启超论中国法制史》，商务印书馆 2012 年版。

本书编写组：《法理学》，人民出版社、高等教育出版社 2010 年版。

本书编写组：《马克思主义与社会科学方法论》，高等教育出版社 2012 年版。

蔡尚思：《中国礼教思想史》，上海古籍出版社 2006 年版。

蔡枢衡：《中国刑法史》，广西人民出版社 1983 年版。

陈来：《古代思想文化的世界：春秋时代的宗教、伦理与社会思想》，生活·读书·新知三联书店 2002 年版。

陈梦家：《尚书通论》，中华书局 2005 年版。

陈其泰、郭伟川、周少川编：《二十世纪中国礼学研究论集》，学苑出版社1998年版。

陈戍国：《先秦礼制研究》，湖南教育出版社1991年版。

成守勇：《古典思想世界中的礼乐生活：以〈礼记〉为中心》，上海三联书店2013年版。

崔敏：《中国古代刑与法》，中国人民公安大学出版社2008年版。

范寿康：《中国哲学史通论》，武汉大学出版社2008年版。

范忠信、郑定、詹学农：《情理法与中国人》（修订版），北京大学出版社2011年版。

范忠信：《中国法文化的暗合与差异》，中国政法大学出版社2001年版。

冯达文、郭齐勇主编：《新版中国哲学史》（上册），人民出版社2004年版。

冯友兰：《中国哲学简史》，新世界出版社2004年版。

符浩：《先秦儒家的道德观》，广西师范大学出版社1998年版。

高明：《礼学新探》，台湾学生书局1984年版。

高喜田：《君子之道》，中华书局2011年版。

龚建平：《意义的生成与实现——〈礼记〉哲学思想》，商务印书馆2005年版。

勾承益：《先秦礼学》，巴蜀书社2002年版。

郭齐勇：《道不远人：郭齐勇说儒》，孔学堂书局2014年版。

郭齐勇：《儒学与现代化的新探讨》，商务印书馆2015年版。

郭齐勇：《中国哲学智慧的探索》，中华书局2008年版。

郭齐勇编著：《中国哲学史》，高等教育出版社2006年版。

郭齐勇主编：《儒家伦理争鸣集——以"亲亲互隐"为中心》，湖北教育出版社2004年版。

郭齐勇主编：《儒家文化研究》第6辑，中国哲学与海外哲学研究专号，生活·读书·新知三联书店2013年版。

郭齐勇主编：《正本清源论中西——对某种中国文化观的病理学剖析》，华东师范大学出版社2014年版。

何勤华、陈灵海：《法律、社会与思想对传统法律文化背景的考察》，法律出版社2009年版。

洪业、聂崇岐、李书春、马锡用编纂：《礼记引得》，上海古籍出版社

1983年版。

胡留元、冯卓慧：《夏商西周法制史》，商务印书馆2006年版。

黄俊杰：《东亚儒学史的新视野》，台湾大学出版中心2009年版。

黄钊：《儒家德育学说论纲》，武汉大学出版社2006年版。

黄钊：《中国古代德育思想史论》（上），中国社会科学出版社2011年版。

康有为撰，汤志钧导读：《大同书》，上海古籍出版社2005年版。

赖升宏：《〈礼记〉气论思想研究》，新北花木兰文化出版社2011年版。

李安宅：《〈仪礼〉与〈礼记〉之社会学的研究》，四川人民出版社1990年版。

李宏锋：《礼崩乐盛——以春秋战国为中心的礼乐关系研究》，文化艺术出版社2009年版。

李维武：《中国哲学的传统更新》，人民出版社2012年版。

李学颖：《仪礼、礼记：人生的法度》，香港中华书局1996年版。

李泽厚：《中国古代思想史论》，生活·读书·新知三联书店2009年版。

梁治平：《礼教与法律：法律移植时代的文化冲突》，上海书店出版社2013年版。

梁治平：《寻求自然秩序中的和谐——中国传统法律文化研究》，商务印书馆2013年版。

林家有：《重读孙中山遗嘱》，广东人民出版社2011年版。

林素玫：《〈礼记〉人文美学探究》，台北文津出版社有限公司2001年版。

林素英：《古代祭礼中之政教观：以〈礼记〉成书前为论》，台北文津出版社1997年版。

刘殿爵、陈方正主编：《礼记逐字索引》，香港商务印书馆1992年版。

刘丰：《先秦礼学思想与社会的整合》，中国人民大学出版社2003年版。

刘惠恕：《论"礼"的精神》，上海人民出版社2011年版。

刘松来、唐永芬：《礼记开讲》，华东师范大学出版社2011年版。

刘望龄：《孙中山题词遗墨汇编》，华中师范大学2000年版。

陆建华：《先秦诸子礼学研究》，人民出版社2008年版。

罗云锋：《礼治与法治》，法律出版社2012年版。

吕友仁：《〈礼记〉研究四题》，中华书局2014年版。

马建兴：《丧服制度与传统法律文化》，知识产权出版社2005年版。

马小红：《礼与法：法的历史连接》，北京大学出版社2004年版。

梅珍生：《晚周礼的文质论》，湖北人民出版社 2004 年版。
孟天运：《先秦社会思想研究》，人民出版社 2012 年版。
牟宗三：《政道与治道》，吉林出版集团有限责任公司 2010 年版。
牟宗三撰，罗义俊编：《中西哲学之会通十四讲》，上海古籍出版社 2008 年版。
彭林、单周尧、张颂仁主编：《礼乐中国》，上海书店出版社 2013 年版。
彭林：《〈周礼〉主体思想与成书年代研究》，中国社会科学出版社 1991 年版。
彭林：《儒家礼乐文明讲演录》，广西师范大学出版社 2008 年版。
彭林：《三礼研究入门》，复旦大学出版社 2012 年版。
彭林：《中国古代礼仪文明》，中华书局 2004 年版。
彭林：《中国礼仪要义》，南京大学出版社 2014 年版。
彭林：《中华传统礼仪概要》，高等教育出版社 2006 年版。
钱穆：《两汉经学今古文平议》，商务印书馆 2003 年版。
钱玄、钱兴奇编著：《三礼辞典》，凤凰出版社 2014 年版。
钱玄：《三礼名物通释》，江苏古籍出版社 1987 年版。
钱玄：《三礼通论》，南京师范大学出版社 1996 年版。
任强：《知识、信仰与超越：儒家礼法思想解读》（增订版），北京大学出版社 2009 年版。
沈文倬：《宗周礼乐文明考论》，杭州大学出版社 1999 年版。
汤一介：《儒学十论及外五篇》，北京大学出版社 2009 年版。
王伯琦：《近代法律思潮与中国固有文化》，清华大学出版社 2005 年版。
王锷：《〈礼记〉成书考》，中华书局 2007 年版。
王锷：《三礼研究论著提要》，甘肃教育出版社 2001 年版。
王启发：《礼学思想体系探源》，中州古籍出版社 2005 年版。
吴于廑：《士与古代封建制度之解体：封建中国的王权和法律》，武汉大学出版社 2012 年版。
武树臣：《儒家法律传统》，法律出版社 2003 年版。
武树臣：《中国法律思想史》，法律出版社 2017 年版。
胥仕元：《秦汉之际礼治与礼学研究》，人民出版社 2013 年版。
徐燕斌：《礼与王权的合法性建构：以唐以前的史料为中心》，中国社会科学出版社 2011 年版。

许子滨：《〈春秋〉、〈左传〉礼制研究》，上海古籍出版社2012年版。

颜春峰、汪少华：《〈周礼正义〉点校考订》，中华书局2017年版。

杨鸿烈：《中国法律思想史》，中国政法大学出版社2004年版。

杨华：《先秦礼乐文化》，湖北教育出版社1997年版。

杨向奎：《宗周社会与礼乐文明》（修订本），人民出版社1997年版。

杨雅丽：《〈礼记〉语言学与文化学阐释》，人民出版社2011年版。

杨雅丽：《〈礼记〉摭论》，人民出版社2014年版。

俞荣根、龙大轩、吕志兴编著：《中国传统法学述论：基于国学视角》，北京大学出版社2005年版。

俞荣根：《儒家法思想通论》（修订本），广西人民出版社1998年版。

臧世俊：《康有为大同思想研究》，广东高等教育出版社1997年版。

瞿同祖：《中国法律与中国社会》，商务印书馆2010年版。

曾宪义、马小红主编：《礼与法：中国传统法律文化总论》，中国人民大学出版社2012年版。

曾小梦：《先秦典籍引〈诗〉研究》，商务印书馆2018年版。

张光直：《中国青铜时代》，生活·读书·新知三联书店2013年版。

张焕君：《制礼作乐——先秦儒家礼学的形成与特征》，中国社会科学出版社2010年版。

张自慧：《礼文化的价值与反思》，学林出版社2008年版。

赵元信等著：《中国法的思路历程》，中国政法大学出版社2017年版。

浙江大学古籍所编：《礼学与中国传统文化——庆祝沈文倬先生九十华诞国际学术研讨会论文集》，中华书局2006年版。

郑开：《德礼之间：前诸子时期的思想史》，生活·读书·新知三联书店2009年版。

周何：《礼学概论》，台北三明书局1998年版。

朱筱新：《中国古代的礼仪制度》，商务印书馆2007年版。

邹昌林：《中国礼文化》，社会科学文献出版社2000年版。

［法］孟德斯鸠：《论法的精神》上册，张雁深译，商务印书馆1961年版。

［法］孟德斯鸠：《孟德斯鸠法意》（上），严复译，商务印书馆1981年版。

［法］魁奈：《中华帝国的专制制度》，谈敏译，商务印书馆2018年版。

［美］郝大维、［美］安乐哲著：《通过孔子而思》，何金俐译，北京大学出版社 2005 年版。

五　期刊论文

郭齐勇：《吴于廑先生的封建论》，《武汉大学学报》（人文科学版）2013 年第 4 期。

韩星、单长城：《礼法合治、德主刑辅、王霸结合——汉代国家治理模式的确立及其现实意义》，《孔子研究》2019 年第 6 期。

胡大展：《"灋"意考辨：兼论"判决"是法的一种起源形式》，《比较法研究》2003 年第 6 期。

刘柱彬：《仁政理想与礼法并施的冲突与融合——孟子与荀子刑法思想之比较》，《法学评论》2001 年第 3 期。

马小红：《"以礼为主"还是"以刑为主"——中国传统法的反思》，《中国司法》2008 年第 1 期。

宋立林：《德政、民本、容隐制及其他——俞荣根先生笔谈录》，《孔子学刊》第三辑，上海古籍出版社 2012 年版。

王秀臣：《"礼义"的发现与〈孔子诗论〉的理论来源》，《江海学刊》2006 年第 6 期。

魏元珪：《礼记的道德哲学》，《中国文化月刊》（台北）1984 年第 54 期。

武树臣：《寻找最初的"法"——对古"法"字形成过程的法文化考察》，《学习与探索》1997 年第 1 期。

杨朝明：《中国礼乐文明的本质与文化自信》，《孔子学刊》第九辑，青岛出版社 2018 年版。

俞荣根：《寻求"自我"——中国法律思想史的传承与趋向》，《现代法学》2005 年第 2 期。

曾宪义、马小红：《中国传统法研究中的几个问题》，《法学研究》2003 年第 3 期。

张晋藩：《论中国古代的德法共治》，《中国法学》2018 年第 2 期。

张志强：《〈礼记〉文本中"刑"字哲学意涵新探》，《人文论丛》2012 年卷，中国社会科学出版社 2012 年版。

六 报刊文章

陈先达：《历史唯物主义与当代中国》，《光明日报》2020年2月3日第15版。

方勇：《再论"新子学"》，《光明日报》2013年9月9日第15版。

郭齐勇：《传承文化基因 彰显精神标识》，《人民日报》2014年8月14日。

李国强：《我国国家制度和国家治理体系的深厚历史底蕴》，《人民日报》2020年1月14日第9版。

罗豪才：《加强软法研究 推动法治发展》，《人民日报》2014年6月20日第7版。

张晋藩：《德法共治：中国传统法文化的精髓》，《北京日报》2018年11月5日第15版。

后　　记

拙著《当代中国治理的传统资源——〈礼记〉礼法合治思想研究》即将由中国社会科学出版社出版。本书是在我的博士学位论文基础上修改补充而成的。当时选择《礼记》中的礼与法作为博士学位论文的研究方向，既深受我的博士研究生导师——武汉大学哲学学院郭齐勇教授的影响，同时也受到了2012年我在香港中文大学访学时的指导教师郑宗义教授的启发。经过反复思考，我逐渐将研究视角集中在国家治理上，并最终将论文题目定为《〈礼记〉中的礼法合治思想研究》。经过两年半的努力，我终于完成博士学位论文的写作，并于2015年5月顺利通过博士学位论文的答辩。

其后的几年间，我在武汉大学马克思主义学院从事教学工作的同时，继续从事中国传统文化的现代转化研究，撰写和发表了一系列相关学术论文，相继申报并获批了中国博士后基金项目、教育部人文社科基金青年项目和国家社会科学基金青年项目等。本书既是对自己迄今为止学习思考的一个总结，亦是一个新的起点，期待自己未来能在中国古代文明中的治理思想及其现代价值等研究领域有所进展。

《礼记》是体现中国传统治理思想的经典文献，既具有中国哲学研究价值，也具有现实观照的意义。《礼记》中的礼法合治思想是一个庞大的体系，这一思想不是集中在《礼记》的某一篇文章中阐述的，而是散见于各篇。《礼记》是一部论著文集，各篇之间既有联系，也有侧重，从一个侧面反映了儒家七十子后学对孔子治世思想的传播、继承与发展，其中包括礼法合治等社会治理思想。经过综合考虑，本书将《礼记》作为整本文献来对待，并从中挖掘、梳理和探讨其中的礼法合治等治理思想，溯源了先秦儒家礼法合治思想的一脉相承及其发展变迁，对先秦儒家治理智慧的理想构建及其当代价值进行了探讨。

中国哲学博大精深，源远流长，千百年来多少学者皓首穷经，薪火相传，历史上佳作迭出。《礼记》是中国哲学和礼学研究中最为重要的著作之一。一个人也许竭毕生之力，也只能管窥一斑。惟有一代又一代学人继往开来，才有可能得其一二。惟愿尽己所能，但期有些许推进，抑或能对未来的研究留下一点点经验、思考或某种启迪。人类的每一步发展，都是站在前人肩膀上前行的。中国哲学研究如是，马克思主义研究亦如是。近年来，无论是中国哲学研究还是马克思主义研究都方兴未艾，这是我们这一代学人之幸。而不断推进其研究，也是我们后学应当努力承担的责任。

在本书即将付梓之际，我要借此机会对所有在学业上和工作上关心、帮助我的老师们表示衷心的感谢。

首先我要衷心感谢我的博士学位论文指导教师郭齐勇教授。我的博士学位论文，是在郭老师的精心指导和大力帮助下完成的。我能在硕士、博士阶段拜入导师门下，跟随导师学习中国传统文化，尤其是先秦儒家哲学，实属幸运。无论是课堂上的教学，还是平时的相处；无论是论文的前期准备，还是论文写作中的及时指导，郭老师对天下国家笃思的情怀，润物无声的儒者风范，娓娓道来的谆谆教诲、一以贯之的言传身教，都使我受益匪浅。郭老师还在百忙之中拨冗为拙著作序，为本书增色许多，更激励我继续在学术道路上不断前行。我深知自己无论是对学问的执着，为人的修养，还是治学的投入，都远远没有达到导师的要求，但我愿意不懈努力。

纵观迄今为止的求学，我是非常幸运的。我很荣幸在不同的求学阶段，都遇到了许多好老师。除了前文提到的研究生导师郭齐勇教授、访学指导教师郑宗义教授之外，还有我的本科毕业论文指导教师李维武教授、博士后合作导师季正聚研究员、我在中国人民大学访学期间的指导教师郝立新教授等，他们在我人生的不同阶段，都在为学和为人上，影响着我，使我至今仍不断受益。

感谢曾经在本科和研究生阶段给我授课的武汉大学哲学学院各个专业的众多教师，以及虽然没有直接给我们上课却开设了各种讲座、曾经帮助我或影响过我的众多老师，是你们的教学和学术指导帮助我开阔了眼界，使我受到严格的不同方式的学术训练，奠定了我今后学术进步的坚实基础。

感谢武汉大学马克思主义学院的各位领导和老师。在我求学阶段，就曾经受教于马克思主义学院的一些优秀教师。入职以来，学院领导和各位师友对我的教学科研工作都给予很大帮助，为我们青年教师的成长搭建坚实的平台；特别是将本书纳入马克思主义理论学科研究丛书出版计划，并给予出版基金资助，为拙作的出版提供了十分重要的支持。

感谢本书的责任编辑、中国社会科学出版社田文编审对本书的细致审稿、精心编辑和在出版上的大力推进。

感谢我的家人对我毫无保留的支持！特别是我的妈妈，如果没有她在百忙之中对我的鞭策、督促和帮助，这本书稿的提交时间恐怕还要晚不少。妈妈的教导和为师治学，是我前进的重要动力和目标。无论在工作中还是学习上，妈妈都是我努力追赶的对象。也许我很难达到她的成就，但我希望自己能像她一样，无论顺境与逆境，都能坦然面对、砥砺前行。我也要感谢爸爸，他大爱无言，默默奉献。感谢我的公公婆婆放下了自己的生活，帮助照看两个年幼的孩子和承担了繁重的家务。同时，还要感谢生命中一位非常重要的人——我的丈夫。感谢他的理解和支持，我们携手同行，组成了自己的小家，并成为两个孩子的父母，增添了满满的幸福和沉甸甸的责任。

本书借鉴吸收了学界已有的研究成果，相关著述已尽可能在文中注明，亦可能会有未及标注和呈现的学人及著作，在此一并致谢。

总之，我想要感谢的人，实在太多太多……虽然不能一一列举他们的名字，但对他们的关心、教诲和帮助，我将铭记在心，并激励自己不懈努力。

孔子曰："逝者如斯夫，不舍昼夜。"光阴已无法回溯，所有的人生经历——欢欣也好，痛苦也好，惆怅也好，展望也好，都是人生中弥足宝贵的足迹。"悟已往之不谏，知来者之可追。"无论是人生之路还是学术之路，路总是漫长的。路通向远方，路总在脚下。唯有脚踏实地，才能稳步前行。

虽然本人对此书作了十分的努力，但由于时间、精力、资料、水平等限制，难免有疏漏和错讹之处，有待于在今后的研究中勉力完备。敬请学界同仁不吝赐教。

吴默闻
2021 年 6 月 6 日于武汉